货币金融学

（第三版）

翁舟杰／编著

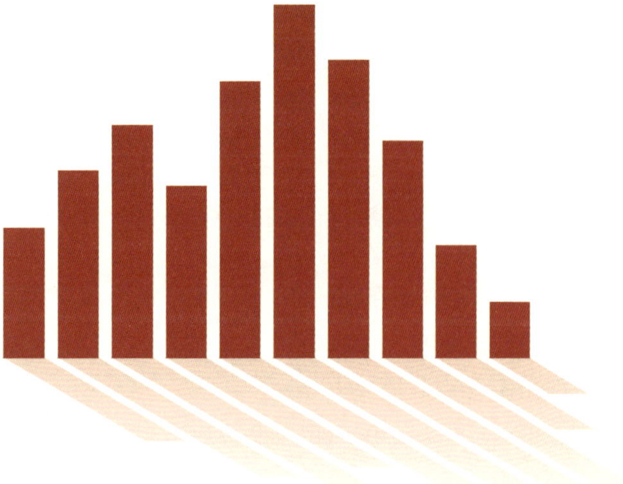

西南财经大学出版社
四川·成都

图书在版编目(CIP)数据

货币金融学/翁舟杰编著.—3 版.—成都:西南财经大学出版社,2024.2
(2025.8 重印)
ISBN 978-7-5504-6053-9

Ⅰ.①货… Ⅱ.①翁… Ⅲ.①货币和银行经济学—高等学校—教材
Ⅳ.①F820

中国国家版本馆 CIP 数据核字(2024)第 023358 号

货币金融学(第三版)
HUOBI JINRONGXUE

翁舟杰 编著

策划编辑:陈进栩 何春梅
责任编辑:何春梅
责任校对:肖 翀
封面设计:墨创文化
责任印制:朱曼丽

出版发行	西南财经大学出版社(四川省成都市光华村街 55 号)
网 址	http://cbs.swufe.edu.cn
电子邮件	bookcj@swufe.edu.cn
邮政编码	610074
电 话	028-87353785
照 排	四川胜翔数码印务设计有限公司
印 刷	四川五洲彩印有限责任公司
成品尺寸	210 mm×285 mm
印 张	26.25
字 数	636 千字
版 次	2024 年 2 月第 3 版
印 次	2025 年 8 月第 3 次印刷
印 数	8001—10000 册
书 号	ISBN 978-7-5504-6053-9
定 价	59.00 元

第三版修订说明

2022 年 10 月，中国共产党第二十次全国代表大会胜利召开，习近平总书记在会上作了报告。党的二十大报告为金融改革发展指引了方向，报告指出："深化金融体制改革，建设现代中央银行制度，加强和完善现代金融监管，强化金融稳定保障体系，依法将各类金融活动全部纳入监管，守住不发生系统性风险底线。健全资本市场功能，提高直接融资比重。加强反垄断和反不正当竞争，破除地方保护和行政性垄断，依法规范和引导资本健康发展。"

在党的二十大精神的指引下，2023 年我国金融改革措施密集出台、统筹推进，主要包括：全面启动股票发行注册制改革；组建中央金融委员会和中央金融工作委员会，不再保留国务院金融稳定发展委员会及其办事机构；不再保留中国银行保险监督管理委员会（下称"银保监会）"，在银保监会基础上组建国家金融监督管理总局；统筹推进中国人民银行分支机构改革，撤销中国人民银行大区分行及分行营业管理部、总行直属营业管理部和省会城市中心支行，在 31 个省（自治区、直辖市）设立省级分行；深化地方金融监管体制改革，建立以中央金融管理部门地方派出机构为主的地方金融监管体制；等等。

2023 年 10 月，中央金融工作会议在北京举行，习近平总书记做了重要讲话，科学回答了金融事业发展的一系列重大理论和实践问题。中央金融工作会议强调必须坚持党中央对金融工作的集中统一领导，坚持以人民为中心的价值取向；强调坚定不移走中国特色金融发展之路，加快建设中国特色现代金融体系。

为了尽快把党的二十大精神、中央金融工作会议精神以及近期金融改革反映到教材中，教材的修订工作刻不容缓。本次再版，主要对以下内容进行了修订、补充与更新，具体包括：

一、章节内容修订

本次修订对全书正文内容进行了较多修正和完善，特别是以下章节：

1. 对第四章进行了少量修改和完善。

2. 对第七章进行了少量修改和完善。

3. 对第八章进行了一定的修订，特别是对其中的“股票发行制度”等章节内容进行了修改或完善。

4. 对第九章进行了少量修改和完善。

5. 对第十章进行了一定的修订，特别是对其中的“金融机构的类型”“我国及其他国家金融结构的基本特征”以及“交易成本和信息不对称如何影响金融结构”等章节内容进行了修改或完善。

6. 对第十一章进行了少量修改和完善。

7. 对第十三章进行了一定的修订，特别是对其中的“金融监管体制、框架和监管措施”“我国金融监管体系”等章节内容进行了修改或完善。

8. 对第十四章进行了一定的修订，特别是对其中的“中国人民银行的结构”等章节内容进行了修改或完善。

9. 对第十五章进行了一定的修订，特别是对其中的“存款货币的创造过程”等章节内容进行了修改或完善。

10. 对第十八章进行了一定的修订，特别是对其中的“货币政策传导机制”等章节内容进行了修改或完善，并且新增了一节专门讨论货币政策与财政政策的配合。

二、“案例”和“拓展”增补

本次修订新增了如下“案例”和“拓展”：

案例 8-1　全面实行股票发行注册制改革正式启动——访中国证监会有关负责人

案例 9-1　美国西南航空公司航空燃料套期保值的成败

拓展 11-2　我国商业银行资本监管要求

案例 11-1　利率风险与英国诺森罗克银行挤兑事件

案例 13-1　美国硅谷银行倒闭事件

拓展 13-5　中共中央 国务院印发《党和国家机构改革方案》(节选)

拓展 18-1　我国央行票据发展历程和作用

拓展 18-2　存款准备金利率

本次修订删除了如下“案例”：

案例 13-1　英国诺森罗克银行挤兑事件

案例 19-2　货币改革的失败——金圆券的崩溃

三、新增“阅读资料推荐”

本次修订新增了“阅读资料推荐”板块，在每一章的末尾以二维码的形式列出了若干篇有助于更深入理解或拓展该章教学内容的阅读资料，促进本书学习者能够更为密切地理论联系实际，提升分析金融问题的能力以及培养开展金融学术研究的能力。

四、数据资料更新

本次修订对全书相关数据或资料更新至最新，主要包括银行、证券、保险、信托等金融业总量数据，重要金融机构的财务数据，国债收益率、利率、汇率等金融市场数据以及其他相关数据或资料。

本教材力求“理论扎实、逻辑缜密、案例经典、行文出色”，坚持不懈致力于“紧扣中国金融实际讲述金融理论和知识，紧扣中国经济成就讲述中国金融故事”。为了写好这本教材，并力争成为一本经典的教材，我近年来一直把教材编写作为自己的重点工作，为此投入了大量的时间和精力。潜心钻研于把以往很多教材没有说清楚或者不够清楚的知识点梳理清楚，潜心致力于把自己多年来对“货币金融学”这门课程相关知识的教研心得和积累全部毫无保留地反映在教材中，包括不少具有原创性的对经典理论、模型或知识点的进一步演绎或补充，并力求以尽可能有利于学习或教学的方式体现在教材中。功到自然成，本教材自2021年7月首版以来，已被国内众多高校作为“金融学”和“货币金融学”课程的指定教材，受到了师生们的广泛好评，得到了同行和专家的有力支持和有益反馈，衷心感谢大家的支持！我定加倍努力！

翁舟杰

2023年12月

于西南财经大学

第三版第 2 次印刷说明

本次印刷更新了教材中的部分数据或资料至最新，并新增了如下“案例”和“拓展”：

案例 2-2　中国人民银行第四次调整 M2 统计口径

案例 3-1　优化金融结构助推新质生产力

拓展 4-5　期限 20 年以上息票债券到期收益率的估算

拓展 7-1　名义利率、实际利率与汇率变动

翁舟杰

2024 年 10 月

前言

金融在现代经济中处于核心地位。改革开放的总设计师邓小平指出："金融很重要，是现代经济的核心。金融搞好了，一着棋活，全盘皆活。"习近平总书记多次在主持中共中央政治局集体学习中强调："金融是现代经济的核心。""金融是国家重要的核心竞争力。""金融活，经济活；金融稳，经济稳。经济兴，金融兴；经济强，金融强。"正是因为金融是现代经济的核心，因此，金融领域的重大变化往往深刻影响着经济的变化，同时经济的重大变化也总是在金融领域有显著体现。

货币金融学是一门以货币与货币制度、金融市场与金融机构、货币理论与货币调控为研究对象的课程。货币金融学是我国金融专业本科生的基础课程与核心课程，也是经济类其他专业的基础课程。通过学习货币金融学，学生可以获得货币、金融市场、金融机构以及宏观调控等方面的知识，从而为学习其他财经专业课程打下扎实基础。

目前国内外货币金融学教材不少，但均存在不同程度的不足。国外教材的知识架构相对完善，知识点探讨相对深入，但完全以西方金融体系为依归的教材显然无法满足我国本科教育要求。国内教材虽然能联系中国实际，但大多落后于我国金融改革和实践，均不同程度表现出内容的滞后性。近年来，我国在金融领域的举措和成就举世瞩目，如利率市场化、人民币国际化、金融业对内对外开放、国有商业银行改革、多层次资本市场构建、普惠金融体系建设、政府安全网构建、金融科技的稳步推进等，这些举措和成就理应反映在教材中。这就要求作为财经类基础课程教材的《货币金融学》不仅要系统介绍相关理论知识以及国内外发展概况，同时还要深入反映我国金融经济改革的重要举措，总结我国金融经济发展的重要经验和取得的重大成就。正是基于这种考虑，西南财经大学货币金融学课程组（2010 年被评为国家级教学团队）经过反复讨论，并征求多方意见，在多年教学经验的基础上编写了这本教材。

本教材在内容安排上分为 4 篇，共 19 章，分别为货币与金融体系概览篇——主要涵盖课程导论、货币与货币制度、金融体系概览等；金融市场篇——主要涵盖利率理论、汇率理论、股票市场、金融衍生工具等；金融机构篇——主要涵盖金融机构概览与金融结构的经济学分析、商业银行业务与管理、非存款类金融机构、金融监管体系等；货币理论与货币政策篇——主要涵盖中央银行、货币供给与货币需求、货币政策与传导机制、通货膨胀与通货紧缩等。本教材在编写过程中，特别注重处理好以下三个关系：

一是处理好理论与实践的关系。货币金融学既是一门有着内在逻辑的理论学科，也是一门对实践有着很强指导性的实践学科。我们处理理论和实践的关系的做法是，在系统介绍成熟理论的同时，描述和介绍国内外金融实践情况，特别是中国近年来金融改革的最新动态和成就。

二是处理好金融的过去、现在和未来的关系。金融的过去是现在的基础，未来是现在的发展。在教材编写过程中，我们立足于现在，但同时也对过去进行回顾，这既是历史观的体现，也是让学生把握金融理论和实践演进脉络的需要。同时，我们也注重对未来的前瞻性展望，特别是密切关注中国金融改革进程中表现出的开放和创新理念以及未来我国金融改革与发展的新动向。

三是处理好引进与本土化的关系。西方的许多金融理论是总结西方国家多年来的金融实践经验而得出的，同时西方教材在体系设计上也有一定的合理性和科学性，这都是本教材在编写过程中注意吸收的部分。但是，考虑到国内外金融环境、金融制度的差异以及我国在金融领域的伟大实践和理论贡献，完全照搬西方教材将不利于中国实践和中国经验的体现，也不利于学生了解中国金融的改革发展成就和理论贡献，因此我们在编写的教材中对本土化予以了高度重视和充分体现。

本教材基于西南财经大学货币金融学课程组多年教学实践并借鉴相关优秀教材而形成。本教材适合作为财经专业本科生特别是金融专业本科生的教材，也可以作为金融专业研究生以及金融机构从业人员的参考书。

本教材由翁舟杰负责大纲的拟定、结构和内容的确定以及最终统稿和审定。参加编写的人员包括：翁舟杰、阮小莉、许坤、周丽晖、莫建明、欧阳勇、陈懋龙、傅立立、刘亚辉、王锦阳、唐莹、李凤、董青马、戴艳萍、马如静、万晓莉、尚玉皇、黄宇虹。限于编写人员的水平，书中的疏漏和错误在所难免，望专家、读者指正。

本教材的编写得到了西南财经大学金融学院、中国金融研究院、教务处等部门的大力支持，教材的出版得到了西南财经大学出版社的大力支持，我们对此表示由衷的感谢。

翁舟杰

2021 年 3 月

于西南财经大学

配套资源

本教材提供丰富的配套数字资源和教辅材料，帮助学生更好地学习本课程，帮助教师更有效地实施本课程教学。

◆ 配套线上学习数字资源

本教材配有线上学习视频、课件、阅读资料，以及在线练习等数字资源，以供学生和教师深入学习或高效教学。相关数字资源可访问由翁舟杰主讲的在中国大学 MOOC 平台和学堂在线平台上线的货币金融学慕课。

◆ 配套练习册和案例资料

本教材配有《〈货币金融学〉习题精练》《货币金融学课程思政案例集》等教辅材料，建议学生和教师配套学习或使用。

知识结构导图

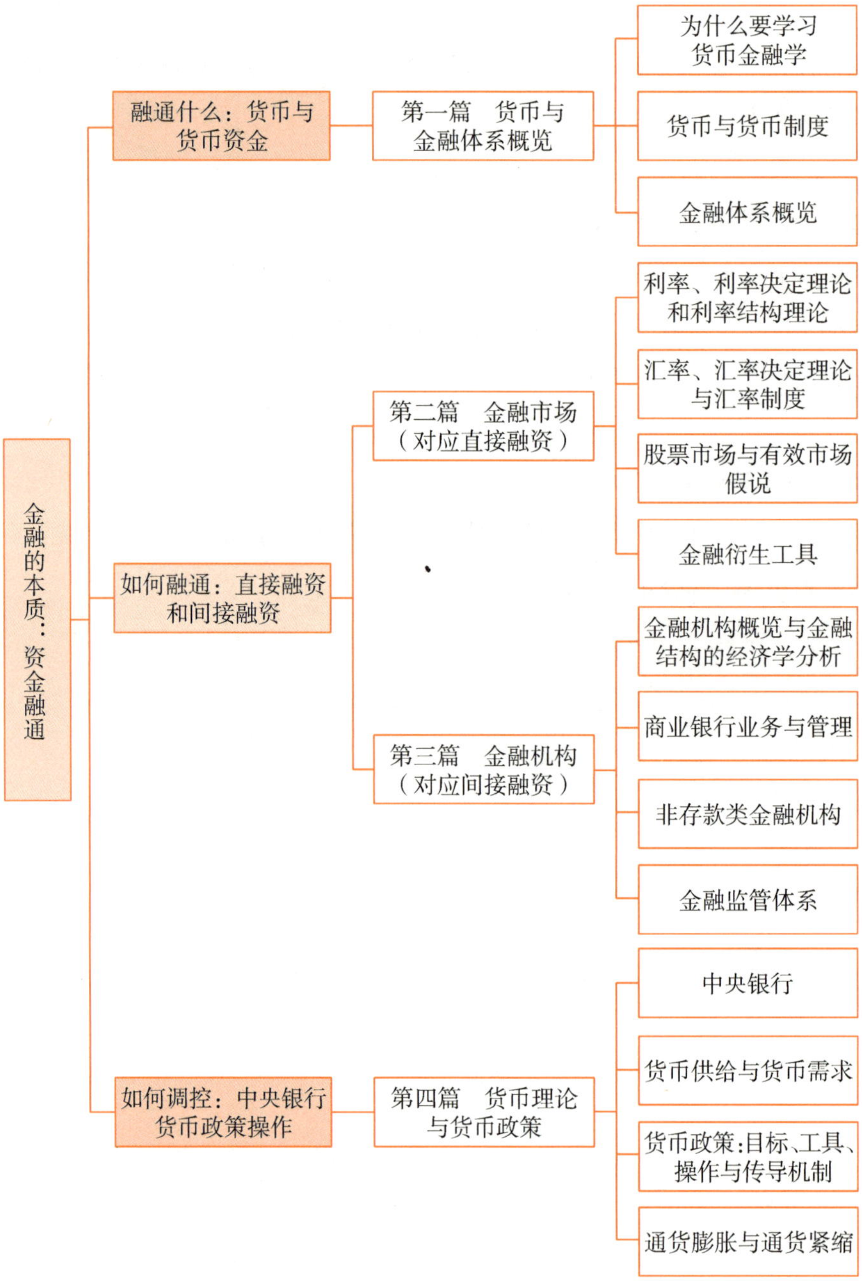
金融的本质：资金融通
融通什么：货币与货币资金
第一篇　货币与金融体系概览
为什么要学习货币金融学
货币与货币制度
金融体系概览
如何融通：直接融资和间接融资
第二篇　金融市场（对应直接融资）
利率、利率决定理论和利率结构理论
汇率、汇率决定理论与汇率制度
股票市场与有效市场假说
金融衍生工具
第三篇　金融机构（对应间接融资）
金融机构概览与金融结构的经济学分析
商业银行业务与管理
非存款类金融机构
金融监管体系
如何调控：中央银行货币政策操作
第四篇　货币理论与货币政策
中央银行
货币供给与货币需求
货币政策：目标、工具、操作与传导机制
通货膨胀与通货紧缩

目录

第一篇　货币与金融体系概览

第二篇　金融市场

第四篇　货币理论与货币政策

注：目录和内文中，标题带“*”的内容为选学内容。

PART 1

第一篇 货币与金融体系概览

第一章　为什么要学习货币金融学

学习目标

本章主要介绍货币金融学的由来、货币金融学考察和研究的内容以及通过分析金融的重要性来阐明本课程的重要性等内容。学完本章，你应该对货币金融学有个基本的轮廓，明白货币金融学的课程地位、课程架构和课程所涵盖的主要内容。

第一节　货币金融学是一门什么样的课程

货币金融学(the economics of money and finance）是一门既研究货币，又考察金融体系的课程。货币金融学不仅是高等学校经济类专业本科生的学科基础课，更是金融类专业本科生的核心课程。货币金融学课程作为经济学的一个重要组成部分，在内容上以金融的四大支柱——**货币、金融市场、金融机构、金融调控**为主线展开。课程体系以货币与货币制度的产生和发展为起点，以金融市场运行、金融机构运营、货币理论和货币政策操作为重心，揭示金融的运行规律、运行机制、制度安排等。通过本课程的学习，同学们将掌握货币与货币制度、利率与汇率、金融市场与金融机构、货币理论与货币政策等金融基础知识和理论，深入理解金融体系的构成和运行原理及规律，搭建起良好的金融知识架构，初步具备理解并分析金融问题的能力。

一、货币金融学的由来

为了更好地学习这门课程，同学们有必要简要了解货币金融学的由来。长期以来，考察货币及其替代品的变化对整个经济所产生的影响一直是经济学中最具挑战性的领域之一。在古典经济学阶段，当时流通中的货币主要是以贵金属为代表的实物货币，现代意义上的银行业和金融体系远未建立，在这种情况下，对货币和经济的关系考察主要被包含在经济学中。20 世纪 30 年代，“凯恩斯革命”引致的现代宏观经济学（macroeconomics）诞生后，专门以与货币有关的宏观经济现象为研究对象，阐述货币的运行对经济发展的影响，阐述货币、商品和价格之间关系的货币经济学（monetary economics）逐步脱离经济学独立出来。到了 20 世纪中叶，由于银行业在经济中变得越来越重要，研究货币的流通运行规律再也不能抛开银行这一掌控流通中大量货币发行的金融机构，于是货币经济学开始向货币银行学（the economics of money and banking）过渡，而研究内容也在货币经济学的基础上加入了关于银行运行、管理等方面的内容。

在 20 世纪中期以前，货币经济学和货币银行学在考察和研究货币化的经济行为时，都是主要关注以短期资金融通为主的货币市场。然而到了 20 世纪 60 年代，债券、股票等金融产品日渐丰富，并且它们的收益率远远高于银行利率。同时，随着企业的融资结构从短期融资向长期融资转变，在现代科技特别是通信技术以及计算机和互联网不断发展进步的帮助下，以长期融资为主要目的的金融市场获得空前的扩张机遇。此时，在激烈的竞争条件下，不论是银行还是非银行的金融机构都努力创造出一系列类似于活期存款或能迅速转化成活期存款的金融产品，这些被称为“准货币”的金融产品再次对传统意义上货币存量的计量和考察提出挑战。不仅如此，各类金融机构的竞争也动摇了银行作为主要甚至唯一的流动负债提供者的优势地位，使银行与其他非银行金融机构之间的界限变得模糊。直到今天，这种以金融创新为标志的体系性变化还在继续。因此，单纯地考察货币和银行已经不再能够把握和适应目前和未来的经济状况和发展。在这种情况下，要系统而完整地研究和考察货币运行规律以及其对经济的影响，就必须把整个金融体系纳入考察范围。因此，一门以货币、金融市场和包含银行在内的所有金融机构为主要研究对象的金融学科的重要基础课程——货币金融学就相应形成了。

二、货币金融学考察和研究的内容

从货币金融学产生、发展的过程来看，货币金融学主要以宏观经济学为理论基础，是宏观经济学的货币演绎，主要研究宏观经济学中与货币相关的内容，侧重于宏观金融领域。货币金融学考察和研究的内容主要包括：其一，对货币和货币制度进行梳理和研究是货币金融学的基础，其内容主要涵盖货币功能、货币形式和货币制度等相关知识和理论；其二，围绕货币资金融通中的直接融资方式，对与直接融资相关的金融市场运行进行考察和研究，其内容主要涵盖利率、汇率等金融市场重要价格指标以及金融市场运行等相关知识和理论；其三，围绕货币资金融通中的间接融资方式，对与间接融资相关的金融中介机构——特别是商业银行进行考察和研究，其内容主要涵盖商业银行业务和风险管理等相关知识和理论；其四，对货币与经济相互影响、相互作用的关系进行考察和研究，其内容主要涵盖货币供给、货币需求与货币调控等相关知识和理论。

总之，梳理和研究货币和货币制度是货币金融学的基础，对货币资金融通所涉及的金融市场和金融中介机构进行考察和研究以及对货币供求和货币调控等相关理论进行研究是货币金融学的重要内容。简言之，**“货币→货币资金融通→货币供求与调控”是一条重要的贯穿课程的主线。**

三、货币金融学与相似课程的区别

在其他所有金融相关课程中，比较容易与货币金融学混淆的课程主要有金融经济学和货币银行学。

金融经济学（financial economics）作为经济学的重要分支，旨在研究金融市场中资源的分配与运用。它以微观经济学为基础，综合考察时间、不确定性、机会成本和信息等因素对于投资决策的影响。从研究目标来看，金融经济学以解决企业或个体的融资需求为主要目的；从研究对象来看，金融经济学主要考察企业或个体在金融市场中的决策和行为；从研究框架来看，金融经济学是从企业或个体效用最大化出发，试图通过对企业或个体的最优化投资、融资行为以及资本市场的结构和运行方式的分析，去考察跨期资源配置的一般制度安排方法和相应的效率问题。显然，金融经济学的研究领域和微观经济学有相当的类似，主要侧重于微观金融领域，这与侧重于宏观金融领域的货币金融学有显著的差别。

与金融经济学不同的是，货币银行学（the economics of money and banking）的课程范畴与货币金融学有很大的共同之处。货币银行学是研究货币流通和金融体系运行一般规律以及两者与经济发展之间关系的理论与实践相结合的课程。货币金融学则是在货币银行学的基础上发展出来的一门课程，其中很多研究对象、研究方法与货币银行学都没有差别，甚至两门课程的最终目的都是揭示货币运动以及货币与经济相互影响的一般规律。但是货币银行学与货币金融学的课程范畴还是有差异之处的，正如两门课程的名称差异所告诉我们的一样，前者在对金融体系的考察方面是把银行作为主要研究对象，后者所涵盖的面则更为宽泛。在今天的金融体系中，显然银行业的地位已经受到来自金融市场和其他非银行金融机构的双重冲击，并且伴随着金融创新和金融科技的广泛应用，银行业地位受到的挑战日趋严重。根据这种现状和未来的发展趋势，我们显然有必要把包括证券市场在内的金融市场和包括信托、保险等非银行金融机构在内的金融机构一同纳入考察范围，这就扩充了货币银行学的课程范畴并形成了货币金融学。

第二节　金融的重要性

在开始学习货币金融学之前，我们首先对金融的重要性做一初步介绍。同学们只有对金融重要性有了一定的体会，才能深刻理解本课程的重要性。

一、宏观层面

改革开放的总设计师邓小平指出："金融很重要，是现代经济的核心。金融搞好了，一着棋活，全盘皆活。"由此可见金融的重要性。习近平总书记强调："金融是现代经济的核心。""金融是国家重要的核心竞争力。""金融活，经济活；金融稳，经济稳。经济兴，金融兴；经济强，金融强。""经济是肌体，金融是血脉，两者共生共荣。"① 习近平总书记的这些重要论述，辩证地指出了金融与经济的关系以及金融在经济中的核心地位。

从国际经济层面来看，当今世界，国与国的博弈特别是大国之间的博弈大多集中在经济领域，特别是与国际贸易、汇率等相关的金融领域。通过金融领域的博弈，一个国家对另一个国家的损害甚至不亚于一场战争，国际金融博弈完全可以被称为"无形的战争"，由此可见金融的重要性。

案例 1-1

美日贸易战与广场协议

美日贸易战肇始于 20 世纪 60 年代，激化于 20 世纪 70 年代，高潮于 20 世纪 80 年代，基本上跟日本制造业的重生、崛起、鼎盛三个阶段相契合。1960—1990 年，美日之间爆发了多次贸易纠纷。具体来看，第二次世界大战后，日本在经过十年左右的战后经济恢复阶段后，进入了经济高速增长阶段（1950—1970 年）。1968 年，日本的国民生产总值超过联邦德国，日本成为仅次于美国的资本主义世界第二号经济大国。伴随着经济的高速增长，日本制造业全面崛起，大量的纺织品、钢铁、家电、汽车等商品出口到美国。20 世纪 80 年代初期，美国财政赤字剧增，对外贸易逆差大幅增长。美国希望通过美元贬值来增加产品的出口竞争力，以改善美国国际收支不平衡的状况。

1985 年 9 月 22 日，美国、日本、联邦德国、法国以及英国的财政部部长和中央银行行长在纽约广场饭店举行会议，达成"五国政府联合干预外汇市场，诱导美元

① 资料来源：中国共产党新闻网 http://cpc.people.com.cn/xuexi/n1/2019/0226/c385474-30901903.html

对主要货币的汇率有秩序地贬值，以解决美国巨额贸易赤字问题”的协议。因协议在广场饭店签署，故该协议又被称为“广场协议”（Plaza Accord）。广场协议签订后，上述五国开始联合干预外汇市场，在国际外汇市场大量抛售美元，继而形成市场投资者的抛售狂潮，导致美元持续大幅度贬值。1985 年 9 月，美元兑日元在 1 美元兑 250 日元上下波动，协议签订后不到三个月的时间里，美元迅速下跌到 1 美元兑 200 日元左右，跌幅 20%。在这之后不到三年的时间里，美元对日元贬值了 50%，也就是说，日元对美元升值了一倍。广场协议后，受日元升值影响，日本出口竞争力备受打击。

纵观日本经济几十年的发展，1985 年的广场协议是一个转折点。日本从 20 世纪 80 年代中后期开始，随着泡沫经济的破灭，陷入了长达十年的经济停滞，即“失落十年”（The Lost Decade）。从高速增长到长期停滞，日本的发展经历为那些雄心勃勃致力于经济起飞的新兴国家提供了一个不可多得的反面教材。有分析指出，当时日本经济衰退的原因虽然是多方面的，但广场协议是其中的重要原因之一。

从国内经济层面来看，一国经济的发展会受到经济周期的影响，在不同的经济状态下，国家需要运用不同的宏观经济政策对其加以干预。比如在经济萧条时使用扩张性的政策来刺激经济，在经济繁荣特别是过热时使用紧缩性的政策来为经济降温。宏观经济政策主要包括财政政策和货币政策等，其中货币政策属于与金融密切相关的政策。通过包括货币政策在内的宏观经济政策的综合运用，国家能够有效确保经济平稳健康运行，由此可见金融的重要性。

拓展 1-1

经济周期与宏观经济政策

经济周期（business cycle）也称商业周期、商业循环、景气循环，是指经济运行中周期性出现的经济扩张与经济紧缩交替更迭、循环往复的一种现象。

经济周期是市场经济条件下一种固有的现象，一般可以分为复苏、繁荣、衰退、萧条四个阶段。一般来说，复苏阶段开始时是前一周期的最低点，产出和价格水平均处于最低水平，随着经济的复苏，生产的恢复和需求的增长，产出和价格水平也开始逐步回升；繁荣阶段是经济周期的高峰阶段，投资、消费等需求的不断扩张超过了产出的增长，刺激价格水平迅速上涨到较高水平；衰退阶段出现在经济周期高峰过去后，经济开始滑坡，由于需求的萎缩，供给大大超过需求，价格水平迅速下跌；萧条阶段是经济周期的谷底，供给和需求均处于较低水平，价格水平也处于低水平上。

宏观经济政策（macroeconomic policy）是指国家或政府对整个国民经济进行宏观调控的政策，是国家或政府为了达到物价稳定、经济增长、充分就业、国际收支平衡等宏观经济政策的目标，为增进经济福利而制定的解决经济问题的指导原则和措施。宏观经济政策主要包括财政政策和货币政策，但严格地说，还包括产业政策、收入分配政策和对外经济政策等。宏观经济政策的理论基础是凯恩斯主义经济学的总需求决定国民收入的理论，凯恩斯主义主张政府应该根据当前的经济形势采取相应的经济政策来消除经济的波动：当经济萧条时，采取扩张性财政政策和扩张性货币政策刺激总需求；当经济过热时，采取紧缩性财政政策和紧缩性货币政策减少总需求。这也就是采用逆经济风向行事的相机抉择的需求管理政策。

二、微观层面

金融在微观层面的重要性由金融所具有的功能决定，金融主要有如下功能：跨越时空转移资源、管理风险、支付结算、聚集资源和分割股份、提供信息、解决激励问题等。金融所具有的这些功能与我们的生产、生活密切相关，无论是投资创业、企业营运，还是买房置业、家庭理财等，无不与金融息息相关，因此金融在微观经济层面的重要性是不言而喻的。

拓展 1-2

金融知识与家庭理财

您可能是一名在读的大学生或刚毕业的大学生，正在描绘着属于自己的未来美好生活梦；您可能是初为人父母的年轻爸爸妈妈，正在为孩子未来的生活和教育绞尽脑汁；您可能是一位面临退休的老工人，正在为退休后的生活发愁。不论您处于何种人生阶段，您都需要和钱打交道，都要面临如何计划收支、如何进行投资、如何让自己老来无忧、如何让子女享受更好的教育等一系列问题，您都需要学习一些金融的基础知识和技巧。

家庭理财就是学会合理地打理和运用资产，有效地安排个人或家庭支出，在满足正常生活所需的前提下，进行正确的金融投资，购买适合自己的各种金融产品，最大限度地实现资产的保值和增值。家庭理财需要全面考察家庭收支状况、资产财务情况后，根据家庭风险承担能力、家庭成员的人生偏好以及不同阶段的家庭需求，确定家庭理财目标，选择合适的金融产品，制订合理的家庭投资理财方案，这些无不需要具备一定的金融知识。科学合理的理财，可以让我们避免无谓的浪费，增加家庭财富，储备家庭财力，过上更加富裕的生活。

【摘编自中国经济网-家庭理财“六原则”】

第三节　如何学习货币金融学

货币金融学的学习方法与其他课程并无显著差别，比如必要的课前预习和课后复习、适当的习题练习和文献阅读等，但作为一门兼具理论性和实践性的金融学科基础课程，货币金融学在学习方法上依然有一些需要我们特别注意的地方。

首先，从货币金融学产生和发展的历史以及课程架构和内容来看，要真正掌握这门课程的内在逻辑和未来发展趋势，并在本课程的学习中有大的收获，同学们必须对国内外经济体系特别是金融体系的发展演变有一个概貌性的把握，对重要的经济事件、金融事件有一个较为深入的了解，这就要求同学们阅读和掌握一些经济史和金融史方面的知识。

其次，货币金融学是一门与实践联系非常紧密的课程，同学们应该将所学的理论知识与经济现实结合起来，通过学以致用培养自己分析问题和解决问题的能力。这就要求同学们养成每日浏览财经门户网站，定期浏览我国中央银行即中国人民银行以及国家金融监管管理总局、中国证券业监督管理委员会等监管部门网站的习惯，并用所学的理论知识深入思考财经问题、分析财经政策等。

最后，货币金融学是一门偏宏观的课程，宏观经济学本身就存在着不同的理论流派，且对某些问题的认识并无定论，货币金融学中的某些理论或模型同样存在着类似问题，对此我们鼓励同学们可以有对所学理论或模型进行一定的拓展甚至质疑的精神。通过自己的拓展或质疑，进一步加深对理论或模型的理解，甚至为理论或模型的进一步完善做出自己的贡献。

本章重点回顾

- **货币金融学的由来**

  货币经济学→货币银行学→货币金融学

- **货币金融学考察和研究的内容**

  货币和货币制度；金融市场；金融中介机构；货币供求和调控

- **金融的重要性**

  宏观层面和微观层面的重要性

- **如何学习货币金融学**

  除了学习教材还需要：了解经济史和金融史，关注经济新闻和事件，拓展和质疑精神

课后思考和练习题

1. 货币金融学考察和研究的内容主要包括哪些?
2. 金融为什么重要?谈谈你的理解。

阅读资料推荐

习近平谈金融经济:经济是肌体,金融是血脉,两者共生共荣. 中国共产党新闻网,2019 年 2 月 22 日

http://cpc.people.com.cn/xuexi/n1/2019/0226/c385474-30901903.html

第二章 货币与货币制度

学习目标

本章主要介绍货币的定义和职能、货币形式的演进、货币的本位制度以及货币层次的划分等内容 。学完本章，你应该掌握如下内容：

- 货币职能的具体内容。
- 货币形式是如何演进的。
- 货币的本位制度以及不同本位制度的内在差异。
- 货币层次划分依据以及具体是如何划分的。
- 理解金融创新对货币层次划分的影响。

货币是商品经济的必然产物，并伴随着商品经济的发展而发展。在现代社会中，货币已经成为人们生活中不可或缺的东西。但什么是货币，货币在我们的经济生活中发挥什么样的作用、具有什么职能，货币制度是怎样的，都是需要深入研究的问题。本章从货币与商品经济的关系开始，探讨货币的定义和职能、货币形式的演进和本位制度、货币层次的划分等。

第一节 货币的产生与定义

一、货币的产生

货币不是从来就有的，**货币是商品交换长期发展的产物**。在原始社会末期以前的漫长历史中，没有商品交换。随着生产力的发展，出现了社会分工和私有制，于是也就产生了商品交换。

最初的商品交换是偶然的剩余劳动产品的交换，是物与物的交换。随着生产力和社会分工的发展，物物交换的范围不断扩大，参加交换的商品种类不断增多，并且一种商品能经常同多种商品相交换。这时，物物交换的局限性也越来越明显，因为物物交换要求**"需求的双重巧合"**——交易双方拥有对方所需要的商品并且有意愿进行交换。人们从长期的交换实践中逐渐认识到：如果有一种人们都乐意接受的商品，作为交换自己所需要的商品的媒介，物物交换的缺点也就可以克服了。这种能与各种商品相交换的商品就是**一般等价物**。用什么商品充当一般等价物，不同地区、不同时期都不一样，这种情况客观上不利于商品经济的发展。**当一般等价物集中到贵金属金银上，或者说金银固定地充当一般等价物时，货币也就产生了。**

总体来说，货币的产生经历了四个阶段：

◆ **个别的、偶然的物物交换。**在这一阶段，一种商品的价值偶然地通过另一种商品表现出来。

◆ **扩大的物物交换。**在这一阶段，一种商品的价值不是偶然地通过另一种商品表现出来，而是经常性地通过一系列商品表现出来。

◆ **一般等价物。**伴随着商品交换的进一步发展，逐渐从众多商品中分离出一种大家普遍愿意接受的商品，即一般等价物。

◆ **货币产生。**一切商品的价值都集中地、固定地表现在一种贵金属商品如金或银上。由于金银等贵金属具有质地均匀、便于携带、易于分割、利于保存等特点，它们成为理想的货币材料。由金银固定充当一般等价物，标志着货币的产生。正如马克思所说："金银天然不是货币，但货币天然是金银。"

二、货币的定义

由于货币在不同时期，存在的形式有所不同，因此，对货币的定义在不同时期也有不同侧重，目前还不存在一个简单、精确的货币的定义。

大多数经济学家把货币定义为任何一种被普遍接受的，可以用于支付购买商品和服务，或者偿付债务的物品。由纸币和硬币组成的通货显然符合这一定义，但如果把货币定义仅仅限定为通货，就显得过于狭隘了，因为银行活期存款同样能够用于购买商品或服务。此外，定期存款、储蓄存款也能够比较容易地转换为通货或活期存款用于支付活动，因此同样具备货币的功能。进一步地，甚至有价证券也具备同样的特性。

随着经济的发展，各种信用工具不断涌现，货币的界限也越来越模糊，因此需要从货币外延的角度来进一步阐释货币，并对货币进行层次划分。除此之外，为了更好地理解货币，我们也需要区分一些与货币有关的概念，以便对货币外延有更为准确的理解。

◆ **货币与通货**

通货（currency）是指处于流通中的货币，包括纸币和硬币，俗称“现钞”。通货是货币的一部分，货币不仅包括通货，还包括存款货币等。

◆ **货币与财富**

财富（wealth）是由各种资产所构成的，包括实物资产和金融资产。财富不仅包括货币，还包括诸如股票、债券、艺术品、房产、汽车等财产。

◆ **货币与收入**

收入（income）是指一段时间内的收益，是一个流量概念；而货币是指能够用于支付活动的通货、存款等，是一个存量概念。

◆ **货币与流动性**

流动性（liquidity）是指一种资产转化为现实购买力的能力，它由变现的难易程度和交易成本①所决定。一种资产越容易变现且变现过程中损失越少，这种资产的流动性就越强。货币具有流动性，流动性是货币的基本特征之一。

第二节　货币的职能

货币的职能通常概括为：价值尺度、流通手段、支付手段、贮藏手段和世界货币。其中，流通手段职能和支付手段职能统称为货币的交易媒介职能。

一、价值尺度

货币的价值尺度职能是指货币能用来衡量和表示不同商品或服务的价值，从而可以方便不同商品或服务进行价值比较。不同商品或服务之所以都可以用货币来衡量和表示，是因为它们都是劳动产品，都是人类无差别劳动的凝结。商品或服务的价值是由生产这种商品或服务的社会必要劳动时间决定的。不同商品或服务所耗费的社会必要劳动时间不同，因而价值不同，表现为用货币表示的商品或服务的价值即商品价格也不同。货币执行价值尺度职能时不需要现实的货币，给商品或服务标价的过程就是货币发挥价值尺度职能的过程。

二、流通手段

货币的流通手段职能是指以货币为媒介进行的商品或服务的交换。与物物交换不同，

① 交易成本（transaction cost）也称交易费用，即从事交易活动所耗费的成本。

货币执行流通手段职能表现为：人们为获得一项商品或服务就必须持有一定的货币，而为得到购买商品或服务的货币就必须出卖自己已有的商品或提供服务，简单概括就是“卖—货币—买”。

可以看出，作为价值尺度的货币与作为流通手段的货币不同。前者只是观念上的货币，在表示商品或服务价值时，并不需要用现实的货币；后者却必须要用现实的货币。虽然执行流通手段职能的货币必须是现实的货币，但它却可以是不足值的货币。只要人们普遍相信它代表一定价值量，它就可以很好地执行流通手段职能。如不足值的铸币和纸币，它们所代表的价值量都要大于其本身的价值，但它们之所以仍能流通，是因为其价值法定，它们所代表的价值量并不受其本身价值的影响。

三、支付手段

货币的支付手段职能是指在以延期付款形式买卖商品或服务时，货币作为独立的价值形式单方面运动所执行的职能。货币支付手段职能是货币流通手段职能的延伸。在执行流通手段职能时，商品和货币的交割是同时进行的，但在执行支付手段职能时，商品的交割发生在前，货币的支付则在未来某个特定时间进行。因此可以看出，货币支付手段职能的出现是信用关系发展的结果，只有当卖方给予买方到期支付的承诺以信任时，货币才承担支付手段的职能。

货币执行支付手段职能便利了商品交换的进行，一定程度上解决了因流动资金不足所造成的买卖脱节现象，促进了上游生产企业产品价值的实现。但同时货币执行支付手段职能需要有良好的社会信用环境作为基础，因为广泛采取赊销赊购方式进行商品买卖无疑会产生“债务链”现象，一旦链条中的某一个环节出现信用危机，产生支付困难，就会造成整个链条的中断，导致社会性的信用危机，那时的后果将是不堪设想的。

发挥支付手段职能的货币与发挥流通手段职能的货币一样，都必须是处于流通中的现实的货币。由于货币执行这两种职能往往是交错进行的，因此也可把货币的这两种职能统称为货币的**交易媒介**职能。

随着经济社会的发展，货币作为支付手段的职能扩展到了商品流通之外，如工资和各种劳动报酬以及赋税、租金等的支付，都是货币发挥支付手段职能的体现。

四、贮藏手段

货币的贮藏手段职能（或称价值储藏职能）是指货币暂时退出流通处于静止状态，作为财富的代表被储藏起来，即实现购买力的长期储存。当货币开始执行流通手段职能时，买、卖就开始分离，而支付手段职能的出现更是强化了这种分离。若人们获得货币后，在未来一个相当长的时期内都不进行消费，那么这部分货币就会暂时退出流通，执行贮藏手段职能。

现代货币并不是唯一的、最好的价值贮藏工具，实际上无论是股票、债券、基金等金融资产，还是土地、房产、艺术品、金银珠宝等实物资产，任何一种资产都具有价值储藏功能。由于这些资产的投资收益通常高于货币，或者这些资产不仅能够升值还能够提供诸如居住等各项服务功能，所以作为价值储藏手段，大多数资产都比货币更具优越性。既然作为贮藏手段，上述资产看上去比货币更有吸引力，那么为什么还有人愿意持有货币呢？这个问题的答案主要与流动性这个重要的经济学概念有关。前面已有介绍，流动性是指一种资产转化为现实购买力的能力。货币代表了现实或潜在的购买力，特别是现金和活期存款代表了现实的购买力，具有最强的流动性；其他资产相较于货币，在变现的过程中均可能产生价值折损并且可能涉及较高的交易成本。因此，人们选择货币作为价值储藏手段之一，且普遍地采用银行存款的方式来储存货币。

五、世界货币

货币的世界货币职能是指货币跨出一国国界，在世界范围内执行价值尺度、流通手段、支付手段和贮藏手段等职能。货币之所以会产生世界货币职能，是因为随着国际贸易的频繁化和其他国际交往的发展，货币跨国流通成为一种现实需求，货币已经成为国际交往中不可缺少的手段。历史上，黄金曾执行世界货币职能。在当今各国都使用信用货币的条件下，在国际交往中执行世界货币职能的主要有美元、欧元、英镑、日元和特别提款权等。

近年来，人民币的国际地位不断提高。经过 40 多年的改革开放，我国经济持续增长，对外贸易和交往达到了相当规模，在一些国家中，人民币已被当作“硬通货”被广泛接受。为进一步扩大对外经济联系，客观上要求进一步发展人民币的世界货币职能。人民币国际化是人民币发挥世界货币职能的主要表现，是指人民币能够跨越国界、在境外流通，成为国际上普遍认可的计价、结算及储备货币的过程。人民币的国际计价、国际贸易结算、国际投资和国际储备是人民币国际化的四大目标，我国正按照这些目标加速推进。尽管目前人民币的境外流通并不等于人民币已经国际化了，但人民币境外流通的扩大最终必然带来人民币的国际化，并使其成为世界货币。

第三节　货币形式的演进

货币是固定充当一般等价物的商品。历史上许多东西都充当过货币，不同的历史时期使用过不同的货币形式，且货币形式表现为由低级向高级不断演进的过程。货币形式演进的动因是交易效率的提高和交易成本的降低，这是决定未来货币形式发展趋势的一个重要因素。结合历史上出现过的货币形式，我们总结了对货币形式的三种不同的分类方法：

- 按币材的自然属性，货币分为实物货币、金银币和纸币。

◆ 按发行者的身份，货币分为私人铸币、国家铸币或银行铸币以及国家纸币。

◆ 按货币的实际价值与货币所代表的价值量之间的关系，货币分为足值货币和非足值货币。

结合以上三种分类方法，货币形式大致经历了**商品货币、代用货币、信用货币和电子货币**四个发展阶段。

一、商品货币

商品货币也称为“实物货币”，兼具商品和货币双重身份，执行货币职能时是货币，不执行货币职能时是商品。

人类最早的货币应该是身边的生活用品，如谷物和牛羊。当这些物品作为商品交换的交易媒介和价值的贮藏手段时，它们就开始履行货币职能了。但人们很快发现，谷物、牛羊等商品作为一般等价物有其自身的局限性。首先是不易分割，分割后其部分价值明显小于整体价值；其次是不易保存，所有实物都具有使用周期，牛羊等活物更是具有生命周期，一旦周期结束，价值基本随之消失，即使是处于周期之中，在不同的阶段其价值也有大有小；最后，在不同地区充当一般等价物的商品通常都各不相同，这无疑阻碍了跨区交易的进行，即使各地区使用同一种商品作为一般等价物，由于实物商品往往不便于携带，因而也不利于交易的进行。经过一段时间的摸索，人们很快发现金银是很好的一般等价物。马克思在考证了货币的早期发展历史后指出：金银由于具有价值高、易贮藏、易切割等优势，很快地取代了其他类型的一般等价物，成为货币的基本形式。

二、代用货币

代用货币是在贵金属货币流通的制度下，代替金属货币流通的货币符号。其本身价值低于货币价值，可以与所代表的金属货币自由兑换，所以其发行必须有足量贵金属作保证，以满足随时兑现的需要。如果没有贵金属作为准备，代用货币一文不值，会被逐出流通市场。

与金属货币相比，代用货币有以下优点：代用货币的印刷成本远低于铸币的制造成本；避免了金属货币在流通中的磨损，甚至有意的磨削；更利于保管、携带和运送。但同时，代用货币的发行量受贵金属准备的限制，不能满足经济发展的需要。随着金本位制的崩溃，代用货币也逐渐退出了历史舞台，被信用货币所取代。

三、信用货币

与代用货币相同，信用货币本身的价值也低于货币价值，但两者的不同之处在于，**信用货币不代表任何金属货币，它只是一种信用凭证，完全靠政府和银行信用而流通。**信用货币作为一种信用凭证，赋予持有者支取商品和服务的权利，凭借这种权利，持有者就能在特定范围内取得相应价值的商品或服务。

信用货币的稳定运行必须具备两个条件：一是人们持有对政府的信心，一国货币体系的崩溃往往与国家政权的风雨飘摇密切联系在一起；二是货币发行的立法保证，如果没有完善的法律保证，必将出现金融市场的混乱状况。

信用货币不与任何贵金属挂钩，不代表任何金属货币，完全靠政府和银行信用而流通。因此其表现出优异的可扩张性，能够满足经济贸易的需要，而弊端则是自始至终存在着通货膨胀的压力。

四、电子货币

在经济迅速发展的情况下，各经济主体之间的资金往来更加频繁，人们对更加便捷的支付方式的需求也与日俱增，而科学技术的发展为货币形式的创新创造了契机。概括地说，以计算机和互联网等技术为代表的现代科学技术在金融业的广泛应用，为金融业的业务扩张和经营管理提供了新的技术支撑，促进了金融创新的发展，降低了交易成本，也最终推动产生了作为金融技术创新成果之一的电子货币。

由于电子货币还在发展演进中，目前还未形成一个准确且权威的定义，使用较多的是巴塞尔委员会①于 1998 年发布的关于电子货币的定义。该定义指出电子货币是指在零售支付机制中，通过销售终端、不同的电子设备之间以及公开网络执行支付的“储值”和“预付支出机制”。所谓“储值”，是指保存在物理介质（硬件或卡介质）中可用来支付的价值。这种“介质”亦被称为“电子钱包”，当其储存的价值被使用后，可以通过特定设备向其续储价值。而“预付支出机制”，则是指存在于特定软件或网络中的一组可以传输并可用于支付的电子数据，通常被称为“数字现金”。作为支付手段，目前大多数电子货币不能脱离现金或存款，只是用电子化方法传递、转移，以清偿债务、实现结算。

讨论：
电子货币的利与弊。

根据上述定义，目前可被划归为电子货币的电子支付工具有很多。按照载体的不同，电子货币可以分为“卡基”电子货币和“数基”电子货币。

“卡基”电子货币的载体是各种物理卡片，包括银行卡、储值卡等，发“卡基”电子货币的机构包括银行等金融机构以及电信公司、大型商户和各类俱乐部等。消费者在使用这种电子货币时，必须携带特定的卡介质，电子货币的金额需要预先储存在卡中。“数基”电子货币完全基于数字的特殊编排，依赖软件的识别与传递，不需特殊的物理介质。消费者在使用这种电子货币时，只要能连接上网，电子货币的持有者就可以随时随地通过特定的数字指令完成支付。

“数基”电子货币的一种新发展是数字货币，数字货币基于公共区块链和计算机加密运算等技术，依托互联网开发并发行，典型代表有比特币（Bitcoin）、中国人民银行数

① 巴塞尔委员会亦称“巴塞尔银行监管委员会”，是 1974 年由十国集团中央银行行长倡议建立的一个由中央银行和银行监管当局为成员的委员会，主要任务是讨论有关银行监管的问题，被广泛视为银行监管领域的首要国际组织。成员方包括比利时、加拿大、法国、德国、意大利、日本、卢森堡、荷兰、瑞典、瑞士、英国和美国。巴塞尔委员会的办公地点设在国际清算银行的总部所在地瑞士的巴塞尔。

字货币（数字人民币）等数字加密货币。数字货币具有网络数据包的主要特征，这类数据包由数据码和标识码组成，数据码就是我们需要传送的内容，而标识码则指明了该数据包从哪里来、要到哪里去等属性。

基于数字货币的特性，中央银行发行数字货币的直接好处不仅是节约纸币发行、流通、结算成本，还增强了中央银行对资金的掌控能力。相较于纸币而言，数字货币具备发行成本更低、交易成本更低、可追踪、造假成本更高等优势。数字货币的“留痕”和“可追踪性”能够提升经济交易活动的便利度和透明度，洗钱、逃漏税等违法犯罪行为有望减少。同时，区块链技术的应用，将有望建立全国甚至全世界统一账本，让每一笔钱都可以追溯，甚至有可能实现在刷卡机上支付时自动扣税。因此，数字货币未来会是一种趋势。

拓展 2-1

比特币

比特币（Bitcoin）是一种数字货币，由计算机生成的一串串复杂代码组成，通过预设的程序制造。2008 年 11 月 1 日，一个自称中本聪（Satoshi Nakamoto）的人在一个隐秘的密码学评论组上贴出了一篇研讨陈述，论文描述了如何创建一套去中心化的电子交易体系，且这种体系不需要建立在交易双方相互信任的基础之上。很快，2009 年 1 月 3 日，他开发出首个实现了比特币算法的客户端程序并进行了首次“挖矿”(mining)，获得了第一批的 50 个比特币，这也标志着比特币的正式诞生。和法定货币相比，比特币没有一个集中的发行方，而是由网络节点的计算生成，谁都有可能参与制造比特币，而且可以全世界流通。也就说任何人都可以挖掘、购买、出售或收取比特币，可以在任意一台接入互联网的电脑上买卖，不管身处何方，并且在交易过程中外人无法辨认用户身份信息。

拓展 2-2

数字人民币

数字人民币（e-CNY），全称为中国人民银行数字货币，是由中国人民银行发行的数字形式的法定货币。中国是最早研究央行数字货币的国家之一，中国版数字货币项目称之为 DCEP，即数字货币和电子支付工具（Digital Currency Electronic Payment）。2014 年，中国人民银行成立法定数字货币研究小组；2016 年，成立数字货币研究所；2017 年末，经国务院批准，中国人民银行开始组织商业机构共同开展法定数字货币（数字人民币）研发试验；2020 年 1 月 10 日，央行发文称基本完成法定数字货币顶层设计、标准制定、功能研发、联调测试等工作。2020 年 4 月，中国人民银行公布了首批数字人民币试点地区，并在近年来不断扩大试点地区。

数字人民币与实物人民币一样是法定货币，是法定货币的数字形式，具有法偿性。定位上，数字人民币是M0（替代纸钞和硬币），而不是M1、M2（关于M0、M1、M2的含义见本章第五节）。数字人民币作为央行发行的法定货币，具体来看，具有以下特征：一是数字人民币具备货币的价值尺度、交易媒介、价值贮藏等基本功能，与实物人民币一样是法定货币；二是数字人民币是法定货币的数字形式，与实物人民币等值，数字人民币发行、流通管理机制与实物人民币一致，但以数字形式实现价值转移；三是数字人民币是央行对公众的负债，以国家信用为支撑，具有法偿性。

第四节　货币的本位制度

一、货币本位制度概述

货币本位制度是一个国家以法律形式确定的货币发行、流通的准则和规范，在内容上包括：规定本位货币和辅币的材料；确定货币单位；规定货币的发行程序和流通办法；确定发行准备和货币的对外联系。

本位货币是一国货币制度规定的标准货币，其特点是具有“无限法偿”的能力。用本位货币作为流通和支付手段，收款人或债权人不得拒绝接受。非本位货币不具有这种能力，当超过一定数量的非本位货币被用于流通和支付时，收款人或债权人可以拒绝接受，这被称为“有限法偿”。

货币单位通常是指一个单位的本位货币。它是一个尺度或一个标准，如中国目前的货币是人民币，人民币单位是“元”。在很多情况下，商品或服务的交换价格会出现低于一个货币单位或含有小数的情况。于是我们需要一个小于货币单位的流通手段完成现时的商品或服务的交易，这就出现了“有限法偿”的辅币。辅币的面值通常是本位货币的一个百分比。各国辅币的名称不一样，中国辅币的名称为“角”“分”；美国辅币的名称为“美分”；英国辅币的名称为“便士”。

货币本位制度的演进过程大致可以划分为两个阶段，即金属本位制度阶段和信用本位制度阶段。货币本位制度的演进如图2-1所示。

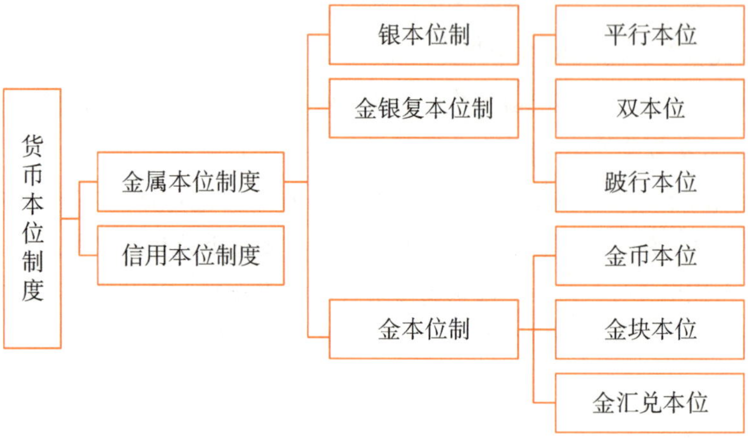

图 2-1　货币的本位制度演进

二、金属本位制度

❖ 银本位制

银本位制是近代最早实行的货币制度之一。15 世纪末，意大利人哥伦布发现了美洲，白银矿山的相继发现和白银生产技术的日益提高，使世界白银的产量猛增，为许多国家实行银本位制创造了条件。最早实行银本位制的国家有西班牙、墨西哥、秘鲁，后来西欧各国都相继采用了银本位制。在实行银本位制的国家，政府颁布法令规定：白银为币材，由政府的铸币厂铸造的银币为本位货币，在流通中具有无限法偿的能力；银币可以自由铸造、自由熔化；白银和银币可以自由输出与输入；纸币和其他货币可以自由兑换银币。银本位制盛行了三四百年，即从 16 世纪到 19 世纪。我国也是最早以白银为货币的国家。公元前 119 年，汉武帝时期便开始铸造银币，但由国家法律确认为一种货币制度，是在 1910 年（清宣统二年），该年四月清政府颁布了《币制则例》，正式确定我国实行银本位制。各国实行银本位制是顺乎时代潮流。但到了 19 世纪末，各国先后放弃了银本位制，而采取金银复本位制或金本位制（我国放弃银本位制较晚，时间为 1935 年 11 月），这是因为随着时间的推移银本位制产生了不少缺陷。

银本位制的主要缺陷是价值不稳。从欧洲的情况来看，这是因为哥伦布发现美洲后，大量的银被开采出来，特别是西班牙人在位于现在玻利维亚西南部的波托西省开采了天量的白银。随着世界白银的产量持续增加，白银的价格逐步下落，白银与黄金的比价持续下跌，使得银本位制的币值不稳、质重价轻的缺陷显露无遗。这种情况既不利于国内货币流通，也不利于国际收支，影响一国经济的发展，因而许多国家纷纷由银本位制过渡到金银复本位制。

❖ 金银复本位制

最早实行金银复本位制的国家是英国，1663 年英国铸造金币“尼基”与原来的银币“先令”并用。在实行金银复本位制的国家，政府颁布法令规定：金银为币材，以金银铸造的货币为本位货币，具有无限法偿的能力；金银可以自由铸造，自由熔化；金银和金银币可以自由输出、输入；纸币和其他货币可以自由兑换金银币。

在金银复本位制下，金币与银币必须有一定的比价。最初这种比价完全由市场价格确定，后来由政府规定。其比价完全由市场价格确定的金银复本位制称为“**平行本位制**”；其比价由政府规定的金银复本位制称为“**双本位制**”。导致“平行本位制”到“双本位制”的原因是金银市场的涨落，使得它们的比价不断波动。因为这种波动，从国内来说，必然使交易双方的某一方受害；从国际来说，必然使黄金、白银对流（国内银价高时，白银流入，黄金流出；相反，国内金价高时，黄金流入，白银流出），从而影响币值的稳定。金银复本位制中的“双本位制”在历史上存在了相当长一段时期，它是资本主义发展初期，即18—19世纪最典型的货币制度，因为实行“双本位制”与当时商品经济的发展相适应。后来，世界上白银供应激增，国际市场上银价日落，使得实行“双本位制”的国家银币充斥，金币减少。在这种情况下，政府不得不规定：金币可以自由铸造，银币不能自由铸造，将银币的铸造权完全收归政府以保持银币与金币的比价稳定。人们把这种金银复本位制称为“**跛行本位制**”。

金银复本位制有以下优点：以金银作币材，币材充足，能满足流通的需要；在双本位制下，金银比价由政府规定，能够“矫正”金银的市场价格，有利于金银币值的稳定；便于交易，人们可以根据交易额的大小，选择不同的货币支付。但是，**金银双本位制的缺陷是，会产生“劣币驱逐良币”的现象。**

“劣币驱逐良币”现象也称“格雷欣法则”（Gresham's Law），是指当一国同时流通两种实际价值不同而法定比价不变的货币时，实际价值高的货币（良币）必然要被熔化、收藏或输出而退出流通领域，而实际价值低的货币（劣币）反而充斥市场。所谓劣币就是实际价值低于名义价值的金属货币；所谓良币就是实际价值高于名义价值的金属货币。在等价交换的条件下，黄金与白银的实际价值表现在市场价格中，而名义价值则表现在政府规定的交换比例，即比价上。设市场价格为1∶16（一个单位的黄金换16个单位的白银）而政府规定的比价为1∶15（一个单位的黄金换15个单位白银），则白银的实际价值1/16小于名义价值1/15，相反，黄金的实际价值16大于名义价值15。在这种情况下，白银是劣币，黄金是良币，于是在国内人们宁愿用白银作为货币支付，因为在黄金的实际价值大于名义价值的情况下，人们或者将黄金收藏起来，或者将金币熔化输往国外。

由于金银双本位制会产生“劣币驱逐良币”的现象，实行“跛行本位制”，实际上是为了阻止这种现象而采取的措施。

❖ 金本位制

金本位制的兴起，从货币制度的演变来说，是由于“劣币驱逐良币”规律发生作用；从物质条件来说，是由于19世纪以后金矿的相继发现，黄金供给大量增加。

在世界上，最早实行金本位制的国家是英国，它在1816年通过金本位制法案，随后，许多经济发达的资本主义国家也实行金本位制。**典型的金本位制是金币本位制**，其特点是：规定金铸币为本位货币，居民可自由申请将金块铸造成金币，也可将金币熔化为金块；流通中的其他货币可以自由兑换为金币；允许黄金在各个国家或地区间自由输出、输入。由于黄金的价值比较稳定，使得货币对内对外的价值在较长时期保持不变，从而促进了各国商品经济的发展。这种货币制度兴盛了将近一个世纪，直到1914年第一次世界大战爆发时有的国家才开始废除，因为黄金的产量有限、储备有限。

金币本位制被废除以后，实行的是**金块本位制**。金块本位制的特点是：政府停止了金币的铸造；不允许金币流通，代替金币流通的是中央银行发行的纸币；纸币的发行必须以金块为准备；货币的价值与黄金保持等值关系，即一元钱的纸币的价值相当于一元纸币的含金量所具有的价值；人们持有的货币可以兑换为金块；黄金仍然可以自由输出、输入。由于金块价值较高，规定兑换的限额较大，非一般人所能兑换，因而这种制度被人们称为"富人本位制"。

除金块本位制外，还有**金汇兑本位制**，其内容与金块本位制大体相同，只是人们持有的货币在国内不能兑换黄金，而只能兑换与黄金有联系的外币。这实际上是把黄金存于国外，国内中央银行以外汇作准备金发行纸币流通。进一步说，也就是只能让国内居民购买外汇，外汇虽然代表着并能兑换一定的黄金，但一般难于到国外去兑换黄金，所以人们称这种货币制度为"虚金本位制"。在我国，国民政府于1935年进行币制改革，让法币与美元挂钩，美元与黄金挂钩，人们持有的法币不能兑换黄金，只能兑换美元，也是"虚金本位制"。

金本位制通行了约100年，其崩溃的主要原因有：

第一，黄金生产量的增长幅度远远低于商品生产增长的幅度，黄金不能满足日益扩大的商品流通需要，这就极大地削弱了金铸币流通的基础。

第二，黄金存量在各国的分配不平衡。1913年年末，美、英、德、法、俄五国占有世界黄金存量的三分之二。黄金存量大部分为少数强国所掌握，必然导致金币的自由铸造和自由流通受到破坏，削弱其他国家金币流通的基础。

第三，第一次世界大战爆发，黄金被参战国集中用于购买军火，并停止自由输出和银行券兑现，从而最终导致金本位制的崩溃。

以上因素的积累，加之1929—1933年的世界性经济危机的爆发，很快摧毁了这种不健全的金本位制，各国纷纷开始实行不兑现信用货币制度。

拓展 2-3

布雷顿森林体系与金汇兑本位制

布雷顿森林体系（Bretton Woods System）是指二战后以美元为中心的国际货币体系。1944年7月，西方主要国家的代表在联合国国际货币金融会议上确立了该体系，因为此次会议是在美国新罕布什尔州布雷顿森林举行的，所以称之为"布雷顿森林体系"。

布雷顿森林体系是以美元和黄金为基础的金汇兑本位制，又称“美元—黄金”本位制，其实质是一种以美元为中心的国际货币体系。布雷顿森林体系的基本内容包括：美元与黄金挂钩；其他国家货币与美元挂钩，其他国家政府规定各自货币的含金量，通过含金量的比例确定同美元的汇率。布雷顿森林体系的建立使美元在二战后国际货币体系中处于中心地位，美元成了黄金的“等价物”，美国承担以官价兑换黄金的义务，各国货币只有通过美元才能同黄金发生关系，美元处于中心地位，起世界货币的作用。从此，美元就成了国际清算的支付手段和各国的主要储备货币。

布雷顿森林体系对国际金融市场的稳定以及战后西方经济的复苏起到了一定的作用，但该货币体系的运转与美元的信誉和地位密切相关，这个制度本身存在着不可解脱的矛盾。1973 年，美国不再按固定价格兑换黄金，西方各国相应也不再承担维持本国货币与美元固定汇率的义务，布雷顿森林体系崩溃。

三、信用本位制

信用本位制是指以不兑现的信用货币作为流通中主体货币的货币制度，因此也称不兑现的信用货币制度。在这种货币制度下，贵金属不再作为本位币进入流通，货币单位也不规定含金量，流通中的货币都是信用货币。在不兑现信用货币制度下，信用货币主要包括政府（通过中央银行）发行的纸币和各种发挥货币功能的信用凭证，如：不兑现的银行券、银行存款、商业票据等。币值的确定和外汇汇率的制定与贵金属的价值无关，而主要取决于货币当局对货币数量的管理。黄金只作为国际储备资产的一部分，用于国际清算。

不兑现信用货币制度的实行是货币制度发展史上的一次革命，它对商品经济的发展产生了巨大的影响：(1) 信用货币突破了金属货币物质价值总量的限制，及时满足了商品总规模迅速扩大而产生的货币需求的增长，为经济发展扫清了流通领域的障碍。(2) 信用货币为国家管理社会经济生活提供了强有力的工具。在允许自由铸造的金属货币制度下，货币的供给是分散进行的，而不兑现信用货币制度使货币供给集中于国家手中，国家可以利用货币政策，通过调节货币供给量、供给方式、供给结构和供给速度等来调整国民经济结构，控制经济增长速度和规模，以达到宏观调控的目的。(3) 信用货币制度产生了许多难以解决或把控的新问题。比如：通货膨胀问题；国家如何利用货币供给来调控宏观经济的问题等。

我国的本位货币是人民币，人民币是从 1948 年 12 月 1 日开始发行的，这是我国人民币制度建立的开端。人民币采取的是不兑现的信用货币制度。人民币从未规定过含金量，而且从它诞生第一天起就与金银完全没有关系，也不与任何外币确定正式联系，不依从于任何外国的货币制度，除人民币外，金、银、一切外币均禁止在境内流通。

案例 2-1

欧元是什么货币?

欧元(Euro)是超越欧洲各国传统边界的货币，是欧洲经济一体化的产物。欧元于 1999 年 1 月 1 日正式启动，2002 年 7 月 1 日，首批加入欧元区的 11 个成员国货币完全退出流通，欧元成为欧元区内唯一的流通货币。

欧元这个由主权国家通过放弃货币主权而共同创立的单一货币在历史上是从未有过的。作为货币，欧元具有货币的一般性质，但同时它又是欧洲国家在经过几十年的一体化进程后而共同创立的单一货币，因而又具有特殊性质，主要包括:

◇ 欧元是信用货币

当今货币无论采取何种形式，其在本质上都是信用货币，欧元也不例外，而且从某种意义上说，它还必须具备更为广泛的信用基础，这样它才能在欧元区执行货币的职能。

◇ 欧元是区域货币

欧元是欧元区内主权国家共同使用的唯一货币，在该区域内，国别差异对货币使用与货币政策没有影响，只存在一种单一的、超越国界的货币形态和货币政策。截至 2021 年 12 月末，欧元区共有 19 个成员国，覆盖了 3.4 亿人口。

◇ 欧元是国际货币

欧元已被世界广泛接受，成为国际主要储备货币。全球有不少国家和地区使用欧元，或将本币与欧元汇率挂钩，欧元已成为全球第二大流通货币和第二大储备货币，成为欧洲联盟的重要象征。

拓展 2-4

国际本位货币

经济全球化的发展要求一个有效的国际货币体系，国际货币体系的核心就是国际本位货币。所谓国际本位货币，是指国际经济活动中，世界各个国家出于经济条件或政策上的考虑，用法律的形式将本国货币与之固定地联系起来，将其作为衡量本国货币价值的标准以及国际交易的最终清偿手段。

国际本位货币是在国际上占据中心货币地位的可自由兑换的货币。它首先必须能在世界上自由兑换；其次，还必须占据国际中心货币的地位，能充当国际商品的价值尺度或价格标准，并成为各种货币汇率计算的中心。充当这种中心货币的曾经有金属形态的货币，如黄金；也有因历史、经济和现实原因形成的某些国家的纸币。

国际本位货币的演变经历了三个阶段:

第一阶段，1944 以前的黄金本位阶段。该制度下，各国都规定本国货币的法定含金量，不同货币之间的比价是由它们各自的含金量的对比来决定的，世界各国的贸易往来主要以黄金结算。

第二阶段，从1944年至1978年的“黄金—美元”本位阶段。随着国际货币金融体系的发展演变，金本位制被以“黄金—美元”本位为特征的布雷顿森林体系取代。布雷顿森林体系实行美元与黄金挂钩、各国货币与美元挂钩的双挂钩机制。双挂钩机制一方面锁定了各国货币与美元的比价，另一方面确定了美元与黄金的兑换比例。

第三阶段，从1978年到现在的以美元为主体的多元化的国际本位制。1978年生效的“牙买加协议”废除了黄金与美元的联系，在法律上实行了黄金的非货币化。自此以后，国际货币本位制经历了短暂的无中心的多元化阶段（美元、欧元、日元三分天下），然后进入了美元为主体的多元化阶段。

以美元为主体的多元化国际本位货币制，在一定程度上缓解了布雷顿森林体系“黄金—美元”本位下国际清偿手段不足的弊端，但是，与此同时，国际汇率的波动大为加剧，国际货币金融秩序更加混乱。各国间特别是经济发达国家与发展中国家之间的矛盾冲突日趋尖锐，发展中国家的经济政策的制定与执行效果很大程度上仍然受制于美元变动。

要从根本上改变这一现状，就必须摆脱多数国家对少数国家国别信用货币的过度依赖，必须重新设计各国货币的共同定值标准，比如设计与SDR相类似的由若干国家货币所组成的多种货币的复合体——篮子货币，其他国家的货币均与篮子货币挂钩，与之保持某种形式的固定或可调整的法定比价。

第五节　货币层次的划分

货币与经济关系日益密切，客观上要求政府对货币的发行以及信用的扩张加以控制，使货币的供给适应经济发展的需要，避免产生经济的波动和危机。但是对货币定义理论上的分歧造成了实践上的困难。因为货币如何定义，直接关系到中央银行控制什么样的货币的问题。货币层次划分的目的是为了考察各种具有不同流动性的货币资产对经济的不同影响，并选定一组与经济的变动关系最密切的货币资产作为中央银行控制的重点。因而，货币供应量（或称货币供给量）的概念以及对货币供应量层次的划分也就应运而生。关于货币供应量的层次划分主要是按货币资产流动性进行的。

一、货币层次划分的依据

世界各国中央银行都有自己的货币供应量统计口径，但是，无论存在着何等差异，其划分的基本依据和意义却是一致的。各国中央银行在确定货币供给口径时，一般遵循以下三条原则：

◆ **流动性的强弱**

流动性是货币基本特征之一，一种货币资产的流动性表现为它向现金转换的能力，即能不能自由转换为现金以及在转换过程中是否会发生价值损失等。在单一现金货币形式下，不存在转换能力程度差别问题，但当货币形式多样化以后，各种货币形式的流动能力就出现了程度上的差别。

货币层次划分的依据主要是流动性的强弱。以流动性为标准划分货币层次对于考察市场均衡、实施宏观调控有重要意义。流动性强的货币，在流通中周转较便利，形成购买力的能力也较强；流动性弱的货币，在流通中周转较慢，因而形成购买力的能力也较弱。具有完全流动性的是现金和活期存款，可直接发挥货币的流通手段和支付手段职能，其运动直接引起市场商品供求的变化，因而，流动性最强。

◆ **与经济的相关性**

划分货币层次的重要目的之一是便于中央银行通过控制不同层次的货币以调控经济，因此，货币层次的划分也需要考虑不同层次货币与经济的相关性。

◆ **不同时期的具体情况**

在现实情况下，货币层次划分不是一成不变的，随着经济的发展，金融创新不断出现，货币层次划分也会随之变化。

二、货币层次的一般划分

❖ M0

M0 也称流通中的现金、通货，即流通于银行体系之外的现金。

通货（currency）的概念不仅包括纸做的钞票，而且包括金属做的硬币，在我国习惯把通货称为现金。我们把在非银行的公众手中流通的货币称作流通中的现金，并把它作为最狭窄意义上的货币，用 M0 来表示。

❖ M1

M1 也称狭义货币，等于 M0 加活期存款或支票存款，即 M1＝C+D。

C（currency）表示通货；D（demand deposits）表示活期存款或支票存款，是指非银行公众在存款类金融机构账户上可以随时支取或签发支票的活期存款。

如果把货币的定义仅限于流通中的现金，那就会漏掉很大一部分货币，因为走出个人消费领域，我们就可以看到企业、单位之间商品和服务的交易所使用的主要媒介是支票。我国有严格的现金管理制度，一般企业、单位只有在发工资等几项规定的经济活动中可以用现金的方式支付，大多数经济活动是通过银行支票的转账来完成的。我们知道，货币是指在商品交换中被广泛接受的媒介，而企业、单位之间转账用的支票显然也符合这个定义，并且在经济生活中被大量地运用。所以把流通中的现金和企业、单位在银行可以用来转账的支票存款加起来，我们把这个货币的概念简称为 M1（也称狭义货币）。在对全社会的总需求进行分析时，M1 是个极其重要的概念，因为 M1 基本反映了经济中的现实购买力，是被普遍接受的交易媒介，是标准货币。M1 应和商品供给保持合适的比例关系，不然经济就会发生通货膨胀或通货紧缩。

❖ M2

M2 也称广义货币，等于 M1 加储蓄存款、定期存款，即 M2＝M1+S+T。

S（saving deposits）表示居民储蓄存款；T（time deposits）表示单位定期存款。居民储蓄存款和 M1 不同，储蓄存款的增长，是减少当年现实购买力的因素，储蓄量反映着潜在的购买力。储蓄存款包括活期储蓄存款和定期储蓄存款。银行储户虽然不能以开支票的方式使用储蓄存款，但是人们把这些存款转化为现金并不费事。同样的，定期存款也类似。因此，储蓄存款和定期存款也是货币存量的一部分。由于这类存款既有货币属性又有不同于 M1 的特性，我们需要一个更广泛的货币定义，来表示流通中的现金、活期存款以及所有储蓄存款和定期存款的总和，这就是 M2（广义货币）。应当指出，M2 是一个相当有用并且常用的概念，它不仅反映了现实的购买力，也反映了潜在的购买力。研究 M2，特别是掌握其构成的变化，对整个国民经济状况的分析、预测都有特别重要的意义。

❖ M3

M3＝M2+Dn，Dn 表示非存款类金融机构的存款。

在现代经济社会中，商业银行之外还存在着各种接受其他存款的金融机构。这些非存款类金融机构不接受支票，但能接受储蓄存款和定期存款。这些金融机构的存款与商业银行的储蓄存款和定期存款没有本质的区别，它们都具有较高的货币性，只是前者流动性更差些，货币供应量因此扩大为 M3。

❖ M4

M4＝M3+L，L 表示银行与非银行金融机构以外的所有短期信用工具。

在金融市场高度发达的情况下，各种短期的流动资产如国库券、人寿保险公司保单、承兑票据等，在金融市场上贴现和变现的机会很多，都具有相当程度的流动性，与 M1 只有程度的区别，没有本质的区别。因此，其也应纳入货币供应量之中，由此得到 M4。

对货币进行层次划分后，可以清楚地发现：

M0 是流通中的现金，具有最强购买力和流动性，是最狭窄意义上的货币。M0 是度量货币的最小口径。

M1 反映经济中的现实购买力，是被普遍接受的交易媒介，是标准货币。M1 流动性强，反映居民和企业资金松紧变化，是经济周期波动的先行指标。

M2 不仅反映现实的购买力，还反映潜在的购买力。M2 相较于 M1 流动性稍弱，但反映的是社会总需求变化和未来通货膨胀的压力状况。M2 与 M1 之差，即居民储蓄存款和单位定期存款，相对于现金和支票存款而言，其流动性稍差，但经过一段时间也能转化为现金或支票存款，可作为一种潜在的购买力，因此国际货币基金组织称其为“**准货币**”(quasi-money)。

虽然关于 M2 以上层次的货币划分各国有一定的差异，但关于 M0、M1 和 M2 的划分原则在国际上是基本通用的。尽管各国会根据自己的情况做出一些具体规定，可总的原则基本上是一样的。经过货币层次划分，货币当局在讨论控制货币供应指标时，就可以明确指出是哪一层次的货币需要控制以及实际可能控制到何种程度，否则就谈不上货币政策的制定和贯彻执行了。

三、我国的货币层次划分

从 1994 年第三季度起，中国人民银行正式推出货币供应量统计检测指标，并按季向社会公布。我国在 2001 年第二季度调整 M2 统计口径，把证券公司客户保证金存款计入广义货币。2002 年年初，中国人民银行将在中国的外资银行、合资银行、外国银行分行、外资财务公司以及外资企业集团财务公司的人民币存款，分别计入不同层次的货币供应量。2011 年 10 月，中国人民银行又将住房公积金中心存款和非存款类金融机构在存款类金融机构的存款，纳入了 M2 的统计范畴。2018 年 1 月，中国人民银行完善货币供应量中货币市场基金部分的统计方法，用非存款机构部门持有的货币市场基金取代货币市场基金存款（含存单），这是 1994 年以来，中国人民银行第四次调整 M2 统计口径。

讨论：

自 1994 年定期公布货币供应量指标以来，我国 M1 货币层次一直未包含居民部门活期存款。请谈谈你的想法？

现阶段我国货币供给划分为以下层次：

M0＝流通中现金

M1＝M0+企业单位活期存款+机关、团体、部队存款+农村存款+个人持有的信用卡类存款

M2＝M1+城乡居民储蓄存款+企业存款中具有定期存款性质的存款+外币存款+信托类存款+证券公司客户保证金存款+住房公积金中心存款+非存款类金融机构在存款类金融机构的存款+非存款机构部门持有的货币市场基金

M3＝M2+金融债券+商业票据+大额可转让定期存单等

四、其他国家或地区货币层次划分

国际货币基金组织（International Monetary Fund，IMF）把货币供给分成两个层次，即货币（money）和准货币（quasi-money）。“货币”主要包括流通中的现金和私人部门的活期存款，相当于各国或地区通常采用的 M1。“准货币”主要包括定期存款、储蓄存款与外币存款等，“准货币”加“货币”相当于各国或地区通常采用的 M2。世界上很多

国家或地区的货币层次划分方法与 IMF 有共通之处，但由于各国或地区金融发展水平不一，金融工具种类有差别，在各项构成上即便用同一名称，其内容也是有差异的。

❖ 美国的货币层次划分

美国联邦储备系统（即美联储）自 1960 年开始公布关于货币统计的相关指标。在 2002 年之前，美联储货币供给划分为 M1、M2、M3、Debt 四个层次。2002 年美联储停止发布 Debt 指标，仅保留 M1、M2、M3。2006 年，M3 指标也停止发布，美联储的货币总量统计仅保留 M1、M2 两个指标。以下给出的是 M1 和 M2 的统计口径，以及已停止发布的 M3 在停止发布前的统计口径[①]。

M1＝流通中现金+活期存款 +其他与活期存款性质相近的存款（如 ATS、NOW 等）

M2＝M1+储蓄存款+小额定期存款+零售货币市场共同基金

M3＝M2+大额定期存款+机构货币市场共同基金+回购协议+欧洲美元

❖ 欧盟的货币层次划分

负责欧盟欧元区金融及货币政策的是成立于 1998 年、总部位于德国法兰克福的欧洲中央银行。目前，欧洲中央银行各层次货币统计口径如下[②]：

M1＝流通中现金+隔夜存款

M2＝M1+2 年内到期的定期存款+3 个月的通知存款

M3＝M2+回购协议+货币市场基金份额/单位+2 年内到期的债券

❖ 日本的货币层次划分

日本货币供应量的划分一直以来没有较大变化，分为 M1、M2、M3 和 L（广义流动性）四个层次。当然，为了适应经济金融的发展变化，与之对应的各层次货币统计口径小幅调整也在所难免。目前，各层次货币统计口径如下[③]：

M1＝流通中现金+存款类金融机构活期存款

M2＝流通中现金+境内持牌银行存款等

M3＝流通中现金+存款类金融机构存款

L＝M3+货币信托基金+投资信托基金+银行债券+银行发行的普通债券+金融机构发行的商业票据+政府证券+外国债券

---

① 资料来源：美国联邦储备系统官网 https://www.federalreserve.gov/releases/h6/about.htm

② 资料来源：欧洲中央银行官网 https://www.ecb.europa.eu/stats/money_credit_banking/monetary_aggregates/html/index.en.html

③ 资料来源：日本银行官网 https://www.boj.or.jp/en/statistics/outline/exp/exms01.htm

第六节　金融创新与货币层次的划分

金融创新使得具有良好流动性的新型金融工具不断涌现，货币层次的内涵被不断突破，货币层次的划分不断进行修改。

以美国为例，1933 年美国联邦政府颁布《格拉斯-斯蒂格尔法案》，其中“Q 条例”禁止向活期存款支付利息。为了规避利率管制，应对资金市场的激烈竞争，拓宽存款来源，自 20 世纪 70 年代以来，美国存款性金融机构开发出一系列既可签发支票又能支付利息的新型存款账户，拓宽了交易存款的范畴。这些账户的出现使传统货币层次划分出现混乱。例如，NOW、ATS、MMDA 等新型账户都具有开列支票的功能，类似于活期存款，理应划入 M1，但这些账户余额又大部分放在投资性储蓄账户上，在当时属于 M2。

❖ 可转让支付命令账户

可转让支付命令账户（negotiable order of withdrawal accounts，NOW）是储蓄账户，可以付息，同时也可以开出有支票作用的“可转让支付命令”，实际上这使得储蓄账户具有了支票存款账户的性质。可转让支付命令账户是为了规避对活期存款利息管制而进行的创新。可转让支付命令账户是 20 世纪 70 年代初由美国马萨诸塞州互助储蓄银行创办，是一种以支付命令书取代支票的存款账户。可转让支付命令账户既可以让客户像储蓄存款那样获取存款利息，又能使客户像活期存款那样在转账结算上得到便利。这等于将储蓄存款与活期存款两者的优点集于一身，因而有较大的吸引力。1980 年美国国会批准所有的互助储蓄银行、储蓄放款协会、信用合作社以及商业银行都可开设这种账户。

❖ 自动转账服务账户

自动转账服务账户（automatic transfer service accounts，ATS）是一种存款可以在储蓄存款账户和支票存款账户之间按照约定自动转换的存款账户。自动转账服务账户是 20 世纪 70 年代后美国商业银行为争取存款，在电话转账服务基础上发展起来的。与电话转账服务账户的不同之处在于存款在账户间的转换不需存款人电话通知而由银行按约定自动办理。自动转账服务账户规定存款人可以在银行开立两个账户：有息的储蓄账户和无息的支票账户。客户对支票账户上的平均余额有一个授权限额，客户的存款平时放在储蓄账户计收利息，当支票账户出现透支时，银行自动将资金从储蓄账户转移到支票账户上。自动转账服务账户使客户兼得活期账户和储蓄账户的双重优点，既可以利用活期账户开出支票对外支付，又可以利用储蓄账户获取利息收入。自动转账服务账户同样是为了规避对活期存款利息管制而进行的创新，却事实上提高了储蓄存款的流动性。它吸引了更多的客户，增强了存款机构的竞争力。

❖ 货币市场存款账户

货币市场存款账户（money market deposit accounts，MMDA）最初是由美国商业银行为应对来自货币市场基金的竞争而开发的一种业务。开立这种账户，可支付较高利率，并可以浮动，还可使用支票。20 世纪 70 年代，美国创立货币市场基金，通过这种基金，小投资者可以将其零散资金集中起来投资于货币市场工具，共同分享投资所获收益。货币市场基金风险低、流动性好，而且投资者可以签发以其基金账户为基础的支票，因而货币市场基金实际上具有支票存款账户的性质，但又无须缴纳法定存款准备金，也不受利率上限的管制。货币市场基金自其创设以后，对商业银行构成了较大的竞争威胁，银行需要创造新型存款产品与之竞争。1982 年，《甘圣杰曼法案》授权存款机构可提供货币市场存款账户。

总之，随着金融创新的发展，具有良好流动性的新型金融工具不断涌现，突破了传统的货币概念，货币层次的内涵和外延都发生了很大的改变，使按流动性划分货币层次的方法越来越复杂，各国对货币层次的划分不断进行修改。尽管货币层次划分被频繁修改，但金融创新带来的难题并未完全解决，比如近年来不断发展的电子货币、电子支付结算工具以及其他各种新型金融工具对货币层次持续造成挑战。不难预见，借助现代科学技术在金融业的广泛应用，金融创新会创造一系列新的交换手段，也会创造许多新的货币资产，货币的范围还将进一步扩大，对货币层次的划分必将继续深化并不断进行调整。

讨论：
金融创新，是天使还是魔鬼？

案例 2-2

中国人民银行第四次调整 M2 统计口径

2018 年 1 月，中国人民银行完善货币供应量中货币市场基金部分的统计方法，用非存款机构部门持有的货币市场基金取代货币市场基金存款（含存单），这是 1994 年以来，中国人民银行第四次调整 M2 统计口径。通俗来讲，也就是将余额宝等相关联的货币市场基金纳入 M2 统计口径。

很显然，本次货币层次调整的原因直接来自于我国的金融创新。2013 年以来，以余额宝为代表的各类“宝宝类”新型金融工具不断涌现。这类工具既具有支付的便利性（即良好的流动性），又具有一定的收益性——余额宝资金自动申购货币市场基金（天弘基金）从而获得收益。这导致银行传统的具有高度流动性但缺乏收益性的活期存款，以及具有一定收益性但缺乏流动性的定期存款的吸引力大幅下降，大量存款流动到了余额宝（严格说是余额宝申购的天弘基金）。但在货币统计口径上，实质性的具有类似银行存款支付功能的以天弘基金为代表的货币市场基金并未划入到 M2，因此就有了本次的货币统计口径的调整。

本章重点回顾

货币的职能

价值尺度；流通手段；支付手段；价值贮藏；世界货币

货币形式的演进

商品货币；代用货币；信用货币；电子货币

货币的本位制度

银本位制；金银复本位制；金本位制；信用本位制

货币层次的划分

M0；M1；M2；…

金融创新与货币层次的划分

ATS；NOW；…

课后思考和练习题

1. 谈谈你对货币产生的理解。
2. 货币有哪些职能？
3. 货币形式的演进包括哪些阶段？
4. 代用货币和信用货币有何区别？
5. 谈谈货币本位制度的主要分类。
6. 货币层次是如何划分的？
7. 举例说明金融创新对货币层次划分的影响。

阅读资料推荐

张旭，张彦泽. 数字人民币体系构建中的现实问题与路径探索［J］. 征信，2023（12）：60-70.

李佳桐，张小洪，陶然，石宜家. 国际货币体系：布雷顿森林体系的历史背景与演变分析［J］. 国际商贸，2018（02）：78-80.

马俊起. 美国三十年代的经济危机与《格拉斯-斯蒂格尔法》［J］. 当代经济科学，1997（02）：82-87.

第三章 金融体系概览

学习目标

本章主要学习金融体系的融资方式和功能，金融市场的分类和金融工具，金融中介机构的功能和类型，金融体系的监管等内容。学完本章，你应该掌握如下内容：

- 对金融体系融资方式以及不同融资方式的优势与局限有深入的理解。
- 对金融体系的功能有较为深入的理解。
- 对金融市场的分类和金融工具有较为全面的了解。
- 对金融中介机构的功能和类型有较为全面的了解。
- 对金融体系的监管有一定的了解。

金融体系是有关资金的集中、流动、分配和再分配的一个系统。它由资金融出方、资金融入方和连接两者的金融市场和金融中介机构以及对这一系统进行管理的中央银行和金融监管机构等组成。金融体系关系到资金的融通和有效运用，它的高效运转是经济健康发展的关键。

第一节　金融体系的融资方式

一、资金盈余单位和资金短缺单位

在任何一个经济体系中，都会有一些收大于支的资金盈余单位，同时也有一些收小于支的资金短缺单位，资金盈余单位和资金短缺单位可以是个人、家庭等经济主体，也可以是工商企业、政府等经济主体。**金融体系的基本功能就是向家庭、企业、政府等经济主体提供资金融通业务，将资金从收大于支拥有盈余的经济主体转移到收小于支出现短缺的经济主体。**

家庭既可能是资金盈余单位，如将当前收入存起来以备日后之需，也可能是资金短缺单位，如希望通过融入资金购买商品或住宅等以满足当前的需求；企业既可能是资金盈余单位，如获取的利润超过其新投资需求的企业，也可能是资金短缺单位，如需要通过融资来扩展业务的企业；同样，政府等既可能是资金盈余单位，也可能是资金短缺单位。一般来说，家庭是主要的资金融出方（贷款人），虽然企业、政府等有时也会持有盈余资金，并且希望将资金贷放出去；而企业和政府是主要的资金融入方（借款人），虽然家庭和个人也会为了购买汽车、住宅等借款融资。

一般来说，资金从盈余单位到短缺单位的融通可以有两种方式——**直接融资**（direct finance）和**间接融资**（indirect finance）。图 3-1 中的箭头显示了资金沿着两条路径从资金融出方流向资金融入方的过程。

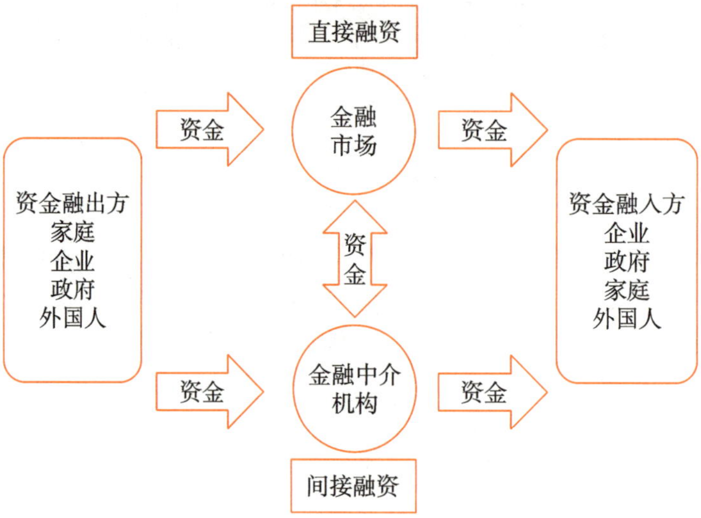

图 3-1　资金融通方式

在直接融资方式下，资金短缺单位直接在金融市场向资金盈余单位发行金融工具（比如债券和股票），当盈余单位购买短缺单位发行的金融工具时，资金就从盈余单位转移到了短缺单位。资金融通的另一种方式是间接融资，即盈余单位把资金存放（或投资）到商业银行等金融中介机构中，再由金融中介机构以贷款（或投资）的形式将资金转移到短缺单位。

二、直接融资和间接融资

❖ 直接融资

在直接融资中，资金盈余单位和短缺单位一般通过金融市场发生联系。短缺单位通过出售股票、债券等金融工具而获得资金，盈余单位持有这些金融工具而获得未来的本息收入或股息分红。直接融资可分为直接股权融资（如发行股票）和直接债务融资（如发行债券），这些金融工具通过金融市场发行，同时大多可以在金融市场转让流通，具有较高的流动性。

直接融资避开了银行等金融中介机构，由资金供求双方直接进行交易（当然直接融资一般也要借助投资银行等金融机构的服务），所以资金短缺单位可以节约一定的融资成本，资金盈余单位则可能获得较高的投资收益。同时，在直接融资中，资金供求双方联系紧密，有利于资金供给方监督和约束融资方的资金使用，合理配置资金，提高资金使用效率。当然，直接融资也存在着诸多不足，主要表现在：

◆ 直接融资要求投资者具有一定的专业知识和技能

由于金融市场存在信息不对称①，投资者需要通过对证券发行者的了解和对市场行情的判断来决定购买哪一种证券，这需要很高的专业能力，并需要投入大量的时间和精力。

◆ 直接融资要求投资者承担较高的风险

由于金融市场瞬息万变，其风险是非常大的，它可以使投资者一夜暴富，也同样可以使投资者转眼间一贫如洗。相比较而言，把钱存入银行等金融中介机构则要安全、省心得多。

◆ 对于融资者来说，直接融资的门槛较高

在很多国家的金融市场，融资者发行股票和债券是需要达到相对较高的发行条件的。一个知名度很高的大企业也许可以轻易地满足发行条件并顺利地把证券销售出去，但对于一个不太为人所知的中小企业，要满足发行条件并顺利把证券销售出去便会有很大的困难。因此，可以说直接融资只是政府和一些大企业的专利，中小企业很难涉足。

◆ 直接融资受金融市场发育程度的限制

如果金融市场发育程度较低，融资工具的流动性和变现能力必然受到影响，直接融资就会受到较大的限制。

❖ 间接融资

相比于直接融资，在间接融资中，资金盈余单位和短缺单位并不发生直接的关系，而是分别同金融中介机构发生一笔独立的交易，金融中介机构发挥着吸收资金和分配资

① 经济活动中，交易一方无法准确获取交易另一方真实信息的现象称为信息不对称（asymmetric information）。

金的功能。也就是说，金融中介机构通过发行对自身的要求权（比如债权或股权）来获得资金，然后再把它转化成对短缺单位的要求权。

值得注意的是，盈余单位对金融中介机构的要求权和金融中介机构对短缺单位的要求权是两种独立的权利，也就是说，盈余单位对金融中介机构的要求权与金融中介机构对从盈余单位所获得资金的具体运用无关，盈余单位与短缺单位资金供需双方的直接联系被割断，不利于监督和约束短缺单位资金使用。另外还值得注意的是，金融中介机构之所以从事金融中介活动，是为了获得相应的报酬，也就是从资金短缺单位获取的收益扣除向资金盈余单位支付的成本之后的剩余。典型的，比如商业银行，这种报酬主要表现为贷款和存款的利息差。由此可见，间接融资对融资者来说可能增加筹资成本，对投资者来说可能降低投资收益。当然，间接融资也存在着诸多优势，主要表现在：

◆ **间接融资有助于缓解信息不对称问题**

资金盈余单位和资金短缺单位之间普遍存在着较为显著的信息不对称现象。资金盈余单位无法全面获取资金短缺单位的真实信息，从而可能造成严重的投资风险。在直接融资方式下，信息不对称问题需要投资者（资金盈余单位）自行解决，但受限于投资者自身的专业能力和所能投入的时间、精力等，信息不对称问题的解决程度必然有限。而在间接融资方式下，这一问题是交由商业银行等金融中介机构解决的，金融中介机构往往雇佣大量的经济、金融、会计、法律等方面的专业人士，能够较好地缓解信息不对称问题。

◆ **间接融资有助于降低投资者面临的风险**

相较于在直接融资方式下投资者面临较大的风险，在间接融资方式下，金融中介机构可以通过风险分担和多样化投资策略帮助投资者降低风险，安全性较高。

◆ **间接融资有助于通过规模经济节约交易成本**

由于间接融资中金融中介机构筹集的资金规模大，金融中介机构在运用大额资金进行投资时可以发挥规模经济的优势，比如可以享受较低的交易佣金费率，从而节约平均交易成本。

◆ **间接融资有助于满足多样化融资需求**

无论是通过发行股票或是债券进行直接融资，发行的证券基本上都是标准化的。与直接融资的标准化合约相比，很多间接融资的合约是非标准化的。间接融资一对一谈判形成的融资合约可以照顾多样化的融资需求。

拓展 3-1

信用活动和信用形式

信用活动是一个与融资方式密切相关的概念，是指一种建立在授信人对受信人偿付承诺的信任的基础上，使后者无须支付现金即可获取商品、服务或货币的一种交互作用的活动。简言之，信用活动是指以还本付息为条件的借贷活动。信用活动有着丰富的层次，至少可以从国家、银行、企业、个人几个层次来理解，以下是常见的几种信用形式。

◇ **国家信用**

国家信用是指以国家作为债权人或债务人的信用活动。国家信用主要表现为一国政府与本国企业和居民个人之间的借贷关系，比如政府发行国债，由企业和居民个人购买以获取资金并用于国家建设等。另外，国家信用也包括国家和国家之间的借贷关系，即所谓的主权债务。

◇ **银行信用**

银行信用是指银行或其他金融机构以货币形态提供的信用。在生产生活中，银行信用对企业和居民个人都非常重要。企业经常会需要向银行取得短期贷款以满足企业日常生产经营之需，或申请中长期贷款用于企业的投资扩张等；居民个人有时也需要获得银行贷款以应对不时之需，或申请消费贷款以提高生活质量等。

◇ **商业信用**

商业信用是指企业在经营活动和商品交易中由于延期付款或预收货款所形成的企业间的借贷关系。商业信用的良性发展，对商品流通和经济发展起着重要的促进作用。商业信用的具体形式包括应付账款、应付票据、预收账款等。例如，供应商向其他企业供给产品或原材料时延期收取款项的行为就属于商业信用。

三、金融结构

根据金融结构理论的创立者——美国经济学家雷蒙德·W. 戈德史密斯（Raymond W. Goldsmith）在其1969年出版的代表作《金融结构与金融发展》中的界定，**金融结构是指金融体系中各种现存金融工具（债权凭证和股权凭证等）与金融机构的相对规模。**根据直接融资和间接融资在金融体系中的地位，金融结构可以分为**市场主导型**和**银行主导型**两种。市场主导型金融结构的典型代表是美国、英国等；银行主导型金融结构的典型代表是中国、日本、德国等。

为什么不同的国家会有如此不同的金融结构呢？其原因比较复杂。一般来说，不同的金融结构一方面受各国工业化初始条件的影响，另一方面在很大程度上受人为管制因素制约，并且具有一定的历史偶然性。金融结构基本格局形成之后，会随环境的变化做出变化，但基本都能适应各自经济发展的需要。

纵观世界各国金融体系的发展，当前金融体系的发展趋向市场主导型。为什么如此多的具有不同历史、环境和人口的国家正在趋向于单一的市场主导型金融体系呢？第一个原因是政府干预同样可能存在失灵问题，许多学者认为，政府失灵至少是同市场失灵一样重要的问题；第二个原因是经济理论已经强调了市场在资源配置上的有效性，对金融市场而言更是如此。

由于历史的原因，中国目前已经形成了银行主导型的金融结构。在这种背景下，企业的资金，无论是长期资金还是短期资金都较高程度地依赖商业银行。商业银行承担了过多的任务，也积蓄了一定的风险。因此，目前有观点认为，市场主导型的金融结构应是中国金融体系的战略选择。事实上，若排除政府干预等其他人为因素的影响，一国的金融结构应主要内生于本国的要素禀赋结构和产业技术结构。随着要素禀赋结构和产业技术结构的变化，金融结构也必须发生相应的变化，以适应不同产业和企业的融资要求。适宜的金融结构就是能够满足不同产业和企业融资需求的金融结构，伴随着社会经济发展，金融结构所发生的相应变化就构成了不同发展阶段最优金融结构的演化路径。此外，目前尚没有足够的证据证明市场主导型和银行主导型这两种金融结构哪一种更好。一些学者甚至认为，两种金融结构会走向融合，互为补充、共同发展。因此，中国究竟适合什么样的金融结构，最终只有按照有利于我国社会经济发展的制度逻辑演进，而非事先的预设。

案例 3-1

优化金融结构助推新质生产力

当前我国正持续加强科技创新，加快发展新质生产力。科技创新能够催生新产业、新模式、新动能，是发展新质生产力的核心因素。如何更好地助力科技创新，助推新质生产力，这对我国的金融结构优化提出了新的要求。

我国当前金融体系属于银行主导型金融结构。对于商业银行，吸收公众存款是其最主要的资金来源，稳健经营以确保公众存款安全对商业银行乃至全社会都至关重要。由此，商业银行稳健型风险偏好、高负债运营和以利差为主的盈利模式等特点，决定了以银行为主导的金融体系不太擅长为有较高失败率的科技创新和新技术融资。金融市场则不同，金融市场参与者不乏具有风险偏好和风险承受能力强的投资者，比如风险投资基金（又叫创业基金）等，以金融市场为主导的金融体系更适合科技创新和新技术的融资需求。

对此，我国以间接融资为主的银行主导型的金融结构需要根据我国要素禀赋结构和产业技术结构的变化而不断优化，以适应不同产业和企业的融资要求。显然，大力推进金融市场发展，适度增加直接融资比重，对于助力科技创新以及助推新质生产力具有重要意义。近年来我国的金融结构正在朝这个方向不断演进，金融市场直接融资比重在我国银行主导型金融结构中的占比不断增大，形成了兼顾我国传统产业和新型产业融资需求的金融结构。

第二节　金融体系的功能

一、金融体系的基本功能

金融体系的基本功能是向居民、企业和政府等经济部门提供资金融通服务，将资金从收大于支而拥有盈余的经济主体，转移到收小于支而出现短缺的经济主体。这种从资金盈余方向资金短缺方的资金转移活动为什么对经济运行如此重要？原因在于**金融体系能够提高资源配置的效率并增进社会福利。**

假如你今年盈余了 1 万元，如果没有金融体系，那么你就只能持有这 1 万元而无法获得利息收入。同时，如果你有个开设火锅店的同学张三，需要 1 万元购置新设备以扩大经营规模，这样他每年可以多赚 2 000 元。如果你能和张三通过金融体系建立融资关系，你就可以按照约定的利息（比如每年 1 000 元）把自己盈余并闲置的 1 万元借给他，从而提高资源配置效率并使得你们两人的社会福利提高。如果没有金融体系，就很难将资金从没有投资机会的人那里转移到有投资机会的人手中，你和张三只能维持现状，造成资源的闲置并且两个人的社会福利都不会提高。

即使融资的目的不是提高企业的生产能力，金融体系的存在也是十分有益的。比如你大学毕业后面临购房、结婚的压力，尽管你有一份报酬丰厚的工作，但由于你刚刚参加工作，存款不多，无法承担购房支出。当然也许过些年你能够拥有足够的存款来购买房子，但那时候你可能已经太老了。如果存在金融体系，拥有存款的人就可以向你提供融资，让你在年轻时就能够购买房子，提前享受房子给你带来的愉悦，增进你的社会福利。同时，为你提供贷款的人，在收获了你支付的利息后，也增进了社会福利。反之，如果没有金融体系，双方都只能维持现状，一无所获。

现在，我们清楚地了解到了金融体系为什么对经济运行具有非常重要的作用。金融体系能够将资金从缺乏生产性投资机会的人那里转移到拥有此类机会的人手中。因此，金融体系的重要意义在于能够有效地配置资本，从而提高整体经济的产出水平和效率。另外，通过帮助消费者更好地安排购买时机，功能健全的金融体系能够直接提高他们的社会福利。比如包括但不限于上文购房的例子，金融体系向年轻人提供融资，使他们可以购买那些自己需要并且最终能够负担得起的商品，让他们提前满足合理的消费需求而不必等到存够全额货款的那一天。因此，有效运行的金融体系可以提高社会中每个人的社会福利。

二、金融体系的具体功能

金融体系提供资金融通以及其他各种功能。总体来看，金融体系的主要功能包括：

◆ **跨越时空转移资源**

金融体系能够实现资源在时间点之间的转移，许多资金的流动，涉及为了今后而放弃一些现在的东西，或者相反。比如，为了未来养老需要，把现在的盈余存入银行或通过金融市场进行投资，就是把当前的资源在时间上转移到未来进行使用。而学生贷款、借款购买房屋等行为则是将未来的资源转移到当前进行使用。金融体系也能够实现资源在不同空间的转移，比如通过金融体系，德国家庭购买美国企业发行的股票或债券，可以把德国家庭拥有而可能未被有效利用的资源转移到美国使用。

◆ **管理风险**

金融体系能够提供很多管理风险的方法和工具。比如通过购买保险产品转移风险；通过购买多种风险各异的金融工具，使用多样化投资策略分散和降低风险；等等。

◆ **支付结算**

金融体系能够为企业、居民等微观主体提供支付结算服务或途径，以帮助他们完成商品或劳务的交易。

◆ **聚集资源和分割股份**

在现代经济中，许多项目所需要的投资，往往超过了个人或家庭的能力，但是金融体系可以为这些项目提供融资的途径。比如，通过银行吸收储蓄的功能，可以聚集众多个人和家庭的财富，从而形成大笔的资本来满足项目投资的需要；又比如，通过金融市场可以实现将企业的股权分割成数量巨大但每单位金额较小的股票，然后出售给数量众多的投资者，从而募集足够的资金满足投资的需要。

◆ **提供信息**

金融体系提供丰富的信息，如银行利率、货币汇率、股票价格等信息，这些信息有助于家庭和企业做出正确的投资、消费甚至就业选择的决策。

◆ **解决激励问题**

激励是指利用某种有效手段或方法调动人的积极性的过程。在经济运行中，由于签订合约各方的信息不对称，激励问题普遍存在。比如，现代企业中所有权和经营权的分离产生了激励问题。解决激励问题的方法很多，金融体系也能提供解决激励问题的方法，比如通过让企业管理者以及员工持有股票或股票期权，企业的效益就能更为直接地影响管理者以及员工的利益，从而使他们更加勤勉地致力于提高企业绩效，实现管理者、员工与所有者的共赢。

第三节　金融市场

一、金融市场的分类

直接融资离不开发达的金融市场，因为在直接融资方式下，盈余单位和短缺单位需要直接在金融市场上达成交易合约，实现资金的流动。金融市场按照不同的划分依据，可以进行不同的分类。

❖ 债务市场和股权市场

直接融资按照融资契约的性质可以分为债务融资和股权融资。一般来说，在证券交易所公开发行债券（债务类工具）是直接的债务融资，而在证券交易所公开发行股票（股权类工具）是直接的股权融资。与之对应的，金融市场也可以按照融资契约的性质分为债务市场和股权市场。**债务市场**（debt market）就是债务类工具交易的市场，如债券市场、抵押票据市场等；**股权市场**（equity market）就是股权类工具交易的市场，最典型的股权市场就是股票市场。

❖ 一级市场和二级市场

按照在发行和交易中的地位，金融市场可以分为一级市场和二级市场。**一级市场**（primary market）是公司或政府向投资者出售新发行的债券、股票等证券的金融市场；**二级市场**(secondary market）则是投资者之间相互交易已发行证券的金融市场。换言之，一级市场是证券发行的市场，二级市场是已发行证券的交易市场。

在一级市场上，发行证券的公司通过发行证券获得融资。为了发行债券或股票，发行证券的公司常常聘请能为其提供发行建议和发行便利的投资银行为其提供服务。比如公司打算发行债券，投资银行将提供有关发行规模、票面利率、期限等方面的建议。在证券发行时，投资银行通过包销或代销等形式帮助公司销售证券。

在二级市场上，发行证券的公司并没有得到新的资金，因为二级市场交易的是已发行的证券，但不能因此低估二级市场的功能。一定程度来说，二级市场是金融工具能在一级市场顺利发行的基础。一方面，二级市场使金融工具更具有流动性，投资者普遍喜欢具有较高流动性的金融工具，从而使得发行证券的公司在一级市场销售证券更加容易。另一方面，二级市场能够为一级市场证券发行定价提供参考。在一级市场上投资者支付给发行公司的证券购入价格，一般不会高于他们在二级市场上购买同一种证券的价格。二级市场上的证券价格越高，公司在一级市场上发行新证券的价格也会越高，从而能够获得更高的融资数额。因此，二级市场的状况和一级市场发行定价具有密切的联系。

❖ 场内交易市场和场外交易市场

按照金融工具交易的地点和场所，二级市场可以分为场内交易市场和场外交易市场。

场内交易市场（exchange-traded market）又称证券交易所市场或集中交易市场，证券交易双方（或他们的代理人或经纪人）在一个集中的地点实施交易活动。场内交易市场有固定的交易场所（证券交易所）、统一的交易制度和固定的交易时间。例如我国的上海证券交易所、深圳证券交易所，美国的纽约证券交易所、芝加哥商品交易所等。

二级市场的另一种组织形式是**场外交易市场**（over-the-counter market），有时也称作柜台交易市场或店头交易市场，指在交易所外由证券买卖双方当面议价成交的市场。在此市场中，居于分散地点并且持有证券存货的交易商们，随时与那些同他们联系并且愿意接受其报价的客户“在柜台上”进行证券买卖活动。由于实施场外交易的交易商通过电话、网络等方式联系，熟悉彼此的报价，所以场外交易市场的竞争十分激烈，与有组织的交易所没有显著的区别。例如我国的“新三板”市场和美国的纳斯达克（NASDAQ）市场等。

❖ 货币市场和资本市场

按照交易的金融工具期限的长短，金融市场可以分为货币市场和资本市场。**货币市场**（money market）是短期债务工具（其原始期限通常短于1年）进行交易的金融市场。**资本市场**（capital market）是长期债务工具（其原始期限通常在1年或者1年以上）或股权工具进行交易的金融市场。通常货币市场的证券交易活动比资本市场更加活跃，因此短期债务工具的流动性更高，并且政府、银行和其他公司发行的货币市场工具相比于资本市场工具具有低违约风险的特征。此外，由于短期证券价格波动的幅度一般小于长期证券，因此货币市场的市场风险也低于资本市场。当然作为持有资本市场工具的补偿，投资资本市场通常具有更高的收益率。

拓展3-2

我国多层次资本市场

由于投资者与融资者的规模大小与主体特征各异，他们对资本市场投融资服务的需求必然是多样化的，这就决定了资本市场应该是一个多层次的市场体系。1990年，上海证券交易所和深圳证券交易所相继成立营业，标志着我国证券集中交易市场的形成。从20世纪90年代发展至今，我国资本市场取得了举世瞩目的成就，已形成了由场内交易市场的主板、创业板、科创板以及由场外交易市场的全国中小企业股份转让系统、区域性股权交易市场、证券公司主导的柜台市场共同组成的多层次资本市场体系。我国多层次资本市场的构成情况大体如下：

主板：主要为有较大资本规模及稳定盈利能力的成熟的大型企业提供股权融资和转让服务。主板市场上市门槛较高，对发行人的营业期限、股本大小、盈利水平、最低市值等方面都有较高要求。企业主板上市和股票交易场所为上海证券交易所和深圳证券交易所。

中小板：主要为主业突出、具有成长性的中小企业提供股权融资和转让服务。中小板是主板市场的一个组成部分，上市的基本条件与主板市场完全一致。企业中小板上市和股票交易场所为深圳证券交易所。

创业板：主要为科技成长型中小企业提供股权融资和转让服务。与主板市场相比，在创业板市场上市的企业规模相对较小、上市条件相对较低，中小企业更容易上市募集发展所需资金。企业创业板上市和股票交易场所为深圳证券交易所。

科创板：科创板是我国首个实行注册制的场内交易市场，主要服务于符合国家战略、突破关键核心技术、市场认可度高的科技创新企业。科创板上市企业普遍具有技术新、研发投入规模大、盈利周期长、盈利能力不稳定等特点。企业科创板上市和股票交易场所为上海证券交易所。

全国中小企业股份转让系统（又称“新三板”）：主要为创新型、创业型的中小微企业提供股权融资和转让服务，属于全国性场外交易市场。其中，“新三板”市场精选层企业挂牌和股票交易场所为成立于2021年的北京证券交易所。

区域性股权交易市场：主要为区域内初创期或规模较小的成长型企业的股份转让和融资行为服务，属于区域性场外交易市场。

证券公司主导的柜台市场：主要为集中交易场所之外的交易提供服务，定位于私募市场，以销售和转让证券公司理财产品、代销金融产品等为主，是证券公司发行、转让、交易私募产品的平台，属于场外交易市场。

二、金融工具及特性

金融工具是指完成资金融通所使用的工具（通常也叫金融产品）。广义的金融工具不仅包括股票、债券等有价证券，而且包括存款、贷款等金融资产。狭义的金融工具是指资金短缺单位向资金盈余单位借入资金或证券发行者向投资者筹措资金时，依一定格式制成的标准化的、在金融市场上被普遍接受和交易的金融资产。为了全面了解金融市场的运行，我们需要全面考察金融市场上交易的金融工具。

金融工具具有三个重要特性：流动性、风险性和收益性。了解金融工具的特性对合理选择和配置金融资产具有重要的指导意义。

◆ **流动性**

流动性是指一种资产转换成现金时的难易程度。金融工具具有极高的流动性必须满足三个前提：一是能够很容易地变现，二是变现交易成本极低，三是资产的价格保持相对稳定。

现金是流动性最高的资产，因为现金本身就是一般等价物，能被普遍接受。相比之下，房地产要变成现金就不那么容易了，卖房一般都要花一段时间，如果找房产中介帮助卖房，还要交佣金、房产交易税等。股票和债券属于比较好卖的资产，流动性要比房地产高。

◆ **风险性**

金融工具的风险性主要是指到期不能收回最初投入的全部资金。金融工具的风险主要包括违约风险和市场风险。

违约风险（default risk）又称信用风险，是指金融工具发行人违约或破产而导致投资者不能收回本金或利息的可能性。一般来说，政府的违约风险最低，商业银行的违约风险相对较低，工商企业的违约风险相对较高。

市场风险（market risk）是指由于金融工具的价格波动或商品市场的价格波动所导致的风险。市场风险主要包括利率风险、汇率风险、商品价格风险等。一般来说，相比于短期债券，长期债券的价格波动更大，从而面临更大的市场风险。

◆ **收益性**

收益性是指金融工具可以获得收益的特性。收益性一般用收益率来衡量，收益率是金融工具的回报率，通常收益率由金融工具每年的收益除以其价格来计算。当然，计算收益率的方法有多种，如当期收益率、到期收益率等，不同的计算方法有不同的含义。

一般来说，**流动性与收益性之间是负相关的**——其他条件相同，流动性越高的金融工具，其收益率较低。例如，银行活期存款流动性高于定期存款，相应地，活期存款的收益率低于定期存款。**风险性和收益性是正相关的**——其他条件相同，风险越高的金融工具，其收益率一般也越高。因为大部分投资者厌恶风险，所以要让投资者接受高风险必须要有高收益。另外还需要注意的是，流动性和风险性也存在一种内在的联系：一般来说，流动性高的金融工具风险较小，因为它们可以立即以接近原始购买的价格变现。

根据金融市场上交易的金融工具的期限长短，可以将金融工具分为货币市场工具和资本市场工具。接下来，我们分别考察货币市场工具和资本市场工具。

三、货币市场工具

货币市场工具是短期债务工具，期限为 1 年以下。货币市场工具主要包括短期国债、回购协议、银行同业拆借市场工具、可转让银行定期存单、商业票据等。货币市场工具大多是由政府或安全的私营部门借款人（如大公司）发行的，违约风险较低，且具有较高的流动性。

货币市场工具具有如下特征：(1) 货币市场工具都是债务契约。(2) 货币市场工具的到期期限从 1 天到 1 年不等，其中大多数工具拥有 3 个月甚至更短的到期期限。(3) 货币市场工具一般表现出本金的高度安全性。这是由于货币市场工具通常由信用状况很好的借款人发行，如政府、中央银行、商业银行、证券交易商、杰出的非银行金融机构和企业等，违约风险小；货币市场工具的短期限意味着所面临的市场风险小。(4) 货币市场工具具有高度的流动性。高度流动性源于多数货币市场工具具有活跃的二级市场，这使得它们在到期之前的相互转让非常便利。由于货币市场工具相对于资本市场工具来说，具有更高的安全性和更高的流动性，因此货币市场工具是一种较为安全的投资工具。

货币市场工具有很多，下面主要介绍较为常见且相对重要的几种工具。

❖ 短期国债

短期国债（short-term government bond）又常被称为国库券，是国家财政为满足短期资金需求而发行的一种债券。短期国债具有如下特征：(1) 风险最低——短期国债是政府的直接负债，政府在一国有最高的信用地位，一般不存在到期无法偿还的风险（即违约风险)，并且较短的期限（1 年以内，大部分为半年以内）意味着面临的利率风险较低，因此投资于短期国债基本上没有风险。(2) 具有高度流动性——由于短期国债风险低，机构和个人都乐于将短期资金投资到短期国债上，为短期国债创造了发达的二级市场。正是由于短期国债风险低且流动性高，因此短期国债利率水平成为金融市场的重要标杆利率（基准利率)。另外，短期国债一般通过折价发行来支付利息，即短期国债大部分为贴现国债。

❖ 回购协议

回购或回购协议（repurchase agreement）是指交易者与交易对手在卖出（或买入）有价证券等金融资产时签订协议，约定在一定期限后按约定价格再买入（或卖出）该笔有价证券的交易行为，以融入（或融出）即时可用资金。回购协议是短期资金融通的重要工具，参与者主要有中央银行、金融机构、非金融机构等。回购协议可以区分为正回购和逆回购。**正回购**是金融机构之间通过协议卖出有价证券，并约定在未来特定日期买回有价证券的交易行为；正回购为拆入资金的行为。**逆回购**是金融机构之间通过协议买入有价证券，并约定在未来特定日期将有价证券卖给交易对手的交易行为；逆回购为放出资金的行为。

❖ 大额可转让定期存单

定期存单是由银行向存款人发行的一种债务工具，它定期向存款人支付固定金额的利息，并在到期日还本。**大额可转让定期存单**（negotiable certificate of deposit）是可以在二级市场上出售的定期存单。期限多为短期，一般为 14 天到 1 年不等。大额可转让定期存单与普通定期存单有很大不同，为了避免利息损失，普通定期存单一般都是到期支取，而大额可转让定期存单则可在二级市场上出售，在规避利息损失的同时，提高了定期存款的流动性。大额可转让定期存单是商业银行获取资金的重要工具，主要参与者包括商业银行、货币市场基金、政府和其他非金融机构投资者。

❖ 商业票据

商业票据（commercial paper）是由一些金融公司或著名企业发行的一种以短期融资为目的的债务工具。商业票据的期限在一年以下，是一种可转让的金融工具。商业票据按出票人不同可分为银行汇票和商业汇票；按承兑人不同可分为商业承兑汇票和银行承兑汇票。商业票据信用高、期限短、信息透明，受到广大投资者青睐，已经成为很多公司短期资金的重要来源。

❖ 银行同业拆借市场工具

同业拆借市场（interbank market）是指金融机构之间为调剂短期资金余缺而相互融通的市场。其交易对象为金融机构的盈余资金，因资金不足而借入称拆入，因资金盈余而贷出称拆出。同业拆借市场工具（或拆借方式）主要包括隔夜拆借、通知贷款和回购协议。同业拆借的期限较短，因此这类工具属于货币市场工具。

隔夜拆借是同业拆借市场的主要拆借方式，期限为 1 天，头天清算时拆入，次日清算前偿还，不需要担保品，属于信用拆借。

通知贷款，拆借时间常在 1 周以内，这类拆借一般要求以国债、金融债券等有价证券为担保品。

回购协议，一般用于较长期限或对资信一般的金融机构的拆借。

由于同业拆借市场交易频繁且量大，能准确反映资金供求状况，因而同业拆借市场利率是货币市场乃至金融市场的重要标杆利率（基准利率）。我国的同业拆借市场利率主要是指上海银行间同业拆放利率（Shanghai Interbank Offered Rate，SHIBOR），SHIBOR是我国金融市场的重要基准利率之一。

四、资本市场工具

资本市场工具是期限长于1年的债务工具和股权工具。资本市场工具的价格波动幅度要远远大于货币市场工具，因而是具有相当风险的投资工具。资本市场工具是世界上最为被广泛持有的金融资产之一，股票和债券等被大量的个人和机构持有。资本市场工具主要包括普通股票、公司债券、政府债券等。

❖ 股票

股票（stock）是股份有限公司在筹集资本时向出资人发行的股份凭证。股票代表着其持有者（即股东）对股份公司的所有权。这种所有权是一种综合权利，如参加股东大会、投票表决、参与公司的重大决策、收取股息、分享红利等权利。每个股东所拥有的公司所有权份额的大小，取决于其持有的股票数量占公司总股本的比例。股东是公司的所有者，以其出资额为限对公司负有限责任，承担风险、分享收益。按股东权利分类，股票可分为普通股和优先股。

❖ 公司债券

公司债券（corporate bond）是指公司依照法定程序发行的，约定在一定期限内还本付息的有价证券。根据不同的分类方法，公司债券可以区分为不同的种类。以下列出了部分常见的分类：

按债券有无担保，公司债券可以分为信用债券和担保债券。信用债券是指仅凭筹资人的信用发行的、没有担保的债券，信用债券只适用于信用等级高的债券发行人。担保债券是指以抵押、质押、保证等方式发行的债券。其中，抵押债券是指以不动产作为担保品所发行的债券，质押债券是指以有价证券作为担保品所发行的债券，保证债券是指由第三者担保偿还本息的债券。

按债券可否提前赎回，公司债券可以分为可提前赎回债券和不可提前赎回债券。如果公司在债券到期前有权定期或随时购回全部或部分债券，这种债券就称为可提前赎回债券，反之则是不可提前赎回债券。

按发行人是否给予投资者选择权，公司债券可以分为附有选择权债券和不附有选择权债券。附有选择权债券是指债券发行人给予债券持有人一定的选择权，如可转换的公司债券、有认股权证的公司债券、可回售的公司债券等。可转换债券的持有者，能够在一定期间内按约定价格将债券转换成公司发行的股票；有认股权证债券的持有者，能够在一定期间内按约定价格凭认股权证认购公司发行的股票；可回售债券的持有者，能够在一定期间内按约定价格将债券回售给发行的公司。反之，没有上述或类似选择权的债券，即不附有选择权的债券。

按发行方式，公司债券可以分为公募债券和私募债券。公募债券是指按法定手续经证券主管部门批准公开向社会投资者发行的债券；私募债券是指以特定的少数投资者为对象发行的债券，发行手续简单，一般不能公开上市交易。

❖ 政府债券

政府债券（government bond）是政府为筹集财政资金所发行的债券，一般可以分为中央政府债券、政府机构债券、地方政府债券。

中央政府债券亦称国债，是一国中央政府为弥补财政赤字或筹措建设资金而发行的债券。政府发行国债的目的往往是弥补国家财政赤字，或者为一些耗资巨大的建设项目以及某些特殊经济政策乃至为战争筹措资金。

政府机构债券是指由政府所属机构、公共团体或与政府有直接关系的企业发行的债券，筹集资金主要用于发展各机构或公营公司的事业。我国中央汇金投资有限责任公司（简称“汇金公司”）发行的债券比较符合上述定义。汇金公司是国家对重点金融机构进行股权投资的金融控股机构，它履行国有金融资产出资人的职责，本身并不从事商业活动。它发行债券是为了解决在股权投资过程中所需的资金来源，国家对其发行的债券提供某种方式的信用担保。

地方政府债券也被称为“市政债券”，是指有财政收入的地方政府及地方公共机构发行的债券。地方政府债券筹集的资金一般用于交通、通信、住宅、教育、医院和污水处理系统等地方性公共设施的建设。同中央政府发行的国债一样，地方政府债券一般也是以当地政府的税收能力作为还本付息的担保。

五、金融市场国际化

不断发展的金融市场国际化进程已经成为一个重要的发展趋势。在20世纪80年代以前，美国的金融市场规模远远大于其他国家，但近年来，随着其他西方国家以及中国等新兴经济体金融市场的快速发展，美国金融市场的主导地位正在消失。目前，大量市场经济国家的公司和金融机构不仅利用国内市场融资或投资，而且会充分利用国际金融市场进行投融资。

❖ 国际债券市场

通过国际债券市场进行投融资是金融市场国际化的一个重要方面，主要指公司和金融机构借助各种国际债券市场上的金融工具在国际债券市场投融资。

国际债券市场上的传统金融工具是**外国债券**（foreign bond），外国债券是指在境外发行的、以发行市场所在国货币计价的债券。比如，2005年10月，国际金融公司（IFC）和亚洲开发银行（ADB）分别获准在我国银行间债券市场发行人民币债券11.3亿元和10亿元，这是中国债券市场首次引入外资机构发行主体，也是中国债券市场对外开放的重要举措和有益尝试。财政部将首发债券命名为“熊猫债券”，即境外机构在中国发行的以人民币计价的债券，它与日本的“武士债券”、美国的“扬基债券”都属于外国债券。

国际债券市场上的另一种重要金融工具是**欧洲债券**（Euro bond），它是一种以发行市场所在国以外的货币计价的债券。举例来说，在伦敦发行的以美元计价的债券就是欧洲债券。目前在国际债券市场上新发行的债券中，欧洲债券是主要的品种。另外，欧洲债券的一个变体是**欧洲货币**（Eurocurrency），即存放在货币发行国境外银行之中的该种货币存款。最主要的欧洲货币是**欧洲美元**（Eurodollar），即存放在美国境外的外国银行或者美国银行境外分支机构里的美元存款。美国银行可以从其他银行或者其自己的境外分支机构借入欧洲美元，现在它已经成为美国银行的一个重要的资金来源。

❖ 全球股票市场

目前，美国的股票市场仍然是世界上规模最大的股票市场，很多国家的公司选择在美国的股票市场上市，同时不少国家的股票市场国际化发展步伐也不断加快。自 1992 年以来，中国已有一些企业在纽约、伦敦等地的证券交易所上市，发行国际股票已成为中国利用外资的一个重要方式。2002 年 11 月 5 日，中国证监会颁布了《合格境外机构投资者境内证券投资管理暂行办法》，我国正式开始实施合格境外机构投资者（Qualified Foreign Institutional Investors，QFII）制度，我国资本市场开始有条件地向合格境外机构投资者开放。近年来，我国资本市场对外开放的步伐不断加快。2019 年 9 月，国家外汇管理局宣布全面取消 QFII、RQFII（RMB Qualified Foreign Institutional Investor）投资额度限制；2020 年 10 月，上海证券交易所和深圳证券交易所重新修订了 QFII、RQFII 实施细则，扩大了 QFII、RQFII 的投资范围。

当今国际金融活动中，由一天 24 小时不停地买进或卖出跨国公司股票所形成的全球性股票交易市场，已不再受地理位置的限制。

第四节　金融中介机构

一、金融中介机构的功能

虽然媒体更加关注证券市场，但是对于需要外部融资的公司而言，金融中介机构在很多情况下是比证券市场更加重要的融资来源。即使在金融市场高度发达的美国，金融中介机构提供的贷款规模也可能超过证券市场。为什么金融中介机构如此重要？要回答这一问题，我们需要着重理解金融中介机构在降低交易成本和缓解信息不对称等方面的作用。

❖ 降低交易成本

交易成本（transaction cost）也称交易费用，即从事交易活动所耗费的成本，这是那些有盈余资金的融出方所面临的主要问题。相比于通过金融市场的直接融资方式，通过金融中介机构的间接融资方式能够降低交易成本。比如，你在向资金短缺单位融通资金时，在直接融资方式下，需要你自己设计一份融资合约或者购买短缺单位发行的证券，无论是哪种形式，都需要你耗费交易成本。具体来看，如果通过设计一份融资合约融出资金，受限于你自己的专业能力，设计的融资合约不一定完善并且可能只使用一次，交易成本显然较高；如果通过购买短缺单位发行的证券融出资金，那么你需要搜寻和分析金融市场上值得投资的证券，也涉及较高的交易成本，并且由于你的资金量有限，可能面临较高的交易佣金费率。总之，在直接融资方式下，你不得不耗费显著的交易成本。而金融中介机构比如商业银行可以设计出专业的存款和贷款合约，并且可以在众多客户中反复使用，从而在平均上通过规模经济降低交易成本；如果是购买证券，商业银行有经验丰富的专业人士搜寻和分析金融市场上值得投资的证券，交易成本相对较低，并且大额的投资资金也能享受较低的交易佣金费率，从而在平均上节约交易成本。

❖ 缓解信息不对称

在金融市场上，在做出准确决策时，市场的某一方并不了解市场上的另一方，这种现象被称为**信息不对称**（information asymmetry）。因信息不对称而造成的问题可能发生在两个阶段：交易之前和交易之后。

在交易之前，信息不对称会造成**逆向选择**（adverse selection）问题。金融市场上的逆向选择指的是那些最可能造成不利结果，即造成信贷风险的借款人，常常就是那些寻找贷款最积极而且是最可能得到贷款的人。因为信息不对称的存在，贷款人无法识别这类借款人。由于逆向选择使得贷款可能招致信贷风险，贷款人因此可能决定不发放贷款，即使市场上有信贷风险很小的借款人。

在交易之后，信息不对称会造成**道德风险**（moral hazard）问题。金融市场上的道德风险指的是借款人在获得贷款后可能从事贷款人不希望的风险活动，并且这些活动可能使得贷款不能归还。由于道德风险降低了贷款归还的可能性，贷款人可能决定宁愿不发放贷款。

由逆向选择和道德风险造成的问题是金融市场正常发挥功能的重要障碍，而金融中介机构能一定程度防范这些问题的发生。因为金融中介机构在甄别借款人贷款风险、防范由逆向选择造成的损失方面，其专业水准以及办法和经验比普通投资者要丰富得多。此外，它们在监督借款人从而减少由道德风险造成的损失方面也有着显著专长。大多数人将储蓄提供给金融中介，大多数需要资金的人从金融中介取得贷款，这就是金融中介机构成功的主要表现。金融中介机构有效地将储户的资金引入到拥有生产性投资机会的人们手中，它们在增进经济效率方面发挥了关键性的作用。

❖ 降低风险

金融市场存在较大风险，金融中介机构有助于降低投资者面临的风险。首先，金融中介机构可以通过**风险分担**来实现这一功能。通过创造和出售投资者能够接受的风险水平的资产，金融中介机构筹集到了资金，它们再使用这些资金去购买风险水平较高的资产。专业的风险管理能力和低廉的交易成本使得金融中介机构能够获取利润，这一利润来源于它们从高风险资产上获得的回报和支付投资者收益以及交易成本之间的差额。在这一过程中，投资者承担的风险得以降低，金融中介机构则通过承担和管理风险获取收益。

另外，金融中介机构也可以通过帮助投资者实现**多样化策略**来降低其资产面临的风险水平。多样化是指投资于一组资产，即资产组合，由于组合中的资产价格波动不会总是发生同样的变化，从而可以分散和降低风险。普通投资者由于资金有限，难以实现多样化，而金融中介机构由于筹集的资金规模大，可以充分运用资产组合策略分散和降低风险。总之，金融中介机构可以通过风险分担和多样化策略降低风险，安全性更高。

二、金融中介机构的类型

我们已经学习并了解了金融中介机构在经济运行中发挥重要作用的原因，现在我们来考察金融中介机构的类型。金融中介机构可以分为三类：存款类金融机构、契约性储蓄机构和投资性中介机构（见表3-1）。

表3-1　金融中介机构的类型

金融中介机构类型	主要负债（资金来源）	主要资产（资金运用）
存款类金融机构		
商业银行	存款	贷款
信用合作社	存款	贷款
契约性储蓄机构		
保险公司	保单保费	金融市场投资等
养老基金和政府退休基金	雇主和雇员的缴款	金融市场投资等
投资性中介机构		
信托公司	信托产品	金融市场投资等
投资基金	基金发行	金融市场投资等
财务公司	发行融资工具	消费贷款等
……	……	……

❖ 存款类金融机构

存款类金融机构（deposit financial institution）是接受个人存款和机构存款并发放贷款的金融中介机构。存款类机构特别是商业银行，不仅在资金融通，而且在货币供给等方面发挥重要的作用。主要的存款类金融机构包括商业银行和信用合作社等。

讨论：
商业银行和投资银行，哪个是你更心仪的职业选择？

商业银行主要通过吸收活期存款、定期存款、储蓄存款等各类存款来筹集资金，然后通过利用资金发放商业贷款、消费贷款、抵押贷款等各类贷款以及购买有价证券等方式运用资金，通过资金筹集和资金运用发挥资金融通的功能并赚取一定的利润。

信用合作社是指由一些具有共同利益的人们组织起来的、具有互助性质的合作金融组织。信用合作社的基本经营目标是以简便的手续和较低的利率，向社员提供信贷服务。信用合作社对金融体系起到了拾遗补阙的作用，在经济生活中广泛动员了社会资金，弥补了现代金融服务难以覆盖的地区，促进了社会闲散资金的聚集和利用。随着金融的不断发展，信用合作社的业务不断拓展，资金来源与运用从以前的以会员为主逐渐向多元化发展，并且在金融市场上发挥着越来越大的作用。

❖ 契约性储蓄机构

契约性储蓄机构（contractual savings institution）是指根据契约规定按期获得资金的金融中介机构，如保险公司、养老基金和政府退休基金等。保险公司的资金来源为保单保费，资金的运用主要为金融市场投资，如购买公司债券、股票等各类金融资产；养老基金和政府退休基金的资金来源为雇主和雇员的缴款，资金的运用同样主要为金融市场的各类投资。由于契约性储蓄机构普遍能够相当精确地预测在未来年度中需要向受益人支付的金额，它们不必像存款类机构那样担心出现资金迅速流失的情形，资产的流动性对契约性储蓄机构来说不像对存款类机构那么重要，因此它们主要把资金投入长期证券，如公司债券、股票等各类金融工具。

❖ 投资性中介机构

投资性中介机构（investment intermediaries）是指通过发行股票、债券或出售基金份额等方式筹集资金（一般不允许向公众吸收存款），再把资金运用到金融市场或法律允许的贷款业务的金融中介机构，主要包括信托公司、投资基金、财务公司等。其中，信托公司主要通过发行信托产品筹集资金，再通过投资金融市场或经营法律允许的贷款业务等运用资金；投资基金主要通过发行基金产品筹集资金，再通过投资金融市场等业务运用资金；财务公司主要通过发行商业票据（一种短期债务工具）以及发行股票和债券来筹集资金，再将资金借给那些需要购买汽车、家具等大件商品的消费者以及需要运营资金的小型企业等。

第五节　金融体系的监管

一、金融监管的原因

在世界各国，金融部门可谓被监管得最为严厉的部门之一，政府严厉监管金融体系的原因主要有两个：一是帮助投资者获得更多的信息，二是保障金融机构的稳定运行。

❖ 帮助投资者获得更多的信息

在金融体系中，资金融出方和资金融入方普遍存在信息不对称。信息不对称会导致逆向选择和道德风险问题，从而影响金融体系的有效运行。在金融市场上，高风险的企业或个人往往会隐藏自己的信息以利于取得融资，信息不对称导致作为投资者的资金融出方难以有效识别资金融入方的风险状况，产生逆向选择问题，从而导致宝贵的金融资源被错误配置，甚至导致低风险优质客户和投资者退出市场，造成金融市场失灵。进一步地，一旦投资者购买证券或借钱给一家高风险企业，作为资金融入方的借款人可能会有从事不利于投资者的高风险活动甚至进行诈骗的动机，而信息不对称导致投资者难以及时发现问题，从而产生道德风险问题。金融监管能够弱化金融市场中的逆向选择和道德风险问题，并通过增加投资者的可得信息提升市场效率。

❖ 保障金融机构的稳定运行

由于信息不对称，金融机构的资金提供者可能无法了解这些机构是否可靠，如果他们出现了对金融机构整体状况的担忧，他们往往会选择从这些机构抽回资金，并导致金融机构的大量倒闭，即出现金融恐慌。金融恐慌不仅让公众蒙受巨大损失，而且会对整体经济造成严重损害。为了保障公众和整体经济免受金融恐慌的损害，政府需要对金融体系施以严格的监管。

二、金融监管的常见措施

金融监管部门通过制定和实施各种监管措施，对金融机构的经营进行干预，以确保金融机构的安全稳健运行。

◆ 注册与检查

金融监管部门对金融机构的设立制定严格的准入条件，如果机构或个人计划设立诸如银行或者保险公司之类的金融机构，必须满足严苛的准入要求。金融监管机构会对银行等金融机构的设立注册进行监管，只有那些拥有充足资本金、信用良好的机构或个人才能通过注册获得金融牌照。金融机构一经批准成立，就需要按照有关规定定期提交报告，同时还要接受监管机构对其进行的定期检查。

◆ 信息披露

金融机构需要遵守十分严格的信息披露制度，需要以定期报告、临时报告等形式，把金融机构及与金融机构相关的信息，向投资者披露。信息披露是金融机构与投资者沟通信息的桥梁，真实、全面、及时、充分的信息披露至关重要，是金融体系稳健运行的重要保障。

◆ 对持有资产的限制

为了确保金融体系的安全和稳定，金融监管部门制定了一系列的监管条款，不仅限制金融机构从事高风险的投资活动，还限制它们持有某些高风险的资产，或者是将高风险资产的数额控制在一个审慎的水平。

◆ 资本金要求和监管

金融监管部门对银行等金融机构实施强制性的资本要求是降低金融机构道德风险和提高金融机构安全性和稳定性的有效方式。由于金融机构持有较大规模的股权资本，如果金融机构破产将会使其自身遭受更多的损失，因此它们便会倾向于从事低风险的业务活动。此外，资本金可以作为一种缓冲来有效降低金融机构破产的可能性，从而提高金融机构的安全性和稳定性。

除了以上措施，金融监管的措施还包括对金融机构的风险管理评估，保护金融市场消费者，限制金融机构的竞争等措施。

第六节　金融科技重塑金融业*

金融科技英译为 Fintech，是 financial technology 的缩写。金融科技通过利用各类科技手段，对传统金融行业所提供的产品和服务进行各种改造和创新，提升效率并有效降低运营成本。当前，金融科技正在深刻改变金融业。

一、金融科技的发展历程

提到金融科技，人们往往首先想到的是“ABCD”（人工智能、区块链、云计算、大数据的英文首字母缩写）。根据金融稳定理事会（Financial Stability Board，FSB）[①] 的定义，**金融科技主要是指由人工智能**（artificial intelligence）、**区块链**（blockchain）、**云计算**（cloud computing）、**大数据**（big data）**等新兴前沿技术带动，对金融市场以及金融服务业务供给产生重大影响的新兴业务模式、新技术应用、新产品服务等。**

如果把 1866 年世界上第一条跨大西洋海底电缆的成功铺设认定为科技对金融产生重大影响的开始，金融科技至今实际上已经有 150 多年的历史，并大体可以分为三个阶段：Fintech 1.0 阶段（1866—1966 年），侧重于基础设施建设，使金融市场全球化；Fintech 2.0 阶段（1967—2008 年），侧重于传统金融机构引入计算机和互联网技术，使金融市场数字化（英国巴克莱银行在 1967 年引入 ATM 机标志着 2.0 阶段的开始）；Fintech 3.0 阶段（2008 年至今），侧重于引入移动互联和人工智能等技术，科技公司开始提供金融服务，打破了传统金融的固有模式，使金融市场移动化。

纵观金融科技发展的三个阶段，在前两个阶段，西方国家一直占据主导地位。但在 Fintech 3.0 阶段，发展中国家特别是中国发展迅猛、领跑全球。如果没有特别说明，本教材金融科技就是特指 Fintech 3.0 阶段。

二、金融科技的技术基础

金融科技的技术基础主要包括人工智能技术、区块链技术、云计算技术、大数据技术和物联网技术等。

讨论：
金融科技如何重塑金融业？

❖ 人工智能技术

人工智能（artificial intelligence，AI）是指通过计算机程序实现与人相似的理性行为的

① 金融稳定理事会的前身为金融稳定论坛（Financial Stability Forum，FSF），是七个发达国家（G7）为促进金融体系稳定而成立的合作组织。在中国等新兴市场国家对全球经济增长与金融稳定影响日益显著的背景下，2009 年 4 月 2 日在伦敦举行的二十国集团（G20）金融峰会决定，将成员扩展至包括中国在内的所有 G20 成员，并将其更名为金融稳定理事会（Financial Stability Board，FSB）。FSB 的任务是制定和实施促进金融稳定的监管政策和其他政策，解决金融脆弱性问题。

智能技术。如果把人工智能比拟人类，人工智能要实现的功能包括听说读写、行动、思考和学习等，并能够模拟、延伸和扩展人类的理论、方法、技术及应用形式。

近年来，人工智能进入了一个高速发展阶段。云计算和大数据的兴起为人工智能提供了基础支撑，深度学习带来的算法突破提高了处理复杂任务的准确度和效率，极大地推动了语音识别、计算机视觉、机器学习、自然语言处理、机器人等人工智能技术的发展。金融领域对技术进步向来敏感，将人工智能技术应用于金融行业可以批量人性化和个性化地服务客户，提高数据处理效率，重塑传统金融服务模式。

❖ 区块链技术

区块链（blockchain）是一种去中心化的分布式共享记账技术，其设计目的是让各方参与者能够在技术层面建立信任关系，是金融科技中最具革命性的技术之一。区块链技术在金融领域的优化作用体现在以下三方面。

一是金融资产数字化。区块链上信息的不可篡改性、去中心化的数据储存方式以及便利和低交易成本特性，使其成为包括货币在内的各类金融资产数字化的最佳载体。

二是实时数字化交易模式。不同于当前各类金融交易的“T+N”① 模式，区块链网络中将不存在清算这个概念，所有的交易都是“发生即清算”，交易完成的瞬间所有的账本信息都完成了同步更新。

三是革命性的“去信任”过程。区块链的运用将彻底颠覆金融体系中的信任模式，即从信任金融机构等中介机构的模式转变为交易双方相互信任的模式。信任是金融业的基础，为建立信任机制，金融业发展了大量的带有中心化性质的中介机构，包括证券、保险、交易所、第三方支付平台、银行等。然而，传统的中心化中介机构处理信息过于依赖人工，且金融信息传播链条过长，这导致出错率高且效率低下。区块链技术的出现使这一问题可能被有效解决，交易双方无须借助第三方信用中介就能开展经济活动，传统商业模式的底层逻辑将发生改变。

❖ 云计算技术

云计算（cloud computing）是分布式计算的一种，指的是通过网络“云”将巨大的数据计算处理程序分解成无数个小程序，然后，通过多部服务器组成的系统进行处理和分析这些小程序，得到结果并返回给用户。

金融云计算是云计算技术为金融机构量身定制的服务，是指利用云计算模型构成原理，将各金融机构及相关机构的数据中心互联互通，构成云网络，以提高金融机构迅速发现并解决问题的能力，提升整体工作效率，改善流程，降低运营成本，为客户提供更便捷的金融服务和金融信息服务，并同时达到降低运行成本的目的。金融业务上云，能充分利用云计算平台的超强计算能力，节省服务器等硬件资源的一次性投入成本和 IT 运维人员的投入费用。更重要的是，上云后的业务系统可以更为高效地利用互联网上的各

① “T+N”是指证券交易清算时间的时限，是对证券交易所关于证券交易资金清算制度的概括性简称。其中“T”指成交证券交易的当日，“N”指从交易成交到清算时间的天数。

种云服务资源——高成本、非核心的外围系统或者同质化的基础金融服务借助互联网实现业务外包，使企业专注于核心金融业务的持续创新以及运营管理。

❖ 大数据技术

大数据（big data）是指无法在一定时间范围内用常规软件工具进行捕捉、管理和处理而需要运用新处理模式才能产生更强的决策力、洞察发现力和流程优化能力的海量、高增长率和多样化的数据集合和信息资产。在大数据时代，每天都有海量信息快速生成。如果能掌握这些数据并运用数学运算理解信息、转化信息，把数据转换为有价值的内容，就能预测下一个商机，而这个数据处理技术就是大数据技术。

与传统数据管理技术不同，大数据技术实现了静态向动态、低维向高维的转变。它往往与云计算技术相伴，其特色在于对海量数据进行分布式数据挖掘。目前，大数据技术被广泛应用于中央银行、商业银行、征信、保险、证券投资等领域，在细分客户、市场营销、风险控制、优化运营管理能力等方面展现出了诱人的前景。

❖ 物联网技术

物联网（internet of things）是指通过各种装置与技术，实时采集任何需要监控、连接、互动的物体或过程，让所有能够被独立寻址的普通物理对象形成互联互通的网络。

物联网技术是实现“物物互联”的互联网技术，即在互联网技术的基础上，将用户端扩展到物品上，使物品和物品（T2T）、人与物品（H2T）、人与人（H2H）都能够实现通信并进行信息交换。该技术实现了由“人的互联”向“物的互联”的转变，实现了物与物、物与人的“泛互联”，实现了对物品和过程的智能化感知、识别和管理。物联网系统通过大数据技术对人和物的数据信息进行实时采集和分析，可以更加精细、动态地对人和物进行智能管理，有利于提高资源利用效率。

物联网在金融行业中的应用，主要体现在客观数据采集上。比如在银行业，针对企业客户融资，银行可以运用物联网实时掌握企业的原料库存、成品积压等情况；针对动产质押融资，可以运用传感器、导航定位等技术监控质押动产的存续状态、位置和变化；针对“三农”客户融资，物联网传感器可以监控农作物生长环境并自动化预测产量。同时，物联网对保险行业的影响也十分深刻，可穿戴设备作为物联网健康管理的感应终端，为保险业采集数据、解决客户与保险公司间的信息不对称问题和实现精准营销提供了一个新的突破口；车联网的应用也将变革车险定价模式，全面推动保险业的升级。

本章重点回顾

金融体系的融资方式

直接融资和间接融资；金融结构

金融体系的功能

金融市场

金融市场的分类：一级市场和二级市场；货币市场和资本市场；……

金融市场工具：货币市场工具；资本市场工具

金融中介机构

金融中介机构的功能；金融中介机构的类型

金融体系的监管

课后思考和练习题

1. 对比分析直接融资和间接融资。
2. 金融体系的功能有哪些？
3. 简述金融市场的分类。
4. 对比分析货币市场工具和资本市场工具。
5. 简述金融中介机构的功能。
6. 谈谈金融监管的原因和常见监管措施。

阅读资料推荐

祁斌，查向阳等. 直接融资和间接融资的国际比较［J］. 新金融评论，2013（06）：102-117.

吴晓求，许荣，孙思栋. 现代金融体系：基本特征与功能结构［J］. 中国人民大学学报，2020（01）：60-73.

赵锡军. 中国特色资本市场的建设目标和路径选择［J］. 人民论坛，2022（03）：44-49.

PART 2

第二篇
金融市场

第四章 利率与利率计算

学习目标

本章主要介绍利率的概念、种类以及与利率相关的计算等。学完本章，你应该掌握以下内容：

- 理解单利和复利的定义以及计算式。
- 建立货币时间价值的概念，理解现值和终值的定义以及计算式。
- 掌握到期收益率的含义以及计算方法。
- 掌握回报率的含义以及计算方法。

第一节 利率与利率的种类

一、利率的概念

“利率”这个词，在不同的语境里，其含义会略有不同。在严格意义上，“利率”应指“利息率”，它是指在一定时期内所形成的利息额与所借贷的本金之间的比率，用公式表示为：

$$利率=\frac{利息额}{本金}\times 100\% \tag{4-1}$$

现实生活中存在着各种各样具体形式的利息率，如3年期银行存款利率、1年期银行贷款利率、5年期国债利率、3年期大额可转让存单利率等。因此，当人们提及利率时，如果是特指某种具体的利率，通常就会在表述上加以限定性的前缀，如“1 年期银行存款利率”。但如果不加限定地谈“利率”，则通常是泛指各种不同形式的利率。有时人们会使用类似“市场利率水平”这样的概念，这是一种理论上的概念，泛指市场整体的利率水平高低，并不特指哪一种市场利率，也不是某种具体的统计意义上的数量概念。此外，“利率”还有一种更为宽泛的使用方法，即泛指各类利息率和收益率的总和。经济学家在抽象地谈论利率时，通常是指这种宽泛意义上的含义。

利率的高低，不仅取决于表示利率的数字本身，还取决于利率的时间单位和复利频率。时间单位表示该利率是在多长时间内获得的，复利频率将会在下一节中详细讲解。按照惯例，一般用百分号表示的利率为年利率，其时间单位为 1 年（例如，年利率 5%表示 1 年可以获得“本金×5%”的利息）；用千分号表示的利率为月利率，其时间单位为 1 个月（例如，月利率 5‰表示 1 个月可以获得“本金×5‰”的利息）；用万分号表示的利率为日利率，其时间单位为 1 天（例如，日利率 5‱表示 1 天可以获得“本金×5‱”的利息）。虽然惯例如此，但在严谨的表述中，还是应对利率的时间单位做出明确的说明，以避免产生纠纷。

将时间单位不为 1 年的利率（如日利率、周利率、月利率等）转化为时间单位为 1 年的利率，这一过程通常叫**年化收益率**。例如，将月利率乘以 12，将日利率乘以 360 或 365，即可获得对应的年化收益率。

二、利率的种类

❖ 基准利率

在经济体中存在各种各样的利率，这些利率相互之间都存在一定的联系，从而构成了一个利率体系。**基准利率**（benchmark interest rate）就是在利率体系中能带动其他利率变化的利率，它通常是其他利率的标杆或参照系。

在不同的国家和市场中，基准利率会有所不同。美国的基准利率是**联邦基金利率**（Federal Fund Rate），它是美国的同业拆借利率。也有一些西方国家采用中央银行的再贴现利率作为基准利率。国际金融市场曾较多地采用**伦敦银行间同业拆借利率**（London Interbank Offered Rate，LIBOR）作为基准利率①。

我国中央银行（中国人民银行）在利率市场化水平还较低时期，中央银行的再贷款利率充当着基准利率，由中国人民银行规定的商业银行一年期存贷款利率也被作为基准利率。近年来，随着利率市场化水平的提高，**上海银行间同业拆放利率**（Shanghai

① 曾作为国际金融市场最重要基准利率的 LIBOR，目前已退出了金融市场。2008 年全球金融危机发生以来，各国同业拆借市场有所萎缩，LIBOR 报价的参考基础弱化，加上多起报价操纵案的爆发，严重削弱了 LIBOR 的市场公信力。2017 年，英国金融行为监管局（FCA）宣布，2021 年年底后不再强制要求报价行报出 LIBOR，这意味着 LIBOR 逐步退出市场。2023 年 7 月 3 日，FCA 发布公告称，隔夜和 12 个月美元 LIBOR 设置永久停止，1 个月、3 个月和 6 个月 LIBOR 将继续发布至 2024 年 9 月 30 日，但该数值是合成利率，而非原有报价利率。这也意味着，过去长达数十年来金融市场的利率定价基准 LIBOR，2024 年彻底退出市场。

Interbank Offered Rate，SHIBOR）逐渐成为我国的基准利率。SHIBOR是根据信用等级较高的银行组成报价团自主报出的人民币同业拆出利率计算确定的算术平均利率，是单利、无担保、批发性利率。除了SHIBOR，**贷款市场报价利率**（Loan Prime Rate，LPR）也是我国重要的基准利率。LPR是由具有代表性的报价行，根据本行对最优质客户的贷款利率，通过在人民银行中期借贷便利（Medium-term Lending Facility，MLF）利率的基础上加点的方式报出各家的贷款利率，再由中国人民银行授权全国银行间同业拆借中心计算出并向社会公布。我国各金融机构的贷款利率则主要通过在LPR的基础上加减若干基点的方式来确定。也即是说，我国金融机构主要参考LPR进行贷款定价。

❖ 名义利率与实际利率

按利率是否考虑通货膨胀，可以将利率区分为名义利率和实际利率。**名义利率**（nominal interest rate）**与实际利率**（real interest rate）**的区别在于是否剔除了通货膨胀对利率的影响。**未剔除通货膨胀影响的利率为**名义利率**，反之，则为**实际利率**。在现实生活中，我们能接触到的利率大部分情况下为名义利率，例如银行公布的存款或贷款利率、债券的票面利率、理财产品的收益率等。本章接下来出现的利率，如果没有特别说明，皆为名义利率。

讨论：
钱应不应该存银行，你怎么想？

关于名义利率和实际利率之间的关系，可以用经济学家欧文·费雪（Irving Fisher）提出的费雪等式来加以精确定义。费雪等式（Fisher Equation）最早揭示了预期通货膨胀率与利率之间的关系，它们之间的关系被称作**费雪效应**（Fisher Effect）。费雪等式的形式及简化过程如下：

$$1+i_n=(1+i_r)(1+\pi^e)$$

式中，i_n表示名义利率，i_r表示实际利率，π^e表示预期通货膨胀率。

将上式展开，可得：

$$i_n=i_r+\pi^e+(i_r\times\pi^e)$$

在i_r和π^e取值很小的情况下，可以忽略$i_r\times\pi^e$项，从而将上式简化为：

$$i_n=i_r+\pi^e \text{ 或者 } i_r=i_n-\pi^e \quad (4-2)$$

由费雪等式所定义的实际利率，严格来说应称为**事前实际利率**，事前的实际利率等于名义利率减去预期的通货膨胀率，也即是说它是利用我们事前预测的未来通货膨胀率来调整未来的名义利率后得到的实际利率。例如，当前银行1年期存款的名义利率为3%（这意味着从现在开始的未来1年的存款名义利率为3%），我们预期未来1年的通胀率为2%，那么存款者在未来这1年内的实际利率只有1%。这就是事前实际利率。事前实际利率对于经济决策非常重要。

与事前实际利率相对应的是**事后实际利率**，事后实际利率等于名义利率减去实际的通货膨胀率，它表示的是贷款人事后的实际收益情况。如果某存款者之前存了1年期的存款，今天已到期。该笔存款的名义利率为3%（这意味着过去1年的名义利率为3%），而过去1年已经发生的通胀率为2%，则该笔存款的实际利率为1%。这就是事后实际利率。

区分实际利率和名义利率非常重要，因为只有实际利率才反映借款人的真实借款成本和投资者的真实投资收益。因此，更能对投资品的供需产生影响的应该是实际利率。

❖ 固定利率和浮动利率

按利率是否会在借贷期内进行调整，可以将利率区分为固定利率和浮动利率。

固定利率（fixed interest rate）是指在整个借贷期内保持不变的利率。采用固定利率计息可以使得利息的计算更为简单。但是当借贷期较长或市场利率波动较大的时候，采用固定利率计息，则可能会因为该固定利率与市场利率出现较大差异从而使借贷双方的利息成本（收益）与按市场利率计算的结果出现较大差异。例如，某公司跟银行签订了一份固定利率的贷款合约，双方约定本金 10 000 元，贷款期 5 年，利率为 5%且每年支付一次利息。那么在贷款期内，该公司需每年支付 10 000×5%＝500 元的利息。如果在贷款期内，某一年市场利率上升到了 10%，那么这份固定利率的贷款合约实际上可以使该公司每年节省 500 元的利息支出，公司会非常庆幸当初签订了固定利率的合约。当然，市场利率也有可能降到 5%以下，那这份固定利率的贷款合约则会对银行更有利。但无论怎样，固定利率合约会使得借贷双方在签订合同的时候就可以确知未来的借贷期内的每一次利息是多少，从这个意义上讲，固定利率合约可以降低借贷双方的利率风险。

浮动利率（floating interest rate）是指在整个借贷期内，该利率要随着市场利率的变化而定期调整。至于要跟随哪种市场利率进行调整以及多久调整一次，皆由借贷双方在签订借贷合约之前商议决定并记载于合约之上。例如，某公司向银行申请了一笔贷款，本金 10 000 元，贷款期 5 年，利率为 LPR+1%，每年支付一次利息。假定该贷款合约签订于 2021 年 1 月 18 日，当天的 LPR 为 3%。那么 2022 年 1 月 18 日，该公司需支付利息 10 000×（3%+1%）＝400 元。同理，2023 年 1 月 18 日支付的利息则要用本金乘以 2022 年 1 月 18 日的（LPR+1%），以此类推。

❖ 市场利率与官定利率

按利率是否随市场规律自由波动，可以将利率区分为**市场利率**（market interest rate）和**官定利率**（official interest rate）。市场利率的制度背景是利率市场化，在实现了利率市场化的环境中，市场利率将由借贷资金的供需均衡来决定。资金的供给增加或需求减少就会使利率下降，反之，则会使利率上升。官定利率则是由政府金融管理部门（通常是中央银行）根据其推行宏观经济政策的需要确定的利率，它更多的是政府意志的体现，通常并不能很好地反映市场上的资金供需状况。官定利率的制度背景是利率管制，许多国家在历史上的不同时期都不同程度地实施过利率管制，但总体的发展趋势还是会向着利率市场化的方向发展。

拓展 4-1

利率市场化的国际比较

利率作为资金的价格，在资源配置中起着基础性调节作用。利率市场化实质上是一个逐步发挥市场机制在利率决定中的作用、进而实现资金流向和配置不断优化的过程。纵观世界各国，其利率市场化的演进都是与金融市场的发展及相关法律法规、制度机制等市场基础设施的完善紧密联系的。

20 世纪 70 年代，随着货币市场基金迅速发展和金融产品的不断丰富，市场交易日趋活跃，放松利率管制的市场基础逐渐成熟，美国开始逐步取消对大额可转让存单的利率管制。直到 1980 年，美国《存款类金融机构解除管制和货币控制法案》通过，存贷款利率市场化才正式开始。该法案基本上取消了对贷款利率的限制，并宣布成立存款类金融机构解除管制委员会，决定分阶段取消对存款利率的限制。之后，金融市场工具和产品不断创新，存款利率管制逐步取消。到 1986 年，美国利率市场化基本实现，美联储开始通过贴现率和公开市场操作引导市场利率。利率管制取消后，美国商业银行倒闭数量有所上升，但由于有较为完善的市场基础和健全的存款保险制度，总体上未对金融稳定产生过大的冲击。

日本在利率市场化过程中比较注重培育市场基础和完善市场机制，其推进进程比美国要长。1977 年，日本允许金融机构持有的国债上市流通，国债收益率曲线逐步形成。随后又逐步放开了国债发行利率和银行间折借、票据利率，并批准商业银行发行利率不受限制的大额可转让定期存单。随着金融市场的不断发展，日本通过对大额可转让定期存单等已市场化定价的金融产品采取逐步降低发行面额、扩大市场参与主体范围等方式，稳步推进利率市场化改革。到 1994 年，日本的利率市场化顺利完成。

与发达国家相比，发展中国家金融市场起步晚，基础较为薄弱，金融机构的市场定价能力也相对较低，因此在利率市场化的过程中，市场机制的建设和培育显得更为重要。20 世纪 70 年代，韩国通过引入可转让大额定期存单、短期债券回购协议等丰富金融市场产品。1981 年，韩国放开商业票据贴现利率，开始尝试利率市场化。1986 年，韩国的银行间折借、企业债券、大额可转让存单利率先后放开。1988 年，韩国宣布取消对大多数银行、非银行金融机构的贷款和两年期以上存款利率的控制，基本实现了存贷款利率的市场化。但在 1989 年，韩国经济增速放缓、通胀加剧、市场利率飙升，政府不得不通过“窗口指导”重新对利率进行管制。在对前一轮利率市场化进行总结和反思的基础上，1991 年，韩国再次推进利率市场化。由于此时的市场基础已较为成熟，且推进计划周密，到 1997 年，韩国利率市场化全面实现。

1974 年，智利政府开始推进经济自由化改革，到 1979 年，银行私有化、利率市场化和资本账户开放等改革就已完成。但由于利率市场化的各项基础条件尚不成熟，1976—1982 年，智利出现了一个超高利率时期，年平均实际利率高达 32%，银行大量破产，中央银行不得不通过公布指导性利率的方式宣布重新对利率进行管制，并对银行进行重组。直到银行重组基本完成后，智利中央银行才不再公布指导性利率，而转向通过公开市场操作引导市场利率。

各经济体的利率市场化改革道路不尽相同，但总体而言均是与国内其他相关改革配套进行的。在这个过程中，金融机构的定价能力得到培养和提高，市场自律逐步强化，相关产品不断丰富，中央银行政策利率对市场利率传导的有效性逐渐提高。

拓展 4-2

我国利率市场化改革历程回顾

我国的利率市场化改革从 20 世纪 90 年代中期起步。1993 年，党的十四届三中全会提出了利率市场化改革的基本设想：中央银行按照资金供求状况及时调整基准利率，并允许商业银行存贷款利率在规定幅度内自由浮动。2003 年，党的十六届三中全会进一步指出：稳步推进利率市场化，建立健全由市场供求决定的利率形成机制，中央银行通过运用货币政策工具引导市场利率。1996 年，银行间同业拆借利率正式放开，此后中国人民银行坚持管制利率的“破”和市场利率的“立”相结合，按照“放得开、形得成、调得了”的原则，渐进推进利率市场化改革。

一是逐步放开利率管制。中国人民银行按照“先货币和债券市场利率，后存贷款利率”的顺序放开利率管制。存贷款利率又按照“先外币，后本币；先贷款，后存款；先长期、大额，后短期、小额”的顺序推进。2013 年 7 月，金融机构贷款利率管制全面放开，金融机构可自主确定贷款利率水平，贷款利率完全实现了市场化。2015 年 10 月 24 日，中国人民银行对商业银行不再设置存款利率浮动上限，标志着我国对利率的行政性管制已基本放开。

二是健全市场利率形成机制。在建立货币市场和债券市场之初，中国人民银行就培育了基于实际交易形成的债券回购利率等具有基准性的利率。2007 年，中国人民银行推出了上海银行间同业拆放利率（SHIBOR）。2013 年 10 月，中国人民银行建立了贷款基础利率（LPR）集中报价和发布机制。2019 年 8 月 17 日，中国人民银行发布改革完善 LPR 利率形成机制公告，在报价原则、形成方式、期限品种、报价行、报价频率和运用要求等六个方面对 LPR 进行改革，同时把贷款基础利率中文名更改为“贷款市场报价利率”，英文名 LPR 保持不变。

三是完善公开市场操作机制。中国人民银行创设新型货币政策工具调控货币供应量和引导市场利率水平。例如，中国人民银行于 2013 年创设常备借贷便利（SLF），SLF 利率发挥利率走廊上限功能，于 2014 年创设中期借贷便利（MLF）提供中期流动性。中国人民银行提高公开市场操作频率。2016 年 2 月，中国人民银行决定根据货币政策调控需要，原则上每个工作日均开展公开市场操作。

四是建立市场利率定价自律机制。2013 年 9 月，市场利率定价自律机制正式成立，对金融机构自主确定的货币市场、信贷市场等金融市场利率进行自律管理。

【摘编自：中国人民银行货币政策分析小组. 有序推进贷款市场报价利率改革. 《中国货币政策执行报告》增刊，2020 年 9 月 15 日】

第二节 单利与复利

利息的计算方式，可以分为单利计息和复利计息两种。

一、单利

假设我们将整个借贷期划分为任意的 n 个计息区间，如果每一个区间所产生的利息在后面的借贷期中都不再生利，或者说，每一个区间所产生的利息都不会加入本金中去作为下一区间计算利息的基础，那么这样的计息方式则称为单利计息。单利计息的条件下，利息和本利和的计算公式分别为：

$$I = P \times i \times n \quad (4-3)$$

$$S = P + I = P(1 + i \times n) \quad (4-4)$$

式中，I 为利息，S 为本利和，P 为本金，i 为年利率，n 为借贷期的年数（如果借贷期不足 1 年，则 n 小于 1）。

例 4-1 刘先生从银行贷了一笔款，本金 10 000 元，期限 3 年，利率为 5%且按单利计息，到期一次性还本付息。求 3 年后这笔贷款的利息和本利和分别为多少？

✓ 解答：

利息为：$I = 10\ 000 \times 5\% \times 3 = 1\ 500$（元）

本利和为：$S = 10\ 000 \times (1 + 5\% \times 3) = 11\ 500$（元）

二、复利与复利频率

假设我们将整个借贷期划分为 n 个计息区间，如果每个计息区间产生的利息都将加入本金中作为下一区间计算利息的基础，那么这种计息方式则称为复利计息。复利计息有一个非常关键的概念，称为“复利频率”。复利频率通常有两种表达方式：一是“多长时间复利 1 次”，如“3 个月复利 1 次”；二是“1 年复利几次”，如“1 年复利 4 次”。其实，“3 个月复利 1 次”和“1 年复利 4 次”表达的意思是同样的，即以 3 个月作为一个复利区间，在复利区间内，利息是按单利计算的，但是前一个复利区间产生的利息要加入本金中参与计算下一个复利区间的利息。显然，即使本金、利率和期限都相同，复利频率不同的话，最终计算出的利息也会不同。通常，其他条件相同的情况下，复利频率越高，利息和本利和的数值越大。在复利条件下，计算本利和与利息的公式如下：

本利和为：

$$S = P\left(1 + \frac{i}{m}\right)^{mn} \quad (4-5)$$

利息为：

$$I = S - P \tag{4-6}$$

式中，S、P、I、i、n 的含义与式（4-3）、式（4-4）中相同。m 则表示复利频率为 1 年复利 m 次。

例 4-2 刘先生从银行贷了一笔款，本金 10 000 元，期限 3 年，利率为 5%且按复利计息，复利频率为 1 年复利 1 次，到期一次性还本付息。求 3 年后这笔贷款的利息和本利和分别为多少？

✓ 解答：

本利和为：$S = 10\,000 \times (1 + 5\%)^3 = 11\,576.25$（元）

利息为：$I = 11\,576.25 - 10\,000 = 1\,576.25$（元）

例 4-3 刘先生从银行贷了一笔款，本金 10 000 元，期限 3 年，利率为 5%且按复利计息，复利频率为 1 个月复利 1 次，到期一次性还本付息。求 3 年后这笔贷款的利息和本利和分别为多少？

✓ 解答：

本利和为：$S = 10\,000 \times \left(1 + \frac{5\%}{12}\right)^{12 \times 3} = 11\,614.72$（元）

利息为：$I = 11\,614.72 - 10\,000 = 1\,614.72$（元）

在上述三个例题中，我们可以发现，例 4-1 按单利计息，因此利息最少。例 4-2 和例 4-3 都是复利计息，但例 4-3 中的复利频率更高，因此例 4-3 算出的利息最高，例 4-2 次之。

最高的复利频率为连续复利。连续复利意味着每次复利之间的时间间隔趋近于零或者每年复利的次数 m 趋近于无穷大。连续复利条件下求本利和的公式为：

$$S = \lim_{m \to \infty} P \times \left(1 + \frac{i}{m}\right)^{mn} = P \times e^{in} \tag{4-7}$$

同单利相比，复利能使利息的累积速度加快，从而在借贷期结束时能得到更大的本利和。复利频率越高，借贷期越长，这种复利的“威力”就体现得越明显。表 4-1 可以帮助我们观察复利的“威力”在不同条件下的具体体现。

表 4-1　本金 10 000 元在单利及不同复利频率下的本利和

（年利率 10%）

单位：元

复利频率	1 年	10 年	30 年	100 年
单利	11 000.00	20 000.00	40 000.00	110 000.00
1 年复利 1 次	11 000.00	25 937.42	174 494.02	137 806 123.40
连续复利	11 051.71	27 182.82	200 855.37	220 264 657.95

拓展 4-3

不同复利频率的利率换算

在例 4-1、例 4-2 和例 4-3 中，利率都是 5%，但其实它们是不相等的。第一节中曾提到，决定利率高低的除了数字本身的大小，还要考虑利率的时间单位和复利频率。这 3 个 5%的时间单位都是 1 年，但复利频率不同。例 4-1 是按单利计息，但因为它的借贷期为 3 年，这意味着 3 年后，银行将收到利息。当银行进行再投资的时候，这部分利息就可以作为本金再生利了，所以也可以理解为 3 年复利 1 次。例 4-2 为 1 年复利 1 次，例 4-3 为 1 个月复利 1 次。由于复利频率不同，所以虽然都是 5%，但其实不等。

要对不同频率的利率进行比较或做加减运算，需要将它们换算成同一复利频率。换算公式为：

$$\left(1+\frac{i_n}{n}\right)^n=\left(1+\frac{i_m}{m}\right)^m \tag{4-8}$$

式中，n 表示复利频率为 1 年复利 n 次，i_n 表示 1 年复利 n 次条件下的年利率。m 表示复利频率为 1 年复利 m 次，i_m 表示 1 年复利 m 次条件下的年利率。

特别的，当 $n=1$ 时，有：

$$i_1=\left(1+\frac{i_m}{m}\right)^m-1 \tag{4-9}$$

式（4-9）实际上是一个把 1 年复利 m 次的利率折算为 1 年复利 1 次的利率的计算式。我们把复利频率为 1 年复利 1 次的利率称为有效年利率或等值年利率（effective annual rate，EAR）。即有

$$\mathrm{EAR}=\left(1+\frac{i_m}{m}\right)^m-1 \tag{4-10}$$

有效年利率可以作为一种标准的利率。当我们需要把不同时间单位、不同复利频率的利率进行比较或做加减运算时，可以把它们都换算为有效年利率来进行。

例 4-4 刘先生从朋友处借入了 10 000 元，期限 3 年。原来约定年利率 12%，但必须每月支付一次利息。后来因为某种原因，刘先生只能每半年支付一次利息给朋友，请问刘先生每半年应该支付多少利息给朋友？有效年利率是多少？

✓ 解答：

令 i_2 代表半年复利 1 次条件下的年利率，i_{12} 代表每月复利 1 次条件下的年利率，则：

$$\left(1+\frac{i_2}{2}\right)^2=\left(1+\frac{i_{12}}{12}\right)^{12}=\left(1+\frac{12\%}{12}\right)^{12}$$

每半年复利 1 次的年利率：$i_2=12.30\%$

刘先生每半年应支付利息：$10\ 000\times12.30\%\div2=615$（元）

下面计算有效年利率，根据公式有：

$$\mathrm{EAR}=\left(1+\frac{i_m}{m}\right)^m-1=\left(1+\frac{12.30\%}{2}\right)^2-1=12.68\%$$

第三节　现值与终值

一、现值与终值的计算

由于利息的存在，同样一笔现金流在不同的时间点上的价值是不同的。例如，今天的1元钱与明天的1元钱价值就不相等，今天的1元钱存入银行到明天就会多于1元钱。为此我们需要现值和终值的概念，把不同时间点的现金流折算到同一时间点（当前时间点0或未来时间点T）。**现值**（present value，PV）是指现金流在当前（时间点0）的价值，**终值**（final value，FV）是指现金流在未来某个时间点（时间点T）的价值。

❖ 单笔现金流现值与终值的计算

任何一笔货币资金，我们都可以根据利率，计算出它在未来时间点T的价值，这一价值就是该笔资金在时间点T的终值，也就是前面所讲的本利和。这笔资金在当前的价值则为现值，也就是前面所讲的本金。因此，已知现值求终值的公式为：

$$FV = PV \times (1+i)^n \tag{4-11}$$

式中，FV代表终值，PV代表现值，n代表年数，i代表年利率。

以下是终值求解在时间轴上的表示：

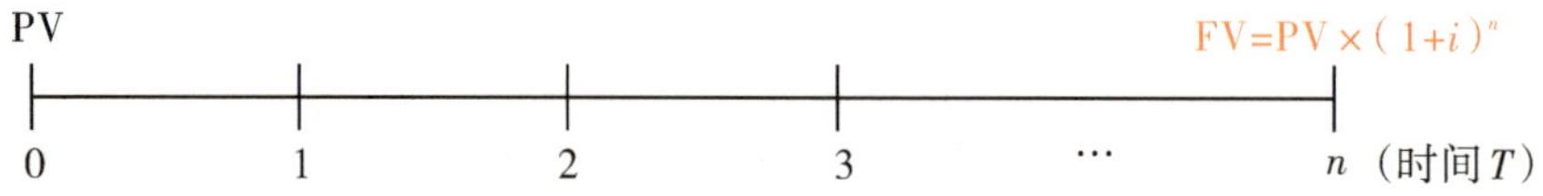

例4-5　老张借了10 000元给老王，约定借款期为3年，按复利计息且1年复利1次，利率为5%（年利率），到期老王连本带利需归还老张多少钱？

✓ 解答：

$FV = 10\ 000 \times (1+5\%)^3 = 11\ 576.25$（元）

即，到期时老王连本带利需归还老张11 576.25元。

如果已知终值求现值，这个过程被称为贴现（或折现），其计算公式为：

$$PV = \frac{FV}{(1+i)^n} \tag{4-12}$$

其中，式4-12中的$\frac{1}{(1+i)^n}$相当于n年以后的1元钱的现值，通常被称为**现值系数**（贴现系数）。

以下是现值求解在时间轴上的表示：

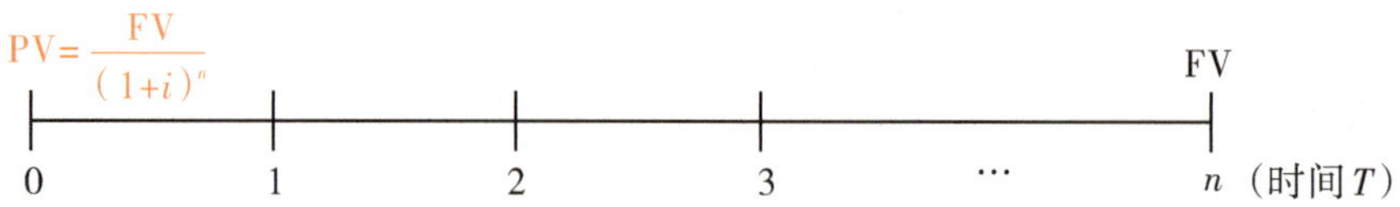

例 4-6 老刘计划 6 年后送女儿留学，预计到时候需要人民币 20 万元。为此，老刘决定现在就存入一笔钱。假设老刘存的是 1 年期存款，到期自动转存，利率为 2%。请问老刘当前需要存入多少钱？

✓ 解答：

$$PV = \frac{20}{(1+2\%)^6} = 17.76(\text{万元})$$

即，老刘当前需要存入 17.76 万元。

拓展 4-4

不同复利频率单笔现金流现值和终值计算

上述的式（4-11）与式（4-12）实际上是 1 年复利 1 次条件下计算终值和现值的公式。下面介绍更一般情况下（1 年复利 m 次）现值和终值的计算方法。

1 年复利 m 次条件下，计算终值的公式为：

$$FV = PV \times \left(1+\frac{i}{m}\right)^{mn} \tag{4-13}$$

1 年复利 m 次条件下，计算现值的公式为：

$$PV = \frac{FV}{\left(1+\frac{i}{m}\right)^{mn}} \tag{4-14}$$

式中，FV 代表终值，PV 代表现值，n 代表年数，m 代表 1 年复利的次数（注意：如果复利区间的长度超过了 1 年，则 m 会小于 1。例如，3 年复利 1 次，则 m = 1/3），i 代表年利率。

例 4-7 老张借了 10 000 元给老王，约定借款期为 3 年，按复利计息且半年复利 1 次，年利率为 5%，到期时老王连本带利需归还老张多少钱？

✓ 解答：

$$FV = 10\,000\left(1+\frac{5\%}{2}\right)^{2\times 3} = 11\,596.93(\text{元})$$

即，到期时老王连本带利需归还老张 11 596.93 元。

例 4-8 老刘计划 6 年后送女儿留学，预计到时候需要人民币 20 万元。为此，老刘决定现在就存入一笔钱。假设老刘存的是 3 年期存款，到期自动转存，利率为 3%。请问老刘当前需要存入多少钱？

✓ 解答：

$$PV = \frac{20}{(1+3\%\times 3)^{6\div 3}} = 16.83(\text{万元})$$

即，老刘当前需要存入 16.83 万元。

❖ 系列现金流现值和终值的计算

与单笔现金流相对应的是系列现金流。所谓系列现金流（或者称为一个现金流序列）是指在一定时间段内不断发生的现金流，如贷款的分期偿还、债券的分期付息、股票的每年分红、保险金的每年交纳、退休金的每年发放等。如果一个现金流序列毫无规律可言，它的每笔现金流金额大小不等，现金流两两之间的时间间隔也各不相同，那么要计算这种现金流序列的现值和终值没有取巧的办法，只能按照计算单笔现金流现值和终值的方法逐一去计算该序列中每笔现金流的现值或终值，再把计算结果加总。但是，对于有规律的现金流序列，则存在简便的算法。年金就是一种典型的、运用最为广泛的规律现金流序列。

一个现金流序列要成为年金，必须满足两个条件：第一，序列中每一笔现金流的金额相等；第二，序列中每一笔现金流前后之间的时间间隔相等。在这个基础之上，如果每笔现金流都发生在当期的期末，则该现金流序列被称为**普通年金**（或称期末年金）；如果每笔现金流都发生在当期的期初，则该现金流序列被称为**先付年金**（或称期初年金）。本章接下来都以普通年金为对象来讲述年金终值和现值的计算。

假设一个普通年金序列，每笔现金流的额度为 C，前后现金流之间的时间间隔为 1 年（仅为了推导简便做的假设，事实上，这个时间间隔可以为任意时间段），年利率为 i（复利频率为 1 年复利 1 次），期限为 n 年。那么，该年金的终值计算公式为：

$$\mathrm{FV}=C+C(1+i)+C(1+i)^2+\cdots+C(1+i)^{n-1}$$

根据等比数列求和的公式，得：

$$\mathrm{FV}=C\times\frac{(1+i)^n-1}{i} \tag{4-15}$$

同理，该年金的现值的计算公式为：

$$\mathrm{PV}=\frac{C}{1+i}+\frac{C}{(1+i)^2}+\cdots+\frac{C}{(1+i)^n}$$

根据等比数列求和的公式，得：

$$\mathrm{PV}=C\times\frac{1-(1+i)^{-n}}{i} \tag{4-16}$$

其中，式（4-15）中的 $\frac{(1+i)^n-1}{i}$ 代表每期现金流为 1 元时的普通年金终值，被称为**年金终值系数**。式（4-16）中的 $\frac{1-(1+i)^{-n}}{i}$ 代表每期现金流为 1 元时的普通年金现值，被称为**年金现值系数**。计算年金现值和终值时，可以通过查年金现值系数表和年金终值系数表来简便计算。财务计算器或某些应用软件也可以帮助完成此类计算。

例 4-9 某人打算从现在起每年年末等额存入银行 100 元，若银行存款利率为 10%（年利率），问 5 年后终值为多少？

✓ 解答：

$$\begin{aligned}\mathrm{FV}&=C+C(1+i)+C(1+i)^2+\cdots+C(1+i)^{n-1}\\&=C\times\frac{(1+i)^n-1}{i}=100\times\frac{(1+10\%)^5-1}{10\%}=610.51(\text{元})\end{aligned}$$

即，5 年后终值为 610.51 元。

例 4-10 若某一项目，在将来 5 年内，能为你每年带来 100 元的收入。若贴现率为 10%，问这一系列现金流的现值为多少？

✓ 解答：

$$PV=\frac{C}{1+i}+\frac{C}{(1+i)^{2}}+\cdots+\frac{C}{(1+i)^{n}}=C\times\frac{1-(1+i)^{-n}}{i}$$

$$=100\times\frac{1-(1+10\%)^{-5}}{10\%}=379.08(\text{元})$$

即，这一系列现金流的现值为 379.08 元。

二、现值和终值的应用

❖ 债券的估值

给债券估值，或者说计算债券的理论价格，其实就是计算债券的现值。债券的现值则等于债券未来现金流的现值总和，而债券未来的现金流主要包括债券的利息和本金。所以，要给债券估值，必须先搞清楚以下问题：第一，债券未来的利息和本金是多少？分别发生在什么时间点？第二，贴现率是多少？其中，债券利息和本金的额度及时间点由债券的票面利率、期限等发行条件决定，贴现率则通常采用估值时与该债券条件相对应的市场利率，然后，就可以运用前面介绍的计算现值的方法对债券进行估值了。下面以息票债券为例来介绍债券的估值。

息票债券的特点是分次付息，到期按面值还本。这类债券之所以被称为息票债券，是因为早期这类债券的券面上都印有“息票”或“息票附券”，以作为按期支付利息（通常是半年或 1 年）的凭据。每当付息期到来时，债券持有者可以将相应的息票附券从债券上剪下来用以作为凭据领取当期的利息。当然，现在已经没有这种形式的息票债券了。在发行息票债券时，只需规定好债券的票面利率（也称息票率），用以计算每期应该支付的利息额。息票债券的估值公式为：

$$P=\frac{C}{1+i}+\frac{C}{(1+i)^{2}}+\cdots+\frac{C}{(1+i)^{n}}+\frac{F}{(1+i)^{n}} \tag{4-17}$$

式中，P 代表债券的理论价格，C 代表每次支付的利息额，F 代表债券的面值，i 代表贴现率（注意：i 的时间单位和复利频率取决于利息支付的频率。例如，如果是每半年支付一次利息，则 i 的时间单位为半年，复利频率为半年复利 1 次），n 代表总共有多少个付息区间。

例 4-11 某公司债券面值为 1 000 元，票面利率为 6%，剩余期限为 5 年，该债券每半年支付一次利息，到期归还本金。目前一年期国债利率为 2%，在此基础上加 1%作为该债券的贴现率。请问该债券的理论价格是多少？

✓ 解答：

每次利息支付额：$1\,000\times6\%\div2=30$（元）

半年的贴现率：$i=(2\%+1\%)\div2=1.5\%$

理论价格：

$$P = \frac{30}{1 + 1.5\%} + \frac{30}{(1 + 1.5\%)^2} + \cdots + \frac{30}{(1 + 1.5\%)^{10}} + \frac{1\ 000}{(1 + 1.5\%)^{10}} = 1\ 138.34(\text{元})$$

❖ 投资项目的评估

对于投资项目的评估，下面直接以举例的形式讲解。

例 4-12 有一投资项目，需要初始投资 5 万元。预计该项目未来产生现金流的情况如下：第 1 年年末 1 万元、第 2 年年末 2 万元、第 3 年年末 2 万元、第 4 年年末 1 万元并回收项目残值 1 万元。若对该项目的期望投资收益率为 10%，请问该项目是否值得投资？

✓ 解答：

该题目实际上是要比较两组现金流的价值。第一组现金流只有 1 笔，就是 0 时刻的初始投资 5 万元现金流出。第二组现金流全部是现金流入，共有 4 笔，包括第 1 年年末的 1 万元、第 2 年年末 2 万元、第 3 年年末 2 万元，第 4 年年末 1+1=2 万元。由于不同时间点的现金流是不能直接比较的，所以要比较这两组现金流的价值必须把它们折算到同一时间点。通常的做法是把它们都折算到 0 时刻，也就是说分别算出两组现金流的现值，再比较。

第一组现金流的 5 万元本身就位于 0 时刻，所以它的现值就是 5 万元。

第二组现金流的现值计算如下：

$$PV = \frac{1}{(1 + 10\%)} + \frac{2}{(1 + 10\%)^2} + \frac{2}{(1 + 10\%)^3} + \frac{2}{(1 + 10\%)^4} = 5.43(\text{万元})$$

项目未来现金流的现值大于项目的初始投资，所以该项目值得投资。

需要特别说明的是，利用现值来比较现金流序列的价值只是常用的方法，但不是唯一的方法。事实上，只要把不同现金流序列折算到同一个时间点，就可以比较其价值了。比如在例 4-12 中，我们也可以把两组现金流折算到第 4 年年末，算它们在第 4 年年末的终值，然后进行比较。也可以把两组现金流折算到第 1 年年末、第 2 年年末或任何一个共同的时间点，都可以进行比较。

❖ 定期定额偿还贷款每期偿还额计算

定期定额偿还贷款（固定支付贷款）要求在贷款期内定期分多次归还贷款，每次的还款额相等，其中既包括当期产生的利息也包括部分本金。例如采用等额本息还款法的住房按揭贷款就是典型的定期定额偿还贷款。这种贷款的还款现金流序列其实就是年金序列，而这个年金序列的现值就是贷款的本金。由于这种按揭贷款通常每月还款一次，所以每期的偿还额又被称为月供。计算月供虽然并不是在直接计算现值或终值，但它确实是对年金现值公式的应用。

例 4-13 刘先生向银行申请了 10 000 元固定利率的住房按揭贷款，按等额本息偿还法偿还，贷款期限 1 年，每月末还款一次，贷款利率为 4‰（月利率），刘先生的月供为多少？

✓ 解答：

由题意可知现值为 10 000 元，月利率 4‰，1 年有 12 个月，n 为 12。代入年金现值公式：

$$\mathrm{PV}=\frac{C}{1+i}+\frac{C}{(1+i)^{2}}+\cdots+\frac{C}{(1+i)^{n}}=C\times\frac{1-(1+i)^{-n}}{i}$$

得：

$$10\ 000=C\times\frac{1-(1+0.004)^{-12}}{0.004}$$

求得刘先生的月供：$C=855.16$（元）

第四节　到期收益率

在金融市场上，存在着各种各样的债权债务工具。人们在选择和评判这些债权债务工具时，收益率是必须要考虑的一个因素。金融市场衡量和计算债务工具收益率的指标有很多，到期收益率是其中最重要的一个，它是衡量收益率的最精确的指标。经济学家们在谈到收益率时，一般都是指到期收益率。**所谓到期收益率（yield to maturity），是指令某种债务工具未来（到期为止）的现金流的现值总和刚好等于它当前的市场价值的那个贴现率。**在上一小节里，当我们计算债券的理论价格时，是用一个给定的贴现率把该债券未来的现金流分别贴现，算出现值总和，即该债券的理论价格。现在我们把问题倒过来。假定我们已经知道了该债券的市场价格为 P，而债券的利息支付额 C、面值 F、期限 n 等也都是已知的，于是估值公式里只剩下了一个未知数，即贴现率 i。这个 i 就是我们要计算的到期收益率。不同的债权债务工具都可以计算到期收益率。接下来，我们将分别讲述。

一、普通贷款到期收益率

所谓普通贷款，就是指到期一次性还本付息的贷款。这种贷款，从贷出方的角度来看，其未来的现金流入只有一笔，即到期时贷入方归还的本金和利息的总和，而该笔贷款当前的市场价值就等于发放的贷款本金。

例 4-14　刘先生从工商银行贷入 10 000 元，期限 1 年，利率为 10%，贷款期内按单利计息，到期一次性还本付息。则对工商银行来说，这笔贷款的到期收益率是多少？

✓ 解答：

1 年后刘先生需归还银行：$10\ 000\times(1+10\%)=11\ 000$（元）

这笔贷款的到期收益率为：

$$10\ 000=\frac{11\ 000}{1+i}\Rightarrow i=10\%$$

从例 4-14 可以看出，对于这种期限 1 年、到期一次性还本付息的普通贷款，其到期收益率就等于贷款利率。

二、定期定额偿还贷款到期收益率

在前面的章节中，我们介绍了定期定额偿还贷款（固定支付贷款）及其每期偿付额的计算，使用的公式为年金现值公式。在这个公式中，已知现值（贷款本金）、利率和期限就可以计算出每期支付额。反过来，如果已知现值（贷款本金）、每期支付额和期限就可以算出利率 i，由此求得的利率 i 就是该贷款的到期收益率。

例 4-15 刘先生向银行申请了 10 000 元固定利率的住房按揭贷款，贷款期限 1 年，按等额本息偿还法偿还，每月末还款一次，每次归还 855.16 元。银行这笔贷款的到期收益率为多少？

✓ 解答：

根据到期收益率的定义，可列出以下计算式：

$$10\ 000=\frac{855.16}{1+i}+\frac{855.16}{(1+i)^{2}}+\cdots+\frac{855.16}{(1+i)^{12}}$$

求得这笔贷款的到期收益率：$i=0.004=4‰$(月利率)

比较例 4-13 和例 4-15，我们发现，固定利率的定期定额偿还贷款的到期收益率也等于其贷款利率。

三、息票债券到期收益率

在前面的章节中，我们介绍过息票债券的特点以及息票债券的估值公式，即式(4-17)，该公式如下：

$$P=\frac{C}{1+i}+\frac{C}{(1+i)^{2}}+\cdots+\frac{C}{(1+i)^{n}}+\frac{F}{(1+i)^{n}}$$

该公式作为债券估值公式时，是在已知 C、F、i、n 的条件下，求理论价格 P。根据到期收益率的定义，如果已知 P、C、F、n 的前提下，同样可以求出的 i，即为息票债券的到期收益率。

例 4-16 某息票债券的面值为 100 元，息票率为 10%，每年付息一次，期限 10 年。求其价格为 80 元、90 元、100 元、110 元、120 元时，其到期收益率分别为多少？

✓ 解答：

已知 $C=100\times10\%=10$，$F=100$，$n=10$，分别将价格 P 的不同取值代入式（4-17），就能求出对应的到期收益率。结果如表 4-2 所示。

表 4-2　息票债券价格与对应的到期收益率

息票债券价格/元	120	110	100	90	80
到期收益率/%	7.13	8.48	10.00	11.75	13.81

通过观察此表，我们可以发现如下规律：

◆ **息票债券的价格与其到期收益率之间是负相关关系。**

◆ **如果息票债券当前的价格等于其面值，那么其到期收益率就会等于其息票率。**

◆ **当息票债券的价格大于其面值时，其到期收益率低于其息票率；当息票债券的价格低于其面值时，其到期收益率高于其息票率。**

上述三项规律并不是特例，而是适用于所有的息票债券，都可以进行一般性证明。

对于第一条规律，我们可以直接从式（4-17）看出。因为公式中，i 位于分母位置，i 变大，P 肯定会变小，所以二者是负相关关系。

对于第二条规律，如果 $P=F$，并用 r 表示息票率，那么 $C=F\times r$，把 P 和 C 代入公式，最后可以推导得出 $i=r$。

对于第三条规律，则可以由前两条规律推导得出。由于息票债券价格和到期收益率是负相关关系，因此价格升高，到期收益率就会下降。又由于价格等于面值时，到期收益率等于息票率。因此当息票债券的价格大于其面值时，其到期收益率低于其息票率；反之，则高于其息票率。

四、贴现债券到期收益率

贴现债券（discount bond）是指按照低于面值的价格发行，到期按面值兑付，不另外支付利息的债券，又称为**零息票债券**。贴现债券大多是短期的，也就是说期限一般都在1年以下（包括1年）。由于中间没有利息支付，所以贴现债券未来的现金流只有一笔，那就是到期时支付的面值。

对于面值为 F，期限为 n 年，价格为 P 的贴现债券，到期收益率 i 的计算公式可通过如下推导得出。

根据到期收益率的定义有：

$$P=\frac{F}{(1+i)^n} \tag{4-18}$$

式（4-18）中，已知 P、F 和 n，容易求得到期收益率 i。

例4-17 某种贴现债券面值1 000元，期限为2年，如果当期买入价格为900元，求其到期收益率。

✓ 解答：

根据公式（4-18）可得：

$$900=\frac{1\ 000}{(1+i)^2}$$

求得到期收益率：$i=5.41\%$

五、永续债券到期收益率

永续债券（perpetual bond）是息票债券的一种特殊形式，它是一种没有到期日、不偿还本金、永远支付固定金额息票利息的债券，又称永久债券、统一公债。

对于每年支付利息为 C，价格为 P 的永续债券，到期收益率 i 的计算公式可通过如下推导得出：

根据到期收益率的定义有

$$P=\frac{C}{1+i}+\frac{C}{(1+i)^2}+\cdots=\frac{C}{i} \tag{4-19}$$

因此有

$$i=\frac{C}{P} \tag{4-20}$$

$\frac{C}{P}$ 有个专门的名称，被称为当期收益率。**当期收益率**（current yield）是指债券某一期间所获得的利息收入相较于债券购入价格的比率。由式（4-20）可见，**永续债券的到期收益率就等于它的当期收益率。**

例 4-18 某种永续债券面值 100 元，息票率为 10%，每年付息一次，当前市场价格为 98 元。求其到期收益率。

✓ 解答：

根据公式可得：

$$i=\frac{C}{P}=\frac{100\times 10\%}{98}=10.20\%$$

即，该永续债券的到期收益率为 10.20%。

拓展 4-5

期限 20 年以上息票债券到期收益率的估算

我们已经知道永续债券到期收益率等于它的当期收益率，那么对于期限很长（20 年以上）的息票债券，其到期收益率是否会接近当期收益率？答案是肯定的。因为 20 年以后的现金流的贴现值非常小，所以其现值会非常接近于具有相同息票率的永续债券的现值。同样，其到期收益率也会非常接近具有相同息票率的永续债券的到期收益率。对此可以运用数学加以证明。

首先我们对息票债券到期收益率计算式做如下变换：

$$\begin{aligned}P&=\frac{C}{1+i}+\frac{C}{(1+i)^2}+\cdots+\frac{C}{(1+i)^n}+\frac{F}{(1+i)^n}\\&=\left[\frac{C}{1+i}+\frac{C}{(1+i)^2}+\cdots\right]+\frac{F}{(1+i)^n}-\left[\frac{C}{(1+i)^{n+1}}+\frac{C}{(1+i)^{n+2}}+\cdots\right]\\&=\frac{C}{i}+\left\{\frac{1}{(1+i)^n}\left(F-\frac{C}{i}\right)\right\}\end{aligned}$$

当期限很长（$n>20$）时，上式大括号部分趋于 0，于是可推得：? $i\approx\frac{C}{P}$。即，**期限 20 年以上的息票债券的到期收益率近似等于当期收益率。**由于当期收益率的计算非常简便，所以常被用来估算期限很长（20 年以上）的息票债券的到期收益率。

第五节　回报率

一、回报率的概念和计算

回报率是另外一种衡量债券收益水平的指标，但它的计算方法及经济含义与到期收益率有很大的区别。**回报率（rate of return）是债券持有者获得的利息收益和资本利得（价差损益）的总和与债券的购买价格之间的比率。**其计算公式为：

$$R = \frac{C + P_{t+1} - P_t}{P_t} \tag{4-21}$$

式中，R 代表回报率、C 代表息票利息、P_t 代表 t 时刻债券的价格、P_{t+1} 表示 t+1 时刻债券的价格。

我们可以把式（4-21）分为两部分：

$$R = \frac{C}{P_t} + \frac{P_{t+1} - P_t}{P_t}$$

其中，第一部分 $\frac{C}{P_t}$ 其实就是我们前面提到过的**当期收益率**（current yield），我们用 i_c 表示；第二部分 $\frac{P_{t+1} - P_t}{P_t}$ 是价差损益与购买价格的比率，称为**资本利得率**（rate of capital gain），我们用 g 表示。这样公式（4-21）就可以重写为：

$$R = i_c + g \tag{4-22}$$

式（4-22）表明，**回报率是当期收益率与资本利得率之和。**从这个重写的公式可以看到：回报率和利率之间会存在很大的差别，特别是在债券价格出现大幅波动，导致资本利得出现剧烈变化的时候，两者之间的差别更为显著。

例 4-19　某息票债券面值 100 元，息票率为 10%，每年支付 1 次利息。某投资者在债券发行的时候按面值购买了该债券，1 年后收到第 1 次利息支付后就以 98 元的价格将该债券卖出。求该投资者的回报率为多少？

✓ 解答：

根据公式（4-2）可求得该投资者的回报率为：

$$R = \frac{100 \times 10\% + 98 - 100}{100} = 8\%$$

二、市场利率变动对回报率的影响

考察有若干种不同期限的息票债券，其面值均为 100 元，息票率均为 10%，每年付息一次。若你按面值购入，1 年后卖出。假设卖出时市场利率已由 1 年前的 10%上升为

20%。计算你持有 1 年的回报率。

表 4-3 展示了市场利率由 10%上升至 20%时，息票率为 10%的不同期限债券 1 年期回报率的计算结果。需要注意的是，如果我们设定购买债券的时刻为 0 时刻的话，那么我们计算的是 1 年之后，也就是时刻 1 的价格和回报率。并且该价格为净价，即不包含累计利息的价格。

表 4-3 卖出时市场利率由 10%上升至 20%时不同期限债券的年回报率

债券购买时距离到期日年数	初始当期收益率/% (A)	初始价格/元	下一年价格/元	资本利得率/% (B)	回报率/% (A+B)
10	10	100	59.7	-40.3	-30.3
5	10	100	74.1	-25.9	-15.9
2	10	100	91.7	-8.3	+1.7
1	10	100	100	0.0	+10.0

表 4-3 中，在初始当期收益率这一列，我们观察到，所有债券的初始当期收益率都为 10%。事实上，由于是按面值购买的债券，初始当期收益率、初始到期收益率都会等于息票率 10%。

下一年价格这一列的数据是按照息票债券估值式（4-17）计算得出。以购买时距离到期日时间为 5 年的债券为例，下一年价格的估值方法就是对该债券第 2 至 5 年的现金流，以一年后卖出时的市场利率为贴现率，折算到时刻 1（即第 1 年末）并求和。即：

$$P_{t+1}=\frac{10}{1+20\%}+\frac{10}{(1+20\%)^2}+\frac{10}{(1+20\%)^3}+\frac{10+100}{(1+20\%)^4}=74.1\text{（元）}$$

我们观察到，当市场利率上升的时候，除了 1 年期债券以外，其他债券的价格都在下降。而且，期限越长的债券，价格下降得越多。这是因为在式（4-17）中，利率位于分母，当它上升时分母会变大，折算出来的价格就会变小。期限越长，受到的影响越大。而 1 年期债券之所以价格没有下降，是因为我们算的是购买 1 年后的价格（现金流在时刻 1 的现值），这时该 1 年期债券已经到期，它剩下未收回的现金流只剩下面值 100，并且它就位于时刻 1 上，并不需要贴现。所以该债券的价格就等于 100，不会受利率上升的影响。

在资本利得率和回报率这两列，我们首先可以观察到 1 年期债券的资本利得率为 0，回报率等于 10%，且只有该债券的回报率等于到期收益率。实际上，如果持有时间与债券距离到期日时间相同（即持有到期），回报率就等于到期收益率。其次，观察其他期限的债券，市场利率上升会导致债券价格下降，资本利得率均为负值，且价格下降的幅度受距离到期日时间长短的影响显著，回报率也会受到相应的影响。当债券价格下降过大时，回报率也会变为负值。

根据上述分析，我们可以得出以下一般性结论：

◆ **如果持有时间与债券距离到期日时间相同，回报率等于到期收益率。**

◆ 当市场利率上升时，债券价格会下降，资本利得率为负值；当市场利率下降时，债券价格会上升，资本利得率为正值。

◆ 当市场利率上升或下降时，距离到期日时间越长的债券，其价格波动幅度越大，从而回报率的波动幅度也越大。

◆ 即使债券的息票率、当期收益率、到期收益率都较高，如果不持有到期，回报率也有可能较低甚至是负值。

从以上分析我们看到，当市场利率波动时，债券的价格和回报率也会发生波动，这被称为债券的利率风险。当市场利率波动时，期限越长的债券，其价格和回报率的波动越大。可见，**长期债券的利率风险高于短期债券，持有短期债券比持有长期债券更为安全。**

三、回报率和到期收益率的比较

回报率和到期收益率都是反映投资收益回报水平的指标。它们的区别主要体现在以下几个方面：

◆ 针对的时间段不同

到期收益率计算的是从当前至债券到期日这个时间段内的收益率情况，投资者只有将债券持有到期，才能获得最初所计算出的到期收益率。回报率计算的是某个持有期内的收益回报水平，此持有期可以覆盖到期日，但并不必须如此，它可以是债券有效期中的任何一段时间。

◆ 是否考虑息票利息的再投资收益

由于计算回报率时，是把息票利息和价差收益直接加总，所以并未考虑息票利息的再投资收益，这也是回报率通常只用于计算一个付息区间的原因。到期收益率以复利的方式考虑了息票债券的再投资收益，并且在到期收益率的计算中，假设了所有息票利息的再投资利率都等于到期收益率。

◆ 对历史的总结还是对未来的预测

到期收益率既可以用于对发生在过去的投资过程收益水平进行评估，也可用于对债券未来的收益水平进行预测，并且在预测方面更具优势。因为计算到期收益率所需要的未来现金流，包括未来将发生的利息支付额和本金归还额等，其数据在计算时就可以确定，而不会受到未来利率波动的影响。这意味着，投资者只要确保将债券持有到期，就能够获得购买时刻所计算出的到期收益率，而不受中途和到期日市场利率波动的影响。

回报率更适用于对发生在过去的投资过程收益水平的评估。因为在用于评估过去收益水平时，回报率计算中所需的各变量已经发生，可以计算出确切的结果。如果要用这个指标对债券未来的收益水平进行预测的话，就必须对公式中的某些变量进行预期，那么指标的准确性就会受到预期准确性的影响。

本章重点回顾

利率的分类

基准利率；名义利率和实际利率；固定利率和浮动利率

货币的时间价值

单利与复利；现值与终值

到期收益率

不同金融工具到期收益率计算

回报率

回报率和到期收益率区别；回报率计算

课后思考和练习题

1. 要在哪些因素一致的前提下，才能直接对两个利率进行数值上的比较？
2. 简述名义利率和实际利率。
3. 息票债券的价格与其到期收益率存在哪些规律？
4. 什么是永续债券？如何计算永续债券的到期收益率？
5. 什么是回报率？回报率和到期收益率有什么区别？

阅读资料推荐

易纲. 中国的利率体系与利率市场化改革［J］. 金融研究，2021（09）：1-11.

梁斯. 我国 LPR 的历史沿革、国际经验及政策建议［J］. 新金融，2020（01）：19-25.

李佩珈. 利率市场化：新进展、新挑战及应对［J］. 国际金融，2023（11）：30-34.

第五章　利率决定理论

学习目标

本章主要介绍资产需求的决定因素和资产需求理论、债券市场供求及其均衡利率变动、货币市场供求及其均衡利率变动。学完本章，你应该掌握：

- 资产需求的决定因素分析——资产需求理论。
- 利率决定的债券供求分析——基于债券供求分析的利率决定理论。
- 利率决定的货币供求分析——基于货币供求分析的利率决定理论（流动性偏好理论）。

在学习了利率以及利率衡量与计算等知识后，下面我们讨论经济体系中利率水平的高低到底是如何决定的。对此我们通过分析债券市场和货币市场的供求来学习利率决定理论。

第一节　资产需求的决定因素和资产需求理论

一、资产需求的决定因素

在进行债券市场和货币市场供求分析之前，我们首先必须搞清楚能决定某种资产需求的因素。我们曾经学习过资产是可用于储藏价值的一种财产，诸如货币、债券、股票、艺术品、土地、房产以及机器设备等都是资产。要决定是否购买和持有一项资产或购买哪一种资产，我们必须考虑以下因素：财富、预期回报率、风险、流动性。

◆ **财富**(wealth)，即个人拥有的全部资源，包括所有种类的资产。

当财富增加时，我们有更多可支配的资源来购买资产，毫无疑问，我们对资产的需求量将会上升。这样，财富变动对某项资产需求量的影响可以总结为：在其他因素不变条件下，财富的增长会提高资产需求量，反之亦然。

◆ **预期回报率**(expected return)，或称预期收益率，即某种资产在下一期实现的回报率的预期值。

我们购买某项资产的决策会受到该项资产预期回报率的影响。举例来说，中石油发行的某只债券的回报率有50%的可能是15%，50%的可能是5%，那么它的预期回报率就是15%×50%+5%×50%=10%。如果该债券预期回报率相对于其他可替代资产预期回报率上升，在其他条件不变的情况下，人们会更愿意购买它，其需求量也会上升。这可能在两种情况下发生：（1）中石油发行的某只债券预期回报率上升，而其他可替代资产，比如说茅台公司股票，预期回报率保持不变；（2）其他可替代资产（如茅台公司股票）预期回报率下降而中石油债券预期回报率保持不变。总的来说，在其他条件不变的情况下，如果某种资产相对于其他可替代资产预期回报率上升，其需求量就会上升。

◆ **风险**（risk），即某种资产收益的不确定性水平。

资产收益的不确定性或风险水平也会影响对该项资产的需求量。假设有两种资产——中石化公司股票和五粮液公司股票。假设中石化公司股票的回报率有50%的可能是15%，50%的可能是5%，则其预期回报率为10%，而五粮液公司股票预期回报率为固定的10%。可见中石化公司股票的预期回报率有不确定性因素，因而比回报率确定的五粮液公司股票风险要大。风险厌恶者会选择五粮液公司股票（其风险更小）而不是中石化公司股票（其风险更大），尽管两种股票的预期回报率都是10%。相反，风险偏好者是愿意承担风险或偏好风险的人，他们愿意为可能的15%的回报率承担一定的风险，即选择中石化公司股票。但大多数人都是风险厌恶者，在其他条件不变情况下，他们更愿意选择风险较低的资产。因此，在其他条件不变的情况下，如果某种资产相对于其他可替代资产风险上升，其需求量就会下降。

◆ **流动性**（liquidity），即某种资产变现的速度和难易程度。

如果某种资产在市场中被大量而广泛地交易，也就是说，在市场中有众多的买者和卖者，那么该资产流动性较高。房产是一种流动性较差的资产，因为要迅速找到一个买主较困难。如果出于清偿的需要，要将房产变现，房主可能不得不以较低的价格出售房产，且可能承担较高的出售房产的交易费用（经纪人的佣金等）。相反，国债是一种流动性很高的资产，它可以在一个买家很多的有组织市场中出售，因此能以较低的成本迅速变现。由此可见，不同的资产具有不同的流动性。对于两种其他方面都相同但流动性不同的资产，人们一般更偏好流动性高的资产。总而言之，在其他条件不变的情况下，某种资产相对于其他可替代资产流动性越高，其需求量就会越大。

二、资产需求理论

我们刚才探讨的所有决定性因素可以被归纳为资产需求理论，在其他因素不变的情况下，资产需求理论认为：

- **资产需求量和财富正相关。**
- **资产需求量和该资产（相对于其他可替代资产）的预期回报率正相关。**
- **资产需求量和该资产（相对于其他可替代资产）的风险负相关。**
- **资产需求量和该资产（相对于其他可替代资产）的流动性正相关。**

这些结论归纳于表 5-1 中。

表 5-1　财富、预期回报率、风险和流动性变动对资产需求量的影响

因素	因素的变动	需求量的变动
财富	↑	↑
相对于其他可替代资产，某项资产的预期回报率	↑	↑
相对于其他可替代资产，某项资产的风险	↑	↓
相对于其他可替代资产，某项资产的流动性	↑	↑

注：表中仅讨论了各种变量上升时的情况，各种变量下降对资产需求量的影响与表中最右边一栏的情况正好相反。

第二节　利率决定的债券供求分析

由于债券价格和利率存在负相关关系，因此可以通过分析债券市场供求状况来考察债券价格的决定，从而研究利率的决定。为此，我们首先需要确定债券需求曲线和供给曲线的形态，接着需要讨论债券市场的均衡和均衡价格。我们知道不同的债券价格对应不同的利率水平，因此考察债券价格的决定过程实际上就是考察利率决定的过程。

一、债券需求曲线

债券需求曲线描述的是在其他经济变量保持不变的条件下，债券的需求量和价格之间的关系。为了确定这条曲线的形态，我们考察一只 1 年期贴现发行债券的需求，给定该债券面值为 1 000 元，持有期为 1 年（持有到期），根据前面学过的知识，该债券的预期回报率是确定的，等于用到期收益率衡量的利率。即

$$R^e = i = \frac{F - P}{P} \tag{5-1}$$

式中，R^e 为预期回报率；i 为利率（到期收益率）；F 为贴现债券的票面价值；P 为贴现债券的初始购入价格。

式（5-1）表明，每一债券价格都有一个特定的利率值与之相对应。如果债券售价为 900 元，则利率或预期回报率为：

$$\frac{1\ 000-900}{900}=11.1\%$$

可见，11.1%的利率或预期回报率对应着900元的债券价格。我们假设该债券需求量为200亿元，如图5-1中A点所示。

当债券价格为800元，利率或预期回报率等于：

$$\frac{1\ 000-800}{800}=25.0\%$$

根据资产需求理论，在其他经济变量（如财富、其他资产预期回报率、风险、流动性）不变的情况下，债券的预期回报率越高，债券需求量也就越大。图5-1中的B点表明债券价格为800元时，需求量上升到400亿元。连接A点和B点的曲线B^d就是债券的需求曲线。它向下倾斜，表明**其他条件不变的情况下，债券价格越低，需求量越高。**

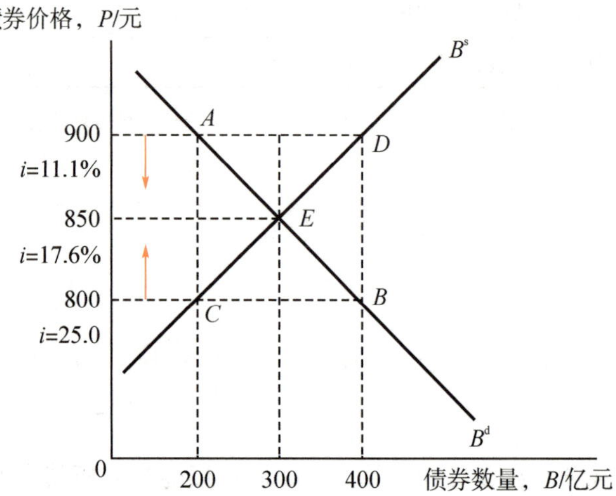

图5-1　债券供给与需求

二、债券供给曲线

图5-1中的债券需求曲线包含一个很重要的假设就是除债券价格（或利率）外的所有经济变量保持不变。在推导债券供给曲线时，我们要用到同样的假设。债券供给曲线描述了当所有其他经济变量保持不变时，债券价格和供给量之间的关系。

根据前面的例子，债券价格为800元时（利率为25.0%），假设对应的债券供给量为200亿元（C点）。如果价格上升至900元时，利率降为11.1%，在这一利率水平上，发行债券借入资金的成本较低，企业有更强的动机通过发行债券来融资，因此债券供给量上升为400亿元（D点）。连接C点和D点得到的曲线B^s就是债券的供给曲线。它向上倾斜，表明**在其他条件不变情况下，债券价格越高，供给量越高。**

三、债券市场均衡

在经济学中，在某一特定价格上，人们愿意购买的数量（需求）与人们愿意出售的数量（供给）相等时，达到市场均衡。**在债券市场中，债券供给与债券需求相等时，市场达到均衡：**

$$B^{d} = B^{s} \tag{5-2}$$

在图 5-1 中，债券市场在供给曲线和需求曲线的交点 E 点达到均衡，均衡价格 P^{*} = 850 元，债券数量为 300 亿元，与之对应的均衡利率为 17.6%。以上分析表明，债券均衡价格的决定过程就是均衡利率的决定过程。

市场均衡和均衡价格（或均衡利率）的概念非常有用，如果市场未处于均衡状态，市场就会有向之靠拢的趋势。在图 5-1 中我们可以看到情况确实如此。我们先来看看当债券价格高于均衡价格时的情况。如果债券价格被定得过高，比如说 900 元，*D* 点的债券供给量大于 *A* 点的债券需求量，像这样债券供给量超过债券需求量的情况，称为超额供给。因为人们想出售的债券超过了他人想购买的数量，债券价格将会下跌，这就是为什么图 5-1 中在 900 元价格处有一个向下的箭头。只要债券价格高于均衡价格，债券超额供给就始终存在，价格就会持续下跌。这一过程只有当价格达到均衡价格 850 元时才会结束，此时不再有债券超额供给。

现在我们再来看看债券价格低于均衡价格的情况。如果债券价格被定得过低，比如说 800 元，*B* 点的需求量大于 *C* 点的供给量，这种情况称为超额需求。此时人们想要购买的债券数量超过他人想要出售的债券数量，因此债券价格将会上升，如图 5-1 中 800 元债券价格处向上的箭头所示。只有当价格上升到均衡价格水平 850 元时，债券超额需求消失，价格才会停止上升。

第三节　债券市场均衡利率变动

现在我们使用利率决定的债券供求分析方法来进一步分析均衡利率的变动。为避免混淆，我们必须分清沿需求（供给）曲线移动和需求（供给）曲线的移动的区别。**沿需求（供给）曲线移动**，是指由于债券价格（或利率）发生变动，需求量（供给量）的随之变动，是在同一条需求曲线（供给曲线）上点到点地移动，这种情形在经济学中也被称为**需求量（供给量）变动**。例如，在图 5-1 中，从 *A* 点移动到 *B* 点的需求量的变动就是沿需求曲线移动。**需求（或供给）曲线移动**，是指在每一给定债券价格（或利率），由于债券价格（或利率）之外的其他因素的变化引起的需求曲线（供给曲线）的移动，进而形成一个新的均衡价格（或利率），这种情形在经济学中也被称为**需求（供给）变动**。

> **讨论：**
> 利率走势分析的重要性：站对风口，连猪都能飞起来。

下面我们考察财富、预期通货膨胀率等因素如何导致需求（或供给）曲线的移动以及这些因素的变化对均衡利率取值产生的各种影响。在开始分析前，请牢记以下两点：（1）我们总是在假定所有其他变量不变的情况下考察某一变量变动的影响；（2）利率与债券价格负相关，如果债券均衡价格上升，即表示均衡利率下降。

一、债券需求曲线的移动

本章开篇介绍的资产需求理论给出了资产需求的决定因素，这些因素同样会影响债券需求，从而引起债券需求曲线的移动。这些因素包括：（1）**财富**；（2）相对于其他可替代资产而言，债券的**预期回报率**；（3）相对于其他可替代资产而言，债券的**风险**；（4）相对于其他可替代资产而言，债券的**流动性**。下面，我们分析这些因素如何各自推动债券需求曲线的移动（在其他因素不变的情况下）。表 5-2 总结了这些因素变动对债券需求曲线的影响。

表 5-2　导致债券需求曲线发生移动的因素

因素	因素的变动	债券需求的变动	需求曲线的位移
（1）财富	↑	↑	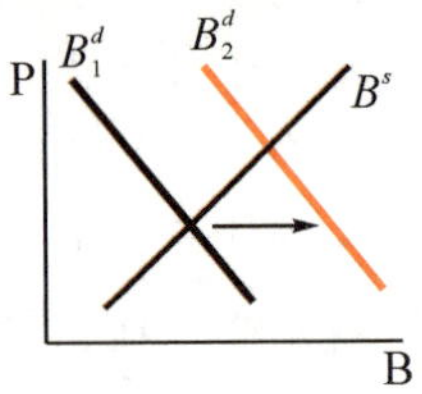
（2）债券相较于其他资产的预期回报率	↑	↑	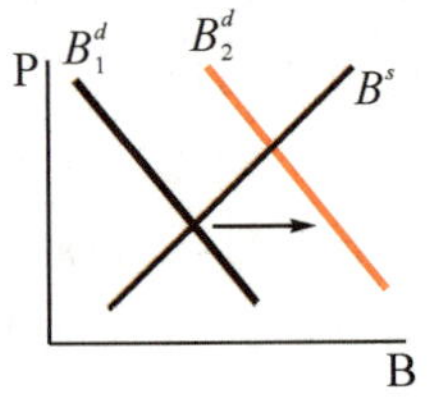
（2-1）预期利率	↑	↓	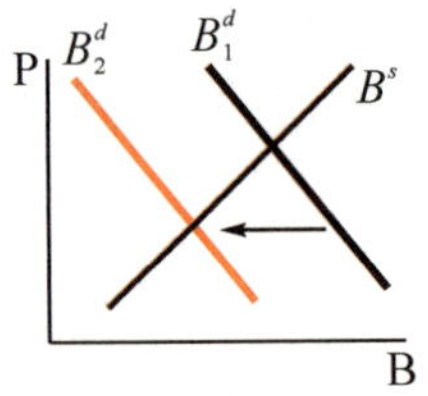
（2-2）预期通货膨胀率	↑	↓	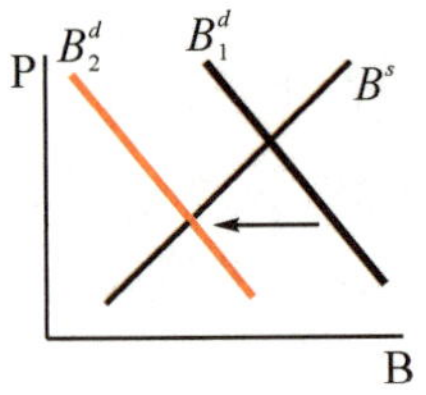
（3）债券相较于其他资产的风险	↑	↓	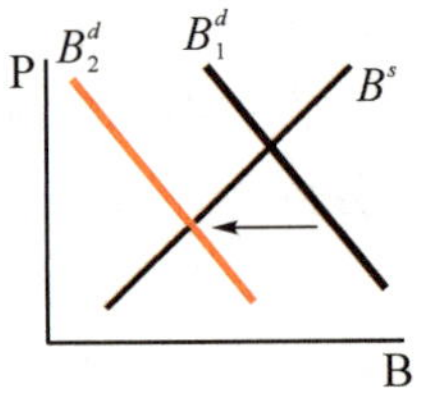
（4）债券相较于其他资产的流动性	↑	↑	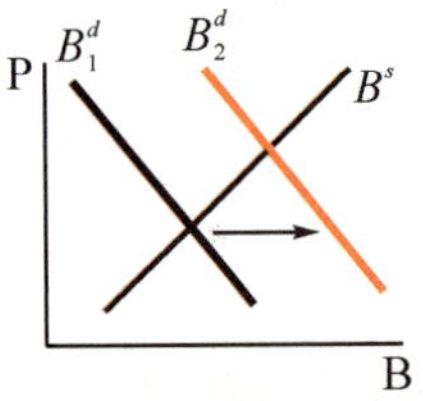

注：表中仅给出各因素上升对债券需求的影响情况，各因素下降的影响情况与表中各栏的变动方向正好相反。

❖ 财富

根据资产需求理论，财富增加，债券需求就越大。因此，如果相关因素变动引起财富增加，债券需求就越大，债券需求曲线向右移动［如表5-2中因素（1）所示］，从而债券均衡价格上升，均衡利率下降。

经济周期是影响财富的一个重要因素。在经济周期的扩张时期，经济高速增长，收入和财富不断增加，每一债券价格（或利率）所对应的债券需求量都会上升，需求曲线向右移动，从而债券均衡价格上升，均衡利率下降。同样，在衰退阶段，随着收入和财富的下降，债券需求量也随之下降，需求曲线向左移动，从而债券均衡价格下降，均衡利率上升。

另外一个影响财富的因素是公众的储蓄倾向。如果人们增加储蓄，财富将会上升，正如我们分析的那样，债券需求上升，需求曲线向右移动；反之，如果人们减少储蓄，财富和债券需求都会下降，需求曲线向左移动。

❖ 债券相较于其他资产的预期回报率

根据资产需求理论，债券的预期回报率越高，债券需求就越大。因此，如果相关因素（比如预期利率和预期通货膨胀率）变动引起债券的预期回报率提高，债券需求就越大，债券需求曲线向右移动［如表5-2中因素（2）所示］，从而债券均衡价格上升，均衡利率下降。另外，可替代资产的预期回报率的提高会导致人们对债券需求的减少。比如预期股票价格将会上涨，那么股票投资的预期资本利得和预期回报率都会上升。如果债券的预期回报率保持不变，那么现在债券相对于股票的预期回报率就会下降，导致债券需求量的下降，推动需求曲线向左移动，从而债券均衡价格下降，均衡利率上升。

作为一种更为深入的分析，我们进一步考察预期利率和预期通货膨胀率如何影响债券相较于其他资产的预期回报率以及对债券需求曲线的影响。

◆ 预期利率

首先，我们考察预期利率对债券需求曲线的影响。对于期限和持有期都是一年的贴现债券来说，预期回报率和利率相等，因此除了当前的利率之外没有其他因素会对预期回报率产生影响。对于期限超过一年的债券来说，预期回报率可能与利率不一样。例如：我们在上一章中看到，利率从10%上升到20%，长期债券价格会有很大的下跌，预期回报率将变为负值。因此，如果人们预计明年的利率较他们以前预期的要高，长期债券现在的预期回报率就会下降，每一利率水平上的长期债券需求量都会下降。即是说，未来的预期利率越高，长期债券的预期回报率就越低，需求量也就越低，需求曲线向左移动［如表5-2中因素（2-1）所示］，从而债券均衡价格下降，均衡利率上升。相反，调低对未来利率的预期意味着长期债券价格较预计的要上升得更多，结果导致现在的预期回报率上升，每一债券价格和利率水平对应的需求量都会上升。即是说，未来的预期利率越低，长期债券需求量就越高，需求曲线向右移动，从而债券均衡价格上升，均衡利率下降。

◆ **预期通货膨胀率**

其次，我们考察预期通货膨胀率对债券需求曲线的影响。预期通货膨胀率的上升会使考虑通胀因素后的债券的预期回报率下降，引起债券需求量下降，需求曲线向左移动［如表5-2中因素（2-2）所示］，从而债券均衡价格下降，均衡利率上升。当然我们也可以换一个角度来理解这一问题。比如预期通货膨胀率从5%上升到10%，这将会导致未来实物资产的价格升高，投资实物资产（如黄金和房产）的预期回报率上升。这样，相对于实物资产的预期回报率来说，债券的预期回报率将会下降，从而引起债券需求下降。

❖ 债券相较于其他资产的风险

如果债券市场价格变得越来越不稳定，与债券相关的风险上升，债券资产就越来越不受欢迎。因此，债券风险上升将引起债券需求量下降，需求曲线向左移动［如表5-2中因素（3）所示］，从而债券均衡价格下降，均衡利率上升。

相反，其他资本市场（如股票市场）价格的不稳定性增加，则会使得债券的吸引力变大。其他资产风险上升会引起债券需求增加，需求曲线向右移动，从而债券均衡价格上升，均衡利率下降。

❖ 债券相较于其他资产的流动性

如果债券市场的参与者增加，出售债券就会更加容易，债券流动性随之提高，进而使每一利率水平上的债券需求量上升。因此，债券流动性提高引起债券需求量增加，需求曲线向右移动［如表5-2中因素（4）所示］，从而债券均衡价格上升，均衡利率下降。类似地，其他资产流动性上升引起债券需求量下降，需求曲线向左移动，从而债券均衡价格下降，均衡利率上升。

二、债券供给曲线的移动

对于债券供给曲线，以下因素会引起债券供给曲线发生移动：（1）**投资项目的预期盈利能力**；（2）**预期通货膨胀率**；（3）**政府财政赤字**。下面，我们分析这些因素如何各自推动债券供给曲线的移动（在其他因素不变的情况下）。表5-3总结了这些因素变动对债券供给曲线的影响。

表5-3 导致债券供给曲线发生移动的因素

因素	因素的变动	债券供给的变动	供给曲线的位移
投资项目的预期盈利能力	↑	↑	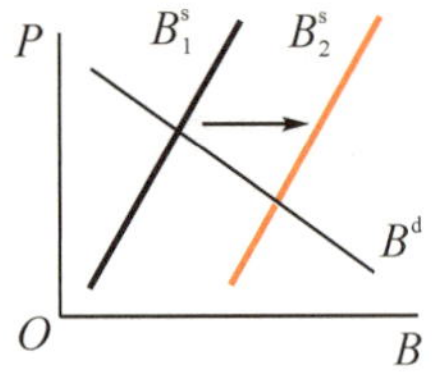

表5-3(续)

因素	因素的变动	债券供给的变动	供给曲线的位移
预期通货膨胀率	↑	↑	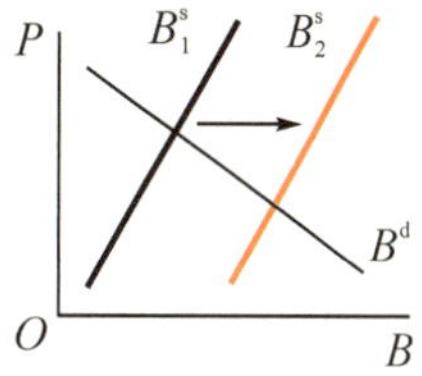
政府财政赤字	↑	↑	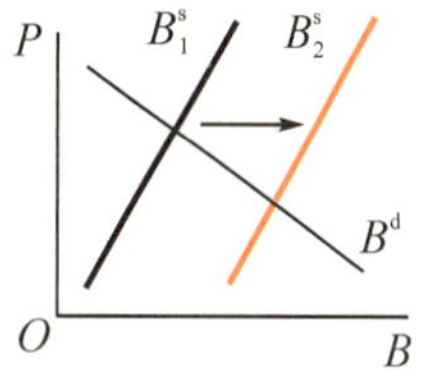

注：表中仅给出各因素上升对债券需求的影响情况，各因素下降的影响情况与表中各栏的变动方向正好相反。

❖ 投资机会的预期盈利能力

企业对厂房和设备投资能带来的利润越多，企业就会越积极地借入资金，增加自己的债务余额，以便为这些投资机会融资。在经济周期的扩张时期，经济高速增长，投资机会的预期盈利能力很高，在给定的债券价格和利率水平上，对应的债券供给也随之上升。因此，在经济周期的扩张阶段，债券供给上升，供给曲线向右移动（如表 5-3 所示），从而债券均衡价格下降，均衡利率上升。同样，在衰退阶段，有较高预期盈利能力的投资机会大为减少，债券供给下降，供给曲线向左移动，从而债券均衡价格上升，均衡利率下降。

❖ 预期通货膨胀率

我们在前面章节已经学习并了解到，实际利率（等于名义利率减去预期通货膨胀率）能更准确地衡量借款成本。对于一个给定的债券价格（利率）来说，如果预期通货膨胀率上升，则借款的真实成本下降，这样，对于任意给定的债券价格（利率），债券供给上升。因此，预期通货膨胀率上升会引起债券供给上升，推动供给曲线向右移动（如表 5-3 所示），从而债券均衡价格下降，均衡利率上升。同样，预期通货膨胀率下降会引起债券供给下降，推动供给曲线向左移动，从而债券均衡价格上升，均衡利率下降。

❖ 政府财政赤字

当政府财政支出大于财政收入时就会出现财政赤字，财政部通过发行债券弥补财政赤字，因此政府财政赤字也会影响债券供给。当财政赤字扩大时，财政部就会发行更多的债券，在每一债券价格和利率水平上的债券供给就会上升，供给曲线向右移动（如表 5-3 所示），从而债券均衡价格下降，均衡利率上升。同样，政府财政赤字变小（或财政盈余增加）会使债券供给下降，供给曲线向左移动，从而债券均衡价格上升，均衡利率下降。

拓展 5-1

预期通货膨胀率变化：费雪效应

费雪效应（Fisher Effect）是指预期通货膨胀率上升时，利率也会随之提高。我们已经分析了预期通货膨胀率变动如何推动供给和需求曲线的移动，从而影响均衡利率。图 5-2 描述了预期通货膨胀率上升对均衡利率的影响。

假设初始预期通货膨胀率为 5%，初始供给曲线和需求曲线（B_1^s 和 B_1^d）交于点 1，此时均衡债券价格为 P_1。如果预期通货膨胀率上升到 10%，对于任一给定债券的价格和利率来说，其预期回报率都会下降。结果，债券需求量下降，债券需求曲线向左移动到 B_2^d。预期通货膨胀率上升同时也会引起供给曲线的移动，对于任一给定的债券价格和利率来说，预期通货膨胀率上升会使借入资金的真实成本下降，引起债券供给量上升，供给曲线向右移动到 B_2^s。

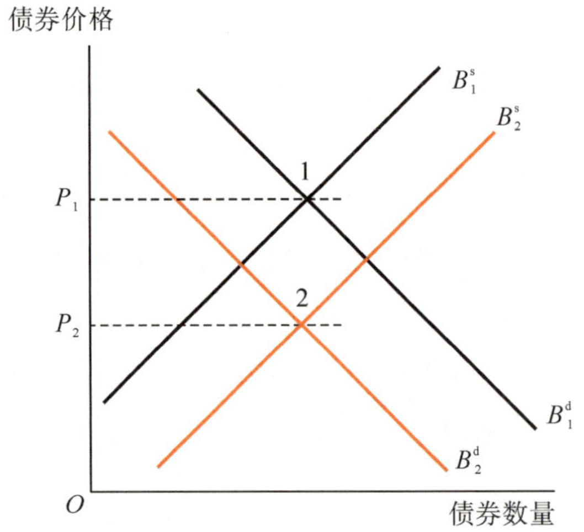

图 5-2　预期通货膨胀率变动的影响

在供给曲线和需求曲线都因为预期通货膨胀率的变动发生移动之后，均衡点从点 1 移至点 2（B_2^d 和 B_2^s 的交点）。均衡债券价格从 P_1 下降到 P_2，由于债券价格与利率负相关，这意味着利率从 i_1 上升到 i_2（i_1、i_2 分别为与 P_1、P_2 相对应的利率）。

我们通过所做的供求分析得到了一个重要的结论：预期通货膨胀率上升，利率也将随之上升，这一结论被命名为费雪效应。

拓展 5-2

经济周期扩张导致的利率变动

在经济周期扩张阶段，经济社会中商品和服务的产出增加，国民收入也随之上升。在这样的情况下，企业会更愿意借入资金，因为它们可能掌握许多需要资金的好的投资项目。这样在任一给定债券价格和利率水平上，企业愿意出售的债券数量（也就是债券供给）都会上升。这意味着在经济周期扩张阶段债券供给曲线从 B_1^s 向右移动到 B_2^s（如图 5-3 所示）。

经济扩张同样会对债券需求产生影响。资产需求理论表明，在经济周期扩张阶段，财富增加，债券需求也会上升。如图 5-3 所示，需求曲线从 B_1^d 向右移动到 B_2^d。

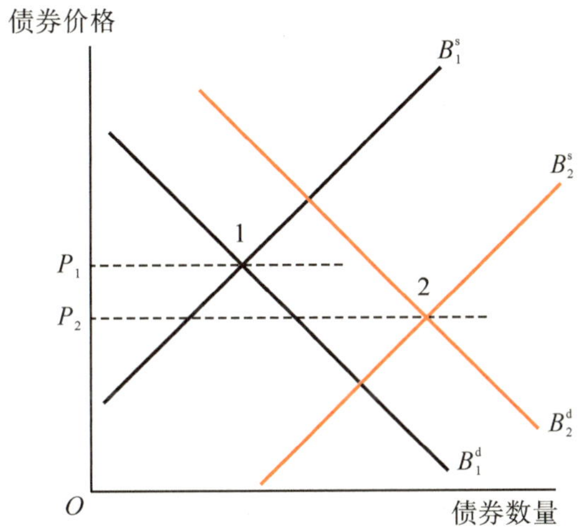

图 5-3　经济周期扩张阶段的影响

在供给曲线和需求曲线都向右移动的情况下，我们可以肯定由 B_2^s 和 B_2^d 的交点所决定的均衡点也必然向右移动。然而，新的均衡利率是上升还是下降，取决于需求曲线和供给曲线哪个移动的幅度更大。

在上述所做的供求分析中，在经济周期的扩张阶段利率到底是上升还是下降我们仍然没有一个清楚的答案。而我们在图 5-3 的作图过程中，将供给曲线移动的幅度画得比需求曲线要大一些，使得均衡债券价格从 P_1 下降到 P_2，从而导致均衡利率上升。我们之所以如此作图，是因为从现实数据来看情况确实是如此，即利率具有顺周期性。一个可能的解释是，由于企业家对经济状况变动的敏感度一般而言会高于大众，当经济进入扩张阶段时，企业家会提前布局许多需要资金的好项目，供给曲线的移动幅度会大于需求曲线的移动幅度，从而导致债券利率上升。

第四节 利率决定的货币供求分析

一、货币供求分析和债券供求分析的联系

除了使用债券市场的供求分析来说明均衡利率的决定机制以外，凯恩斯创立了**流动性偏好理论**(liquidity preference theory)[①]，**通过货币市场的供求分析来说明均衡利率的决定机制**。虽然两种理论的研究视角不同，但是利率决定的货币市场流动性偏好理论分析和债券市场供求分析之间具有密切的联系。

凯恩斯分析的起点是假设人们用于储藏财富的资产主要是货币和债券。因此，经济运行过程中的财富总量等于债券总量和货币总量之和，即等于债券供应量 B^s 加上货币供给量 M^s。因为人们能够购买的资产总量不能超过其可用资源的数量，所以人们希望持有的债券需求量 B^d 与货币需求量 M^d 之和也必然等于财富总量。因此，债券与货币的供给量之和必然等于债券与货币的需求量之和：

$$B^s + M^s = B^d + M^d$$

通过上式可以发现，如果货币市场处于均衡状态，即当 $M^s = M^d$ 时，必有 $B^s = B^d$ 成立，意味着债券市场同样处于均衡状态。

由此可见，货币市场的供求均衡和债券市场的供求均衡是相通的。即是说，对于均衡利率的研究，基于货币市场的供求分析和基于债券市场的供求分析，这两种方法是相通的。我们之所以介绍两种决定利率的理论，是因为在分析预期通货膨胀率变动对利率的影响程度时，使用债券供求理论更为便捷，而在分析收入、价格水平以及货币供给的变化对利率的影响程度时，使用流动性偏好理论更为简便。

二、货币供给、需求和均衡利率

对于货币供给的分析，我们在此假定货币供给量完全由中央银行决定，因此货币供给曲线在图5-4中体现为一条垂直线 M^s。实际上，货币供给量的决定过程十分复杂，涉及中央银行、商业银行和社会公众等多方面的因素，在后面的章节中，我们将学习到更为详尽的相关知识，在此假定货币供给是由中央银行给定的。而对于货币需求，我们需要进行深入的分析。

由于凯恩斯的货币定义包括通货（没有利息）与支票账户存款（在凯恩斯的年代通常是不支付利息或利息很少），因此他假设持有货币的收益率为零。在凯恩斯的理论中，债券是能够替代货币的唯一资产，其持有到期的预期回报率等于其用到期收益率衡量的

---

① 流动性偏好理论认为人们存在流动性偏好这种普遍的心理倾向，人们持有货币是因为对流动性的偏好。该理论在本书的货币需求章节会有详细讲解。

利率。通过运用机会成本的概念，我们发现**货币需求量与利率之间存在负相关关系**。**机会成本**（opportunity cost）是指由于没有持有某种替代性资产（这里指的是债券）所放弃的预期收益（这里指的是持有债券的利息收入）。随着债券利率上升，持有货币的机会成本也会提高，所以持有货币的意愿降低，货币的需求数量减少。

图 5-4 显示的是在诸如收入和价格水平等其他经济变量保持不变的条件下，一组利率对应的货币需求数量。当利率为 12%时，*A* 点显示了相应的货币需求数量为 4 000 亿元。如果利率水平降至 10%，持有货币的机会成本随之降低，从而货币需求的数量提高至 5 000 亿元，即从 *A* 点移动至 *B* 点。如果利率连续下降，那么货币需求数量就会随之继续提高，如图中 *C*、*D* 和 *E* 点所示。连接上述各点，就可以得到货币需求曲线 M^d。

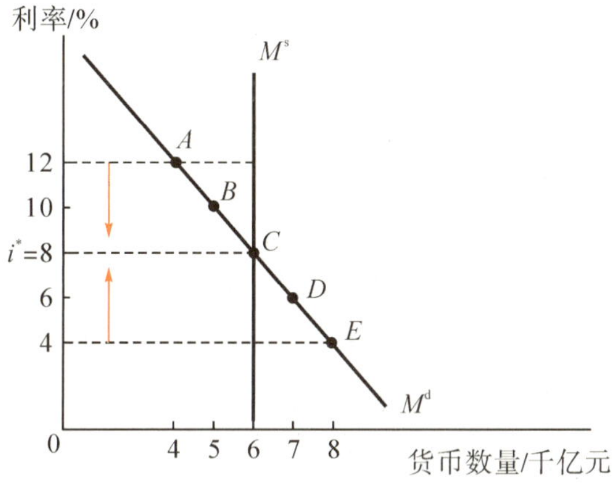

图 5-4　货币需求、供给和市场均衡

在我们的分析中，我们假定中央银行将货币供给量控制在 6 000 亿元的固定水平上，因此图 5-4 中的货币供给曲线 M^s 是取值为 6 000 亿元的一条垂直线。货币供给曲线和货币需求曲线的交点 *C* 就是货币供给量和货币需求量相等时的均衡状态，此时

$$M^s = M^d$$

由此形成的均衡利率为 $i^* = 8\%$。

通过观察利率高于均衡利率时的货币供求关系，我们可以再次发现市场有向均衡状态运动的发展趋势。当利率为 12%的时候，*A* 点的货币需求数量为 4 000 亿元，货币供给数量为 6 000 亿元。货币的超额供给意味着人们实际持有的货币数量超过其希望持有的数量，因此人们会通过购买债券来消除超量的货币余额，随之提高了债券价格。随着债券价格的上升，利率会向 8%的均衡利率水平接近。这一趋势由图 5-4 中 12%利率处的向下箭头来显示。

同样，如果利率为 4%，E 点的货币需求数量为 8 000 亿元，而货币供应量只有 6 000 亿元。这样就出现了货币的超额需求，即人们希望持有的货币数量高于其现实持有的数量。为了获得更多的货币，人们只能出售另一项资产——债券，从而导致债券价格下降。当债券价格下降的时候，利率会向 8%的均衡利率水平接近。只有在达到均衡利率的条件下，这种向均衡利率接近的运动才会停止，而利率会在均衡值上稳定下来。

第五节　流动性偏好理论中的均衡利率变动

现在我们使用流动性偏好理论来分析均衡利率的变动，和通过分析债券市场需求曲线和供给曲线的移动来分析均衡利率变动的方法类似，我们同样通过分析货币需求曲线和供给曲线的移动来分析均衡利率变动。

一、货币需求曲线和供给曲线的移动

对于货币需求曲线，在凯恩斯的流动性偏好理论中，主要有两个因素会引起货币需求曲线的移动：**收入**和**物价水平**。而对于货币供给曲线，由于我们已经假定货币供给完全受中央银行的控制，因此，货币供给曲线的移动主要受中央银行的影响。

下面，我们分析这些因素如何各自推动货币需求曲线和供给曲线的移动（在其他因素不变的情况下）。表 5-4 总结了这些因素变动对货币需求曲线和供给曲线的影响。

表 5-4　货币需求曲线和供给曲线的移动

因素	因素变动	货币需求或供给变动	曲线移动	利率变动
收入	↑	M^d ↑	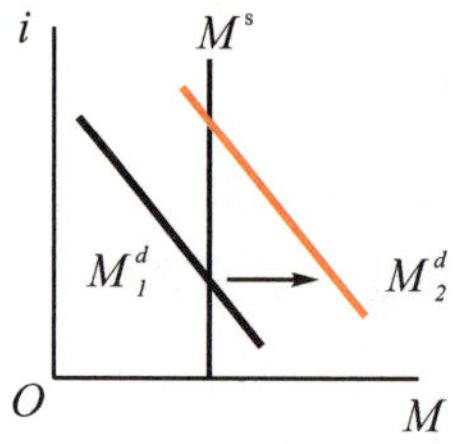	↑
物价水平	↑	M^d ↑	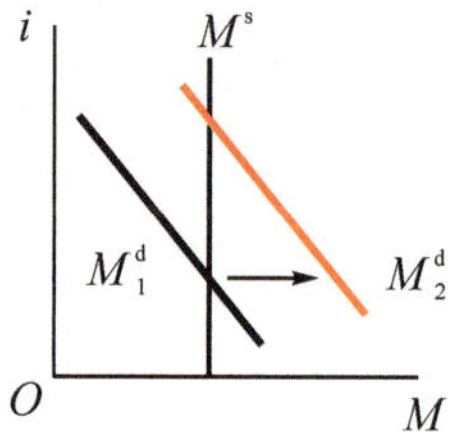	↑
货币供给	↑	M^s ↑	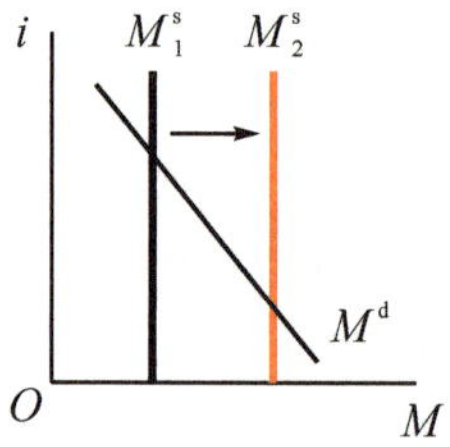	↓

注：表中仅给出各因素上升对货币需求或供给的影响情况，各因素下降的影响情况与表中各栏的变动方向正好相反。

❖ 收入效应

凯恩斯认为，货币需求受到收入因素的影响包含两个方面的原因：第一，在经济扩张和收入增加的条件下，财富增加，人们愿意持有更多的货币作为价值贮藏手段；第二，在经济扩张和收入增加的条件下，人们希望使用货币作为交易媒介实现更多的交易，故人们希望持有更多的货币。因此，收入水平的提高会导致每个利率水平的货币需求量随之增长，需求曲线向右移动（如表 5-4 所示）。这表明，在经济周期的扩张阶段，**收入水平逐步提高（在其他变量保持不变的条件下），利率将会随之上升**①，即利率具有顺周期性。这与使用债券供求理论分析得出的经济周期扩张对利率产生影响的有关结论（拓展 5-2）相比，这个结论更为明确。

❖ 物价效应

凯恩斯认为，人们关注的是以实际物品形式体现的货币持有数量，即按照实际能够购买到的商品和服务的数量来计算的货币数量。当物价水平上涨时，同样数量名义货币的价值就会下降，以致不足以购买与以前相同数量的商品和服务。为了将以实物形式体现的持有货币数量恢复到以前的水平，人们将会希望持有更多数量的名义货币。因此，物价水平的上升将会导致每个利率水平下的货币需求量随之增长，需求曲线向右移动（如表 5-4 所示）。这表明，**当物价水平提高的时候（在其他变量保持不变的条件下），利率会随之上升。**

❖ 货币供给

我们假设货币供给完全由中央银行控制，如果中央银行提高货币供给量，将导致货币供给曲线向右移动（如表 5-4 所示）。这表明，**中央银行提高货币供给量（在其他变量保持不变的条件下），利率会随之下降。**

二、货币供给与利率

在上述分析中，似乎能够得到货币供给量增长将会导致利率下降的结论。然而，这个货币和利率之间存在负相关关系的结论是否正确呢？上述分析过程中是否遗漏了其他重要的影响因素呢？在此，我们将使用供求分析方法来解答这些问题，以加深对货币和利率之间关系的了解。

诺贝尔经济学奖得主米尔顿·弗里德曼（Milton Friedman）对于货币供给量的上升会降低利率这一结论提出了重要的批判。他承认流动性偏好理论的正确性，并且将**货币供给量的提高（在其他经济变量保持不变的条件下）会促使利率下降的这一结论称为流动性效应。**然而，他认为流动性效应只反映了货币和利率关系的一部分事实：货币供给的提高并不能保证“其他经济变量保持不变”，而会对经济运行过程产生其他的效应，

① 需要注意的是，在利率决定的债券供求分析中，我们得出了财富增加导致利率下降的结论，这似乎和此处分析的经济周期扩张阶段下收入效应会导致利率上升的结论相矛盾。关于这方面的疑问暂未看到现有教材有涉及，本教材在此尝试给出一个解释。我们认为实际上并不矛盾，因为财富增加导致利率下降的结论是在假设其他因素不变的条件下得出的，但必须注意的是当考察经济周期扩张对利率的影响时，其他因素是不可能不变的。根据“拓展 5-2”的分析，除了债券需求曲线因财富增加右移之外，债券供给曲线也会右移，并且供给曲线右移的幅度会更大，于是同样得出了利率上升的结论。

从而导致利率上升。如果这些效应足够大，那么在货币供给量提高的时候，利率完全有可能随之上升。

由于已经讨论过收入、物价水平和预期通货膨胀率影响均衡利率的运行机制，所以我们具备了对这些效应进行分析的基础。

◆ **货币供给量提高的收入效应**

货币供给量的提高会对经济运行产生扩张性影响，从而增加国民收入和财富水平，流动性偏好理论认为利率会由此上升。也就是说，货币供给量提高导致收入水平增加，进而通过收入效应导致利率上升，这就是货币供给量提高的收入效应。

◆ **货币供给量提高的物价效应**

货币供给量的提高会导致经济社会物价总水平的上升，流动性偏好理论认为这将会提高利率。也就是说，货币供给量提高导致物价水平上升，进而通过物价效应导致利率上升，这就是货币供给量提高的物价效应。

◆ **货币供给量提高的预期通货膨胀效应**

货币供给量的提高会导致人们提高对未来物价水平上升的预期，由此产生了更高的预期通货膨胀率。债券供求理论告诉我们，预期通货膨胀率的上升将会导致利率上升。也就是说，货币供给量提高导致预期通货膨胀率上升，进而导致利率上升，这就是货币供给量提高的预期通货膨胀效应。

拓展 5-3

提高货币供给增长比率能够降低利率吗?

现在，我们可以将前面讨论的各种效应综合起来，帮助判断提高货币供给量增长比率是否能够降低利率。在全部效应中，只有流动性效应表明货币供给量增长比率的提高能够降低利率。相反，收入效应、物价效应和预期通货膨胀率效应都表明，货币供给增长比率提高的时候利率也会上升。那么这些效应各自需要多长时间才能够产生效果？这些效应各自的强度又是如何？这些问题的解答对于判断货币供给增长比率提高时利率上升还是下降具有至关重要的意义。

一般来说，由于货币供给量增长比率提高将会促使均衡利率立即出现下降，所以由此产生的流动性效应会即刻生效。由于货币供给量增长比率的提高在一段时间后才会导致收入和物价水平的相应增长，进而才会提高利率，所以由此产生的收入效应和物价效应在经历一段时间后才会生效。预期通货膨胀效应同样可以促使利率上升，它发挥作用所需要的时间可长可短，其取决于人们在货币供给量增长比率提高时调整通货膨胀预期的速度。

图 5-5 概括了三种可能发生的情况，每种情况分别描述了从 T 时刻开始，当货币供给量增长比率提高之后，随着时间的推移，利率的反应机制。图 5-5（a）表明的是流动性效应大于其他效应的情况。在开始阶段，流动性效应很快生效，促使利率下降。但是随着时间的推移，其他效应开始产生一些相反的影响，抑制利率的下降。由于流动性效应产生的影响大于其他效应，所以利率不会恢复到其初始水平。

最终，利率从 T 时刻的 i_1 降至 $i_2(i_2<i_1)$。

图 5-5（b）表明的是流动性效应小于其他效应的情况，而且由于预期通货膨胀率向上调整的速度比较缓慢，所以预期通货膨胀效应产生效果的速度也会比较缓慢。在开始阶段，流动性效应会促使利率下降，然后收入效应、物价效应和预期通货膨胀效应开始推动利率上升。由于这些效应占据了主导地位，所以利率最终超过其初始水平，达到 i_2。因此，流动性效应小于其他效应的情况下，短期内货币供给量增长比率的提高会导致利率下降，但是利率最终会升至高于其初始值的水平。

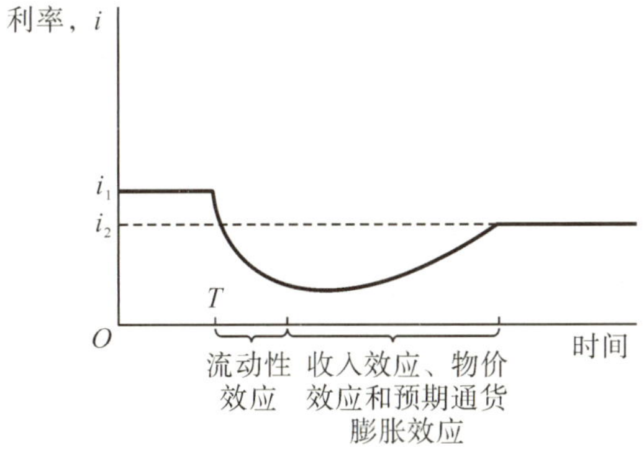

（a）流动性效应大于其他效应

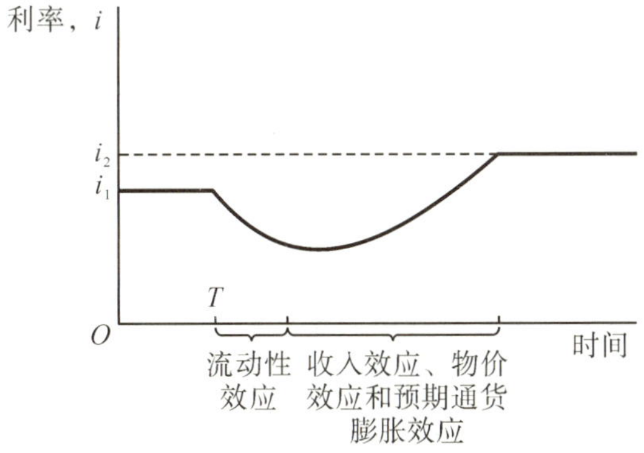

（b）流动性效应小于其他效应，并且预期通货膨胀率缓慢调整

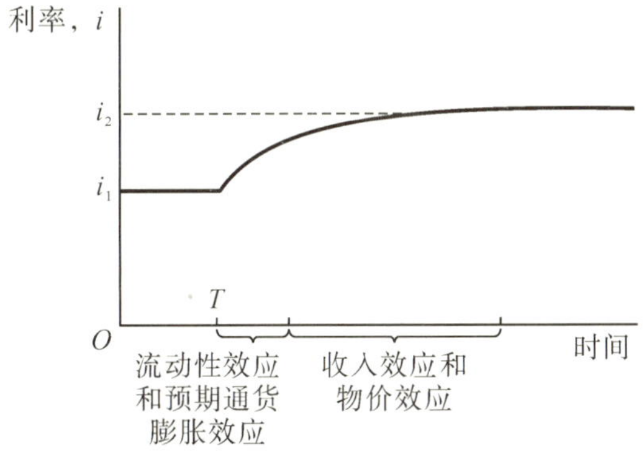

（c）流动性效应小于其他效应，并且预期通货膨胀率快速调整

图 5-5　提高货币供给增长比率对利率的影响

图 5-5（c）表明的是预期通货膨胀率效应占据主导地位的情况，其发挥作用的速度很快。在这种情况下，当货币供给量增加比率提高时，人们会很快调整自己的通货膨胀率预期水平。所以预期通货膨胀效应一开始就立刻超过了流动性效应，利率随之上升。经过一段时间之后，收入效应和物价效应开始产生影响，促使利率进一步提高，导致利率最终显著高于其初始水平。这一结果清楚地表明，在预期通货膨胀效应占主导的情况下，货币供应量增长比率的提高不能促使利率下降，政府或中央银行应该通过降低货币供给量增长比率来实现利率水平的下降。

对于政策制定者而言，一个非常重要的问题是，这三种情况哪一种更接近现实。如果想要降低利率，那么在流动性效应大于其他效应的条件下，就应该提高货币供给量的增长比率，如图 5-5（a）所示；而在流动性效应小于其他效应，并且能够迅速调整预期通货膨胀率的条件下，应该降低货币供给量的增长比率，如图 5-5（c）所示；如果在流动性效应小于其他效应，但预期通货膨胀率调整速度较慢的条件下，那么提高还是降低货币供给量的增长比率将取决于政策制定者更加关注的是政策调整的长期效果还是短期效果，如图 5-5（b）所示。

本章重点回顾

- **资产需求理论**
- **利率决定的债券供求分析**
  - 债券供求曲线和供求均衡
  - 导致债券需求曲线移动的因素和均衡利率变动分析
  - 导致债券供给曲线移动的因素和均衡利率变动分析
- **利率决定的货币供求分析（流动性偏好理论）**
  - 货币供求曲线和供求均衡
  - 导致货币需求曲线移动的因素和均衡利率变动分析
  - 导致货币供给曲线移动的因素和均衡利率变动分析

课后思考和练习题

1. 根据资产需求理论，在选择购买各种资产时，需要考虑哪些因素？

2. 如果人们对债券的需求过剩，那么债券价格是会高于还是低于均衡价格？请解释价格向均衡价格调整的原因。

3. 如果人们预期未来利率将会降低，请以债券市场为例解释这一事件的影响。

4. 如果人们预期股票价格将急剧上涨，请预测债券利率将发生什么变化。
5. 哪些因素会导致债券供给曲线向左移动？
6. 简述流动性偏好理论对利率决定的解释。

阅读资料推荐

黄启才. 马克思利息利率理论及对中国的启示［J］. 金融经济，2012（12）：60-62.

第六章　利率结构理论

学习目标

本章主要介绍利率的风险结构和利率的期限结构，深入探讨影响利率的风险因素和期限因素。学完本章，你应该掌握：

- 利率风险结构的定义和影响因素。
- 利率期限结构的预期理论。
- 利率期限结构的市场分割理论。
- 利率期限结构的流动性溢价理论和期限优先理论。

我们已经学习了有关利率的基础知识和利率决定的相关机制。然而，在现实经济生活中，利率却以各种不同的形式表现出来。并且我们注意到，期限相同的金融工具（如相同期限的国债和企业债）其利率会有所不同，发行主体相同而期限不同的金融工具（如一年期国债和三年期国债）其利率也有所不同。为什么会有这样的差异，如何解释这种差异背后的经济学原因，就是利率的风险结构和期限结构所要研究的内容。

第一节　利率的风险结构

利率的风险结构考察期限相同而风险因素不同的各种金融工具利率之间的关系。一般而言，发行主体的信用级别越高，其债券的到期收益率就越低。此外，债券的流动性和所得税因素也会对相同期限的金融工具之间到期收益率的差异产生一定的影响。简而言之，**利率的风险结构主要是由金融工具的违约风险、流动性以及税收等因素决定的。**

❖ 违约风险

违约风险是影响债券利率的重要因素，债券的违约风险是指债券发行者不能或者不愿按期支付利息或到期归还本金的风险。违约风险是债券投资者所面临的主要的风险之一，也是影响债券利率的一个重要因素。投资者在进行债券投资的时候，债券的违约风险越大，它对投资者的吸引力就越小，在相同情况下投资者愿意为其支付的价格就越低，根据我们前面章节学到的知识，那么这个债券的利率（到期收益率）就越高。

一般而言，国债由于其发行主体为国家，有政府的税收和货币发行权作为后盾，所以被认为没有违约风险，一年期短期国债利率也通常被视为无风险收益率。具有相同期限的风险证券和无风险证券之间的利率差（信用利差）被称为**风险溢价**（risk premium），也即投资者因为购买风险证券承担了风险而获得的补偿。

现在，我们来考察违约风险对利率的影响。我们先假定在开始时国债和相同期限的公司债券有同样的违约风险，并且其他条件也相同。因此，国债和公司债也就有了相等的均衡价格和均衡利率。如图 6-1 所示，$P_1^C = P_1^T$，$i_1^C = i_1^T$。

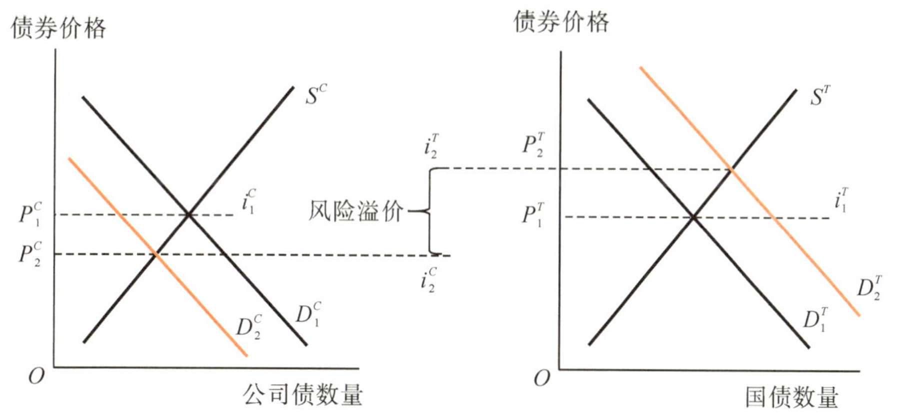

图 6-1　国债与公司债的违约风险与风险溢价对比

但现实情况是公司债券的违约风险大于国债，因而在公司债券违约风险加大的情况下，从公司债券供求曲线可以看出，投资者对公司债券的需求会下降，表现为公司债券的需求曲线从 D_1^C 左移至 D_2^C，公司债券的均衡价格从 P_1^C 下降到 P_2^C。相应地，国债的需求会上升，需求曲线从 D_1^T 右移至 D_2^T，均衡价格也就由原来的 P_1^T 上升到 P_2^T。由前面的知识我们知道，债券的价格和利率反向相关，因此，在这一过程中，公司债利率上升至 i_2^C，而国债利率下降至 i_2^T，其利差（$i_2^C - i_2^T$）就是公司债相对于国债的风险溢价（见图 6-1）。债券的风险溢价并不是一成不变的，通常它会随着发行主体违约风险的变化而变化。一般而言，在经济衰退萧条时，企业的违约概率会加大，此时公司债的风险溢价会加大；而在经济复苏繁荣阶段，情况则相反。

显而易见，违约风险的评估对于债券投资者而言非常重要。在现实经济生活中，一般由专业的信用评级机构来对金融工具的违约风险进行专业的评估。国际上主要的信用评级机构有穆迪、标准普尔和惠誉，而在我们国内，提供这一服务的主要有中诚信国际、联合资信、大公国际、东方金诚、上海新世纪等机构。这些机构在进行信用评级时，一般将信用评级在 BBB 级（穆迪为 Baa）以上的债券定义为信用风险较低的投资级债券，信用评级在 BB 级（穆迪为 Ba）和 B 级以下的债券则称为投机级债券或垃圾债券。债券的信用评级越高，其违约风险就越低，从而债券价格就越高，利率也就越低；反之则相反。此外，垃圾债券因为其有较高的收益率，也被称为高收益债券。

❖ 流动性

流动性是影响债券利率的另一个重要因素。流动性是指金融工具迅速变现而不遭受损失的能力。在其他条件相同的情况下，流动性更强的金融工具更容易受到投资者的青睐，投资者的持有意愿越高，金融工具价格就会越高，也即利率越低。

由于国债的交易量巨大，它们很容易被快速出售，并且交易成本非常低廉，所以在所有种类的债券中，一般来说国债的流动性最高。因为任何一种公司债券的交易量一般都远低于国债交易量，所以公司债券的流动性也就相对低得多，同时由于很难迅速找到购买者，所以在紧急情况下出售公司债券的成本将会较高。相对于国债利率而言，公司债券较低的流动性会对其利率产生何种影响呢？

我们可以继续使用图 6-1 中分析违约风险的供求分析方法，来解释流动性较低的公司债券和国债之间的利差扩大的原因。我们假设在初始时公司债券和国债的流动性以及其他特征是完全相同的，因此在初始时这两种债券的均衡价格和均衡利率是相等的（如图 6-1），即有 $P_1^C=P_1^T$ 和 $i_1^C=i_1^T$。由于与国债相比，公司债券的流动性较低，所以公司债券的需求将会下降，需求曲线将会向左移动，公司债券价格将会降低，其利率将会提高。与公司债券相比，国债的流动性较高，国债的需求曲线将会向右移动，国债价格将会提高，其利率将会下降。最终的实际情况是这两种债券之间的利差加大了。从这个推导过程我们可以发现，很多情况下，公司债券和国债之间的利差（风险溢价）不仅反映了公司债券的违约风险，而且反映了流动性差异。由此可见，**风险溢价可以更确切地被称为“风险和流动性溢价”**，尽管人们习惯性地称之为风险溢价。

❖ 税收

税收会直接影响债券投资者最后的实际收益率，因而也会对债券的税前利率产生影响。债券持有人真正关心的是税后的实际利率，税率越高的金融工具，其税前利率也越高。

假如有两种债券，除了税收因素其他特征完全相同。纳税债券 A 面值 100 元，价格也为 100 元，息票率为 10%；免税债券 B 面值 100 元，价格 100 元，息票率也为 10%。假定你的边际税率为 25%，如果你投资 A 债券，意味着你获得的 10 元的利息需要缴纳 2.5 元的所得税，你的实际收益率只有 7.5%。而如果你购买的是免税的 B 债券，你可以实实在在地获得 10%的收益。因此，在 A、B 两债券的其他条件都相同的情况下，A 债券的需求曲线会左移，价格下降，利率上升；而 B 债券的需求曲线会右移，价格上升，利率下降。从而，在其他条件相同的情况下，税率越高的证券，其税前利率也越高。

现实中，美国联邦政府发行的国债的利率通常高于同期州政府发行的市政债券的利率，其原因正是所得税因素的影响。因为投资美国市政债券获得的利息收益可以免缴联邦所得税，而美国国债需要缴纳联邦所得税。

第二节 利率的期限结构

讨论了利率的风险结构之后，我们再来学习另外一个影响利率结构的因素——金融工具的期限。**风险因素（违约风险、流动性、税收）相同而期限不同的金融工具的到期收益率之间的关系被称为利率的期限结构。**我们将风险因素相同而期限不同的金融工具的到期收益率连成的曲线称为**收益率曲线**（yield curve），图 6-2 为我国国债收益率曲线。

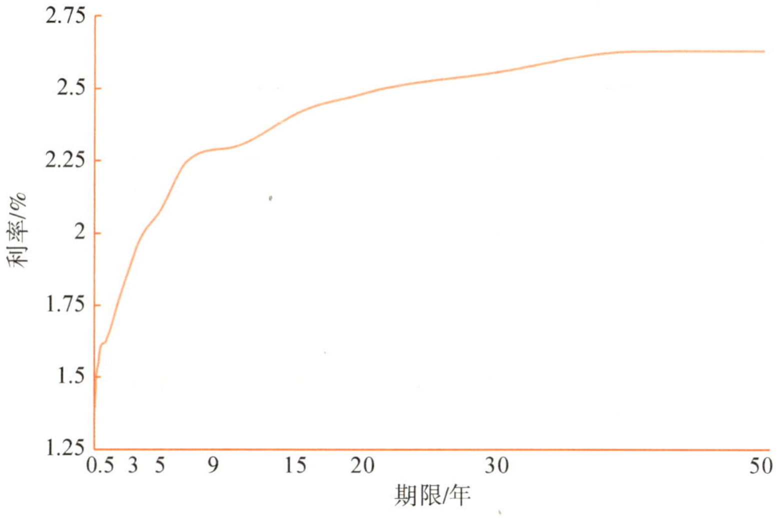

图 6-2 我国国债收益率曲线（2024 年 5 月 31 日）

收益率曲线有以下几种形状：（1）**向上倾斜的收益率曲线**，这是最常见的收益率曲线，这种形状的收益率曲线表明长期债券的利率（到期收益率）高于短期债券；（2）**水平的收益率曲线**，这种收益率曲线极少出现，表明长短期债券的利率（到期收益率）基本相同；（3）**向下倾斜的收益率曲线**，这种收益率曲线比较少见，表明长期债券的利率（到期收益率）低于短期债券；（4）**驼峰状的收益率曲线**，或称拱形的收益率曲线，这种收益率曲线反映了短期和长期债券的利率（到期收益率）较低而中期债券的利率（到期收益率）较高的情况。

在考察了收益率曲线的形状后，进一步的，我们考察短期利率和长期利率发生波动时是否表现出同升同降的特点。图 6-3 给出了我国不同期限国债到期收益率走势，我们发现当期限为 6 个月的国债到期收益率下降时，期限为 5 年和 20 年的国债到期收益率一般也同步下降，反之则反是，表现出较为明显的同向波动性。

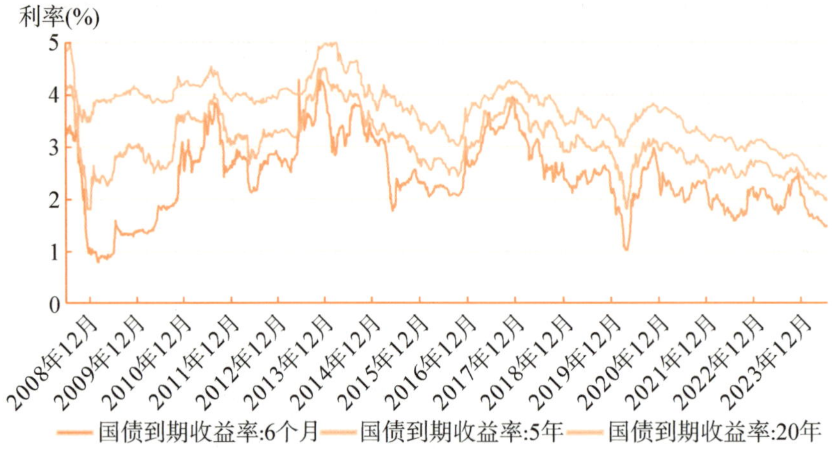

图 6-3　我国不同期限国债到期收益率走势

(数据来源：Wind)

由此，通过对不同期限国债到期收益率的观察，我们发现债券收益率曲线通常存在如下三个现象或事实。

◆ **事实 1：不同期限的利率通常呈现出同向波动的特点。当短期利率上升时，长期利率也上升，反之则相反。**

◆ **事实 2：当短期利率较低时，收益率曲线通常向上倾斜；而在短期利率比较高的时候，收益率曲线更多是向下倾斜。**

◆ **事实 3：长期利率往往高于短期利率，收益率曲线通常向上倾斜。**

对于收益率曲线的这三个事实，经济学有四种解释，这四种解释构成了利率期限结构的四个理论，即**预期理论、市场分割理论、流动性溢价理论和期限优先理论**（又称优先聚集地理论）。

一、预期理论

预期理论（Expectation Theory）最早由欧文·费雪（1896）提出，后来经费莱德里奇·A. 卢兹（1940）等人的发展而形成，是最早的一种利率期限结构理论。由于具有容易理解和方便量化等多种优点，目前该理论在资本市场上仍被广泛地用作利率衍生品种的定价依据。

预期理论的假定：

◆ **长期债券市场和短期债券市场是完全统一的，不同期限债券之间具有完全的替代性。**

◆ **投资者以利润最大化为目标，对不同期限的债券没有任何偏好差异。**

◆ **债券的持有和转换没有任何成本，也就是说投资者可以进行无成本的债券替代。**

◆ **投资者能够对未来的短期利率进行准确预期并依据此预期来进行投资决策。**

通过这样的假定，我们可以做出如下的推导：如果有期限和风险因素相同的 A、B

两种债券，A 债券的利率（到期收益率）高于 B 债券，也即两种债券持有到期时的预期收益率（或预期回报率）A 债券高于 B 债券，那么可以预测投资者将会卖出 B 债券、买入 A 债券从而获取更高的收益，由此 A 债券价格上升利率下降，B 债券则价格下降利率上升。只有当预期收益率相等时，即两种债券用到期收益率衡量的利率相等时市场才均衡。以上分析方法就是金融领域常用的“**无套利分析**”方法。

与以上存在两种投资产品的情形类似，假如有一个投资者有两年的闲置资金，打算投资于债券。现在他面临着两种投资选择：

第一种选择（方案 A），投资于 1 年期的短期债券，以面值购入，到期后连本带利再投资于 1 年期的短期债券。如果假定目前 1 年期短期债券的年利率（到期收益率）为 i_t，预期 1 年后 1 年期债券的年利率（到期收益率）为 i^e_{t+1}，则这一投资的预期收益率为 $R^e_A=(1+i_t)(1+i^e_{t+1})-1$。

第二种选择（方案 B），直接投资于 2 年期的债券。假定 t 时刻 2 年期债券的年利率（到期收益率）为 i_{2t}，则这一投资的预期收益率为 $R^e_B=(1+i_{2t})^2-1$。

从前面的推导可知，均衡条件下，这两种投资的预期收益率相等，也就是 $R^e_A=R^e_B$，即：

$$(1+i_t)(1+i^e_{t+1})-1=(1+i_{2t})^2-1$$

展开上式，有：

$$1+i_t+i^e_{t+1}+i_t\cdot i^e_{t+1}=1+2i_{2t}+i_{2t}^2$$

忽略等式两边高阶小项，则有：

$$i_{2t}=\frac{i_t+i^e_{t+1}}{2} \tag{6-1}$$

从上式可知，2 年期债券的利率应该等于目前 1 年期债券的利率和预期 1 年后的 1 年期债券利率的平均值。以此类推，可以得出，对于 t 时刻 n 年期的长期债券而言，其利率 i_{nt} 有：

$$i_{nt}=\frac{i_t+i^e_{t+1}+\cdots+i^e_{t+(n-1)}}{n} \tag{6-2}$$

由此，**预期理论得出如下结论：长期利率是短期利率的函数，长期利率等于目前的短期利率与长期债券期限内预期短期利率的平均值。**

长期利率是短期利率的平均数这一结论**可以较好地解释收益率曲线的“事实 1”**，即不同期限的利率通常呈现出同向波动的特点。显而易见，在其他条件不变的情况下，如果短期利率上升，则长期利率也上升；反之，短期利率下降也会引起长期利率的下降。

预期理论的这一结论也**可以较好地解释收益率曲线的“事实 2”**。由于长期利率等于目前的短期利率与长期债券期限内预期短期利率的平均值，因此，当短期利率较低的时候，人们预期未来短期利率会上升，而作为期限内短期利率平均值的长期债券利率也就会高于当前的短期利率，收益率曲线向上倾斜；而当短期利率比较高的时候，人们预期未来短期利率会下降，长期利率低于短期利率，收益率曲线向下倾斜。

但是，**预期理论不能解释收益率曲线的“事实3”**，即在大多数情况下收益率曲线向上倾斜这一现象。收益率曲线向上倾斜意味着长期利率高于短期利率。按照预期理论给出的公式（6-2），这就需要预期短期利率在大多数情况下都高于现在的短期利率。但在现实中，未来的短期利率既可能上升，也可能下降。因而，预期理论无法解释“长期利率往往高于短期利率，收益率曲线通常向上倾斜”这一事实。

例6-1 假如未来3年的1年期短期利率分别是6%、7%、8%。根据预期理论，目前2年期债券和3年期债券的利率分别为多少？

✓ 解答：

根据公式，2年期债券的利率是：

$$\frac{6\% + 7\%}{2} = 6.5\%$$

而3年期债券的利率则是：

$$\frac{6\% + 7\% + 8\%}{3} = 7\%$$

二、市场分割理论

如果说预期理论的前提假定是站在了一个极端的话，那么市场分割理论的前提假定就是站在了另一个极端。**市场分割理论**（segmented markets theory）是由库尔伯特森（J. M. Culbertson）等人于1957年提出的。**市场分割理论认为预期理论的完全替代假设是不成立的，不同期限的市场是完全分割、彼此独立的，投资者有偏好的差异。**

市场分割理论的一个关键性假设是，不同期限的债券完全不能相互替代，这与假定不同期限的债券可以完全相互替代的预期理论是相反的。根据这一假设，特定期限的债券的预期收益率对其他期限债券的需求没有任何影响，每种特定期限债券的利率取决于该债券自身的供求关系，不受其他期限债券的预期收益率影响。一般来说，产生市场分割的原因有：

◆ **债券供给者进入特定市场**

由于政府的规章制度或其他原因，借款人被要求只能发行特定期限的金融产品。比如：政府债券中的短期债券一般被用来弥补财政的临时性不平衡，而长期债券多被用来为基础设施建设等资本性支出融资。因此，根据资金用途的不同，借款人即债券供给者会进入特定市场。

◆ **债券需求者进入特定市场**

由于规避风险或其他原因，投资者往往将投资局限于某一期限的金融产品。比如：商业银行的负债大多是短期的，因此商业银行更偏好于短期投资；而人寿保险公司的资金更为稳定，因此人寿保险公司更倾向于长期投资。

◆ **行为金融学的解释**

按照行为金融理论，投资者并不追求最优解，而是追求满意解，也就是说大多数人并不是利润最大化追求者。同时，投资具有惯性效应，投资者可能习惯于固定的投资期限和领域。

由于债券供给者和需求者会各自进入特定的市场，因此在市场分割理论看来：**长短期债券市场是完全分割的，长短期利率完全由不同市场上的供求情况独立决定。**

一般而言，由于短期债券具有更低的利率风险，因此在其他条件相同的情况下，人们更愿意持有短期债券而非长期债券，因而短期债券的利率较低而长期证券的利率较高。**这就解释了收益率曲线的“事实 3”，即收益率曲线通常是向上倾斜的。**但是市场分割理论存在严重的缺陷：**不能对收益率曲线的“事实 1”和“事实 2”给出合理的解释。**首先，由于市场分割理论认为不同期限债券的市场是完全分割的，所以某种特定期限债券利率的上升就无法影响其他期限债券的利率。因此，该理论无法解释不同期限债券的利率随着时间的推移会出现相同变动特征的原因（事实 1）。其次，由于该理论无法解释短期债券利率水平的变化对短期债券和长期债券的供求关系影响，所以它难以解释下述情况的形成原因：如果短期利率较低，那么收益率曲线通常向上倾斜；如果短期利率较高，那么收益率曲线更多是反转的（事实 2）。

三、流动性溢价理论和期限优先理论

由于预期理论和市场分割理论都解释了对方无法解释的经验事实，所以一个合乎逻辑的选择就是将两者结合起来，从而产生了流动性溢价理论。**流动性溢价理论**（liquidity premium theory）可视为对预期理论和市场分割理论的综合和完善，该理论修正了预期理论和市场分割理论过于极端的假定，为收益率曲线的三个现象提供了更好的解释。

流动性溢价理论赞同预期理论关于不同期限的债券之间可以相互替代的假定，这就保证了不同期限债券利率之间的相互联系。但是流动性溢价理论认为投资者对不同期限的债券存在着偏好的差异，也即**该理论认为不同期限的债券之间可以相互替代，但不是完全无条件地相互替代。**由于短期债券的利率风险更小，在其他条件相同的情况下，投资者更偏爱短期债券。要让投资者放弃短期债券转而持有长期债券，那么长期债券必须要在收益率上为投资者提供一个正的补偿，且随债券期限的延长而增大，我们将这一补偿称为流动性溢价。根据这样的推导，流动性溢价理论对预期理论关于长短期利率关系的公式进行如下的修正。

$$i_{nt} = \frac{i_t + i^e_{t+1} + \cdots + i^e_{t+(n-1)}}{n} + l_{nt} \tag{6-3}$$

式中，l_{nt} 为在 t 时刻的 n 期债券的流动性（期限）溢价。

式（6-3）可以对收益率曲线的三个事实做出比较圆满的解释：

能对“事实 1”做出解释。由式（6-3）可以看出，长期利率是短期利率的函数，因此，在其他条件不变的情况下，短期利率的变动会导致长期利率的同向变动。由此解释了“事实 1”。

能对“事实 2”做出解释。当短期利率比较低的时候，投资者通常预期未来的短期利率会上升，所以未来短期利率的平均值会高于现在的短期利率，再加上正的流动性（期限）溢价，因而有长期利率高于短期利率，收益率曲线向上倾斜。而在短期利率比较高的时候，投资者通常会预期未来短期利率会下降，如果未来短期利率的平均值远远低于现在的短期利率，这时即使有正的流动性（期限）溢价，长期利率也会低于短期利率，收益率曲线向下倾斜。由此解释了“事实2”。

能对“事实3”做出解释。由于在其他条件相同的情况下，投资者偏好短期债券，要让投资者放弃对短期债券的持有转而持有长期债券，则必须要向长期债券投资者提供一个正的流动性（期限）溢价的补偿，而且债券期限越长，流动性（期限）溢价越高。因此，即使未来的短期利率均值保持不变，长期利率也会高于短期利率，收益率曲线通常向上倾斜。由此解释了“事实3”。

与流动性溢价理论密切相关的是**期限优先理论**（又称优先聚集地理论，preferred habitat theory），期限优先理论假定投资者有特定的债券期限的偏好，他们会优先购买特定期限的债券。只有在其他期限的债券能提供足够高的预期收益率的补偿的情况下，投资者才会转而购买其他的债券。而对于一般投资者而言，他们会偏好流动性强、风险小的短期债券，所以长期债券只有在预期收益率上能够为投资者提供足够的期限溢价补偿的情况下，投资者才会选择长期债券。与流动性溢价类似，期限溢价补偿也是总为正并随债券期限的延长而增大。根据这个推导过程，同样能够得到与流动性溢价理论类似的理论公式和相关结论。

图6-4显示了预期理论和流动性溢价理论（期限优先理论）之间的关系。为了简化起见，我们假设根据预期理论得到的收益率曲线是平坦的。从图中可以发现，由于流动性溢价总是取正值，并且通常会随着到期期限的延长而提高，所以根据流动性溢价理论推导出来的收益率曲线是位于预期理论推导出来的收益率曲线之上的，并且其形态也通常会更为陡峭。

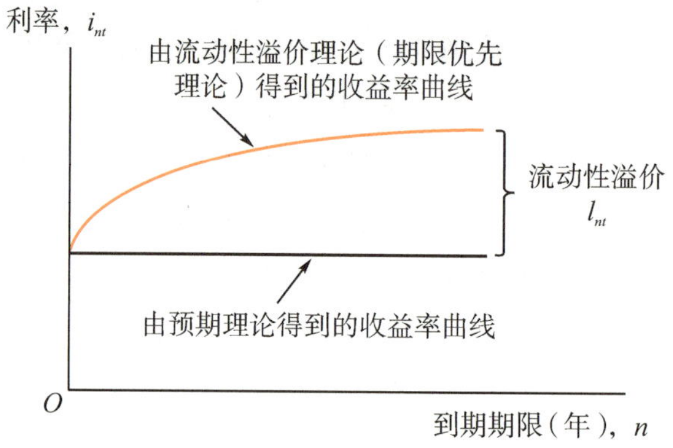

图6-4　流动性溢价理论（期限优先理论）和预期理论的关系

例6-2　假如未来3年的1年期短期利率分别是6%、7%、8%，由于投资者偏好短期债券，假设2年期债券和3年期债券的流动性溢价分别为1%和1.5%，根据流动性溢价理论，目前2年期债券和3年期债券的利率分别为多少？

✓ 解答：

根据公式，2年期债券的利率是：

$$\frac{6\% + 7\%}{2} + 1\% = 7.5\%$$

而 3 年期债券的利率则是：

$$\frac{6\% + 7\% + 8\%}{3} + 1.5\% = 8.5\%$$

流动性溢价理论和期限优先理论具有一个引人注目的性质，那就是我们可以通过观察收益率曲线的斜率来判断未来短期利率的预期走势。比如对于图 6-5 的四种收益率形态，我们可以根据式（6-3）对未来短期利率做出不同的预期。

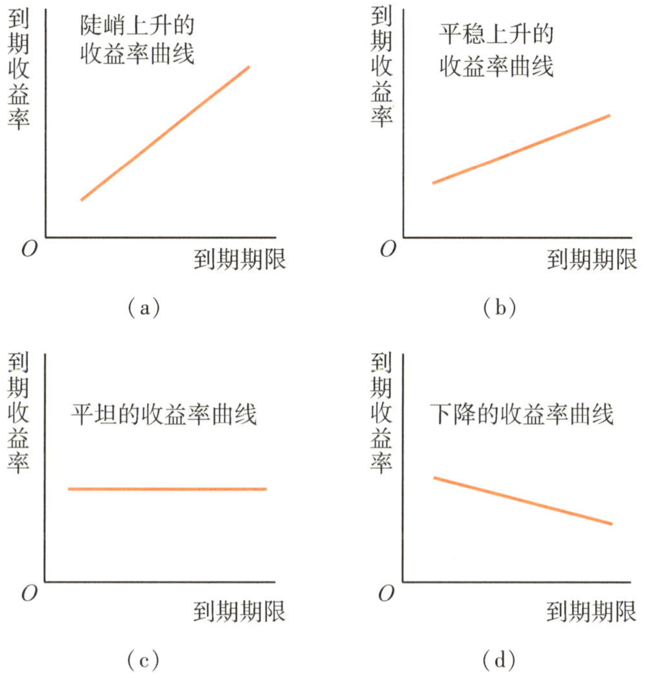

图 6-5　不同形态的收益率曲线

◆ **陡峭上升的收益率曲线，**如图 6-5（a），**表明未来短期债券利率预期值将会提高。**

◆ **平稳上升的收益率曲线，**如图 6-5（b），**表明未来短期债券利率预期值会上升或者小幅下降。**

◆ **平坦的收益率曲线，**如图 6-5（c），**表明未来短期债券利率预期值将会小幅下降。**

◆ **反转的收益率曲线，**如图 6-5（d），**表明未来短期债券利率预期值将会大幅下降。**

在此需要注意的是，我们在上一章中已经讨论了利率具有顺周期性，即经济繁荣时利率上升、经济衰退时利率下降。因此，不同的收益率曲线形态，往往与未来的经济走势有一定的关联性。

讨论：
反转的收益率曲线令人警觉和忧虑。

陡峭上升的收益率曲线往往出现在紧随经济衰退后的经济扩张初期，这时候，经济停滞已经压抑短期利率，但是一旦增长的经济活动重新建立对资本的需求（及对通胀的恐惧），利率一般会迅速上升。

平稳上升的收益率曲线是最常见的形态，而当平稳上升的收益率曲线趋向平坦时，则意味着经济将遇到麻烦。而反转的收益率曲线就可以视为显著的警告，意味着衰退已经迫在眉睫了，大多数经济衰退都以反转收益率曲线为先导。当然，收益率曲线反转也不能百分百预测衰退发生。不过，这确实可以迅速让大家都感到恐惧，因为反转是极为罕见的。客观来说，在预测衰退方面，反转的收益率曲线的“命中率”还是很高的。

本章重点回顾

利率的风险结构

利率风险结构的影响因素：违约风险，流动性，税收

利率的期限结构

预期理论：理论假定，理论推演与结论

市场分割理论：理论假定，理论推演与结论

流动性溢价理论：理论假定，理论推演与结论

课后思考和练习题

1. 什么是利率的风险结构和期限结构?
2. 利率风险结构的影响因素有哪些?
3. 简述利率期限结构的预期理论。
4. 简述利率期限结构的市场分割理论。
5. 简述利率期限结构的流动性溢价理论。

阅读资料推荐

李保林，阿卜杜瓦力·艾佰. 利率期限结构理论研究综述［J］. 金融发展研究，2014（07）：3-11.

宋湘燕，刘璟，董二磊. 美国国债收益率曲线倒挂与经济前景展望［J］. 当代金融研究，2019（04）：101-110.

第七章 汇率、汇率决定理论与汇率制度

学习目标

本章主要介绍外汇和外汇市场的相关概念、汇率的定义与汇率决定理论以及汇率制度分类与我国的汇率制度。学完本章，你应该掌握：

- 外汇与汇率的定义。
- 长期汇率决定理论——购买力平价理论。
- 短期汇率决定理论——利率平价理论。
- 汇率制度的分类与人民币汇率制度改革历程。

第一节 外汇与汇率概述

一、外汇

不同国家在其国内使用的货币各不相同，而在国家间开展经贸交流的过程中，商品和劳务的国际交换通常需要不同国家货币参与其中进行国际结算，这构成了各个国家持有外国货币及其资产的原始动机，外汇的概念应运而生。

外汇（foreign exchange），指外国货币以及一切以外国货币表示的资产，包括银行存款、财政部国库券、政府债券等。根据我国于 2008 年 8 月 1 日修订的《中华人民共和国

外汇管理条例》，外汇的定义为“以外币表示的可以用作国际清偿的支付手段和资产，具体包括：(1) **外币现钞**，包括纸币、铸币；(2) **外币支付凭证或者支付工具**，包括票据、银行存款凭证、银行卡等；(3) **外币有价证券**，包括债券、股票等；(4) **特别提款权**；(5) **其他外汇资产**。”

作为用来清算国际收支差额的金融工具，外汇具有如下三个特点：(1) **普遍接受性**，即该外币及外币资产的价值在国际上被广泛接受和认可；(2) **可兑换性**，即该外汇可自由兑换为其他外币资产；(3) **可偿性**，即外汇资产可确保得到其发行国的偿付。

二、外汇市场

外汇市场（foreign exchange market），是买卖外汇的交易场所，由外汇的需求方、供给方和外汇交易中介机构共同组成。根据参与目的划分，外汇市场的参与者主要包括：客户、外汇银行、中央银行以及外汇经纪人。客户，包括外汇市场上进行交易性外汇买卖的个人或公司，是参与实际外汇供求的主体，其参与目的包括进出口贸易的结算、出国交流访问、旅行的金融服务需求以及投机者参与外汇市场的风险套利等。外汇银行，指经中央银行批准可以参与外汇业务的商业银行或其他金融机构。外汇银行是外汇市场供求的重要中介之一，并通过参与外汇交易，赚取买卖差价来获利。中央银行，通过参与外汇市场上对国际性货币的买卖，达到干预外汇市场的目的，以维持本国金融环境的稳定。外汇经纪人，指专门从事介绍外汇买卖，但不直接参与交易，而是在银行间以及银行与个人之间，促成外汇交易并赚取佣金的中介商。

根据交易主体的不同，外汇市场可分为：(1) 客户市场或“零售外汇市场”，即客户和外汇银行之间进行外汇交易的市场；(2) 同业市场或“批发外汇市场”，即外汇银行间进行外汇交易的市场；(3) 中央银行与外汇银行进行外汇交易的市场。

外汇市场还可根据有无具体交易场所，分为有形市场和无形市场（也即场内交易市场和场外交易市场）。有形外汇市场有具体、固定的交易场所，外汇交易在规定的营业日和交易时间内，按照严格规定的交易规则进行，例如德国法兰克福外汇市场、荷兰阿姆斯特丹外汇市场和比利时布鲁塞尔外汇市场等。无形外汇市场没有固定交易场所，外汇交易通过现代通信工具和计算机网络构成的交易系统平台进行，无形外汇市场是现代国际外汇市场的主要形式。

根据外汇交割的时限，外汇市场还可分为即期外汇市场和远期外汇市场。**即期外汇市场**（spot exchange market），又被称为现汇交易市场，指从事即期外汇的交易市场，通常在当日或两个交易日内进行外汇买卖的交割。**远期外汇市场**（forward exchange market），又被称为期汇外汇市场，市场中交易双方约定按照一定价格一定金额在未来某一日期进行约定外汇币种的交易，以达到规避汇兑风险的目的。

三、汇率

在外汇交易中，一国货币与另一国货币按照一定的折算比率进行交易，该兑换比率就是**汇率**（foreign exchange rate），也称为汇价或外汇牌价，是一国货币用另一国货币表示的价格。如果一种货币的价值上升，则称为**升值**（appreciation）；如果一种货币的价值下降，则称为**贬值**（depreciation）。

❖ 汇率标价法

根据按照外国货币还是本国货币作为折算基准，汇率标价法分为直接标价法和间接标价法。

直接标价法（direct quotation）指以一单位的外国货币作为标准，折算成若干单位的本国货币来表示汇率。也就是说，在直接标价法下，汇率是以本国货币表示的单位外国货币的价格。包括我国在内的大多数国家采用直接标价法。例如我国，2024 年 5 月 31 日美元兑人民币的汇率标价为：1 美元≈7.23 人民币。

间接标价法（indirect quotation）指以一单位的本国货币为标准，折算成若干单位的外国货币来表示汇率。也就是说，在间接标价法下，汇率是以外国货币表示的单位本国货币的价格。采用间接标价法的国家主要有美国、英国等。例如英国，2023 年 5 月 31 日英镑兑人民币的汇率标价为：1 英镑≈9.22 人民币。

在直接标价法下，汇率升高代表单位外国货币可兑换的本国货币数量增加，表现为外国货币升值，本国货币贬值；而在间接标价法下，汇率升高代表单位本国货币可兑换的外国货币数量增加，表现为本国货币升值，外国货币贬值。

❖ 汇率的分类

根据不同的角度，汇率有不同的分类，下面给出了几种常见的汇率分类。

◆ 买入汇率和卖出汇率

根据外汇银行的交易角度，汇率可分为买入汇率和卖出汇率。**买入汇率**（buying rate），即银行从客户手中购买某种货币所使用的汇率，分为现钞买入价和现汇买入价。**卖出汇率**（selling rate），即银行向客户卖出某种货币所使用的汇率，同样也分为现钞卖出价和现汇卖出价。由于外币在本国内无法使用，而外币现钞运往国外转为可以使用的外币现汇的过程中又会产生安保费和运输费等成本，因此考虑转换成本后，现钞买入价通常小于现汇买入价。而银行持有外币现钞存在保管费，因此现钞卖出价理论上一般大于或等于现汇卖出价。

◆ 即期汇率与远期汇率

根据外汇交割期限，汇率可分为即期汇率与远期汇率。**即期汇率**（spot exchange rate），是即期外汇交易使用的汇率。**远期汇率**（forward exchange rate），是远期外汇交易使用的汇率。

◆ 基本汇率和套算汇率

根据汇率是否直接涉及关键货币，可分为基本汇率和套算汇率。**基本汇率**（basic rate），是一国货币兑该国关键货币的汇率。其中，关键货币指在国际上被广泛接受并作为国际结算且外汇储备占比大的可自由兑换货币。例如，美元是当前国际结算中使用较多的货币，大多数国家将美元作为其关键货币制定汇率，则该国货币兑美元汇率就是该国基本汇率。**套算汇率**（cross rate）是指两国货币基于其相同关键货币的基本汇率套算而出的汇率。例如，人民币兑日元汇率可由人民币兑美元和美元兑日元的基本汇率套算出来。

◆ **名义汇率和实际汇率**

根据是否考虑物价水平变动的影响，汇率可分为名义汇率和实际汇率。**名义汇率**（nominal exchange rate），是未经物价指数调整计算的汇率，仅反映两国货币名义上的交换比率。**实际汇率**（real exchange rate），考虑两国物价水平的差异，综合两国物价指数之比后对名义汇率调整所得的汇率，反映国内商品和国外商品的交换比率。实际汇率等于外国一篮子商品以本币计价的价格与本国一篮子商品的本币价格之比。

❖ 汇率的重要性

讨论：

汇率，有没有哪一点让你有感触？

汇率作为本国货币和外国货币的折算比率，反映了两国货币的相对价值，其变动将直接改变两国生产的商品和服务的相对价格。例如，当一国货币贬值时，在该国生产的商品的本币价格不变的情况下，该商品的外币价格下降，即该商品在国外变得更加便宜（增加本国商品竞争力），而外国商品在该国就会变得更贵（削弱外国商品竞争力），简言之，**本币贬值促进出口、抑制进口**；反之，当本币升值时，本国商品的竞争力下降，外国商品的竞争力增强，简言之，**本币升值抑制出口、促进进口**。基于此，作为最为重要的宏观经济变量之一，汇率水平的高低及其变动将显著影响一国国内的经济生产活动以及国际上的经贸交流合作，汇率甚至可以作为国与国博弈的工具。

第二节　长期汇率的决定

一、一价定律与长期汇率决定分析

传统观点认为，长期而言，一国货币的汇率由该国可贸易品（商品和服务）与其他国家可贸易品的相对需求决定。由**一价定律**（law of one price）可知，在无贸易壁垒（关税和配额）、市场完全竞争和极低运输成本的情况下，完全同质的商品在两国的售价应该完全相同。如果一国商品的价格高于另一国家，低买高卖的套利行为也最终会使两国商品的价格趋于一致。因此，在满足以上条件的情况下，**一价定律表明：两国的汇率在达到长期均衡时应等于商品以两国货币表示的价格之比。**

以中国和美国的黄金为例，假定两国的黄金同质，中国黄金价格为人民币 360 元/克，美国黄金价格为 60 美元/克，如果一价定律成立，则美元与人民币的汇率必定是 1∶6。如果美元与人民币的汇率为 1∶9，则中国黄金在美国的售价就为：360÷9＝40 美元/克，美国黄金在中国的售价就为：60×9＝540 元/克。美国黄金无论在本国还是中国都比中国黄金贵，一价定律被破坏。由于中国黄金便宜，美国大量进口中国黄金，黄金国际贸易发生改变，这会使得黄金价格及汇率发生调整，直到以同一种货币计价的黄金价格相同时，即符合一价定律时，才达到重新均衡。因此，如果一价定律成立，两国的汇率应等于商品以两国货币表示的价格之比。

二、购买力平价理论

购买力平价理论（purchasing power parity theory，PPP）将聚焦于单一商品价格的一价定律拓展到一篮子商品的价格，由瑞典经济学家古斯塔夫·卡塞尔（Gustav Cassel）提出。该理论认为，两国的汇率水平由两国货币在其各自国内所具有的购买力决定，即购买力之比。而一国货币的购买力是其国内整体物价水平的倒数，因此两国的汇率水平由两国的物价水平之比决定。即

$$E = \frac{P}{P^*} \tag{7-1}$$

式中，E 表示名义汇率（直接标价法），P 和 P^* 分别表示国内和国外的价格水平。

由式（7-1）可见，本国的相对物价水平上升将导致其货币贬值，反之将导致其货币升值。概括来说，**购买力平价理论认为，任何两种货币的汇率都会随着两国物价水平的变动而进行调整，汇率主要是由两种货币在其各自国内所具有的购买力决定。**

式（7-1）实际上是**绝对购买力平价**的表达式，因为它涉及的是绝对价格水平。进一步地，我们可以得到**相对购买力平价**的表达式：

$$\%\Delta E = \%\Delta P - \%\Delta P^* \tag{7-2}$$

式中，$\%\Delta E$ 表示名义汇率的变动百分比，$\%\Delta P$ 和 $\%\Delta P^*$ 分别表示国内价格水平和国外价格水平的变动百分比①。

由式（7-2）可见，在一定时期内，汇率的变化与该时期两国物价水平的相对变化成比例。例如，如果日本国内物价水平上升 2%，美国国内物价水平上升 4%，则美元兑日元的汇率会贬值 2%。

❖ 实际汇率

实际汇率是另一种进一步理解购买力平价理论的方法。**实际汇率**（real exchange rate，RER）是指用国内商品交换国外商品的比率，等于外国一篮子商品以本币计价的价格与本国一篮子商品的本币价格之比，即以本国货币计价的外国商品与本国商品的相对价格，它反映了本国商品的国际竞争力。实际汇率的计算公式为：

$$\text{RER} = \frac{P^* \cdot E}{P} = E \cdot \frac{P^*}{P} \tag{7-3}$$

式中，RER 表示实际汇率，E 表示名义汇率（直接标价法），P 和 P^* 分别表示国内和国

---

① 式（7-2）可以由式（7-1）推导得出。对式（7-1）两边取对数，可得：$\ln E = \ln P - \ln P^*$；对上式两边求微分，可得：$\frac{1}{E} \cdot dE = \frac{1}{P} \cdot dP - \frac{1}{P^*} \cdot dP^*$；由此，有以下表达式近似成立：$\frac{\Delta E}{E} = \frac{\Delta P}{P} - \frac{\Delta P^*}{P^*}$，即式（7-2）成立。

外的价格水平。

由公式可见，**实际汇率就是名义汇率用两国价格水平调整后的汇率。**如果一价定律成立，则实际汇率恒等于1。因此在购买力平价的理论框架下，实际汇率在长期应当等于1，即本国一篮子商品的本币价格应当等于外国同质的一篮子商品经汇率换算后的本币价格。如果前者大于后者，即本国物价水平高于外国物价水平，则消费者转而购买外国商品，本币贬值、外币升值，最终拉平两国的相对物价水平。

❖ 长期汇率的影响因素

一般而言，长期汇率被认为主要是由两国可贸易品的相对需求决定。比如，就本国和外国而言，在其他条件不变的情况下，任何导致对外国商品相对于本国商品需求增加的因素，都有使外国货币升值的趋势，因为要购买外国商品需要外国的货币，对外国商品需求的相对增加，就会带来在外汇市场上对外国货币需求的相对增加，从而使得外币升值，或者说本币贬值；反之，任何导致对本国商品相对于外国商品的需求增加的因素，都有使本币升值的趋势。因此对本国而言概括来说：**任何提高本国商品相对于外国商品的需求的因素，都将导致外汇市场上对本国货币需求的相对增加，本币升值；反之，则导致本币贬值。**这些因素包括：

◆ 相对物价水平

假定其他因素不变，当本国相对外国物价水平上升时，即本国商品相对外国商品价格上升时，消费者对本国商品的需求下降而对外国商品的需求上升，本币贬值、外币升值。反之，则反是。因此，本国相对外国物价水平上升将导致本币贬值，物价水平下降将导致本币升值。

◆ 贸易壁垒

贸易壁垒包括关税和配额等。**关税**(tariff) 是指国家授权海关对出入关境的货物和物品征收的一种税；**配额**(Quota) 是指对一种商品每年能够进口的数量所施加的限制。关税和配额等贸易壁垒将提高外国商品进入本国市场竞争的难度。假定其他因素不变，提高本国的贸易壁垒（提高进口关税或减少进口配额），将降低对外国商品的需求，外币贬值、本币升值。反之，则反是。因此，本国相对于外国增加贸易壁垒将导致本币升值，降低贸易壁垒将导致本币贬值。

◆ 对商品的偏好

假定其他因素不变，对外国商品的偏好增加，则本国对外国商品的进口需求上升，外币升值、本币贬值；同理，对本国商品的偏好增加，则国外对本国商品的出口需求上升，本币升值、外币贬值。因此，本国对外国商品偏好增加将导致本币贬值，外国对本国商品偏好增加将导致本币升值。

◆ 生产率

生产率的提高意味着生产单位商品的成本降低，其价格也随之降低。因此，假定其他因素不变，本国生产率的提高将导致本国商品的价格降低，从而对本国商品的需求增加，本币升值、外币贬值。外国生产率的提高将导致外国商品的价格降低，从而对外国商品的需求增加，外币升值、本币贬值。因此，本国生产率的提高将导致本币升值，外国生产率的提高将导致本币贬值。

以上我们探讨了长期汇率的影响因素，表 7–1 总结了这些因素的变动对长期汇率的影响。

表 7–1　长期汇率的影响因素

影响因素	因素变动	本币 升值/贬值	汇率 E （直接标价法）
本国相对外国的物价水平	↑	贬值	↑
本国相对外国的贸易壁垒	↑	升值	↓
本国对外国商品的偏好	↑	贬值	↑
本国相对外国的生产率	↑	升值	↓

三、购买力平价理论的局限性

研究表明，**购买力平价理论虽然对探讨长期汇率的决定有一定的借鉴意义，但是无法充分解释长期汇率的运动规律，且对短期汇率变动的预测非常差。**图 7–1 绘制了美英相对物价（美国 CPI/英国 CPI）指数曲线和汇率（英镑兑美元）指数曲线，时间区间为 1988 年 1 月至 2023 年 12 月。从长期来看，汇率指数曲线在一定程度上围绕着相对物价指数曲线波动，表明购买力平价理论对探讨长期汇率有一定的指导作用。然而从短期来看，购买力平价理论在短期的参考价值相当差，我们发现在很多年份或月份，美国物价水平相对于英国上升，但美元不仅没有如购买力平价理论测算的那样贬值，反而相对于英镑升值。

图 7–1　美英相对物价指数和汇率指数（1988 年 1 月为基期 100）

进一步地，我们通过考察中国和美国的物价水平和汇率情况，图 7–2 绘制了中美相对物价（中国 CPI/美国 CPI）指数曲线和汇率（美元兑人民币）指数曲线，时间区间为 1995 年 1 月至 2023 年 12 月。容易发现，购买力平价理论对长期汇率有较弱的参考价值，而对短期汇率的参考价值则极差。

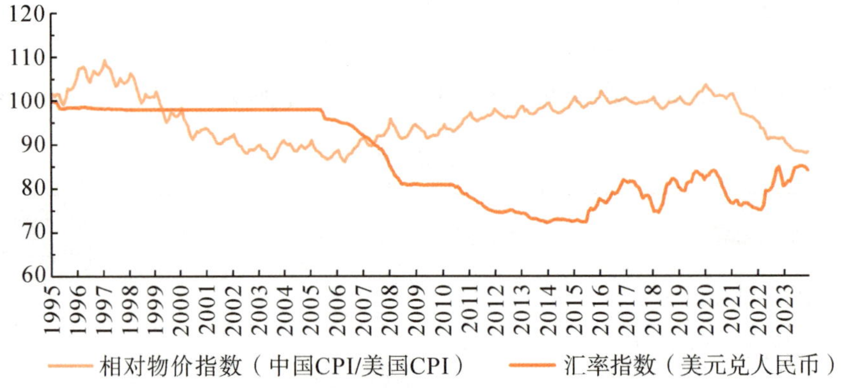

图 7-2　中美相对物价指数和汇率指数（1995 年 1 月为基期 100）

那么，为什么购买力平价理论不能充分解释汇率的决定？其原因在于购买力平价理论本身存在一定的局限性。**购买力平价理论是基于一价定律的推广，其有关商品完全同质、极低运输成本以及没有贸易壁垒的假设在多数情况并不符合现实。**例如，高精尖技术密集型产品，在各国存在技术壁垒的情况下，不同产地的同类商品会存在很大的产品差异性，像是智能手机、芯片和电动汽车等。同时，特定产业的产品和服务也面临极高的运输成本，如餐饮服务等，有些甚至无法跨境交易，如土地、住宅等不动产的交易。但这些商品和服务的价格变动却会影响当地的物价以及货币的购买力水平。最后，没有关税和限额等贸易壁垒的假设在如今越来越多的贸易争端中也显得脱离实际。

第三节　短期汇率的决定

在长期汇率决定机制的讨论中，我们强调进出口商品贸易对汇率决定的作用，并通过分析各个因素如何影响两国进出口商品的相对需求来影响两国长期汇率的变动，但这样的分析逻辑和结论无法适用于短期汇率的决定，因为我们在现实中经常可以观察到在上述长期因素未发生明显变化时，外汇市场上汇率却有相当剧烈的波动。事实上，在长期汇率分析中所关注的进出口商品贸易，在同期的交易规模要远远小于两国间外汇资产的交易规模。例如，2023 年我国货物进出口总值为人民币 41.76 万亿元，而同期我国外汇市场累计成交额为人民币 252.58 万亿元，我国的外汇资产交易规模是其外贸进出口规模的 6 倍多。因此对短期汇率决定机制的讨论，我们必须更多地关注来自外汇市场中外汇资产相对需求的影响。那么是什么原因决定了外汇市场的交易呢？或者说，是什么原因决定了人们把本币资产换成外币资产或者相反呢？

一、资产需求理论与短期汇率决定分析

我们可以运用资产需求理论进行分析。我们假定：D 币资产（本国资产）和 F 币资产（外国资产）是完全替代品，资本在两国间的流动不受限制，而且两种货币资产的风险和流动性基本相同。这样我们将只关注两种货币资产的预期回报率。

按照资产需求理论，影响人们对本币（D 币）资产和外币（F 币）资产需求最重要的因素是两种资产之间相对的预期回报率。假如本国（D 国）居民或外国（F 国）居民预期 D 币资产预期回报率高于 F 币资产预期回报率，则对 D 币资产需求增加，对 F 币资产的需求相对减少。相应地，在外汇市场上对 D 币的需求也会增加，D 币相对于 F 币升值。因此可以说，两种货币资产的相对预期回报率决定了两种货币之间的交易或兑换，从而决定了短期汇率。进一步地，不同资产的预期回报率变化频繁，汇率也会频繁波动。这也就解释了为什么在长期因素未发生明显变化时，外汇市场上汇率却有相当剧烈的波动。

总之，上述分析框架基于资产需求理论，其理论逻辑在于：**本国资产和外国资产的相对预期回报率决定人们对两国资产的相对需求，人们对两国资产的相对需求会影响两国货币的交易和兑换，并最终导致短期汇率的变动。**

二、利率平价理论

循着资产需求理论的分析逻辑，利率平价理论把利率和汇率纳入同一分析框架，给出了短期汇率的决定和变动的原因。**利率平价理论**（interest rate parity theory）[①] 是由英国经济学家约翰·梅纳德·凯恩斯（John Maynard Keynes）于 1923 年提出，再由英国经济学家保罗·艾因齐格（Paul Einzig）发展完成。该理论的分析逻辑在于：（1）在两国利率存在差异的情况下，资金将从低利率国流向高利率国以牟取利润，资金国际套利所引起的外汇交易会影响均衡汇率。（2）套利者在比较金融资产预期回报率时，不仅需要考虑两种资产以各自货币表示的预期回报率，还需要考虑汇率变动对预期回报率的影响（比如投资外国资产，预期回报率不仅与外国资产的预期回报率有关，还与期初把本币兑换成外币以及期末把外币兑换为本币的汇率有关）。（3）市场达到均衡时，以同种货币表示的两国资产的预期回报率应当相等，否则投资者会选择持有具有更高预期回报率的资产，套利行为将使得两国资产的预期回报率相等。

为推导利率平价条件，我们假定：D 币资产（本国资产）和 F 币资产（外国资产）是完全替代品，两种货币资产的风险和流动性基本相同；投资者是理性预期和风险中性的；没有交易成本和资本管制，套利资金是充分的。此外，我们假定：D 币资产和 F 币资产的利率分别为 i^D 和 i^F，而且不存在资本利得，因此它们以各自货币表示的预期回报

① 利率平价理论可分为无抛补利率平价和抛补的利率平价两种，此两者的主要不同之处在于对投资者的风险偏好所作的假定上。本书介绍的利率平价理论属于无抛补利率平价理论。

率分别为 i^{D} 和 i^{F}，即期汇率为 E_t（直接标价法），预期下期汇率为 E_{t+1}^{e}（直接标价法）。

利率平价理论把利率和汇率纳入同一分析框架并推演汇率的决定，推演过程中非常关键的一步是分别计算以同种货币表示的两国资产的预期回报率。以本国投资者选择投资于本国还是外国为例，就是要分别计算“把D币资金投资在D国（本国）”和“把D币资金投资到F国（外国）”的预期回报率，投资者根据两种回报率的高低进行资本跨国配置。

❖ 用D币表示F币资产的预期回报率 R^{F}

计算用D币表示F币资产的预期回报率 R^{F}，可以理解为就是计算本国投资者把1单位本币资金在期初兑换为外币资金并投资到外国，并在期末把投资所得的外币资金兑换为本币资金后的预期回报率。根据以上思路，我们可列出以下计算式：

$$R^{F}=\frac{\frac{1}{E_t}(1+i^{F})E_{t+1}^{e}-1}{1} \tag{7-4}$$

对式（7-4）变换形式并展开，可得：

$$R^{F}=(1+i^{F})\frac{E_{t+1}^{e}}{E_t}-1=(1+i^{F})\left(\frac{E_{t+1}^{e}-E_t}{E_t}+1\right)-1$$

$$=i^{F}+\frac{E_{t+1}^{e}-E_t}{E_t}+\frac{E_{t+1}^{e}-E_t}{E_t}\cdot i^{F}$$

注意上式中的乘积项 $\frac{E_{t+1}^{e}-E_t}{E_t}\cdot i^{F}$，其数量级相比前两项更小，省略之，可得：

$$R^{F}=i^{F}+\frac{E_{t+1}^{e}-E_t}{E_t} \tag{7-5}$$

即：用D币表示的F币资产的预期回报率，等于F币资产的利率加上F币的预期升值率。

进一步地，我们讨论 R^{F} 线的走向。给定 $i^{F}=10\%$，$E_{t+1}^{e}=10$。根据式（7-5），取 $E_t=9.5$，可求得 $R^{F}=15.3\%$，记为 L（9.5，15.3%）；取 $E_t=10$，可求得 $R^{F}=10\%$，记为 M（10，10%）；取 $E_t=10.5$，可求得 $R^{F}=5.2\%$，记为 N（10.5，5.2%）。在以即期汇率为纵轴，预期回报率为横轴的坐标系中（见图7-3），连接 L、M、N 点，由此可以作出 R^{F} 曲线。由图形可见，用本币表示外币资产的预期回报率 R^{F} 与即期汇率 E_t（直接标价法）负相关。

❖ 用D币表示D币资产的预期回报率 R^{D}

计算用D币表示D币资产的预期回报率 R^{D}，可以理解为就是计算本国投资者把本币资金投资在本国的预期回报率。显然这样的投资行为并不涉及两国货币的兑换，因此用D币表示D币资产的预期回报率与即期汇率和预期下期汇率均没有关系，而只与本国资产的预期回报率有关。即有：

$$R^{\mathrm{D}} = i^{\mathrm{D}} \tag{7-6}$$

若给定 $i^{\mathrm{D}} = 8\%$，则可作出 R^{D} 曲线（见图 7-3）。由图形可见，用本币表示的本币资产的预期回报率 R^{D} 不受汇率的影响，是一条竖直线。

❖ 外汇市场的均衡和利率平价条件

R^{D} 曲线和 R^{F} 曲线分别描绘了投资本币资产（D 币资产）和外币资产（F 币资产）的预期回报率，两条曲线的交点 E 为外汇市场的均衡点，均衡点对应的汇率 E_t^* 即为均衡汇率（见图 7-3）。

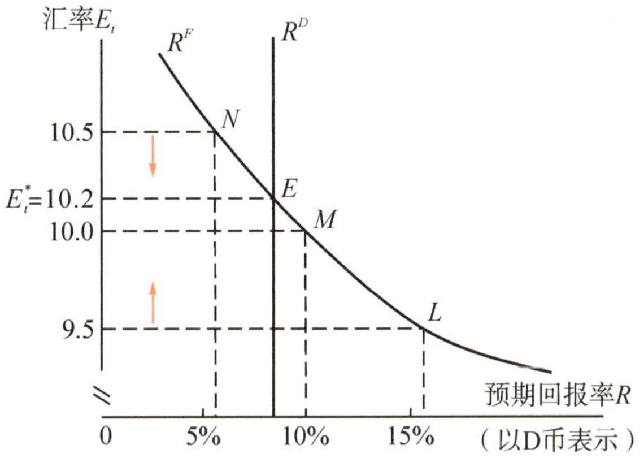

图 7-3　本国资产和外国资产预期回报率

或者说，即期汇率 E_t 等于均衡汇率 E_t^* 时，外汇市场均衡，均衡时必有：

$$R^{\mathrm{D}} = R^{\mathrm{F}} \tag{7-7}$$

如果即期汇率 E_t 高于或低于均衡汇率 E_t^*，则会导致 R^{D} 大于或小于 R^{F}，从而破坏均衡条件，即期汇率会向均衡汇率调整。假定即期汇率 $E_t = 9.5$，如图 7-3 所示，此时 $R^{\mathrm{D}} < R^{\mathrm{F}}$，投资者对 F 币资产相对于 D 币资产的需求增加，导致外汇市场上对 F 币需求的相对增加，F 币相对于 D 币升值，即 D 币相对于 F 币贬值，直接标价法下的 E_t 值上升。同理，假定即期汇率 $E_t = 10.5$，此时 $R^{\mathrm{D}} > R^{\mathrm{F}}$，投资者对 D 币资产相对于 F 币资产的需求增加，导致外汇市场上对 D 币需求的相对增加，D 币相对于 F 币升值，直接标价法下的 E_t 值下降。总之，如果即期汇率高于或低于均衡汇率，都会导致即期汇率向均衡汇率调整，直至 $R^{\mathrm{D}} = R^{\mathrm{F}}$ 时为止，此时外汇市场达到均衡。

进一步地，把式（7-5）和式（7-6）代入式（7-7），可得利率平价条件：

$$i^{\mathrm{D}} = i^{\mathrm{F}} + \frac{E_{t+1}^{e} - E_t}{E_t} \tag{7-8}$$

利率平价条件表明：**本国利率等于外国利率加上外币的预期升值率，或外国利率等于本国利率减去本币的预期贬值率。**利率平价条件是外汇市场的均衡条件，只有当利率平价成立时，或者说当本国资产和外国资产的预期回报率相等时，人们才愿意持有手中已持有的本国资产和外国资产，这时外汇市场处于均衡状态。

根据利率平价条件式（7-8），对于图 7-3 中 E 点的市场均衡汇率，已知：$i^{\mathrm{D}} = 8\%$，

$i^F = 10\%$，$E^e_{t+1} = 10$，可以求得均衡汇率 $E_t^* = 10.2$，此时外汇市场达到均衡。

❖ 均衡汇率的变动

讨论均衡汇率的变动，即是讨论在相关因素变动的情况下，导致曲线 R^D 和 R^F 的移动，从而导致均衡汇率 E_t 的变动。

◆ 曲线 R^F 的移动

根据式（7-5），曲线 R^F 的表达式为：$R^F = i^F + \frac{E^e_{t+1} - E_t}{E_t}$。由此表达式可知：外国利率 i^F 和预期下期汇率 E^e_{t+1} 值的变动均会引起曲线 R^F 的移动。

外国利率 i^F 的变动。假定其他因素不变，如图 7-4（a）所示，如果外国利率 i^F 上升，则 R^F 值变大，曲线 R^F 右移，均衡汇率值上升，本币贬值。反之，本币升值。

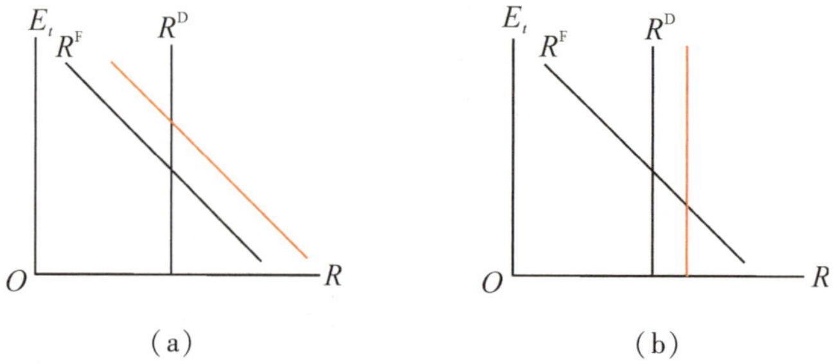

图 7-4　均衡汇率的变动（直接标价法）

预期下期汇率 E^e_{t+1} 的变动。假定其他因素不变，如图 7-4（a），如果预期下期汇率 E^e_{t+1} 值上升，则 R^F 值变大，曲线 R^F 右移，均衡汇率值上升，本币贬值。反之，本币升值。

对引起 E^e_{t+1} 变动的原因，前文购买力平价理论中所总结的长期汇率的影响因素，必然会影响投资者对于未来汇率变动的预期，从而引起 E^e_{t+1} 变动。由此，根据购买力平价理论，本国与外国的相对物价水平、贸易壁垒、商品偏好以及生产率等因素均会影响 E^e_{t+1} 值，而任何导致预期下期汇率 E^e_{t+1} 值上升的因素均会导致曲线 R^F 右移，均衡汇率值上升，本币贬值。反之，任何导致预期下期汇率 E^e_{t+1} 值下降的因素均会导致本币升值。

◆ 曲线 R^D 的移动

根据式（7-6），曲线 R^D 的表达式为：$R^D = i^D$。由表达式可知：本国利率 i^D 的变动会引起曲线 R^D 的移动。

本国利率 i^D 的变动。假定其他因素不变，如图 7-4（b）所示，本国利率 i^D 上升，则 R^D 值变大，曲线 R^D 右移，直接标价法下的当前均衡汇率值下降，本币升值。反之，本币贬值。

以上我们探讨了均衡汇率的变动，表 7-2 总结了各种影响因素的变动对均衡汇率的影响。

表 7-2　影响均衡汇率变动的因素

影响因素	因素变动	曲线 R^F 移动	曲线 R^D 移动	均衡汇率 E_t^*（直接标价法）	本币升值/贬值
F 国利率	↑	→		↑	贬值
D 国利率	↑		→	↓	升值
预期 D 国相对 F 国价格水平	↑	→		↑	贬值
预期 D 国相对 F 国贸易壁垒	↑	←		↓	升值
预期 D 国对 F 国商品偏好	↑	→		↑	贬值
预期 D 国相对 F 国生产率	↑	←		↓	升值

拓展 7-1

名义利率、实际利率与汇率变动

利率变动通常被认为是影响汇率变动的主要因素，但要严谨分析利率变动对汇率变动的影响，我们还需要仔细区分引起利率自身发生变动的原因，进而讨论对汇率变动的影响。

根据费雪方程式：$i = i_r + \pi^e$，名义利率 i 的变动可能是由实际利率 i_r 的变动引起，也可能是由预期通货膨胀率 π^e 的变动引起。这两种名义利率变动原因对汇率的影响完全不同，因此需要判断是哪种原因引起名义利率变动的。

如果名义利率的上升是由本国实际利率的上升引起的，在这种情况下，根据式（7-6）可知，用本币表示的本币资产的预期回报率 R^D 上升。如图 7-4（b），曲线 R^D 右移，从而本币升值。也就是说，**如果本国实际利率上升，本国货币会升值。**

如果名义利率的上升是由本国预期通货膨胀率的上升引起的，在这种情况下，由于本国预期通货膨胀率的上升会引起预期下期汇率贬值，根据式（7-5）可知，用本币表示的外币资产的预期回报率 R^F 上升。如图 7-4（a），曲线 R^F 右移，从而本币贬值。也就是说，**如果本国名义利率的上升是由本国预期通货膨胀率上升引起，本国货币贬值。**

由此可见：（1）若名义利率的上升是由本国实际利率上升引起，则本国货币升值。（2）若名义利率的上升是由本国预期通货膨胀率上升引起，且预期通胀率上升幅度大于名义利率上升幅度（本国实际利率下降），则本国货币贬值。也就是说，**本国名义利率上升不一定会导致本国货币升值，本国实际利率上升才会导致本国货币升值。**

三、短期汇率决定的供求分析法

接下来，我们介绍另一种分析短期汇率的方法，该方法借助资产供给-需求分析框架，分析本国资产和外国资产的相对预期回报率是如何影响外汇市场上本国资产的供需变动，并最终决定其达到均衡水平时的资产价格——汇率。

❖ 本国资产的供给曲线

本国资产主要包括本币计价的银行存款、债券和股票等。为简化分析，假定本国资产的供给量在短期内恒定，不随汇率变化而变化。因此，本国资产的供给曲线 S 是一条没有弹性的垂直线（见图 7-5）。

❖ 本国资产的需求曲线

如图 7-5 所示，本国资产的需求曲线 D 反映了本国资产的需求量与即期汇率 E_t（间接标价法）的关系。在其他因素不变，特别是投资者对未来汇率的预期水平 E_{t+1}^e 不变的情况下，即期汇率 E_t 越高，未来本国货币升值的幅度（$E_{t+1}^e - E_t$）越小，则本国资产相对外国资产的预期回报率越低，本国资产的需求量越小；反之，即期汇率 E_t 越低，则本国资产的需求量越大。因此，本国资产的需求曲线 D 向右下倾斜。

❖ 资产供求均衡和均衡汇率

如图 7-5 所示，在横轴代表本国资产数量 Q，纵轴代表汇率 E_t（外币/本币）的坐标系中，本国资产需求曲线 D 与本国资产供给曲线 S 相交于均衡点 A_0。均衡点 A_0 对应的汇率水平 E^* 即为市场均衡汇率。当市场即期汇率为 E_1，高于均衡汇率 E^* 时，外汇市场上本国资产的供给量大于本国资产需求量，超额供给将拉低本国资产价格，汇率下跌、本币贬值直到即期汇率回到均衡水平。同理，当市场即期汇率为 E_2，低于均衡水平 E^* 时，外汇市场上本国资产的供给量小于本国资产需求量，超额需求将推高本国资产价格，本币升值直到即期汇率回到均衡水平。

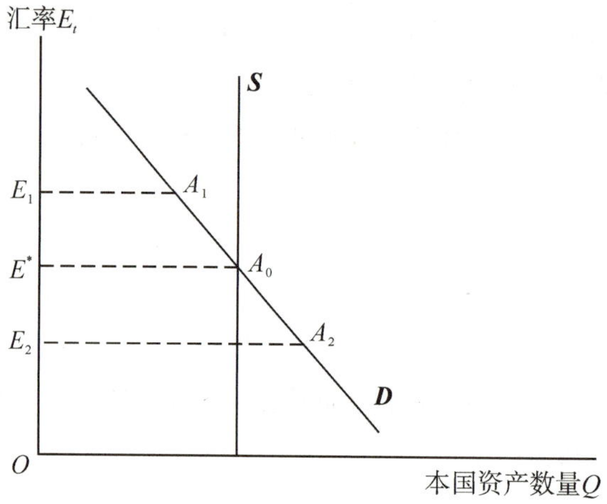

图 7-5　本国资产的供给与需求（间接标价法）

❖ 均衡汇率的变动

本国资产供给曲线与需求曲线的相交处决定了外汇市场在达到市场出清时的均衡汇率，曲线的移动将改变均衡点位置导致汇率的波动。

◆ **本国利率 i^D 的变动**

假定其他因素不变，本国利率 i^D 上升将提高本国资产相对外国资产的预期回报率，增加对本国资产的需求，推动本国资产需求曲线向右移动，均衡汇率上升，本币升值；反之，本国资产需求曲线向左移动，本币贬值。

◆ **外国利率 i^F 的变动**

假定其他因素不变，外国利率 i^F 上升将降低本国资产相对外国资产的预期回报率，降低对本国资产的需求，推动本国资产需求曲线向左移动，均衡汇率下降，本币贬值；反之，本国资产需求曲线向右移动，本币升值。

◆ **预期下期汇率 E_{t+1}^e 的变动**

假定其他因素不变，预期下期汇率 E_{t+1}^e 上升（预期未来本币升值）将提高本币价值，进而提高本国资产相对外国资产的预期回报率，推动本国资产需求曲线向右移动，均衡汇率上升，本币升值；反之，本国资产需求曲线向左移动，本币贬值。对于影响 E_{t+1}^e 的因素，同样可以使用购买力平价理论加以分析，在此不再赘述。

第四节　汇率制度

汇率制度（exchange rate regime）是一国及其货币当局对本国汇率水平以及变动方式的一系列制度性安排。汇率制度聚焦的内容一般包括汇率水平是固定还是浮动，固定汇率选择锚定的货币或一篮子货币，浮动汇率下政府干预的边界，等等。一般而言，汇率制度可以粗略地划分为固定汇率制度和浮动汇率制度。**固定汇率制度**（fixed exchange rate regime）是指一国政府或货币当局将本国货币与某一参照物按固定比价进行锚定（锚定物的选择可以是黄金、白银等贵金属，也可以是某国货币或一篮子货币），使得两国货币具有法定兑换比率且基本保持固定，现实汇率只能围绕该比率在很小范围内波动的汇率制度。**浮动汇率制度**（floating exchange rate regime）是指一国汇率完全由外汇市场的供求决定，政府几乎不施加任何干预手段的汇率制度。完全固定汇率和完全浮动汇率是汇率制度的两个极端，一个代表政府干预下的汇率稳定，一个代表无政府干预下的汇率自由。

一、固定汇率制度及其演变

固定汇率制度是自第二次世界大战结束后几十年来全球主要国家采用的汇率制度。实际上，从 19 世纪中后期金本位制在西方主要国家被确定到 1973 年为止，世界各国的汇率制度基本上属于固定汇率制度，固定汇率制度是在金本位制度下和布雷顿森林体系下通行的汇率制度①。

---

① 虽然布雷顿森林体系所维系的货币制度也属于金本位制（金汇兑本位制），但由于其特殊性和后续影响力，下文单列介绍。

❖ 金本位与固定汇率制

典型的金本位制是金币本位制。在金币本位制下，每一国的金币都有其法定的含金量，两国货币的含金量之比，即铸币平价构成两国货币汇率的基础。但外汇市场上的现实汇率与铸币平价并不完全一致，因为现实汇率还要受外汇供求关系的影响而上下波动。不过由于在金币本位制下，黄金可以自由铸造成金币，自由输出和输入，银行券也可以自由兑换金币或黄金，因此市场汇率的波动是有限的，市场汇率总是围绕着铸币平价小幅波动。

金币本位制在20世纪30年代的大危机中彻底崩溃以后，各国普遍实行了纸币流通制度。在纸币流通制度下，各国货币虽然也有名义上的含金量，但却不能自由兑换黄金，政府发行货币也不受黄金的限制，因此经常存在纸币的过量发行，通货膨胀盛行。货币对内价值的不稳定导致了其对外价值，即汇率的不稳定。为了保持汇率的相对稳定，从20世纪30年代到第二次世界大战结束期间，以英国、美国、法国为首的三国建立了相应的货币集团，即英镑集团、美元集团和法郎集团，试图在各货币集团内部保持固定的汇率制度。这实际上是在各集团内部实行一种钉住汇率制度，但是在各货币集团之间实行的却是浮动汇率，所以这样的汇率安排并不能从根本上维持世界货币体系的稳定。

❖ 布雷顿森林体系

1944年7月，在第二次世界大战即将结束之际，世界上44个国家的代表在美国新罕布什尔州的布雷顿森林召开会议，通过了“国际货币基金组织协定”。从此，以美元为中心的固定汇率制度——布雷顿森林体系开始实行。其基本内容大致有两点：

一是“双挂钩”，即美元与黄金挂钩，其他国家的货币与美元挂钩。前者是指美国承诺以35美元一盎司黄金的官价承担外国政府或中央银行用美元向美国兑换黄金的义务，这实际上意味着美国政府规定了美元的金平价为1美元=0.888 671克黄金，美元因此与黄金等同起来了；后者是指其他各国或者通过直接规定本国货币对美元的汇率，或者通过规定本国货币的金平价，确定其与美元金平价的比价关系，从而与美元挂起钩来。

二是人为维持汇率的稳定。一个国家货币对美元的汇率一旦经由国际货币基金组织（International Monetary Fund，IMF）确认下来，就不能再随意变动，除非该国的国际收支发生了根本性不平衡才可能进行法定升值或贬值。外汇市场上的实际汇率波动幅度不得超过货币平价的上下各1%（1971年12月国际货币基金组织将这一幅度扩大到了货币平价的上下各2.25%），如果超过了这一界限，各有关国家的货币当局有义务采取各种干预措施，如动用外汇平准基金、进行公开市场操作等，将市场汇率的波动控制在规定的范围之内。

布雷顿森林体系对国际金融市场的稳定以及战后西方经济的复苏起到了一定的作用，但该货币体系的运转与美元的信誉和地位密切相关，这个制度本身存在着不可避免的矛盾。一方面，作为国际支付手段与国际储备手段，美元必须保持币值稳定，而美元币值稳定，要求美国有足够的黄金储备，而且美国的国际收支必须保持顺差，从而使黄金不断流入美国而增加其黄金储备。另一方面，全世界要获得充足的外汇储备，美国的国际收支就要保持大量逆差，否则全世界就会面临外汇储备短缺，国际流通渠道出现国际支付手段短缺。这一内在矛盾称为“**特里芬难题**”（Triffin Dilemma）。

从20世纪60年代末开始，美国深陷越南战争的泥潭，财政赤字巨大，国际收支情况恶化，美元的信誉受到极大的冲击。20世纪70年代，西欧、日本经济快速发展，大量商品涌入美国，美国的贸易逆差扩大，加之1973年的石油危机，美国黄金储备日益减少，美元实际贬值加剧。1973年，美国再也无法按固定价格兑换黄金，不得不宣布美元进一步贬值，西方各国相应也不再承担维持本国货币与美元固定汇率的义务，布雷顿森林体系崩溃。

二、当前汇率制度的分类

在20世纪70年代初布雷顿森林体系崩溃后，固定汇率制度向浮动汇率制度转变，开始出现介于固定汇率制度和浮动汇率制度之间的多样化汇率制度。国际货币基金组织于2009年根据其成员方实际汇率安排的特点，定义了三大类十小类的汇率制度。其中，三大类制度按照其汇率固定程度从大到小依次为硬钉住、软钉住、浮动制度。

硬钉住（hard peg）包括：（1）无独立法币的汇率安排（exchange arrangements with no separate legal tender），该制度以某外国货币作为本国流通的主要法币或者是通货联盟中的成员方共用同一种法币。例如，厄瓜多尔放弃本国主权货币而是直接使用美元作为流通和法定偿付的手段，也被称为美元化（dollarization）。欧元区国家则共同使用欧元作为其法定货币。（2）货币局安排（currency board arrangement），该货币制度通过政府立法承诺将本国（地区）货币按固定汇率与某强势货币等价兑换，并对发钞机构加以限制以满足法律制度要求。例如，中国香港对美元的联系汇率制度要求港元以7.8（±0.05）港元兑1美元的汇率钉住美元。

软钉住（soft peg）包括：（1）传统钉住（conventional pegged arrangement），该制度要求一国货币与另一国或一篮子货币保持固定兑换比率，货币当局可采用直接或间接干预手段维持固定汇率。相比于硬钉住制度，传统钉住制度并不要求该国对汇率不变做出任何承诺，因此货币政策存在一定的灵活性。采用该汇率制度的国家例如有沙特阿拉伯、约旦、阿曼等。（2）稳定化安排（stabilized arrangement），该制度要求一国与一国或一篮子货币的即期汇率波幅控制在2%以内并维持半年及以上。采用该汇率制度的国家有马尔代夫、越南、肯尼亚等。（3）爬行钉住（crawlling peg），采用该制度的一国货币当局一般在做出一定汇率安排承诺（本币与外币保持一定的平价）的情况下，可根据所选定的宏观经济指标的变化对汇率进行经常性、小幅度的调整。采用该汇率制度的国家有洪都拉斯、尼加拉瓜等。（4）准爬行钉住（crawl-like arrangement），类似于爬行钉住，该制度的中心汇率可根据宏观经济指标进行周期性调整，其汇率可在2%的区间内波动。采用该汇率制度的国家有哥斯达黎加、海地等。（5）水平区间钉住（pegged with horizontal bands），即汇率可以在中心汇率周围的固定范围波动，范围通常大于±1%。采用该汇率制度的国家有汤加。

浮动制度（floating arrangement）包括：（1）浮动（floating），该制度下汇率主要由市场决定且不存在明确的、可预估的汇率水平，存在一定的政府干预，但干预不以维持一定汇率水平为目标，而是以缓解过度的汇率波动为主。采用该汇率制度的国家有韩国、新西兰、印度等。（2）自由浮动（free floating），自由浮动的汇率完全由市场决定，而政府干预通常只为处理外汇市场的异常情况。采用该汇率制度的国家有美国、日本、俄罗斯等。（3）其他有管理的汇率制度（other managed arrangement）。

表7-3展示了2014—2022年不同汇率制度被国际货币基金组织（IMF）成员采用的比例及变化。

表7-3　不同汇率制度IMF成员采用占比（2014—2022）[a]　　单位：%

汇率制度	2014	2015	2016[b]	2017	2018	2019	2020	2021[c]	2022[d]
硬钉住（hard peg）	13.1	12.6	13.0	12.5	12.5	12.5	12.5	13.0	13.4
无独立法币的汇率安排	6.8	6.8	7.3	6.8	6.8	6.8	6.8	7.3	7.2
货币局安排	6.3	5.8	5.7	5.7	5.7	5.7	5.7	5.7	6.2
软钉住（soft peg）	43.5	47.1	39.6	42.2	46.4	46.4	46.9	47.7	46.9
传统钉住	23.0	23.0	22.9	22.4	22.4	21.9	21.4	20.7	20.6
稳定化安排	11.0	11.5	9.4	12.5	14.1	13.0	12.0	12.4	11.9
爬行钉住	1.0	1.6	1.6	1.6	1.6	1.6	1.6	1.6	1.5
准爬行钉住	7.9	10.5	5.2	5.2	7.8	9.4	12.0	12.4	12.4
水平区间钉住	0.5	0.5	0.5	0.5	0.5	0.5	0.0	0.5	0.5
浮动制度（floating）	34.0	35.1	37.0	35.9	34.4	34.4	32.8	33.2	34.0
浮动	18.8	19.4	20.8	19.8	18.2	18.2	16.7	16.6	18.0
自由浮动	15.2	15.7	16.1	16.1	16.1	16.1	16.1	16.6	16.0
其他制度（Residual）									
其他有管理的汇率制度	9.4	5.2	10.4	9.4	6.8	6.8	7.8	6.2	5.7

a. 截至2022年4月30日，IMF成员包括190个国家和5个地区。

b. 包含瑙鲁（Nauru），于2016年4月12日成为IMF成员。

c. 包括安道尔（Andorra），于2020年10月16日成为IMF成员。

d. 包括中国澳门特别行政区，于2022年加入到AREAER报告中。

来源：国际货币基金组织官网发布的Annual Report on Exchange Arrangements and Exchange Restrictions（2022）报告，简称AREAER报告。

三、人民币汇率制度

我国早期曾根据不同时代的经济发展需要分别采用过固定汇率制度以及贸易内部结算价和非贸易公开牌价并行的双轨汇率制度。而我国现行的汇率制度，是从1994年起逐步建立起来的。1993年12月28日，中国人民银行发布《关于进一步改革外汇管理体制的公告》，公告要求："1994年1月1日开始，实行人民币汇率并轨。并轨后的人民币汇率，实行以市场供求为基础、单一的、有管理的浮动制。"自此之后，为适应我国国民经济发展和对外贸易的需要，人民币汇率的制度安排和政策要求不断完善，改革内容包括锚定货币的选择、汇率的决定机制以及外汇干预手段等。

1994年人民币“汇改”的主要内容包括：(1) 将官定汇率与调剂市场汇率形成的双轨并为一轨，向1美元兑8.27人民币的调剂市场汇率靠拢；(2) 实行以外汇市场供求为基础的汇率决定机制；(3) 实行有管理的浮动汇率制度，包括对境内机构的经常项目外汇实行银行结售汇制度、对外汇指定银行间外汇买卖价格实行浮动幅度管理以及中国人民银行直接参与外汇市场交易以影响汇率生成和稳定汇率。从1994年汇改以来，我国经济不断发展，经济体制改革不断深化，人民币汇率形成机制改革不断推进，为进一步提升国际竞争力、缓解对外贸易不平衡、扩大内需和提高对外开放水平提供条件。

2005年7月21日，中国人民银行宣布我国开始实行以市场供求为基础、参考一篮子货币进行调节、有管理的浮动汇率制度。改革的主要内容包括：(1) 人民币不再钉住单一美元，形成更富弹性的汇率形成机制；(2) 中国人民银行于每个工作日闭市后公布当日银行间外汇市场美元等交易货币兑人民币汇率的收盘价，作为下一个工作日该货币兑人民币交易的中间价；(3) 2005年7月21日19：00时，美元兑人民币交易价格调整为1美元兑8.11元人民币，作为次日银行间外汇市场上外汇指定银行之间交易的中间价，外汇指定银行可自此时起调整对客户的挂牌汇价；(4) 每日银行间外汇市场美元兑人民币的交易价在中国人民银行公布的中间价上下0.3%的区间内波动，其余货币兑人民币汇率的交易价在中间价的一定幅度区间内波动。

近些年来，人民币汇率形成机制的改革始终稳步推进。2014年3月，中国人民银行发布公告扩大外汇市场人民币兑美元汇率浮动幅度，浮动幅度由1%扩大至2%。2015年8月11日，中国人民银行发布关于完善人民币兑美元汇率中间价报价声明，要求做市商在每日银行间外汇市场开盘前，参考上日银行间外汇市场收盘汇率，综合考虑外汇供求情况以及国际主要货币汇率变化向中国外汇交易中心提供中间价报价。2016年2月，中国人民银行正式发布新的人民币汇率中间价的定价公式，即“中间价=上一交易日收盘价+一篮子货币汇率变化”。2017年5月26日，中国人民银行宣布在人民币汇率中间价定价机制中引入“逆周期因子”，逆周期因子由反映市场供需情况的汇率变动经过逆周期系数调整后得到，形成了“上一交易日收盘价+一篮子货币汇率变化+逆周期因子”的汇率中间价形成机制。2020年10月，中国外汇交易中心根据其对当时外汇市场情况与中国经济基本面的判断，发布公告称将主动淡化“逆周期因子”的使用，至此形成了现行的“上一交易日收盘价+一篮子货币汇率变化”的汇率中间价形成机制。经过几十年的改革发展，我国已逐渐形成以市场供求为基础、双向浮动、有弹性的人民币汇率运行机制。

本章重点回顾

汇率与汇率标价法

长期汇率的决定

一价定律与长期汇率决定分析

购买力平价理论

长期汇率的影响因素

短期汇率的决定

资产需求理论与短期汇率决定分析

利率平价理论

短期汇率的影响因素

汇率制度

固定汇率制度，浮动汇率制度

硬盯住，软盯住，浮动

人民币汇率制度改革

课后思考和练习题

1. 什么是汇率的直接标价法和间接标价法?
2. 当人民币贬值时，中国的出口和进口会受到怎样的影响?
3. 简述购买力平价理论。
4. 简述长期汇率和短期汇率的影响机制。
5. 短期汇率的影响因素有哪些?
6. 本国货币供给增加对本国汇率会有怎样的影响?

阅读资料推荐

戴金平，杨珂，刘东坡. 人民币汇率对购买力平价的偏离及原因分析［J］. 中央财经大学学报，2015（07）：35-41.

丁志杰，严 灏，丁 玥. 人民币汇率市场化改革四十年：进程、经验与展望［J］. 管理世界，2018（10）：24-32.

张明，陈胤默. 人民币汇率制度改革的结构性演进：历史回顾、经验总结与前景展望［J］. 财贸经济，2022（12）：15-31

第八章 股票市场与有效市场假说

学习目标

本章主要介绍股票估值模型和股票市场的定价机制以及理性预期理论和有效市场假说。学完本章，你应该掌握：

- 普通股和优先股的区别。
- 股票发行制度、发行方式、股份变动以及股票价格指数。
- 股票估值模型。
- 股票市场定价机制。
- 理性预期理论和有效市场假说。

第一节 股票概述

股票是股份公司发行的用以证明投资者的股东身份并据以获得股利（股息或红利）收入的一种所有权凭证，是金融市场上重要的长期融资工具和投资工具。股票是现代企业制度和信用制度发展的产物。股东持有的每股股票都代表股东对企业拥有一个基本单位的所有权，股东凭借它可以分享公司的利润，但也要承担公司经营不善所带来的风险。股票无偿还期限，投资者认购股票后，就不能再要求退股，但股票可以转让、买卖，股票的转让只意味着公司股东的改变，并不减少公司资本。

一、普通股和优先股

股票主要分为普通股和优先股。

❖ 普通股

普通股（common stock）是股份公司资本构成中最普通、最基本的股票形式，是指其投资收益（股利）随企业利润变动而变动的一种股份。公司的经营业绩好，普通股的收益就高；反之，收益就低。因此，普通股也是风险最大的一种股票。普通股的特点可以概括如下：

◆ **股利不稳定。**普通股股东有权获得股利，但必须是在公司支付了债息和优先股的股息之后才能分得，一般视公司净利润的多少而定。

◆ **拥有剩余资产分配权。**当公司因破产或结业而进行清算时，普通股股东分得公司剩余资产，但必须在公司债权人、优先股股东之后，才能分得剩余资产。

◆ **拥有发言权和表决权。**普通股股东有权参加股东大会，就公司重大问题进行发言和投票表决，但是要遵循“一股一票”的原则。

◆ **拥有优先认股权。**当公司增发新普通股时，现有普通股股东有权优先购买新发行的股票，以保持其对企业所有权的原百分比不变，从而维持其在公司中的权益。

❖ 优先股

优先股（preferred stock）一般是公司成立后为筹集新的追加资本而发行的证券，是指优先于普通股分红并领取固定股息的一种股票形式。相对于普通股而言，其主要特点如下：

◆ **股息固定。**优先股股息率事先规定，优先股的股息一般不会根据公司经营情况而增减。当公司经营状况良好时，优先股股东不会因此获得高额收益。

◆ **优先的盈余分配权及剩余资产分配权。**当公司盈余进行分配时，优先股要先于普通股取得固定数目的股息。同样，在公司破产后，优先股在剩余资产的分配权上也要先于普通股，但是必须排在债权人之后。

◆ **一般无发言权和表决权。**在通常情况下，优先股股东的发言权和表决权会在很大程度被加以限制甚至取消，从而不能参与公司的经营管理。

◆ **不享有优先认股权。**当公司增发新普通股时，现有优先股股东不享有优先购买新发行股票的权利。

总之，相较于普通股，优先股是在某些方面享有优先权的股票。优先股股东对公司资产、利润分配等享有优先权，其风险较小。但是优先股股东对公司事务无表决权，不能参与公司的经营管理。

拓展 8-1

A 股、B 股、H 股和港股

关注股票市场的同学们经常会听到 A 股、B 股、H 股和港股等名词，这些名词是我国股票市场上的特有名词，它们在交易场所、交易规则、计价和交易货币、投资者等方面存在不同。

A 股是人民币普通股票，是由中国境内注册公司发行，在境内上市，以人民币标明面值，供境内机构、组织或个人以人民币认购和交易的普通股股票。

B 股是人民币特种股票，是由中国境内注册公司发行，在境内上市，以人民币标明面值，以外币认购和买卖的外资股。上海证券交易所的 B 股以美元进行交易，深圳证券交易所的 B 股以港元进行交易。在 2001 年 2 月前，B 股的投资人仅限于外国的自然人、法人和其他组织，我国的香港、澳门、台湾地区的自然人、法人和其他组织，定居在国外的中国公民以及中国证监会规定的其他投资人。2001 年 2 月 19 日之后，中国证监会宣布对内开放 B 股市场，准许持有合法外汇的境内居民自由开户买卖 B 股。

H 股指注册地在内地、上市地在香港的中资企业股票（因香港英文首字母 H 而得名）。中国内地机构投资者、个人投资者和国际资本投资者均可以投资 H 股，但中国内地个人投资者无法在内地的经纪公司直接交易 H 股，一般都是通过香港驻内地的经纪公司开通香港股票账户进行操作。

谈到 H 股，我们来对比下其和港股的区别。港股是指在香港联合交易所上市的所有股票，H 股和港股都是在香港联合交易所上市的股票，可以把 H 股当成港股的一部分，但 H 股与内地的关系更密切，其业绩增长与内地经济密切相关。

二、股票发行与股份变动

股票发行是指公司向投资者出售新发行的股票并募集资金的行为。以下介绍与股票发行有关的股票发行制度、股票发行方式以及与配股、股票增发等有关的股份变动等内容。

❖ 股票发行制度

股票发行制度指的是股票发行人在申请发行股票时，必须遵守的一系列程序化的规范，具体表现在发行监管制度、发行方式和发行定价等方面。股票发行制度主要有以下三种：审批制、核准制和注册制。其中审批制是完全计划发行的模式，核准制是从审批制向注册制过渡的中间形式，注册制则是目前成熟股票市场普遍采用的发行制度。表 8-1 列出了审批制、核准制和注册制的主要区别。

◆ **审批制。**审批制是一国在股票市场的发展初期，为了维护上市公司的稳定和平衡复杂的社会经济关系，采用行政和计划的办法分配股票发行的指标和额度，由地方政府或行业主管部门根据指标推荐企业发行股票的一种发行制度。审批制下公司发行股票的竞争焦点主要是争夺股票发行指标和额度，证券监管部门凭借行政权力行使实质性审批职能，证券中介机构的主要职能是进行技术指导。这种股票发行制度无法保证发行公司不通过虚假包装甚至伪装、做账达标等方式达到发行股票的目的。

◆ **核准制。**核准制则是介于审批制和注册制之间的中间形式。它一方面取消了政府的指标和额度管理，并加大证券公司判断企业是否达到股票发行条件的责任；另一方面证券监管机构同时对股票发行的合规性和适销性条件进行实质性审查，并有权否决股票发行的申请。在核准制下，发行人在申请发行股票时，不仅要充分公开企业的真实情况，而且必须符合有关法律和证券监管机构规定的必要条件，证券监管机构有权否决不符合规定条件的股票发行申请。

◆ **注册制。**注册制是在市场化程度较高的成熟股票市场所普遍采用的一种发行制度，证券监管部门公布股票发行的必要条件，只要达到所公布条件要求的企业即可发行股票。发行人申请发行股票时，必须依法将公开的各种资料完全准确地向证券监管部门申报。证券监管部门的职责是对申报文件的真实性、准确性、完整性和及时性做合规性的形式审查，而将发行公司的质量留给证券公司（投资银行）来判断和决定。这种股票发行制度对发行人、证券公司和投资者的要求都比较高。

表 8-1　不同股票发行制度比较

比较内容	审批制	核准制	注册制
发行指标和额度	有	无	无
发行上市标准	有	有	有
主要推（保）荐人	政府或行业主管部门	证券公司	证券公司
对发行作出实质判断的主体	证券监管部门实质性审核	证券公司和证券监管部门分担实质性审核	证券公司实质性审核，证券监管部门形式审核
市场化程度	行政体制	逐步市场化	完全市场化

案例 8-1

全面实行股票发行注册制改革正式启动——访中国证监会有关负责人

2023 年 2 月 1 日，中国证监会就《首次公开发行股票注册管理办法》等规章、规范性文件草案向社会公开征求意见，这标志着我国全面启动股票发行注册制改革。

问：当前全面实行股票发行注册制的主要考虑是什么？

答：全面实行股票发行注册制，是贯彻落实党的二十大精神、全面深化资本市场改革的重大举措。2018 年 11 月 5 日，习近平总书记宣布在上海证券交易所设立科创板并试点注册制，标志着注册制改革进入启动实施阶段。此后，科创板、创业板、北交所试点注册制相继平稳落地，为全面实行股票发行注册制奠定了基础。总体来看，经过4年来的试点，市场各方对注册制的基本架构、制度规则总体认同，向全市场推广的条件已经具备、水到渠成。

全面实行股票发行注册制的主要任务是解决制度安排的完善定型和推广问题。通过这次改革，注册制的制度安排将得到优化和统一，适用范围将覆盖包括上交所、深交所、北交所和全国股转系统在内的全国性证券交易场所，覆盖各类公开发行股票行为。这对于完善资本市场功能、落实创新驱动发展战略、更好服务高质量发展都具有重要意义。

问：注册制与核准制的实质区别是什么？

答：注册制改革当然不是仅仅把审核主体从证监会搬到了证券交易所，实质上是对政府与市场关系的调整，通过充分贯彻以信息披露为核心的理念，使发行上市全过程更加规范、透明、可预期。

一是大幅优化发行上市条件。改革后，仅保留了企业公开发行股票必要的资格条件、合规条件，将核准制下的实质性门槛尽可能转化为信息披露要求，审核部门不再对企业的投资价值作出判断。

二是切实把好信息披露质量关。实行注册制，绝不意味着放松质量要求，审核把关更加严格。审核工作主要通过问询来进行，督促发行人真实、准确、完整披露信息。同时，综合运用多要素校验、现场督导、现场检查、投诉举报核查、监管执法等多种方式，压实发行人的信息披露第一责任、中介机构的“看门人”责任。

三是坚持开门搞审核。审核注册的标准、程序、内容、过程、结果全部向社会公开，公权力运行全程透明、严格制衡，接受社会监督，与核准制有根本的区别。

问：这次改革在完善以信息披露为核心的注册制安排方面有哪些优化？

答：审核注册机制是注册制改革的重点内容。此次改革将总结试点注册制经验，统一和完善以信息披露为核心的注册制安排。总的思路是，保持交易所审核、证监会注册的基本架构不变，进一步明晰交易所和证监会的职责分工，提高审核注册的效率和可预期性。具体包括：优化注册程序，统一注册制度，完善监督制衡机制。

【摘编自：《人民日报》人民网，http://sh.people.com.cn/n2/2023/0202/c134768-40286078.html】

❖ 股票发行方式

股票在上市发行前，上市公司要与证券公司签订代理发行合同，确定股票发行的方式，明确各方面的责任。股票代理发行的方式按发行承担的风险不同，一般分为包销发行方式和代销发行方式。

◆ **包销发行。**包销发行是由代理股票发行的证券公司一次性将上市公司所新发行的全部或部分股票承购下来，并垫支相当于股票发行总价格的全部资本。如果上市公司股票发行的数量太大，一家证券公司包销有困难，还可以由几家证券公司联合起来包销。

股票上市的包销发行方式对上市公司来说，虽然上市公司能够在短期内筹集到大量资金，以应付资金方面的急需，但一般包销出去的证券，证券承销商都只按股票的一级发行价或更低的价格收购，从而不免使上市公司丧失了部分应有的收获。

◆ **代销发行。**代销发行是由上市公司自己发行，中间只委托证券公司代为推销，证券公司代销证券只向上市公司收取一定的代理手续费。代销发行方式对上市公司来说，虽然相对于包销发行方式能够获得更多的资金，但整个筹款时间可能很长，从而不能使上市公司及时得到自己所需的资金。

❖ 股份变动

对一家上市公司而言，发行在外的股票数量可能会因为配股、增发、拆股和股票回购等行为而导致股份的变动。

◆ **配股。**配股是指上市公司根据公司发展需要，依照有关法律规定和相应的程序，向原股票股东按其持股比例，以某一特定价格配售一定数量新发行股票的融资行为。

◆ **股票增发。**股票增发是指上市公司根据公司发展需要，依照有关法律规定和相应的程序，向指定投资者（如大股东或机构投资者）或全部投资者，以某一特定价格额外发行股份募集资金的融资行为。

◆ **拆股。**拆股也就是分割股票。当一只股票价格高企，就可能会影响投资人（尤其是散户）的购买欲望，影响股票的交易量，这时上市公司就会考虑将股票拆股。拆股有利于扩大投资者基础，吸引更多投资者参与，增加交易量和流动性。

◆ **股票回购。**股票回购是指上市公司从股票市场上购回本公司发行在外的一定数额的股票的行为。公司在回购完成后可以将所回购的股票注销，但在绝大多数情况下，公司将股票作为“库藏股”保留，日后可移作他用，如发行可转换债券、雇员福利计划等，或者在需要资金时将其出售。保留的“库藏股”仍属于发行在外的股票，但不参与每股收益的计算和分配。

三、股票价格指数

股票价格指数是为度量和反映股票市场总体价格水平及其变动趋势而编制的股价统计相对数。在我国，常见的股票价格指数有上海证券交易所编制的上证股票指数和深圳证券交易所编制的深证综合股票指数等。

编制股票价格指数，通常以某年某月某日为基期，基期之后以各时期的股票价格和基期价格比较，计算出股价升降的百分比，再乘以基期指数就是该时期的股票价格指数。由于上市股票种类繁多，计算全部上市股票的价格平均数或指数的工作艰巨而复杂，因此人们常常从上市股票中选择若干只具有代表性的样本股票，并计算这些样本股票的价格平均数或指数，用以表示整个市场的股票价格总体趋势及涨跌幅度。例如，上海证券交易所对外发布的上证 180 指数以及从上海和深圳证券市场中选取的 300 只 A 股编制的沪深 300 指数。

股票价格指数的编制原理可以通过一个简单举例来理解。例如，某股票价格指数选取市场上 150 只股票为样本股票，设定 2022 年 3 月 3 日为基期，给定基期股票价格指数为 100 点，那今天的该股票价格指数的点位是如何得出的呢？我们可以通过以下计算得出。假如选定的 150 只样本股票的总市值在基期为 200 亿元，而在今天的总市值为 300 亿元，则今天的股票价格指数为：（300÷200）×100＝150（点）。

第二节　普通股股票估值模型

对投资进行估值的一个基本方法是：**任何投资的价值可以通过计算该项投资在其生命周期内产生的全部现金流的现值来衡量。**例如，一栋商用建筑的售价反映的是在其使用年限内预期获得的净现金流（租金减去费用）的现值之和。同理，我们通过计算普通股股票未来全部现金流的现值来衡量其价值。股东从股票交易中获得的全部现金流包括股利、销售价格或者两者之和。

一、单期估值模型

我们从最简单的情况来入手推导股票的估值模型：你购买股票，持有一定时期并获得股利收益，然后出售该股票。我们把此种情况下推导所得的股票估值模型称为**单期估值模型**（one-period valuation model）。

确定股票的现值可以采用贴现公式来计算预期现金流的现期贴现值，但需要注意的是，计算贴现现金流的贴现率是这项股权投资的要求收益率而不是利率。对于单期估值模型，持有股票的现金流由一次股利支付金额和期末出售股票获得的金额构成，计算公式如下：

$$P_0 = \frac{D_1}{1+k_e} + \frac{P_1}{1+k_e} \tag{8-1}$$

式中，P_0代表股票的现期价格；D_1 代表第 1 期末获得的股利；P_1 代表第 1 期末的股票价格，即股票的预期售价；k_e 代表该项股权投资的要求收益率。

例 8-1　假设你拥有一笔额外的资金可以进行 1 年期投资活动，1 年后，你需要出售这笔投资来支付学费。从市场上可以看到，格力电器现在的股价是 50 元，股利为每股 1.5 元，财经频道的分析专家预测 1 年以后格力电器的股价将达到 60 元，你的要求收益率为 10%，你会购买这只股票吗？

✓ 解答：

每年支付的股利金额为 1.5 元，即 $D_1 = 1.5$

预期 1 年后股票价格为 60 元，即 $P_1 = 60$

要求的收益率为 10%，即 $k_e = 10\%$

代入式（8-1），可得：

$$P_0 = \frac{1.5}{1+0.1} + \frac{60}{1+0.1} = 55.91(\text{元})$$

通过分析，你将会发现该项股票产生的全部现金流的贴现值为55.91元。由于现在该股票的售价为50元，所以你应该购买格力电器的股票。

二、推广的股利估值模型

利用现值的概念，可以将单期股利估值模型推广到任意多个阶段：某种股票的现期价值等于所有未来现金流的现值之和。投资者持有股票能够获得的所有未来现金流包括：持有期间（n 期）的股利和在期末出售股票的最终价格。据此可以得到**多期股票估值模型**：

$$P_0=\frac{D_1}{1+k_e}+\frac{D_2}{(1+k_e)^2}+\cdots+\frac{D_n}{(1+k_n)^n}+\frac{P_n}{(1+k_n)^n} \tag{8-2}$$

式中，P_n 为第 n 期期末出售股票的价格，D_n 为第 n 年年末支付的股利收益。

如果利用式（8-2）计算股票的价格，你很快发现，必须要首先估计在未来某个时点上的股票价格，然后才能够计算它的现期价值。换句话说，你在估计 P_0 前必须首先估计 P_n。然而，如果 P_n 是在很遥远的未来才出现的，那么它对于 P_0 的影响就可以忽略不计。这个推论意味着股票的现期价值可以简化为未来全部股利收益的现值。排除股票最终销售价格后，**推广的股利估值模型**可以写为：

$$P_0=\sum_{t=1}^{\infty}\frac{D_t}{(1+k_e)^t} \tag{8-3}$$

考察式（8-3）的含义：**推广的股利估值模型认为股票的价值仅仅取决于未来股利的现值，而与其他因素无关。**

三、戈登增长模型

推广的股利估值模型要求计算无限多未来股利现值，如果这些股利完全随机分布，这个过程将是十分困难的，因此出现了很多简化模型。其中一个例子是**戈登增长模型**（Gordon growth model），这个模型假设股利增长率恒定为 g。

许多公司致力于每年按照不变的比率提高股利，以下公式是在股利保持固定不变增长率的条件下对式（8-3）的改写形式：

$$P_0=\frac{D_0\times(1+g)^1}{(1+k_e)^1}+\frac{D_0\times(1+g)^2}{(1+k_e)^2}+\cdots+\frac{D_0\times(1+g)^\infty}{(1+k_e)^\infty} \tag{8-4}$$

由于 $k_e>0$，对上式求极限，简化可得：

$$P_0=\frac{D_0\times(1+g)}{k_e-g}=\frac{D_1}{k_e-g} \tag{8-5}$$

式中，D_0 是指最近一次支付的股利，D_1 是指第1期期末支付的股利，g 是指固定不变的股利预期增长率，k_e 是指该项股权投资的要求收益率。

这个公式在股票估值计算中十分有用，但是有以下两个假设条件：

一是假设股利的增长率永远保持恒定不变。实际上，只要股利的增长率在长期中保持不变，就可以使用这个模型得到合理的估值结果。这是因为远期现金流贴现时产生的误差非常小。

二是假设股利的增长率低于该项股权投资的要求收益率 k_e。迈伦·戈登（Myron Gordon）在其模型的推演过程中说明这是一个合理的假设条件。从理论上讲，如果股利的增长率高于该项股权投资的要求收益率，那么在长期内该公司的规模将会变得无比庞大，但这是不可能的。

拓展 8-2

货币政策如何影响股票价格？

有经验的股票市场投资者都知道，货币政策是影响股票价格波动的一个重要因素。因此，他们对中国人民银行的货币政策特别关注。那么，货币政策是如何影响股票价格的呢？戈登增长模型可以给出解释。

我们假定中国人民银行开始实施扩张性的货币政策以刺激经济，货币政策可以通过两条途径影响股票价格：

第一，当中国人民银行实施扩张性货币政策时，利率水平会降低，债券及类似金融工具的收益率随之下降。对于股票，投资者也将会愿意接受更低的股权投资要求收益率（k_e）。由式（8-5）可知，由于分母减小，我们可以得到更大的P_0，即股票价格上升。

第二，扩张性货币政策能够刺激经济，公司业绩一般会得到一定提升，因此公司的股利增长率 g 通常会更高一些。由式（8-5）可知，股利增长率 g 的提高同样导致分母减小，从而可以得到更大的P_0，股票价格上升。

第三节　股票市场的定价机制

如果你去参加一场汽车拍卖会。在拍卖开始之前，人们可以检查参与竞拍的汽车。你看中了一辆小型的马自达汽车。你在停车区试驾的时候发现该车会发出一些奇怪的噪声，但是你还是希望购买这辆汽车。你确认 80 000 元是一个比较合理的价格，这样如果噪声变得更加严重的话，那么你还可以支付一定金额的修理费。拍卖会已经开场了，你进入会场等待这辆马自达汽车的竞拍。

如果另一位买主也喜欢这辆马自达汽车。在试驾之后，他发现噪声只是由于刹车片磨损造成的，而他可以按照正常成本自行修理。因此，他确认这辆汽车价值 100 000 元。他也进入马自达汽车竞拍现场。

那么谁能够买到这辆马自达汽车呢？显而易见，确认价格更高的买主能够获得此车。

假设只有你们两人竞标，开始你出价 70 000 元，而他将报价提高到 75 000 元，然后你提出自己的最高报价 80 000 元，而他将报价提高到 81 000 元。这个价格已经超过你愿意付出的价格范围，因此你放弃竞拍，具有更多信息的买主以 81 000 的价格购得了这辆汽车。

这个简单的例子说明了三个问题：(1) **价格是由愿意出最高价格的购买者来确定的。**这个成交价格不一定等于资产能够达到的最高价格，但是一定会高于其他购买者愿意支付的价格。(2) **价格是由资产使用效率最高的购买者来确定的。**这辆马自达汽车的购买者知道他能够以较低的成本轻易地解决噪声问题，所以他愿意支付的报价高于你的报价。这样的道理也适用于其他资产。例如，一件物品或者一栋建筑的购买者是能够实现这项资产最大生产效用的人。(3) **信息在资产定价过程中发挥了重要的作用。**在你计划购买一项资产时，关于未来的现金流有很多未知的因素，掌握关于这种现金流最完全信息的人，在资产定价时，所使用的贴现率将更能反映资产的风险。

现在我们把这种观点运用到股票的估值中。我们给定某一股票，下一年预期派发 2 元股利，市场分析专家认为该公司股利增长率为 3%。由于你缺乏相关的信息，你对于公司股利的稳定性和预期增长率的精确性无法做出明确的判断，为了弥补这种不确定性(风险)，你要求的收益率为 15%。另外一位投资者徐丽已经和公司所在行业的业内人士进行了交流，她对于这项投资能够产生的预期现金流抱有更大的信心，对该公司预期的风险水平比你低，所以她要求的收益率为 12%。另外，王伟刚刚和该公司的首席执行官交流过，他了解到了关于公司前景更多的利好信息，所以他要求的收益率为 10%。每位投资者对股票的估值是多少呢？根据戈登增长模型我们得到下列股票的股价，如表 8-2 所示。

表 8-2　不同贴现率下的股票估值

投资者	贴现率/%	股票价格/元
你	15	16.67
徐丽	12	22.22
王伟	10	28.57

你愿意为该股票支付 16.67 元，徐丽愿意支付 22.22 元，而王伟愿意支付 28.57 元。如果市场上只有这三位投资者，那么市场价格将介于 22.22～28.57 元。如果你已经持有这只股票，你将把它出售给王伟。

由此，我们发现，市场中的参与者相互竞价，从而形成了市场价格。当市场获得了关于该公司的新信息的时候，市场预期将会随之发生变化，价格也因此发生变化，因为新信息导致关于未来股利水平或者股利风险水平的预期发生了变化。市场的参与者会持续地接收这种新信息，进而不断修正其预期，这也是市场价格持续变化的原因。

第四节　理性预期理论

在前面介绍的股票价格估值分析中，预期对股票价格估值具有重要影响，特别是对未来现金流量的预测。而在经济生活中，预期是至关重要的，很难想象，在经济中有一个部门可以没有预期地运行。本节中，我们将介绍理性预期理论，这是回答企业和消费者预期形成机制使用得最广泛的理论。

一、适应性预期和理性预期

在介绍理性预期之前，我们需要先介绍**适应性预期**（adaptive expectation）。适应性预期理论认为预期仅仅是在过去经验事实的基础上形成的。例如，预期的通货膨胀率通常被认为是过去通货膨胀率的平均值。适应性预期认为，在过去数据变化的条件下，预期结果随着时间的推移会发生缓慢的变化。例如，如果过去的通货膨胀率维持在 5% 的水平，那么未来通货膨胀的预期值也会是 5%；如果近几年的通货膨胀率分别为 3%、4%、5%，那么明年通货膨胀率的预期值会是 6%。

适应期预期已经被证明是错误的。人们在进行预期的过程中，往往不仅仅单一地依靠历史数据，而会根据多种信息变量（例如对货币政策的预测）来形成对于未来通货膨胀率的预期。为了解决适应性预期所存在的局限性，经济学家们提出**理性预期**（rational expcctation）。理性预期思想最初是由美国经济学家 J. F. 穆思在《合理预期和价格变动理论》一文中针对适应性预期中的非最优特性而提出的，20 世纪 70 年代由芝加哥大学的 R. E. 卢卡斯和明尼苏达大学的 T. J. 萨金特和 N. 华莱士等人做了进一步发展，并逐渐形成理性预期学派。**理性预期理论认为，预期结果将会等于使用全部可得信息获得的最优预测结果。**

为什么人们总是希望他们的预期结果与使用全部可得信息而对未来做出的最优预测结果相一致呢？因为精确的预期总是受人欢迎的，人们如果不这么做，就要付出高昂的代价。例如，你必然希望能对你每天上班的行车时间做出最精确的预测，如果低估了行车时间，你就会经常迟到，老板就可能将你解雇；而如果你高估了行车时间，就会因为起得太早而牺牲睡眠。工商企业同样如此，精确的预期能够帮助一家企业准确地安排生产。而在金融市场上，希望预期与最优预测相一致的愿望就更为强烈了，因为在金融市场上，能够准确地预测未来的人能够快速致富。因此，理性预期在金融市场的运用效果（被称为有效市场假说或有效资本市场理论）非常显著。

二、理性预期理论的含义

为了更为清楚地解释理性预期的确切含义，我们采用对上班通勤时间进行预期这个简单的例子来进行解释。例如，王刚在非高峰交通时段驱车上班，虽然实际的情况是有时需要花费 25 分钟，有时需要花费 35 分钟，但非高峰交通时段的平均行车时间是 30 分钟。但如果在高峰交通时段上班，则平均需要多花费 10 分钟，即平均行车时间是 40 分钟。

如果王刚在出行之前，唯一知道的有关影响其出行时间的信息就是他要在高峰交通时段出行，那么根据理性预期理论，根据当前所获得的全部信息对其行车时间的最优预测就是 40 分钟。假定在第二天和第三天，王刚均在高峰交通时段出行，由于遇到一些随机性因素（如一路遇到的红绿灯数量不同），使得实际到达工作地点所花费的时间分别为35分钟和45分钟，那么这种变化是否意味着王刚40分钟的行车时间的预期结果是非理性？答案是否定的，40分钟的预期结果仍然是理性预期值，因为该预期结果是根据当前所获得的全部信息而做出的。然而，第二天和第三天行车时间的实际值，与预期值都存在5分钟的偏差，所以预期值本身并不是完全精确的。换言之，理性预期是在考虑所有可得信息条件下做出的最大可能性的估计，而不是完全精确的估计。也就是说，它只需要在平均意义上是正确的即可。由上面的例子可得出关于理性预期的一个重要论点：**理性预期结果与使用所有可得信息得到的最优预测结果相一致，但这一预测结果并非完全精确。**

进一步地，如果王刚在预测行车时间的过程中，与行车时间相关的有些信息无法获得或被忽视了，情况又会怎么样呢？假定在王刚平时上班的路上，由于发生事故将造成2个小时的交通堵塞。如果王刚无法得到这一信息，那么他的高峰交通时段行车需要40分钟的预测仍然是合理的，因为他在做出最优预测时无法利用上述交通事故信息。但如果电台或电视台报道了该信息，但王刚不愿意去听或者听见之后又忽视了，那么他的40分钟预期结果就不是合乎理性的了，因为上述信息是可以获得的，王刚应该根据该信息调整其最优预期的结果，即调整为2小时40分钟。根据以上分析，导致非理性预期的主要原因是：其一，人们可以获得全部信息，但不愿费力把他们的预期变成最好的估计；其二，人们没有了解到某些可用信息，导致他们对未来的最好估计不准确。但需要注意的是，如果存在一个重要因素但又无法得到关于它的相关信息，那么，不把该因素考虑在内的预期仍然是合乎理性的。

到此，我们可以使用较为规范的形式表述理性预期理论。如果变量 X 代表需要预测的变量，X^e 代表对变量的预期值，X^{of} 代表使用所有可得信息对该变量的最优预测值，则理性预期理论可以简单地表述为：

$$X^e = X^{of} \tag{8-6}$$

也就是说，对变量 X 的预期值等于使用所有可得信息得到的最优预测值。

关于预期的形成过程，理性预期理论有如下两层经济含义，在分析股票市场和宏观经济时特别重要。

♦ **如果某一经济变量的运行方式发生改变，那么该变量预期结果的形成方式也会发生改变。**

例如，假定利率在未来会恢复到一个“正常”水平，如果现期的利率高于正常利率水平，那么对未来利率的最优预测是利率将下降到正常水平。也就是说，在当前的利率运行方式下，根据理性预期理论的分析会是：预期未来利率将会下降。

但若利率的运行方式发生了变化，比如假定利率水平较高并且会保持下去，那么，对未来利率的最优预测是未来利率将维持在较高水平。也就是说，在当前的利率运行方式下，根据理性预期理论的分析会是：预期未来利率将维持高水平。

◆ **预期结果的预测误差平均值为零，并且无法事先预知预测误差的情况。**

预期的预测误差为 $X - X^e$，即变量实际值 X 的和变量预期值 X^e 之差。例如，如果王刚的实际行车时间为 45 分钟，而其预测时间为 40 分钟，则预测误差为 5 分钟。理性预期理论认为，虽然理性预期单次的预测误差事先无法预知，但理性预期结果的预测误差平均值为零。假定这样的情况，王刚的平均预测时间误差不等于零，而是 5 分钟，即违背了理性预期原理。这样的话，王刚很快就会注意到，他上班平均要迟到 5 分钟。于是，他自然会改进他的预测，增加 5 分钟，因为他有极大的激励去靠近最优预测。于是，预测误差平均将最终为零。但是，每天的误差是多少是不能预知的。

第五节　有效市场假说：金融市场中的理性预期

在经济学家们发展出理性预期理论的时候，金融学家们也同时发展出了适用于金融市场的预期形成理论。他们利用该理论得出了与理性预期学者们相同的分析结论：金融市场中的预期结果与使用全部可得信息得到的最优预测结果是一致的。虽然金融学家们给他们的理论取了另外一个名字——**有效市场假说**（Efficient Market Hypothesis，EMH），但实际上他们的理论只是理性预期理论在股票和其他证券定价中的运用。

一、有效市场假说的描述

金融市场的一个重要功能是传递信息。传递信息的效果，最后集中地反映在证券价格上。好的市场可以迅速传递大量准确的信息，帮助价格迅速调整到它应该调整到的价位上；反之，差的市场信息传递慢且不准确，要花费很长的时间才能将证券价格调整到位。为了评价市场对证券价格定位的效率，经济学家做了大量的研究，提出了有效市场假说，其中做出重要贡献的是美国经济学家尤金·法玛（Eugene Fama）。

按照有效市场假说，有效资本市场是指一个证券价格完全反映了可得信息的市场。如果市场是有效的，证券的价格可以对最新出现的信息做出最为快速的反应，表现为价格迅速调整到位。这意味着什么呢？

从前面的章节可知，持有一种证券的回报率等于从该证券获得的资本利得（价格变化）加上当期收益额（息票利息或红利支付）再除以该证券的初始购买价格：

$$R = \frac{P_{t+1} - P_t + C}{P_t} \tag{8-7}$$

式中：

R 为持有证券从时刻 t 到时刻 $t+1$ 所获得的回报率；

P_{t+1} 为时刻 $t+1$（持有期末）证券的价格；

P_t 为时刻 t（持有期初）证券的价格；

C 为在时刻 t 到时刻 $t+1$ 期间获得的当期收益额（息票利息或红利支付）。

在上式中，期初价格 P_t 和当期收益额 C 是已知的，唯一不确定的变量是下一期的价格P_{t+1}①。对此我们定义对未来一期价格的预期结果为 $P_{t+1}{}^e$，则预期回报率 R^e 为：

$$R^e = \frac{P_{t+1}{}^e - P_t + C}{P_t} \tag{8-8}$$

有效市场假说认为，对未来一期价格的预期结果 $P_{t+1}{}^e$ 等于利用所有可得信息得到的最优预测结果 P_{t+1}^{of}。这意味着什么呢？这并不意味着预期结果是完全正确的，只是在给定所有可得信息的条件下得到的最可能结果，可以描述为：

$$P_{t+1}^e = P_{t+1}^{of} \tag{8-9}$$

这也意味着证券的预期回报率 R^e 等于对回报率的最优预测结果 R^{of}，即

$$R^e = R^{of} \tag{8-10}$$

遗憾的是，我们无法观测到 R^e 和 P_{t+1}^e，也就是说 R^e 和 P_{t+1}^e 仍然是未知的。因此，上述公式并不能解释金融市场行为的运行机制。但是，如果有方法可以度量 R^e，上述公式就能很好地说明金融市场中证券价格的变动机制。

前面章节对债券市场的供求分析表明，一种证券的预期回报率具有向均衡回报率靠拢的趋势（均衡回报率是证券需求数量和供给数量相等时的回报率）。根据供求分析，我们可以运用下面的均衡条件来确定证券的预期回报率：证券的预期回报率 R^e 等于均衡回报率 R^*，在该回报率水平下，证券的需求量等于供给量，即

$$R^e = R^* \tag{8-11}$$

在均衡条件下，通过使用 R^* 代替式（8-10）中的 R^e，我们可以得到描述有效市场中定价行为的公式，即

$$R^{of} = R^* \tag{8-12}$$

式（8-12）告诉我们，在当前价格下，根据所有可得信息对证券回报率的最优预测结果等于证券的均衡回报率。一个更为简单的表述为：**在有效市场中，证券价格完整反映了全部可得信息。**

讨论：

刚刚公布的好消息总能促使股票价格上涨吗？

二、有效市场的实现机制

为了说明有效市场假说的合理性，我们需要用到套利的概念。**套利**（arbitrage）是指市场参与者（套利者）消除未利用的盈利机会的过程。

我们先来说明一下套利是如何实现市场有效的。给定一种证券，其正常回报率（均衡回报率）为 10%，那么，如果当前价格 P_t 低于对下一期价格的最优预测结果 P_{t+1}^{of}，且其回报率的最优预测结果为 30%，远远高于 10% 的均衡回报率水平，就存在未被利用的获利机会。此时，这一证券将会被大量购入，从而导致当前价格 P_t 不断提高，最优预测回报率 R^{of} 降低。这一过程，将在 $R^{of} = R^*$ 的时候停止，在此时，获利机会消失了，有效

① 当期收益额 C 也可能不确定，但即使是不确定，对分析结果也不造成重大影响。在这种情况下，我们可以认为对价格的预期结果以及对 C 的预期结果都等于使用全部可得信息得到的最优预测结果。

市场条件得以满足。

与之类似，如果某种证券回报率的最优预测为-5%，而均衡回报率为10%，投资该证券就看起来不太明智。在这种情况下，你会出售该证券，使得当前价格下降，最优预测回报率 R^{of} 上升，一直到 R^{of} 提高到与 R^* 相等的水平。于是，有效市场的条件再次得到满足。

我们的分析可以归纳如下：

$$\left.\begin{cases} R^{of} > R^* \to P_t\uparrow \to R^{of}\downarrow \\ R^{of} < R^* \to P_t\downarrow \to R^{of}\uparrow \end{cases}\right\} \text{直到} R^{of} = R^* \tag{8-13}$$

因此，对有效市场假说的另一种表述是：**在有效市场中，所有未被利用的获利机会都将消失。**

在以上推理过程中我们似乎有必要考虑的是：在金融市场中，并不是所有投资者都了解证券的全部信息，或者能对证券做出理性预期。实际上这种考虑不影响推理过程。由于金融市场是由众多市场主体参与构成，只要存在那些致力于发掘未利用的盈利机会的人，他们为了获得收益就会去消除已经出现的盈利机会，从而实现有效市场的条件。

三、有效市场假说的三种形式

在前面的讨论中，我们假设市场立刻对所有可得的信息做出反应。但在现实中，市场上证券价格所反映的信息存在程度差异。为了区别这种差异，研究人员将信息划分为三种不同的类型：过去价格的历史信息，公开可得的信息以及所有信息。与此对应，根据三类信息对价格的不同作用，将有效市场分为了弱式有效市场、半强式有效市场以及强式有效市场三种不同层次的有效形式。

◆ **弱式有效市场假说**（weak-form market efficiency）

弱式有效市场假说认为**证券价格已充分反映了所有的历史信息**（主要是指证券价格变化的历史信息），包括股票的成交价、成交量，卖空金额、融资金额等。在弱式有效市场中，基于证券价格等历史信息的技术分析失效。

◆ **半强式有效市场假说**（semi-strong form market efficiency）

半强式有效市场假说认为**证券价格反映了所有公开可得的信息**，这些信息既包括股票成交价、成交量等历史信息，也包括公司管理状况及其他公开披露的财务信息等公开信息。在半强式有效市场中，不仅技术分析失效，而且基于财务信息等公开信息所进行的基本面分析也失效。

◆ **强式有效市场假说**（strong-form market efficiency）

强式有效市场假说认为**证券价格反映了所有信息**，这些信息既包括历史信息和公开信息，也包括未公开信息以及内幕信息。在强势有效市场中，没有任何方法能帮助投资者获得超额利润，即使有内幕消息者也一样。

如图8-1所示，历史价格信息集是公开可得信息集的子集，公开可得信息集又是所有和股票有关信息集的子集。对应地，强式有效市场包含着半强式有效市场，半强式有效市场包含着弱式有效市场。

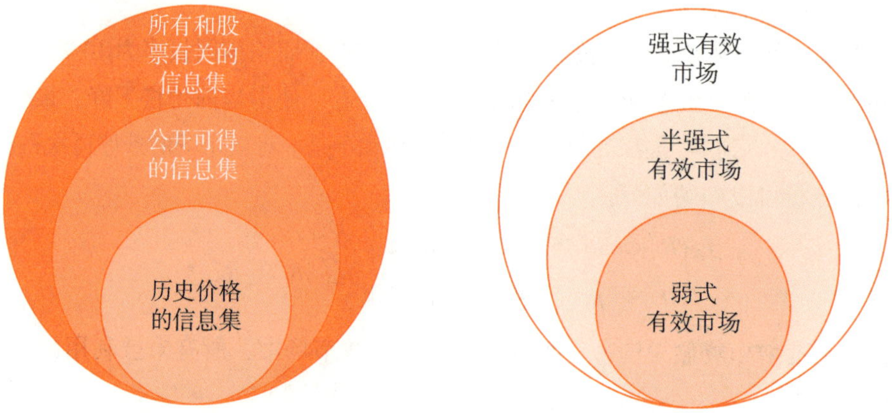

图 8-1　三种不同类型的信息集与三种不同形式的有效市场

讨论：
市场能被战胜吗？

在现实的市场中，一般我们预期市场是弱式有效的。一个主要的原因是要找出证券价格的特点其实是相对容易的，任何能够运用计算机和懂点统计学的人都可以做到。如果人们找到了这些特点，就会去利用这一特点进行套利，最终导致这种套利机会消失并达到市场的弱式有效。

而如果我们预期市场是半强式有效的，则意味着投资者需要比弱式有效市场中的投资者更老练。投资者必须掌握经济学和统计学等专业知识，并且对各种行业和公司的特征有深入了解。但是，掌握和使用这些技术需要天分、能力和时间，用经济学家的话来说，这种努力是昂贵的，有能力获得成功的少之又少。

至于强式有效市场，很难相信市场是如此有效率的，以至某些拥有内幕信息的人都不能借此获利。实证研究证据基本不支持这种形式的市场有效性。

拓展 8-3

行为金融对市场有效性的挑战

由于市场泡沫、崩溃等市场异象的广泛存在，学界对有效市场假说存在着巨大的争议与质疑。这些情况致使诸如诺贝尔奖获得者罗伯特·希勒（Robert J. Shiller）等经济学家发展出一个新的研究领域——**行为金融**（behavioral finance），利用人类学、社会学特别是心理学等其他社会学科的概念来解释证券价格的变动。

我们知道，有效市场假说认为，精明的投资者能够消除未利用的盈利机会，在股票价格上升到非理性之前，其会出售股票使其回到反映市场基本面的水平。这一过程要求精明的投资者必须能够进行做空的交易。然而心理学的研究表明，人们通常是**损失厌恶**（loss aversion）的，也就是发生损失的痛苦感会远远大于赚钱的幸福感。因此，实际上人们很少进行做空的交易，这一现象在一定程度上解释了股票价格过高的原因。

除此之外，心理学家还发现，人们对自己的判断往往具有**过度自信**（overconfidence）的倾向，这使得投资者往往认为自己比其他投资者更聪明。由于投资者愿意相信市场通常是错的，因此他们根据自己的信念而非真实情况实施交易。这一观点能够解释市场中存在巨额交易量的原因，而这一点，是有效市场假说无法解释的。

还有，心理学中所发现的羊群效应同样会导致有效市场假说无法解释的现象。**羊群效应**（herd behavior）是指人们在决策过程中不是独立的，而会受到他人的影响，存在从众的行为。在存在羊群效应的情况下，人们进行选择的时候，会抛弃自己的私人信息追随别人，这会导致市场信息链条的中断。羊群行为可能导致市场行为的趋同。当羊群行为超过某一限度的时候，其可能诱发另一重要的市场现象——过度反应。过度反应在上升的市场中可能制造泡沫，而在下降的市场中则可能带来市场的崩溃。

可以看到，行为金融理论虽然是一个新兴的研究理论，但其可以在一定程度上对一些有效市场假说所难以解释的证券市场特征进行解释，因此对有效市场假说形成了一定程度的挑战。

本章重点回顾

股票相关概念

普通股和优先股；股票发行制度、发行方式以及股份变动

股票估值模型

单期估值模型；推广的股利估值模型；戈登增长模型

股票市场的定价机制

从拍卖竞价的视角理解股价的确定及信息如何影响股价变动

理性预期理论

有效市场假说及三种形式

有效市场假说的描述和有效市场的实现机制

弱式有效市场假说；半强式有效市场假说；强式有效市场假说

课后思考和练习题

1. 普通股和优先股有何不同？
2. 股票估值的基本思路是什么？常见的股票估值模型有哪些？
3. 适应性预期理论和理性预期理论的主要区别是什么？
4. 理性预期总是完全正确的吗？
5. 简述有效市场假说。

阅读资料推荐

钱宗鑫. 全面注册制与深化资本市场改革研究——必要性、难点性及深远影响 [J]. 人民论坛, 2023 (07): 76-80.

张元鹏. 投资者真的是理性的吗——行为金融学对法玛的“市场有效假说”的质疑与挑战 [J]. 学术界, 2015 (01): 116-125.

第九章 金融衍生工具

学习目标

本章主要介绍远期、期货、期权和互换这四种金融衍生工具，学完本章，你应该掌握：

- 金融衍生工具的概念。
- 什么是远期、期货、期权和互换以及它们各自的特点和种类。

第一节 金融衍生工具概述

金融衍生工具（financial derivative instruments）是与基础金融工具（或称原生金融工具）相对应的一个概念。金融衍生工具，顾名思义，是指一类其价值依赖于原生金融工具的金融产品，其中原生金融工具一般包括商品、股票、债券、货币等。国际互换和衍生工具协会（international swaps and derivatives association，ISDA）将金融衍生工具描述为："旨在为交易者转移风险的双边合约。合约到期时，交易者所欠对方的金额由基础商品、证券或指数的价格决定。"可见，它是在原生金融工具的基础上派生出来的且其价格取决于原生金融工具价格的金融创新工具。

一、金融衍生工具的分类

迄今为止，金融衍生工具已成为一个"家族"，其种类繁多、结构复杂，并且不断有新的成员加入。对金融衍生工具进行分类是件不容易的事情，以下在主流框架下，我们根据合约的类型、相关（原生）资产以及金融产品的衍生次序这三个标准作大致的区分。

◆ 按合约类型的标准分类

金融衍生工具在形式上均表现为一种合约，在合约上载明买卖双方同意的交易品种、价格、数量、交割时间及地点等。金融衍生工具合约主要有**远期**（forward）、**期货**（future）、**期权**（option）和**互换**（swap）四种类型，其他任何复杂的合约都是以它们为基础演化形成。

◆ 按相关资产的标准分类

按照金融衍生工具相关资产（原生资产）分类，可以分为**货币或汇率衍生工具、利率衍生工具、股票衍生工具**。

货币或汇率衍生工具包括远期外汇合约、外汇期货、外汇期权、货币互换等；利率衍生工具包括短期利率期货、债券期货、债券期权、利率互换、利率互换期权、远期利率协议等；股票衍生工具包括股票期权、股票价格指数期权、股票价格指数期货、认股权证、可转换债券等。

◆ 按衍生次序的标准分类

金融衍生工具的发展经过了一个由简至繁的演变过程。按照这种演变次序，金融衍生工具可以分为三类：一般衍生工具、混合工具、复杂衍生工具。

一般衍生工具是指由传统金融工具衍生出来的比较单纯的衍生工具，如远期、期货、简单互换等。一般衍生工具在20世纪80年代后期已经十分流行。由于激烈的市场竞争，金融机构靠出售这种金融衍生工具所获得的利润有不断下降的趋势。

混合工具是指传统金融工具与一般金融衍生工具组合而成的，介于现货市场和金融衍生工具市场之间的产品。比如，可转换债券就是其中的一种。可转换债券是指：在约定的期限内，在符合约定条件之下，其持有者有权利将其转换（也可以不转换）为该发债公司普通股票的债券。作为债券，它与普通债券一样；而具有是否转换为股票的权利，则是期权交易的性质。由于具有可转换的性质，所以可转换债券的利率低于普通债券，这有利于发行者降低筹资成本；同时由于具有可转换的选择权，增加了投资者的兴趣。

复杂衍生工具是指以一般衍生工具为基础，经过改造或组合而形成的新工具，所以又称“衍生工具的衍生物”。它主要包括：期货期权，即买进或卖出某种期货合约的期权；互换期权，即行使某种互换合约的期权；复合期权，即以期权方式买卖某项期权合约；特种期权，即期权合约的各种条件，如相关资产、计价方法、有效期等均较为特殊的期权；等等。

二、金融衍生工具：避险与投机

迅速发展的金融衍生工具，为规避形形色色的金融风险提供了灵活方便、极具针对性且交易成本日趋降低的手段，这对现代经济的发展起了有力的促进作用。甚至可以说，没有金融衍生工具，现在的经济运作是难以想象的。

> 讨论：
> 金融衍生工具自身具有高风险特征，为什么还能用于避险？

金融衍生工具可以帮助金融机构有效降低风险，从而进行**避险**（hedge），避险是指降低或消除风险的金融交易。当金融机构购入某项资产，就称为持有**多头**（long position），如果这种资产的收益率不确定，金融机构就面临风险；相反，如果金融机构售出某项资产，并约定在未来某日交割，就称持有**空头**（short position），这同样面临风险。金融机构可以通过运用金融衍生工具并应用以下避险的基本原则降低风险：**风险的规避可以通过金融交易来实现，这一交易可以是通过持有额外的空头来抵消多头，也可以通过持有额外的多头来抵消空头。**换句话说，如果某金融机构买入一种证券，即持有多头，就可以签约在未来某日出售该证券（持有空头），从而实现避险的目的；相反，如果该金融机构卖出一种证券，并约定在未来某日交割，即持有空头，就可以签约在未来某日购入该证券（持有多头），从而实现避险的目的。

但金融衍生工具的发展也促成了巨大的世界性投机活动。目前世界性的投机资本，其运作的主要手段就是金融衍生工具。金融衍生工具的交易实施保证金制度，保证金是用以承诺履约的资金。相对于交易额，对保证金所要求的比例通常不超过 10%，因而投机资本往往可以支配 10 倍甚至更大倍数于自身的资本进行投机操作。对于这样的过程，人们称之为“高杠杆化”。

金融衍生工具的投机，如果成功，可以获得极高收益；一旦失败，则会造成严重后果。如 1994 年，美国加利福尼亚州奥兰治县由于投资衍生工具出现 15 亿美元的账面亏损而申请破产法保护；1995 年，英国老牌巴林银行，竟然由于它的一个分支机构的职员进行金融衍生工具投机失败而宣告破产；等等。在国际金融投机中，投机资本利用金融衍生工具冲击一国金融市场并造成该国金融动荡和危机也时有发生。比如，由于受到国际投机资本的冲击，1992 年 9 月英镑退出欧洲汇率体系；1997 年 7 月泰国放弃了泰铢兑美元的固定汇率并引发了东南亚的金融大震荡；等等。

案例 9-1

美国西南航空公司航空燃料套期保值的成败

航空燃料的价格在很大程度上会影响航空公司的盈利能力，随着 2008 年燃料成本上升，燃料成为许多航空公司最大的一笔开支，占到经营成本的 40%甚至更多。美国西南航空公司进行了创新的尝试，它开始运用一系列复杂的金融工具，包括取暖用油期货合约、航空燃料互换合约以及看涨期权，以应对波动的燃料价格可能带来的风险。在燃料成本上涨的时期，美国西南航空公司一直是少数几家实现了盈利的航空公司，通过套期保值节约了上百万美元。

然而在 2008 年年末，燃料成本戏剧性地大幅下跌，而美国西南航空公司的套期保值表现得也不尽如人意。直至 2008 年，该公司已连续 16 年未宣告过季度亏损，但就在 2008 年的第四季度，其宣布的亏损额达 5 600 万美元，很大一部分归咎于 1.17 亿美元的套期保值损失。不过美国西南航空公司应该感到些许安慰。在同期，UAL 集团公司作为美国联合航空公司的母公司，亏损高达 9.33 亿美元，而国泰航空也遭受了 10 亿美元的套期保值损失。

第二节 远期

远期合约是适应规避现货交易风险的需要而产生的。我们知道，现货交易最大的缺点就在于无法规避价格风险。例如，一名农场主的命运完全掌握在他的农作物收割时农作物现货市场价格手中。如果农场主在播种时就能确定农作物收割时卖出的价格，他就可安心致力于农作物的生产。为了规避风险，远期合约应运而生。

一、远期合约概述

远期合约（forward contract）是关于在将来的一定时间，以事先约定好的价格买入或卖出一定数量标的资产的合约。远期合约的内容主要包括：标的资产、交割数量、交割价格、交割日（或合约期限）等。在远期合约中，同意在将来买入资产的一方称为多头，卖出资产方称为空头。远期合约的交易一般不在规范的交易所内进行，而在场外市场（over-the-counter，OTC）进行交易。

下面简单介绍一下远期合约中的一些基础概念：

标的资产（underlying assets），远期合约中约定买卖的资产被称为标的资产，又称为基础资产、标的物。标的资产可以是实物资产，如石油、农产品和金属等；也可以是金融资产，如股票、债券和外汇等。

交割价格（delivery price），远期合约中规定未来买卖标的资产的价格为交割价格。如果信息是对称的，而且在市场有效的情况下，远期合约签订初始时刻的交割价格等于远期价格，此时远期合约的价值为零，即远期合约的多、空双方无须任何成本就可以进入远期合约的多头或空头状态。

远期价格（forward price），定义为使得远期合约价值为零的交割价格。因此，在签署某个远期合约的时刻，远期价格和交割价格是相同的。随着时间的推移，远期价格有可能改变，而交割价格当然保持相同。在合约开始后的任何时刻，除了偶然之外，远期价格和交割价格并不相等。

交割日期（delivery date），是远期合约中规定的标的资产交割的日期。在交割日，交易双方必须进行交割，即多头支付现金给空头，空头交付标的资产给多头。当然，除了实物交割，也有某些远期合约（如远期利率协议 FRA）到期通过现金结算①的方式了结多、空双方的义务。

结合远期合约的交易规则，可以总结出远期合约具有如下特点：

◆ **远期合约是非标准化合约**

远期合约是非标准化合约，它不在交易所交易，而是在金融机构之间或金融机构与

---

① 现金有广义和狭义之分，本章中所提及的现金结算中的现金均是指广义的现金。广义的现金包括库存现金、银行活期存款、银行本票、银行汇票、信用证存款、信用卡存款等，与我国会计中的货币资金概念几乎一致。狭义的现金则是指库存现金，即可支配使用的纸币、硬币。

客户之间通过谈判后签署。远期合约根据交易者的具体情况和具体要求，经过交易双方的协商来决定合约的标的资产、交易规模、交割日期及交割地点等条件，能尽可能地满足交易者双方个性化的需求。因此，远期合约与后面将要介绍的期货合约相比具有更好的灵活性，这是远期合约的主要优点。

◆ **远期合约流动性差**

正是由于远期合约可以被定制的灵活性，每份远期合约千差万别，一旦远期交易的一方希望提前终止合约，则很难找到刚好可以承担该方义务的其他交易者。因此，远期合约存在流动性不足的风险。基于该原因，远期交易很少会提前终止合约，一般由交易双方持有至到期日完成交割。此外，远期合约没有固定的、集中的交易场所，不利于信息交流和传递、不利于形成统一的市场价格，这也是造成远期合约流动性较差的原因。

◆ **远期合约信用风险大**

远期合约不在交易所内进行交易，通常在两个金融机构之间或金融机构与客户之间进行交易，没有统一的结算机构，加上远期合约签订时双方不交纳保证金，因此当价格变动对一方不利时，该交易方有可能无力或无诚意履行合约，存在较大的信用风险。

二、远期合约的损益

在远期合约的交割日，根据标的资产市场价格和交割价格的差异，合约的多头和空头面临着不同的损益。

对于远期合约的多头，在交割日执行合约时，多头按照协议给定的交割价格（K）购买标的资产，然后可以将标的资产以当时的市场价格（S_T）卖出资产，可见：

$$多头的损益 = S_T - K \tag{9-1}$$

容易发现，交割日标的资产的市场价格越高，多头的收益就越大，即多头的损益与标的资产市场价格正相关。盈亏平衡点为标的资产市场价格与交割价格相等时。图 9-1（a）为远期合约多头损益的图示。

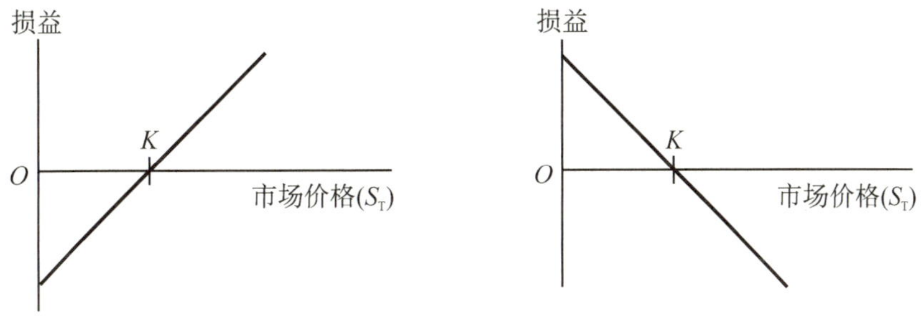

（a）多头损益　　（b）空头损益

图 9-1　交割日远期合约多头损益和空头损益

对于远期合约的空头，在交割日执行合约时，空头按照协议给定的交割价格 K 卖出标的资产，然后以当时的市场价格（S_T）购买标的资产，可见：

$$空头的损益 = K - S_T \tag{9-2}$$

同样容易发现，交割日标的资产的市场价格越高，空头的损失就越大，即空头的损益与标的资产市场价格呈负相关。盈亏平衡点同样为标的资产市场价格与交割价格相等时。图 9-1（b）为远期合约空头损益的图示。

三、远期合约的种类

远期合约可以分为商品远期合约和金融远期合约。商品远期合约的标的资产主要包括原油、贵金属、农产品等；金融远期合约的标的资产主要包括股票、股指、债券外汇等金融产品。在此我们主要讨论金融远期合约，金融远期合约主要有远期利率协议、远期外汇协议和远期股票合约等。

❖ 远期利率协议

远期利率协议（forward rate agreements，FRA）是买卖双方同意从未来某一商定的时期开始在某一特定时期内按协议利率借贷一笔数额确定、以具体货币表示的名义本金的协议。远期利率协议的买方是名义借款人，其订立远期利率协议的目的主要是规避利率上升的风险；远期利率协议的卖方则是名义贷款人，其订立远期利率协议的目的主要是规避利率下降的风险。之所以称为“名义”，是因为借贷双方不必交换本金，只是在结算日根据协议利率和参考利率之间的差额以及名义本金额，由交易一方付给另一方结算金。

远期利率协议具有如下特点：(1) 远期利率协议是交易双方达成的关于利率的远期合约，其主要目的在于保护交易双方免受未来利率变动带来的影响。(2) 尽管合约中名义本金的金额比较巨大，但是在现金结算时只是支付利息的差额，因此实际现金结算的金额很小。(3) 在远期利率协议的现金结算日之前不必事先支付任何费用，只是在结算日发生一次利息差额的支付。(4) 远期利率协议同样具有极大的灵活性。(5) 由于远期利率协议在场外交易，不交付保证金，没有规定的结算机构，完全凭信用交易，因此容易产生信用风险。

远期利率协议最重要的功能在于通过固定将来实际交付的利率而避免利率变动风险。签订 FRA 后，不管市场利率如何波动，协议双方将来收付资金的成本或收益总是固定在合同利率水平上。另外，由于远期利率协议交易的本金不用交付，利率是按差额结算的，所以资金流动量较小，这就给银行提供了一种管理利率风险而无须改变其资产负债结构的有效工具。

❖ 远期外汇协议

远期外汇协议（forward exchange agreements，FXA）又称远期货币协议，是指双方约定在将来某一时间按约定的远期汇率买卖一定金额的某种外汇的合约。交易双方在签订合同时，就确定好将来进行交割的远期汇率，到时不论汇率如何变化，都应按此汇率交割。在交割时，名义本金不必交换，而只需支付合同中规定的远期汇率与当时的即期汇率之间的差额。

远期外汇协议通常包含以下规定：对将来交割外汇的币种、数额的规定，对将来交割外汇的日期和地点的规定，对交割的远期汇率的规定。卖方承担按以上三个条件向买方交汇的义务，同样地，买方承担了向卖方付款的义务。远期合约到期之前没有任何资金的交换。外汇市场上的交易期限，一般按月计算，一般有 1 个月、3 个月、6 个月和 1 年，其中以 3 个月期的最多；超过 1 年的极少，通常也称之为超远期外汇交易。这些期限的交易被称为标准期限交易，除此之外的远期交易日期则称为不规则日期（broken day）。

❖ 远期股票合约

远期股票合约（equity forwards）是指在将来某一特定日期按特定价格买入或卖出一定数量单个股票或一揽子股票的协议。远期股票合约可以使投资者锁定股票的买入价或卖出价，从而规避股价波动带来的风险。在远期股票合约签订时，交易双方会就交易的股票数量、价格及交易时间等达成协议，待合约到期时采用实物交割或现金结算的方式完成交易。

第三节　期货

20 世纪 70 年代初，西方国家出现了严重的通货膨胀，固定汇率制也被浮动汇率制所取代，国内外经济环境和体制安排的转变使经济活动的风险增大。这种情况反映到金融市场上就是利率、汇率和证券价格的急剧波动，原有的远期交易由于流动性差、信息不对称、违约风险高等缺陷而无法满足人们的需要，金融期货交易应运而生。

一、期货合约概述

期货合约（futures contract）是由交易所设计，规定缔结合约的交易双方在将来某个日期按约定的条件买入或卖出一定标准数量的某种资产（商品或金融资产），并经国家监管机构审批后可以上市交易的一种标准化合约。

期货合约的空头方（卖出方）有义务在合约到期日以约定好的价格（交割价格）卖出合约约定数量的标的资产；而合约的多头方（买入方）则有义务在到期日以交割价格买入相应数量的标的资产。期货合约的持有人可以通过到期交割标的资产或提前进行平仓操作等方式来履行或解除合约义务。期货合约与远期合约相似，但期货合约克服了远期合约违约风险和缺乏流动性的缺点。

期货合约有如下特点：

◆ 期货合约在交易所交易

期货合约交易均在交易所进行，交易双方不直接接触，而是各自与交易所的清算部或专设的清算公司结算。清算公司充当所有期货买者的卖者和所有卖者的买者，因此，交易双方无须担心对方违约。

◆ **期货合约是标准化的合约**

期货合约的合约规模、交割日期、交割地点等都是标准化的，即在合约上有明确的规定，无须双方再商定。当然，这并不是说所有期货合约的交割月份、交割地点等都是一样的，同种金融工具的期货合约可以有不同的交割月份，但它是由交易所事先确定，并在合约中事先载明的，而不是由交易双方商定后载入合约的。这为期货合约带来了极大的流动性。

◆ **期货合约一般无须实物交割**

期货合约的买者或卖者可在交割日之前采取对冲交易以结束其期货头寸（平仓），而无须进行最后的实物交割。由于通过平仓比起实物交割既省事又灵活，因此目前大多数期货交易都是通过平仓来结清头寸的。据统计，最终进行实物交割的期货合约不到2%。

尽管如此，也不应忽视交割的重要性。正是因为具有最后交割的可能性，期货价格和标的物的现货价格之间才具有内在的联系。随着期货交割月份的逼近，期货价格收敛于标的资产的现货价格。当到达交割期限时，期货的价格等于或非常接近于现货的价格，不然的话，就存在无风险套利机会。两者之间的关系如图 9-2 所示。

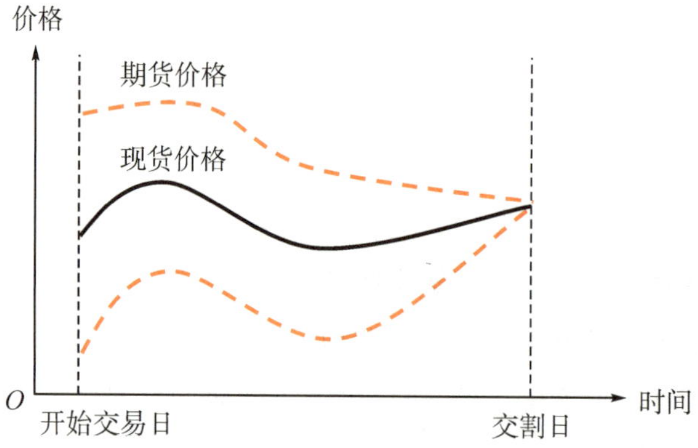

图 9-2　期货价格与现货价格的关系

◆ **期货交易采用保证金与逐日结算制度**

期货交易结算是每天进行的，而不是到期一次性进行的。买卖双方在交易之前都必须在经纪公司开立专门的保证金账户，经纪公司通常要求交易者在交易之前必须往账户中存入一定数量的保证金，这个保证金叫**初始保证金**（initial margin）。期货交易结算就通过保证金账户进行。在每天交易结束时，保证金账户都要根据期货价格的涨跌而进行调整，以反映交易者的浮动盈亏，这就是所谓的**盯市**（marking to market）。浮动盈亏是根据**结算价格**（settlement price）计算的。结算价格的确定由交易所规定，它有可能是当天的加权平均价，也可能是收盘价，还可能是最后几秒钟的平均价。当天结算价格高于昨天的结算价格（或当天的开仓价）时，高出部分就是多头的浮动盈利和空头的浮动亏损。这些浮动盈利和亏损就在当天晚上分别加入多头的保证金账户和从空头的保证金账户中扣除。当保证金账户的余额超过初始保证金水平时，交易者可随时提取现金或用于开新仓；而当保证金账户的余额低于交易所规定的**维持保证金**（maintenance margin）水平时，经纪公司就会通知交易者限期把保证金水平补足到初始保证金水平，否则就会被强制平仓。维持保证金水平通常是初始保证金水平的 75%。

拓展 9-1

期货结算所

期货结算所（clearing house）是随期货交易的发展以及标准化期货合约的出现而设立的结算机构，是负责对期货交易所内进行的期货合同进行交割、对冲和结算的独立机构。在期货交易的发展中，结算所的创立完善了期货交易制度，保障了期货交易能在期货交易所内顺利进行，因此成为期货市场运行机制的核心。

每笔期货交易被执行后，交易的细节和负责这笔交易的交易所会员公司的资料都会送达结算所。结算所通过对比交易双方的交易资料以确保每笔交易的信息都是正确的。当然，结算所的日常工作不止于此，其更为重要的作用是，结算所以“中央对手方”的身份参与到期货交易中，使得期货的买卖双方彼此消除了对方的（履约）风险。因此，与场外进行的远期合约交易不同，在期货市场中进行交易时几乎不必去担心对手的风险。这意味着交易者可以迅速地完成交易，而不用停下来去核对每个交易对手的信用情况，从而提高了期货合约的流动性。

期货结算所的存在，还使得期货交易具有另一个重要优势。不论一个人多少次进入期货市场买卖，其交易对手都是结算所。因此，如果一个客户在一天内买了 10 份期货合约（结算所为空头方），一周后又全部售出（结算所为多头方），这位投资者就不再持有任何期货仓位，从而通过平仓结束了交易。这种情况与场外 OTC 市场完全不同。

由此可见，结算所存在的重要好处在于将期货交易所会员公司的交易风险转移到结算所。然而，为了防止会员公司发生违约所导致的巨大风险，结算所不得不思考一些保护措施——保证金和逐日结算制度，这些措施为结算所提供了重要的保护。

拓展 9-2

期货交易的结清方式

期货头寸的结清方式主要有三种：实物交割、对冲平仓和期货转现货。

◇ 实物交割（delivery）

大多数期货合约在最初订立时都要求通过交割特定的标的资产来结清头寸。期货合约的空头方要决定是否进行交割，通常交割发生在交割月规定的几天中的一天（有时甚至是交割月的任何一天）。如果打算交割了，空头方向交易所提交交割意向通知书，由交易所选择一个多头方去接受交割。另外，一些金融期货合约，如股指期货合约，是以现金结算（cash settlement）结清头寸的。对于这些合约，直接交割标的资产是非常不方便或不可能的。

◇ 对冲平仓（offset）

对冲平仓是目前期货市场最主要的一种结清头寸的方式。那些不愿持有期货合约到期进行实物交割的交易者，可以在期货合约的最后交易日之前通过反向对冲交易，即进入与初始交易头寸相反的头寸来平仓，从而退出期货市场。

◇ **期货转现货（exchange-for-physicals，EFP）**

期货转现货是指两个交易者协商同意同时交易某种现货商品以及基于该现货商品的期货合约来结清两者头寸的一种交易方式。尽管 EFP 与对冲平仓有类似之处，但 EFP 有其不同于对冲平仓的特别之处：第一，交易者事实上进行了实物的交割；第二，两个交易者可以私下协商价格以及其他交易条款；第三，期货合约不是通过交易所大厅的交易来结清头寸的，因此 EFP 发生在交易所之外。

二、期货市场的功能

期货市场的功能主要包括套期保值与投资、转移资产价格风险、提供价格信息等。

◆ **套期保值与投机**

套期保值是指一个已经存在风险暴露的实体，力图通过持有一种或多种与原有风险头寸相反的工具来消除该风险。期货合约就是常用的套期保值工具之一。套期保值作为一种降低风险的手段，在金融市场上被广泛应用。

投机是指某些人希望利用对市场某些特定走势的预期来对市场未来的变化进行赌博，并因此制造出一个原先并不存在的风险暴露。投机并非完全不可取，良性的、合乎市场规则的投机对市场有如下贡献：第一，期货投机者承担了套期保值者力图回避和转移的风险，使套期保值成为可能；第二，投机者频繁地建立头寸、对冲手里的合约，增加了期货市场的交易量，这既能使套期保值交易容易成交，又能减少交易者进出市场可能引起的价格波动；第三，投机有利于促使各期货市场间价格以及不同种商品间价格产生高度关联性。

◆ **转移资产价格风险**

在日常金融活动中，市场主体常面临利率、汇率和证券价格风险（通称价格风险）。有了期货交易后，他们就可以利用期货多头或空头把价格风险转移出去，从而实现避险目的。这是期货市场最主要的功能，也是期货市场产生的最根本原因。

应该注意的是，对单个主体而言，利用期货交易可以达到消除价格风险的目的，但对整个社会而言，期货交易通常并不能消除价格风险，期货交易发挥的只是价格风险的再分配，即价格风险的转移作用。

不过，在有些条件下，期货交易也具有增大或减少整个社会价格风险总量的作用。具体而言，套期保值者之间的期货交易可以使两者的价格风险相互抵消，投机者之间的期货交易则是给社会平添期货价格的风险，而套期保值者与投机者之间的期货交易才是价格风险的转移。由此可见，适量的投机可以充当套期保值者的媒介，加快价格风险转移速度，而过度的投机则会给社会增加许多不必要的风险。

◆ **提供价格信息**

期货交易的一个重要方式是在交易所的大厅进行集合竞价交易。比起现货市场，期货市场拥有交易成本低、流动性强、市场集中、信息及时透明等诸多优势，故期货市场的定价效率通常高于现货市场。在期货市场中，所有的交易价格都是由买卖双方公平竞价来决定的，而所有的交易者皆有同等的机会在其现有的供给或需求的情况下，以其认为最适当的价格来成交。因此，期货市场的交易能够把众多影响某种商品价格的供求因素集中反映在期货市场内，形成的期货价格能够较准确地反映真实的供求状况及价格变动趋势。

三、期货的种类

按标的物不同，期货可分为商品期货和金融期货，其中金融期货主要包括外汇期货、利率期货和股票指数期货等。

❖ 商品期货

商品期货（commodity futures）是指标的物为实物商品的期货合约。商品风险在很多方面比货币风险或利率风险更广泛存在，这也许可以解释为什么商品衍生工具比金融衍生工具早问世很多。1848 年创立的芝加哥期货交易所（CBOT）交易的第一个衍生工具就是商品期货，而直到 1972 年才出现了第一个金融期货合约。商品期货历史悠久，种类繁多，可以细分为农产品期货、畜产品期货、热带产品期货、矿产品期货，能源产品期货，纤维和林产品期货以及商品价格指数期货等几大类。

❖ 金融期货

金融期货（financial futures）是指交易双方在金融市场上，以约定的时间和价格，买卖某种金融工具的具有约束力的标准化合约。金融期货主要包括外汇期货、利率期货和股票指数期货等，下面分别做简要介绍。

◆ **外汇期货**

外汇期货（foreign currency futures）是指以外汇，如美元、欧元、英镑等为标的物的期货，交易双方约定在未来某一时间，依据现在约定的比例，以一种货币交换另一种货币。

◆ **利率期货**

利率期货（interest rate futures）是指由交易双方签订的，约定在将来某一时间按双方事先商定的价格，交割一定数量的与利率相关的金融资产的标准化合约。根据合约标的利率的期限长短，利率期货可以分为短期利率期货和长期利率期货两大类。利率期货的交易具有金融期货交易的全部共性，但是利率期货本身也存在许多有别于其他金融期货交易的独特之处：

（1）特殊的标的资产。利率期货的标的资产并不是利率，而是某种和利率相关的特定的金融证券或支付凭证，如国债、大额定期存单、欧洲美元存单、市政债券等。利率期货的标的资产价格通常与实际利率成反向变动关系。

（2）特殊的报价方式。利率期货的报价相对比较复杂，并因期货合约不同而存在差异。比如，我国国债期货的报价方式采用百元净价报价，百元报价是指以假定债券面额100元为单位进行报价，净价报价是指以不含应计利息的价格报价，因此不同报价下国债期货合约价值的计算式为“报价×合约面值÷100”；美国中长期国债期货合约采用“点数”来报价，1点代表1 000美元，变动单位为1/32点，美国中长期国债期货合约面值均为10万美元，因此报价为97又4/32点就代表97 250美元；欧洲美元期货则采用指数报价，该指数等于(1-利率)×100，因此报价为95就代表利率为5%。

（3）特殊的交割方式。例如，中长期国债期货合约的交割方式复杂而特殊，涉及最便宜交割债券的选择、转换因子的确定等，与其他金融期货有不少不同之处。

◆ **股票指数期货**

股票指数期货（stock index futures）是指由交易双方签订的，约定在将来某一特定时间和地点交收“一定点数的股价指数”的标准化期货合约。它是以股票价格指数为交易标的的一种期货合约，即买入或卖出相应股票指数面值的合约。

股价指数面值被定义为股价指数乘以合约乘数（contract multiple）所得的值。合约乘数又被称为指数点数的价值（value of an index point），合约乘数的价值由交易所规定，如S&P500股指期货的合约乘数为每点250美元，而沪深300股指期货的合约乘数为每点300元人民币。

与其他的金融期货以及股票交易相比，股指期货的交易具有如下特点：

（1）特殊的交易形式。股指期货交易兼具有期货交易和股票交易的双重特征。股指期货的交易标的是股价指数，该指数与整个市场价格同步变动，同样要承担股票价格波动带来的风险。然而，与股指所包括的股票现货交易相比，股指期货提供了更为方便的卖空交易方式和更低的交易成本，其杠杆比率和市场流动性都明显高于现货股票市场。

（2）特殊的合约规模。股指期货的合约规模不是交易所指定的固定金额，而是由指数“点”和每个指数点所代表的价值来共同决定的。

（3）特殊的避险功能。利率期货和外汇期货交易只能规避其各自的非系统性风险，而股指期货合约可以用来规避和改变一篮子股票的系统性风险。

（4）特殊的结算方式和交易结果。股指期货到期时采取现金结算的方式履行义务，即合约到期时交易双方只要收取或交付根据结算价与开仓时期货点位的差额，并结合合约乘数折算为一定金额的货币即可。由于股指期货交易并未发生实际的股票收付，因此交易中不会发生股东权利和义务的转移。

第四节 期权

期权是人类在金融领域最伟大的发明之一，被称为“期权革命”。“期权革命”不仅对金融领域产生了重大影响，对其他领域也产生着深远影响。金融期权是金融产品中最引人入胜、最有趣、也最复杂的金融产品。

一、期权概述

期权（option），是指它的持有者有权利在规定期限内按期权买卖双方约定的**执行价格**（exercise price）购买或出售一定数量某种**标的资产**（underlying assets）的合约。值得注意的是，期权是指未来的选择权，它赋予期权的购买者（多头）一种权利而不必承担义务，可以按预先商定的价格买进或卖出一定数量的标的资产，当然期权购买者也可以不行使这个权利。对期权的出售者来说，他只有履行合约的义务，而没有任何权利。当期权购买者按合约规定行使其买进或卖出标的资产的权利时，期权出售者必须依约卖出或买进该标的资产。

下面简单介绍一下期权合约中的一些基础概念：

期权费（option premium）或**期权价格**（option price）。作为给期权卖者承担义务的报酬，期权买者要支付给期权卖者一定的费用，期权费视期权种类、期限、标的资产价格的易变程度不同而不同。

期权买方（option buyer）和**期权卖方**（option writer）。期权作为一种人为创造的金融衍生工具，自然存在买方和卖方。期权买方是指买进期权合约的一方，拥有在期权规定的时间内选择执行该权利，或者也可以放弃该权利。买进期权即期权的多头。期权卖方是指卖出期权合约的一方，与期权买方正好是对立的一方，从期权买方那里收取期权费，在期权买方执行期权时承担履约的义务。卖出期权即期权的空头。

标的资产。它是指合约中规定的供买卖的标的物，对于金融期权，合约标的物可以是股票、债券等传统金融产品，也可以是金融期货等衍生产品。

执行价格。它是指期权合约中双方商定的履行合约时买入或卖出期权标的资产的价格。

开始日、到期日和交割日。期权合约的开始日又称生效日，是指期权交易双方在合约中规定的由买方行使权利或买方权利生效的第一日。期权合约到期日又称失效日，是指期权合约中指定的买方执行权利的最后一日。期权合约的交割日又称清算日，是指按照合约规定，由合约的买方提出行使期权，合约的卖方履行合约义务的清算日。

结合期权合约的交易规则，可以总结出期权合约的主要特点如下：

◆ 期权交易是一种权利（选择权）的买卖，买方要想获得权利必须向卖方支付一定数量的费用（权利金）。

◆ 期权买方取得的是买卖的权利，而不承担必须买进或卖出的义务。买方有执行的权利，也有不执行的权利，完全可以灵活选择。期权卖方则相应地承担义务，由此也取得权利金或期权费。

◆ 期权买方取得的权利是在未来的某个时点、某些时点或者未来一段时间内，并且未来买卖的标的资产的价格（期权的行权价格）是事先约定好的。

二、期权的分类

按照期权买方权利的不同，期权可划分为看涨期权和看跌期权[①]。

◆ **看涨期权**（call options），又称买权、认购期权、买入选择权、多头期权，是指期权的买方支付给期权的卖方一定数额的权利金后，即拥有在期权合约的有效期内，按事先约定的价格向期权卖方买入一定数量的合约规定的特定标的资产的权利，但不承担必须买进的义务。而期权卖方有义务在期权规定的有效期内，按照期权买方的要求，以合约事先规定的价格卖出合约规定的标的资产。

◆ **看跌期权**（put options），又称卖权、认沽期权、卖出选择权、空头期权，是指期权的买方支付给期权的卖方一定数额的权利金后，即拥有在期权合约的有效期内，按事先约定的价格向期权卖方卖出一定数量的合约规定的特定标的资产的权利，但不承担必须卖出的义务。而期权卖方有义务在期权规定的有效期内，应期权买方的要求，以合约事先规定的价格买入合约规定的标的资产。

按照买方执行期权时限的不同，金融期权可划分为欧式期权、美式期权和百慕大期权。

◆ **欧式期权**（European option）规定只有在合约到期日才可以执行期权，期权的买方在合约到期日之前不能行使权利，过了期限合约则自动作废。

◆ **美式期权**（American option）规定在合约到期日之前的任何一个交易日（含合约到期日）均可执行期权。

◆ **百慕大期权**（Bermuda option）可以在到期日前所规定的一系列时间内执行期权，相对较为复杂。

三、期权买卖双方的损益

期权的损益根据是看涨期权还是看跌期权以及是期权的买方还是卖方的不同而不同。首先我们先来了解期权的实值、平值和虚值状态的概念，进一步地我们来分析看涨期权和看跌期权买卖双方的损益。

❖ 实值、平值与虚值期权

对于看涨期权，当标的资产的市场价格高于执行价格时，该看涨期权合约一般会被执行，因而称其处于实值状态；当标的资产的市场价格等于执行价格时，该看涨期权合约可以被执行也可以不被执行，因而称其处于平值状态；当标的资产的市场价格低于执

---

① 实际上，除了看涨期权和看跌期权，还包括双向期权。双向期权（double options），是指期权的买方既享有在规定的有效期限内按某一具体的约定好的交易价格买进某一特定数量的相关标的资产的权利，又享有在有效期限内按同一价格卖出某一特定数量的相关标的资产的权利。双向期权也可以认为是相同行权价格的看涨期权和看跌期权的组合。

行价格时，该看涨期权合约不会被执行，因而称其处于虚值状态。

对于看跌期权，情况正好相反，当标的资产的市场价格低于执行价格时，该看跌期权一般会被执行，因而称其处于实值状态；当标的资产的市场价格等于执行价格时，该看跌期权合约可以被执行也可以不被执行，因而称其处于平值状态；当标的资产的市场价格高于执行价格时，该看跌期权合约不会被执行，因而称其处于虚值状态。

对于看涨期权和看跌期权，实值、平值和虚值状态的具体情形见表 9-1。

表 9-1 实值、平值与虚值期权

状态	看涨期权	看跌期权
实值状态	市场价格 > 执行价格	市场价格 < 执行价格
平值状态	市场价格 = 执行价格	市场价格 = 执行价格
虚值状态	市场价格 < 执行价格	市场价格 > 执行价格

❖ 交割日看涨期权买方和卖方的损益

我们通过例子加以讲解。假定某看涨期权的执行价格（K）为 50 元，期权费（c）为 10 元。那么当标的资产价格（S_T）大于 50 元时，看涨期权处于实值状态，期权买方一般会选择执行期权，其收益为 $S_T - K - c$；当标的资产价格小于 50 元时，看涨期权处于虚值状态，期权买方一般不会选择执行期权，其收益为 $-c$，即-10 元。在标的资产不同的市场价格（S_T）下，该看涨期权买方的损益见表 9-2。

表 9-2 交割日看涨期权买方的损益 单位：元

标的资产市场价格	0	10	20	30	40	50	60	70	80	90
损益	-10	-10	-10	-10	-10	-10	0	10	20	30

由表 9-2 可见，对于看涨期权的买方：（1）买方的最大损失为期权费；（2）标的资产的价格越高，买方的收益越大；（3）看涨期权的买方实际上以有限的损失换来一个可能无限的利润。图 9-3（a）为看涨期权买方损益的图示。

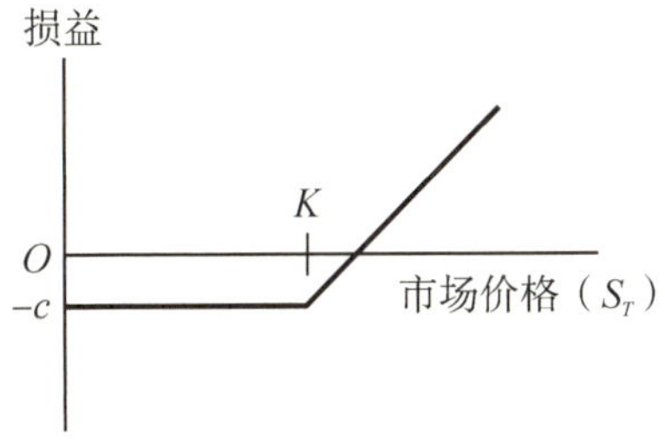

（a）看涨期权买方损益

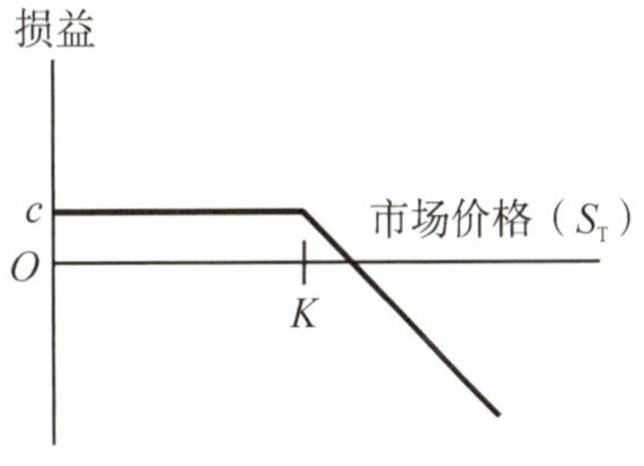

（b）看涨期权卖方损益

图 9-3 交割日看涨期权买方和卖方的损益

对于看涨期权的期权卖方，因为期权合约买卖双方收益之和应该等于零，所以对照表 9-2，在标的资产不同的市场价格（S_T）下，容易得到该看涨期权卖方的损益，具体如表 9-3 所示。

表 9-3　交割日看涨期权卖方的损益　　单位：元

标的资产市场价格	0	10	20	30	40	50	60	70	80	90
损益	10	10	10	10	10	10	0	-10	-20	-30

由表 9-3 可见，对于看涨期权的卖方：（1）卖方的最大利润为期权费；（2）标的资产的价格越高，卖方的收益越小；（3）看涨期权的卖方实际上以有限的利润承受可能无限的损失。图 9-3（b）为看涨期权卖方损益的图示。

❖ 交割日看跌期权买方和卖方的损益

对于看跌期权，我们继续使用上例加以讲解。当标的资产价格（S_T）大于 50 元时，看跌期权处于虚值状态，期权买方一般不会选择执行期权，其收益为 $-c$，即-10 元；当标的资产价格小于 50 元时，看跌期权处于实值状态，期权买方一般会选择执行期权，其收益为 $K-S_T-c$。在标的资产不同的市场价格（S_T）下，该看跌期权买方的损益见表 9-4。

表 9-4　交割日看跌期权买方的损益　　单位：元

标的资产市场价格	0	10	20	30	40	50	60	70	80	90
损益	40	30	20	10	0	-10	-10	-10	-10	-10

由表 9-4 可见，对于看跌期权的买方：（1）买方的最大损失为期权费；（2）标的资产的价格越低，买方的收益越大，但不可能无限大；（3）看跌期权买方实际上以有限损失换来数额可能更大但有限的利润。图 9-4（a）为看跌期权买方损益的图示。

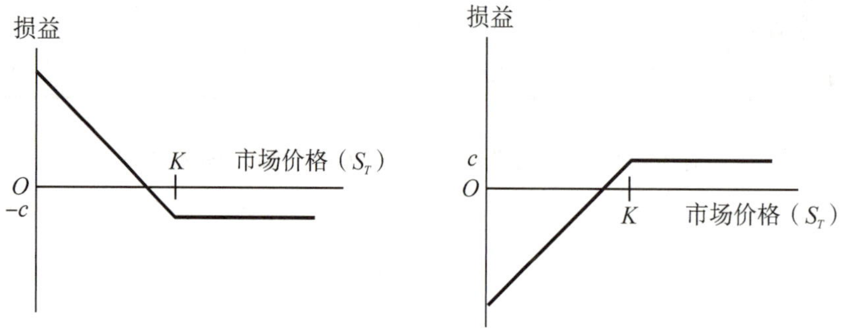

（a）看跌期权买方损益　　（b）看跌期权卖方损益

图 9-4　交割日看跌期权买方和卖方的损益

对于看跌期权的卖方，因为期权合约买卖双方收益之和应该等于零，所以对照表 9-4，在标的资产不同的市场价格（S_T）下，容易得到该看跌期权卖方的损益，具体如表 9-5 所示。

表 9-5　交割日看跌期权卖方的损益　　单位：元

标的资产市场价格	0	10	20	30	40	50	60	70	80	90
损益	-40	-30	-20	-10	0	10	10	10	10	10

由表 9-5 可见，对于看跌期权的卖方：(1) 卖方的最大利润为期权费；(2) 标的资产的价格越低，卖方的收益越小，但损失是有限的；(3) 看跌期权卖方实际上以获得一定利润承受可能较大但有限的损失。图 9-4 (b) 为看跌期权卖方损益的图示。

四、期权的价格（期权费）

期权交易的价格（option price）也就是**期权费**（option premium），又称权利金、期权金，是由买卖双方在期权交易市场公开竞价形成的，是期权买方为获取期权合约所赋予的权利而必须支付给卖方的费用。对于期权买方来说，期权费是损失的最高限度；对于期权卖方来说，卖出期权即可得到一笔期权费收入，而不用立即交割，期权费也可以理解为期权卖方承担相应义务的报酬。

关于期权价格或期权费的影响因素，在很多的正规模型中有深入的分析，如**布莱克-斯科尔斯期权定价模型**（Black-Scholes Option Pricing Model），这些模型将在后续金融课程中学习，在此直接给出几个基本结论：

◆ 当其他条件不变时，执行价格越高，看涨期权的期权费就越低，看跌期权的期权费就越高。

◆ 当其他条件不变时，期权的到期期限越长，期权费就越高。

◆ 当其他条件不变时，标的金融工具价格的波动性越大，期权费就越高。

五、金融期权的种类

金融期权的种类可以根据期权合约标的资产的不同进行分类。常见的标的资产有各类证券、市场指数、期货、外汇、固定收益证券等。下面对这些期权加以简单介绍。

❖ 股票期权

股票期权（stock option）的买方在交付了期权费后，即取得在合约规定的到期日或到期日之前按执行价格买入或卖出一定数量的某种股票的权利。

股票期权是企业对员工进行激励的众多方法之一，属于长期激励的范畴。比如上市公司给予企业高级管理人员和技术骨干在一定期限内以一种事先约定的价格购买公司普通股的权利，从而有效地把企业高级人才与其自身利益很好地结合起来。

❖ 指数期权

指数期权（stock index option）是指以市场指数为标的物的看涨或看跌期权。指数期权所涵盖的指数不仅包括沪深 300 指数（CSI300）、标准普尔 500 指数（S&P500）等股票市场指数，也有某些行业指数甚至商品价格指数。与股票期权不同，指数期权不需要看涨期权的卖方在执行日交割“指数”，也不需要看跌期权的买方购买“指数”，而是采用现金交割的方式。在到期日（或交割日）交易双方计算期权的增值额，卖方将此额支付给买方即可。期权增值额即期权执行价格与指数价值之间的差额。例如，某执行价格为 4 000 点的沪深 300 指数看涨期权在到期日（或交割日）的市场指数为 4 010 点，则买方每份合约收到的现金支付额为：(4 010−4 000）乘以合约乘数（每点人民币 100 元)，即每份合约 1 000 元的现金支付。

❖ 期货期权

期货期权（futures options）赋予持有者以执行价格购买或卖出特定期货合约的权利，并把某一期货价格作为期权的执行价格。和普通期权类似，在到期日（或交割日)，如果执行的是一份期货看涨期权，期权买方会收到一笔净支付，该支付等于特定标的资产的目前期货价格与期权执行价格的差额。例如，如果期货价格为 37 元，看涨期权的执行价格为 35 元，期权买方通过行权可以获得 2 元每份合约的收益。

❖ 外汇期权

外汇期权（foreign currency option）也称为货币期权，指合约购买方在向出售方支付一定期权费后，所获得的在未来约定日期或一定时间内，按照规定汇率买进或者卖出一定数量外汇资产的选择权。外汇期权可分为现汇期权和外汇期货期权。现汇期权提供的收益取决于执行价格与到期日（或交割日）汇率的差额。外汇期货期权提供的收益取决于执行价格与到期日（或交割日）外汇期货价格的差额。现汇期货期权交易量占了外汇期权交易量的绝大部分。

❖ 利率期权

利率期权（interest rate option)，是一种与利率变化挂钩的期权，到期时以现金或者与利率相关的合约（如利率期货、利率远期或者政府债券）进行结算。利率期权的标的物包括中长期国债、短期国债、大额存单以及中长期国债期货、市政债券期货等。

以上介绍的各种期权属于常规期权，目前市场上存在大量比常规期权（标准的欧式或美式期权）更复杂的奇异期权（见拓展 9-3)。

拓展 9-3

奇异期权

奇异期权（exotic options）是金融机构为满足客户的特殊需要而开发的，它通常在场外交易。奇异期权种类繁多，目前较常见的有以下几种：

◇ **打包期权。** 打包期权是由标准欧式期权与远期合约、现金或标的资产构成的组合。打包期权的一个例子是范围远期合约（range forward contracts)。范围远期合约多头由一份远期多头、一份看跌期权多头和一份看涨期权空头构成。如果选择适当的协议价格使看涨期权价值等于看跌期权价值，由于远期合约的价值等于零，因此整个范围远期合约的初始价值也就为零。范围远期合约的功能是将标的资产的价格风险控制在一定范围内。

◇ **非标准美式期权。**标准美式期权在有效期内的任何时间均可行使期权，而非标准美式期权的行使期限只限于有效期内的特定日期。实际上，大多数认股权证都是非标准美式期权。有的认股权证甚至规定协议价格随执行日期的推迟而增长。

◇ **远期期权。**远期期权（forward start option）是指期权费在现在支付，而有效期在未来某时刻开始的期权。

◇ **复合期权。**复合期权（compound option），即期权的期权，它有四种基本类型，即看涨期权的看涨期权、看涨期权的看跌期权、看跌期权的看涨期权和看跌期权的看跌期权。

◇ **任选期权。**任选期权（“as you like it” option，又称 chooser option）是指在一定期限内可由多头选择该期权为看涨期权还是看跌期权的期权。

◇ **障碍期权。**障碍期权（barrier option）是指其收益依赖于标的资产价格在一段特定时期内是否达到了一个特定水平的期权。常见的障碍期权有两种：一种是封顶期权（caps option），另一种是失效期权（knockout option）。封顶看涨期权规定当标的资产价格高过协议价格一定幅度时，该期权就被自动执行。而封顶看跌期权则规定当标的资产价格低于协议价格一定幅度时，该期权就被自动执行。失效期权则规定，当标的资产价格达到一个特定障碍时，该期权作废。失效看涨期权的障碍一般低于协议价格，而失效看跌期权的障碍一般高于协议价格。

◇ **两值期权。**两值期权（binary option）是具有不连续收益的期权，当到期日标的资产价格低于协议价格时，该期权作废，而当到期日标的资产价格高于协议价格时，期权持有者将得到一个固定的金额。

◇ **回溯期权。**回溯期权（lookback option）的收益依赖于期权有效期内标的资产的最高或最低价格。回溯看涨期权的持有者可按期权有效期内的最低价格购买标的资产。回溯看跌期权的持有者则可按期权有效期内的最高价格出售标的资产。

◇ **亚式期权。**亚式期权（Asian option）的收益依赖于标的资产有效期内至少某一段时间的平均价格。亚式期权有两种基本类型：一种是平均价格期权（average price option），它先按预定平均时期计算出标的资产的平均价格，再根据该平均价格与协议价格的差距计算出期权多空双方的盈亏；另一种是平均协议价格期权（average strike option），它是把按预定平均时期计算出的标的资产的平均价格作为平均协议价格，然后根据期权到期时标的资产的现货价格与平均协议价格之间的差距计算期权多空双方的盈亏。

◇ **资产交换期权。**资产交换期权（options to exchange one asset for another）的买者有权在一定期限内按一定比率把一种资产换成另一种资产。

第五节　互换

互换（swap）是一种双方达成的关于彼此相互交换未来现金流的协议。协议规定了现金流的支付时间和计算现金流的方式。最常见的金融互换是利率互换和货币互换。互换从创新方式上等价于一组远期合约的组合，但其灵活的风险管理方式使其市场发展非常迅速，目前它是场外衍生产品市场中交易规模最大的产品。

一、互换的起源和特点

❖ 互换的起源

互换是20世纪80年代在平行贷款和背对背贷款基础上发展起来的，三者既有联系，又有区别。我们用一个例子进行说明。假设一家美国跨国公司A在英国建立了子公司A1，他需要向其英国子公司A1提供英镑资金，价值100万美元；同时有一家英国跨国公司B在美国建立了子公司B1，他需要向其美国子公司B1提供100万美元资金。但由于英国的外汇管制，两家母公司向子公司投资的意图都无法实现。现在我们引入平行贷款协议与背靠背贷款的概念。

◆ 平行贷款

平行贷款（parallel loan）是20世纪70年代在英国首先出现的为逃避外汇管制而创新的一种业务，是指在不同国家的两家母公司分别在国内向对方公司在本国境内的子公司提供金额相当的本币贷款，并承诺在指定到期日，各自归还所借货币。平行贷款既可满足双方子公司的融资需要，又可逃避外汇管制，因此深受欢迎。

但平行贷款存在信用风险问题，这是因为平行贷款包含两个独立的贷款协议，它们分别具有法律效力，其权利义务不相联系，当一方出现违约时，另一方仍不能解除履约义务。

继续上文的例子，两家跨国公司达成了平行贷款协议，协议规定：由公司A向子公司B1提供100万美元的贷款，由公司B向子公司A1提供50万英镑的贷款（假设当时英镑兑美元市场汇率为2），两笔贷款本金基本等值，期限相同。待期满后，双方子公司归还对方本金。平行贷款中的资金流向如图9-5。

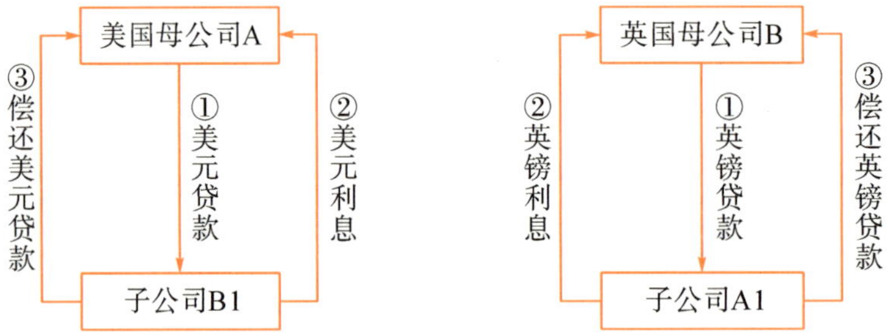

图9-5　平行贷款中的资金流向

平行贷款涉及两个独立的具有法律效力的贷款合同，因此其中一份合同违约，另一份合同仍然需要继续执行。在该例中，如果公司 B1 不向公司 A 支付美元利息，造成美元贷款违约，此时英镑贷款需要继续执行，两个合同缺乏制衡作用。针对这种情况，产生了背靠背贷款。

◆ 背对背贷款

背对背贷款（back to back loan）是为了解决平行贷款中的信用风险问题而产生的。它是指两个国家的母公司相互直接贷款，贷款币种不同但币值相等，贷款到期日相同，各自支付利息，到期各自偿还原借款货币。背对背贷款尽管有两笔贷款，但只签订一个贷款协议，协议中明确若一方违约，另一方有权抵消应尽的义务。这就大大降低了信用风险，向货币互换大大迈进了一步。

在本例中，公司 A 计划与公司 B 直接签署协议，公司 A 向公司 B 提供价值 100 万美元的贷款，同时公司 B 向公司 A 提供价值 50 万英镑的贷款。接着美国跨国公司 A 可以向其英国子公司 A1 提供 50 万英镑资金，同时英国跨国公司 B 可以向其美国子公司 B1 提供 100 万美元资金。背对背贷款中的资金流向如图 9-6 所示。但是，由于背对背贷款涉及跨国借贷，这就存在外汇管制问题，公司 A 与公司 B 之间的贷款协议无法达成，只能继续寻求其他办法。因此，背对背贷款只在 1979 年英国取消外汇管制后才作为一种金融创新工具而出现。

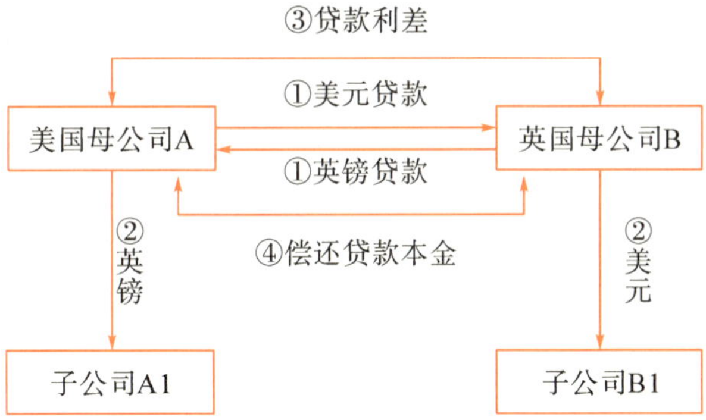

图 9-6　背对背贷款中的资金流向

从图 9-5 和图 9-6 可以看出，若把利息支出和偿还贷款本金用一系列远期合约来规定，则平行贷款和背对背贷款相当于现货交易和一系列远期交易的组合，这点对于理解互换是很重要的。

背对背贷款与平行贷款的差异在于：背对背贷款达成的是一份贷款协议，协议中规定了和平行贷款类似的现金流支付方式，但若一方违约而导致另一方遭受损失，那么另一方有权不偿还其贷款债务以弥补遭受的违约损失。因此背对背贷款在一定程度上降低了单边违约的概率。相对而言，背对背贷款更接近互换产品，是现代互换的雏形。

但背对背贷款还不是真正的互换，因为它实际上仍然是一种贷款行为，在法律上会产生新的资产和负债（双方互为对方的债权人和债务人），从而影响资产负债结构。为了解决这个问题，互换于 1981 年 8 月应运而生。由于互换是负债或资产的交换，其现金流的流出和流入是互为条件的，是一种表外业务，并不改变资产负债结构，因此深受欢迎，并得到了飞速的发展。

❖ 互换的特点

互换是一种双方达成的关于彼此相互交换未来现金流的协议。相比远期合约和期货，互换具有如下特点：

◆ 互换虽然可以看作远期合约的组合，但在交割方面，远期合约多采用实物交割而互换更多采用现金交割。

◆ 相对于远期合约，互换期限较长，因此可以管理更长期限内的价格风险，降低交易成本。

◆ 相对于期货，金融互换不在交易所交易，主要是通过场外交易。

◆ 利用金融互换可以更灵活地管理资产负债组合中的利率风险和汇率风险。

◆ 通过金融互换可在全球各市场之间进行套利，一方面降低筹资者的融资成本、提高投资者的资产收益，另一方面促进全球金融市场的一体化。

二、金融互换的种类

金融互换虽然历史较短，但品种创新却日新月异。除了传统的利率互换和货币互换外，一大批新的金融互换品种不断涌现。

❖ 利率互换

利率互换（interest rate swaps）是指双方同意在未来的一定期限内根据同种货币的同样的名义本金交换现金流，其中一方的现金流根据浮动利率计算，而另一方的现金流根据固定利率计算。互换的期限通常在 2 年以上，有时甚至在 15 年以上。利率互换只交换利息差额，因此信用风险很小。进行利率互换的一个重要原因是交易双方分别在固定利率和浮动利率市场上具有**比较优势**，通过利率互换可以**降低融资成本**，另一个重要原因是通过利率互换可以**管理利率风险**。

假定 A、B 公司都想借入 5 年期的 1 000 万元的借款，A 想借入与 6 个月期 SHIBOR 相关的浮动利率借款，B 想借入固定利率借款。但两家公司信用等级不同，故市场向它们提供的利率也不同，如表 9-6 所示。

表 9-6　公司 A、B 面对的贷款利率

	固定利率	浮动利率
A 公司	6.00%	6 个月期 SHIBOR+1.30%
B 公司	7.20%	6 个月期 SHIBOR+2.00%

从上表可以看出，无论是固定利率借款还是浮动利率借款，A 的借款利率均比 B 低，即 A 在两个市场都具有绝对优势。但在固定利率市场上，A 相较于 B 的绝对优势幅度为 1.2%，而在浮动利率市场上，A 相较于 B 的绝对优势幅度为 0.7%。这就是说，A 在固

定利率市场上有比较优势，而 B 在浮动利率市场上有比较优势。这样，双方就可利用各自的比较优势为对方借款，然后互换，从而达到共同降低筹资成本的目的，即 A 以 6.00%的固定利率借入 1 000 万元，而 B 以 SHIBOR+2.00%的浮动利率借入 1 000 万元。由于本金相同，因此双方不必交换本金，而只交换利息的现金流，即 A 向 B 支付浮动利息，B 向 A 支付固定利息。

通过发挥各自的比较优势并互换，双方总的筹资成本降低，从利率来衡量，总的筹资利率降低了 0.5%。计算式如下：

$$(7.20\% + SHIBOR + 1.30\%) - (6.00\% + SHIBOR + 2.00\%) = 0.5\%$$

利率互换的得益是双方合作的结果，理应由双方分享。具体分享比例由双方谈判决定。假定双方各分享一半，则双方都将使筹资成本降低 0.25%，即双方最终实际筹资成本分别为：A 支付 SHIBOR+1.05%浮动利率，B 支付 6.95%的固定利率。这样，双方就可根据借款成本与实际筹资成本的差异计算各自向对方支付的现金流，即 A 向 B 支付按 SHIBOR 计算的利息，B 向 A 支付按 4.95%计算的利息。并且由于利率互换只交换利息差额，信用风险很小。完整的利率互换的流程如图 9-7 所示。

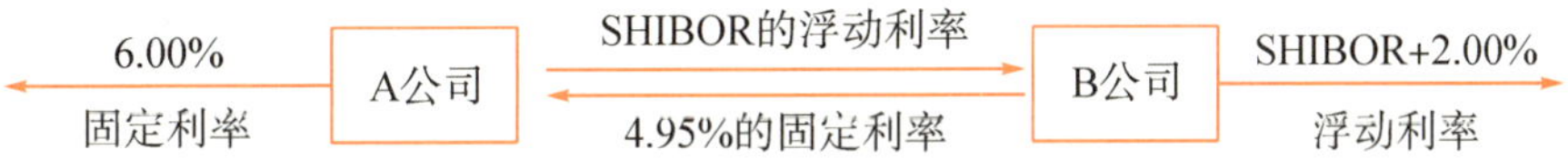

图 9-7　利率互换中的资金流向

在上述互换中，给定每隔 6 个月为利息支付日，因此互换协议的条款应规定每 6 个月一方向另一方支付固定利率与浮动利率的差额。假定某一支付日的 SHIBOR 为 5.0%，则 A 应付给 B 的金额为 0.25 万元。计算式如下：

$$1\ 000 \times (5.00\% - 4.95\%) \times 0.5 = 0.25(\text{万元})$$

❖ 货币互换

货币互换（currency swaps）是将一种货币的本金和固定利息与另一种货币的等价本金和固定利息进行交换。进行货币互换的一个重要原因是交易双方在各自国家中的金融市场上具有**比较优势**，通过货币互换可以**降低融资成本**，另一个重要原因是通过货币互换可以**管理汇率风险**。货币互换涉及本金互换，因此当汇率变动很大时，双方就将面临一定的信用风险。当然这种风险仍比单纯的贷款风险小得多。假定英镑兑美元汇率为 1 英镑=1.5 美元。A 想借入 5 年期的 1 000 万英镑借款，B 想借入 5 年期的 1 500 万美元借款。但由于 A 的信用等级高于 B，两国金融市场对 A、B 两公司的熟悉状况不同，因此，市场向它们提供的固定利率也不同，如表 9-7 所示。

表 9-7　公司 A、B 面对的贷款利率　　　　单位：%

	美元	英镑
A 公司	8.0	11.6
B 公司	10.0	12.0

从表 9-7 可以看出，A 的借款利率均比 B 低，即 A 在两个市场都具有绝对优势，但绝对优势大小不同。A 在美元市场上的绝对优势为 2%，在英镑市场上只有 0.4%。这就是说，A 在美元市场上有比较优势，而 B 在英镑市场上有比较优势。这样，双方就可利用各自的比较优势借款，然后通过互换得到自己想要的资金，并通过分享互换收益（1.6%）降低筹资成本。于是，A 以 8%的利率借入 5 年期的 1 500 万美元借款，B 以 12.0%的利率借入 5 年期的 1 000 万英镑借款。然后，双方先进行本金的交换，即 A 向 B 支付 1 500 万美元，B 向 A 支付 1 000 万英镑。

假定 A、B 公司商定双方平分互换收益，则 A、B 公司都将使筹资成本降低 0.8%，即双方最终实际筹资成本分别为：A 支付 10.8%的英镑利率，而 B 支付 9.2%的美元利率。

这样，双方就可根据借款成本与实际筹资成本的差异计算各自向对方支付的现金流，进行利息互换，即 A 向 B 支付 10.8%的英镑借款的利息计 108 万英镑，B 向 A 支付 8.0%的美元借款的利息计 120 万美元。经过互换后，A 的最终实际筹资成本降为 10.8%英镑借款利息，而 B 的最终实际筹资成本变为 8.0%美元借款利息加 1.2%英镑借款利息。若汇率水平不变的话，B 最终实际筹资成本相当于 9.2%美元借款利息。若担心未来汇率水平变动，B 可以通过购买美元远期或期货来规避汇率风险。

在贷款期满后，双方要再次进行借款本金的互换，即 A 向 B 支付 1 000 万英镑，B 向 A 支付 1 500 万美元。到此，货币互换结束。若不考虑本金问题，上述货币互换的流程图如图 9-8 所示。

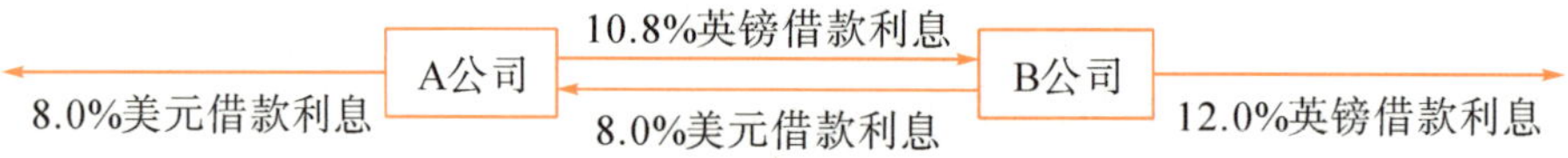

图 9-8　货币互换中的资金流向

拓展 9-4

其他形式的金融互换

从最普遍的意义来说，互换实际上是现金流的交换。由于计算或确定现金流的方法有很多，因此互换的种类也有很多。除了上述最常见的利率互换和货币互换外，其他主要的金融互换品种有：

◇ **交叉货币利率互换。**交叉货币利率互换（cross-currency interest rate swaps）是利率互换和货币互换的结合，它是以一种货币的固定利率交换另一种货币的浮动汇率。

◇ **增长型互换、减少型互换和滑道型互换。**在标准的互换中，名义本金是不变的，而在这三种互换中，名义本金是可变的。其中，增长型互换（accreting swaps）的名义本金在开始时较小，之后随着时间的推移逐渐增大。减少型互换（amortizing swaps）则正好相反，其名义本金随时间的推移逐渐变小。近年来，互换市场又出现了一种特殊的减少型互换，即指数化本金互换（indexed principal swaps），其名义本金的减少幅度取决于利率水平，利率越低，名义本金减少幅度越大。滑道型互换（roller-coaster swaps）的名义本金则在互换期内时而增大，时而减小。

◇ **基点互换。**在普通的利率互换中，互换一方是固定利率，另一方是浮动利率。而在基点互换（basis swaps）中，双方都是浮动利率，只是两种浮动利率的参照利率不同，如一方为 LIBOR，则另一方为基准利率。

◇ **可延长互换和可赎回互换。**在标准的互换中，期限是固定的。可延长互换（extendable swaps）的一方有权在一定限度内延长互换期限。可赎回互换（puttable swaps）的一方则有权提前中止互换。

◇ **零息互换。**零息互换（zero-coupon swaps）是指固定利息的多次支付流量被一次性的支付所取代。该一次性支付既可以在互换期初也可在互换期末。

◇ **后期确定互换。**在普通的涉及浮动利率的互换中，每次浮动利率都是在该计息期开始之前确定的。后期确定互换（back-set swaps）的浮动利率则是在每次计息期结束之后确定的。

◇ **差额互换。**差额互换（differential swaps）是对两种货币的浮动利率的现金流量进行交换，只是两种利息现金流量均按同种货币的相同名义本金计算。例如，互换一方按 6 月期美元的 LIBOR 对 1 000 美元的名义本金支付利息，另一方按 6 月期英镑的 LIBOR 减去 1.90%的浮动利率对 1 000 万美元的名义本金支付以美元表示的利息。

◇ **远期互换。**远期互换（forward swaps）是指互换生效日是在未来某一确定时间开始的互换。

◇ **互换期权。**互换期权（swaption）从本质上属于期权而不是互换，该期权的标的物为互换。例如，利率互换期权本质上是把固定利率交换为浮动利率，或者把浮动利率交换为固定利率的权利。但许多机构在统计时都把互换期权列入互换的范围。

◇ **股票互换。**股票互换（equity swaps）是以股票指数产生的红利和资本利得与固定利率或浮动利率交换。投资组合管理者可以用股票互换把债券投资转换成股票投资，反之亦然。

本章重点回顾

金融衍生工具的避险与投机功能

远期

远期的特点；远期合约的损益；远期利率协议和远期外汇协议

期货

期货合约的特点；期货市场的功能

期权

期权的分类；期权买卖双方的损益

互换

利率互换；货币互换等

课后思考和练习题

1. 简述金融衍生工具的避险和投机。
2. 远期合约具有什么特点？
3. 期货合约具有什么特点？期货合约相较于远期合约的优点是什么？
4. 什么是看涨期权和看跌期权？
5. 期权价格受哪些因素影响？
6. 什么是利率互换与货币互换？

阅读资料推荐

刘晓雪，周靖昀，邹志军. 中国“保险 + 期货”试点模式演变与实施效果评价研究［J］. 价格理论与实践，2023（08）：158-163.

白默，牛越，王栋. 基于风险管理视角对中行“原油宝”事件的分析［J］. 天津大学学报（社会科学版）. 2021（04）：295-299.

卢鹏，陈晓驰. 利率互换与利率上/下限期权对冲贷款利率风险的比较［J］. 中国货币市场，2023（10）：48-53.

PART 3

第三篇
金融机构

第十章 金融机构概览与金融结构的经济学分析

学习目标

本章主要介绍金融机构类型和不同金融机构的主要区别以及我国的金融机构体系；介绍我国及其他国家当前金融结构的基本特征，并运用交易成本和信息不对称等经济学理论分析形成原因。学完本章，你应该掌握：

- 金融机构的类型以及我国金融机构体系概况。
- 我国及其他国家当前金融结构的基本特征。
- 金融结构形成原因的经济学解释。

第一节　金融机构概览

金融机构是指金融管理部门监督管理的从事金融业务的机构，涵盖有银行、证券、保险等。改革开放以来，我国的金融业快速发展，目前已建立起了体系完整的金融机构体系。

一、金融机构的类型

根据金融机构的资金来源，**金融机构可以分成存款类金融机构和非存款类金融机构**。存款类金融机构的资金来源主要为吸收公众存款，商业银行是其中的典型代表；非存款类金融机构则主要通过发行股票、债券或出售基金份额、保单等方式吸收资金（一般不允许向公众吸收存款），非存款类金融机构主要包括保险公司、投资银行、信托公司、投资基金和其他非存款类金融机构。

金融机构在直接融资领域和间接融资领域发挥着重要作用，这其中有一大批金融机构在间接融资领域发挥了金融中介作用，这些金融中介机构在类型上可以区分为**存款类金融机构、契约性储蓄机构和投资性中介机构**。表 10-1 给出了这三类金融中介机构主要的负债（资金来源）和资产（资金运用）等方面的情况。

表 10-1　金融中介机构主要的资产和负债

金融中介机构的类型	主要负债（资金来源）	主要资产（资金运用）
存款类金融机构		
商业银行	吸收存款	商业贷款、消费贷款、政府债券
信用社	吸收存款	商业贷款、消费贷款、政府债券
契约性储蓄机构		
保险公司	出售保单	银行存款、股票、债券
养老基金	雇主和雇员的缴款	银行存款、股票、债券
投资性中介机构		
信托公司	出售信托产品	信托贷款、投资
财务公司	发行商业票据、股票和债券	消费贷款、商业贷款
共同基金	出售基金	股票、债券
货币市场共同基金	出售基金	货币市场工具

❖ 存款类金融机构

存款类金融机构（depository institution）**是指从个人和机构手中吸收存款并且发放贷款的金融中介机构。**我国的存款类金融机构主要由商业银行和信用社等构成。存款类金融机构的共同特点是可以吸收存款，并且以发放贷款为主要资金运用方式，这往往涉及存款货币的创造，是货币供给的重要组成部分。因此，存款类金融机构，特别是商业银行，是货币金融学的主要研究对象。以下简要介绍商业银行和信用社。

◆ 商业银行

商业银行主要通过发行支票存款、储蓄存款和定期存款来筹措资金，用于商业贷款、消费贷款、抵押贷款，以及购买政府债券等。一般来说，无论在哪个国家，商业银行都是最重要的一种金融中介机构，它们所拥有的资产规模最大，提供的金融服务最重要且服务对象最广泛，对经济活动的影响力一般都居于一国金融机构之首。

◆ 信用社

信用社通常是规模很小并且具有合作性质的贷款机构，往往由诸如工会会员、特定公司职员等特定群体集资联合组织而成。信用社以互助、自助为目的，在信用社社员中开展存款、放款业务。在我国，信用社主要是指农村信用合作社，城市信用合作社目前已全部改制为城市商业银行。农村信用合作社是指经中国人民银行批准设立、由社员入股组成、实行民主管理、主要为社员提供金融服务的农村合作金融机构。

❖ 契约性储蓄机构

契约性储蓄机构（contractual savings institution）**是指根据契约规定按期获得资金的金融中介机构。**契约性储蓄机构包括各种保险公司和养老基金等。因为契约性储蓄机构能够相当准确地预测在未来年度中需要向受益人支付的金额，所以它们不必像存款类金融机构那样担心出现资金迅速流失的情况。因而，资产的流动性对契约性储蓄机构来说不像存款类金融机构那样重要。它们的资金主要投资于政府债券、公司债券、股票和抵押贷款等长期证券。

❖ 投资性中介机构

投资性中介机构（investment intermediary）**是指通过发行股票、债券或出售基金份额等方式筹集资金，再把资金运用到金融市场或法律允许的贷款业务的金融中介机构。**投资性中介机构主要包括信托公司、投资基金、财务公司等。下面简要介绍共同基金和货币市场共同基金。

◆ 共同基金

共同基金，又称为投资基金。它们通过向个人出售基金份额来筹集资金，并且将其资金投资于多样化的股票和债券组合。共同基金将基金份额持有者的资金汇集起来，形成较大的资金规模，就可以批量购买股票或者债券，具有降低交易成本的优势。此外，共同基金能够使其份额持有者的投资组合相对于其他投资而言更具多样性。共同基金份额持有者还可以随时出售（赎回）其份额，但出售价格由共同基金投资的证券价值来决定。由于证券价格波动剧烈，共同基金的价值也会随之变化，所以购买共同基金也存在一定风险。

◆ 货币市场共同基金

货币市场共同基金是一种特殊类型的共同基金。与大多数共同基金一样，货币市场共同基金通过出售基金份额来筹集资金，但它们的主要投资对象是那些安全性和流动性都很高的货币市场工具。由于这些金融资产价格的波动性很小，所以货币市场共同基金的份额价格是固定的。货币市场共同基金份额持有者将会获得这些资产形成的息票利息。在美国，货币市场共同基金的独特之处是其份额持有者可以根据所持份额的价值来签发支票。从这角度看，货币市场共同基金类似于附带利息的支票存款账户。

二、我国金融机构体系

当前我国的金融机构体系是以商业银行为主体，多种金融机构并存的分业经营、分业管理的现代金融机构体系。20 世纪 50 年代至 70 年代我国处于计划经济时期，金融机构比较少，长期只有中国人民银行一家机构。从 1979 年起，我国陆续恢复或建立中国农业银行、中国银行、中国建设银行、中国工商银行等国有专业银行，开始打破中国人民银行“大一统”的银行体系。1994 年，国家开发银行、中国进出口银行和中国农业发展银行三家政策性银行①成立，承接四大国有专业银行原来的政策性业务，四大国有专业银行开始真正向商业银行转变，多层次银行体系逐步形成。同时期，1990 年，上海证券交易所和深圳证券交易所相继成立营业，我国资本市场从此拉开序幕。2001 年加入 WTO 以来，我国金融业得到了更为快速的发展。目前，我国金融业已形成了覆盖银行、证券、保险、基金、期货等领域的种类齐全、竞争充分的金融机构体系（见表 10-2）。

表 10-2　我国金融机构体系构成

金融机构类型	涵盖范畴
货币当局	中国人民银行
监管当局	国家金融监督管理总局 中国证券监督管理委员会
开发性金融机构 政策性银行	国家开发银行 中国进出口银行、中国农业发展银行
银行业存款类金融机构	商业银行、信用合作社等
银行业非存款类金融机构	信托公司、金融资产管理公司、金融租赁公司、企业集团财务公司、汽车金融公司等
证券业金融机构	证券公司、证券投资基金管理公司、期货公司等
保险业金融机构	财产保险公司、人身保险公司、再保险公司等
交易及结算类金融机构	交易所、登记结算类机构
金融控股公司	中央金融控股公司、其他金融控股公司
其他金融机构	小额贷款公司、融资担保公司、典当行等

根据国家金融监督管理总局网站发布的《银行业金融机构法人名单》，截至 2023 年 12 月末，银行业金融机构法人数量为 4 490 家，其中包括政策性银行（含开发性金融机构）3 家，国有大型商业银行 6 家，全国性股份制商业银行 12 家，城市商业银行 125 家，农村商业银行 1 607 家，农村信用社 499 家，农村合作银行 23 家，农村资金互助社 30 家，村镇银行 1 636 家，民营银行 19 家，外资法人银行 41 家，信托公司 67 家，金融资产管理公司 5 家，金融租赁公司 70 家，企业集团财务公司 241 家，消费金融公司 31 家，汽车金融公司 25 家②。

根据国家金融监督管理总局网站发布的《保险机构法人名单》，截至 2023 年 12 月末，保险机构法人数量为 238 家，其中保险集团（控股）公司 13 家，财产保险公司 88 家，人身保险公司 91 家，再保险公司 7 家，保险资产管理公司 35 家③。

---

① 政策性银行是政策性金融机构的一种。政策性金融机构是指由政府设立或支持的，以贯彻落实政府经济政策为目的，不以盈利为目标的金融机构。

② 数据来源：国家金融监督管理总局网站 https://www.cbirc.gov.cn/cn/view/pages/govermentDetail.html? docId = 1160641

③ 数据来源：国家金融监督管理总局网站 https://www.cbirc.gov.cn/cn/view/pages/govermentDetail.html? docId = 1160638

另外，根据中国证券监督管理委员会网站的数据，截至 2024 年 5 月末，我国证券公司数量为 147 家①，公募基金管理机构数量为 162 家②，期货公司数量为 150 家③。

在金融业机构总资产和净资产方面，根据中国人民银行网站公布的《2023 年末金融业机构资产负债统计表》，截至 2023 年 12 月末，我国金融业机构总资产为 461.09 万亿元，金融业机构所有者权益总额为 40.31 万亿元。其中：银行业机构总资产为 417.29 万亿元，银行业机构所有者权益总额为 34.16 万亿元；证券业机构总资产为 13.84 万亿元，证券业机构所有者权益总额为 3.42 万亿元；保险业机构总资产为 29.96 万亿元，保险业机构所有者权益总额为 2.73 万亿元④。

第二节　我国及其他国家金融结构的基本特征

为了更好地理解金融体系的运行机制，我们需要了解我国和其他国家金融结构的基本特征。我们在第二章已有介绍，**金融结构是指金融体系中各种现存金融工具（债权凭证和股权凭证等）与金融机构的相对规模。**根据直接融资和间接融资在金融体系中的地位，可以区分为市场主导型和银行主导型金融结构。

表 10-3 是中国非金融企业在 2014—2023 年的外部资金来源的构成情况。表中：银行贷款主要是指存款类金融机构发放的贷款；非银行贷款主要是指非存款类金融机构发放的贷款；债券主要是指公司债券和商业票据等可流通的债务凭证；股票是指新发行的股权凭证，即股票市场的股票。由表可见，我国非金融企业外部资金的主要来源为各类贷款，特别是银行贷款，通过债券和股票的融资比重还相对较低。

表 10-3　中国非金融企业外部资金来源的构成　　单位：%

年份	银行贷款[a]	非银行贷款[b]	债券[c]	股票[d]
2014	63.68	19.00	14.96	2.36
2017	76.09	16.67	2.43	4.81
2020	84.26	-6.25	18.27	3.73
2023	89.45	0.72	6.61	3.22

① 数据来源：中国证券监督管理委员会网站 http://www.csrc.gov.cn/csrc/c101900/c1029659/content.shtml
② 数据来源：中国证券监督管理委员会网站 http://www.csrc.gov.cn/csrc/c101900/c1029657/content.shtml
③ 数据来源：中国证券监督管理委员会网站 http://www.csrc.gov.cn/csrc/c101920/c1039268/content.shtml
④ 数据来源：中国人民银行网站 http://www.pbc.gov.cn/diaochatongjisi/resource/cms/2024/04/2024041516111543263.htm

表10-3（续）

年份	银行贷款[a]	非银行贷款[b]	债券[c]	股票[d]
近十年（2014—2023）	81.18	1.72	13.05	4.05

数据来源：中国人民银行网站-社会融资规模增量统计表（以下简称“统计表”），并经作者计算所得。我国社会融资规模数据自2012年开始统计并公布。

a. 银行贷款数据来自统计表中的人民币贷款和外币贷款这两项。

b. 非银行贷款数据来自统计表中的委托贷款和信托贷款这两项。

c. 债券数据来自统计表中的企业债券这一项。

d. 股票数据来自统计表中的非金融企业境内股票这一项。

考察我国以及部分国家的金融体系，很多国家的金融体系在金融结构及相关方面存在如下几个基本特征：

◆ 很多国家间接融资重要性超过直接融资，金融中介机构（特别是银行）是企业重要的外部融资来源。

间接融资的主要表现形式是企业向银行等金融机构通过各类贷款获得的融资；直接融资的主要表现形式是企业直接向居民出售股票和债券等可流通证券获得的融资。由表10-3可见，我国间接融资比重较高，金融中介机构（特别是银行）是企业最重要的外部融资来源。近十年（2014—2023）我国银行贷款和非银行贷款在非金融企业外部融资总额中所占比重为82.90%，其中银行贷款的比重为81.18%，银行贷款是我国企业最重要的外部融资来源。即使是金融市场发达的美国，银行贷款也是企业重要的外部融资来源。

进一步地，在企业外部融资渠道中，虽然包括美国在内的部分国家直接融资比重较高，但这仍可能夸大了直接融资在金融体系中的重要性。因为在这些直接融资额中，直接由居民购入新发行公司债券和股票等有价证券的比例是不高的，而是主要由保险公司、养老基金、共同基金等金融中介机构购入。而在德国、日本、加拿大和中国等国家的企业外部融资渠道中，可流通证券的重要性比美国还要小，所以与直接融资相比，间接融资在这些国家中的重要性则更为显著。

◆ 很多国家债务合约融资重要性超过股权合约融资，股票不是企业最重要的外部融资来源。

由表10-3可见，近十年（2014—2023）我国非金融企业从股票市场的融资金额占外部融资总额的比重则仅为4.05%，而包括银行贷款、非银行贷款以及债券的各类债务合约融资比重则高达九成以上，股票不是我国企业最重要的外部融资来源。如果只比较股票融资和债券融资，我国股票融资比重甚至还不到债券的三分之一，并且在很多国家，股票融资比重同样远低于债券融资比重。

◆ 只有规模庞大和组织完善的公司才能够进入证券市场融资。

个人和组织不够完善的小企业很难通过发行可流通证券来获得资金，而只能通过银行贷款等途径获得资金。与之相反，只有那些规模庞大、组织完善、信誉卓著的公司才容易从证券市场获得融资。

◆ **抵押品、净值要求和限制性条款在债务合约中非常普遍。**

抵押品是抵押给贷款人的一种财产，在借款人不能偿还债务的情况下，来保证债务的偿付。与信用贷款等无抵押的债务相比，抵押债务是企业和家庭负债的主要形式。净值即公司资产与负债之间的差额，净值具有与抵押品类似的作用，贷款人更愿意向拥有较高净值的公司提供贷款。另外，限制性条款在债务合约中非常普遍，债务合约通常都列有众多限制性条款，以限制或指定借款人所能从事的特定活动。

◆ **金融体系受到严格的监管**

无论是美国、德国、日本、加拿大等发达国家，还是中国等发展中国家，金融体系均受到严格的监管。政府对金融体系实施监管的目的主要是为了促进信息披露，从而保证金融体系的稳定。

第三节　交易成本和信息不对称如何影响金融结构

金融市场的一个重要特征是存在着巨大的交易成本和信息不对称，它们影响金融市场运行的实现机制，从而影响金融结构。分析这些因素如何影响金融市场，能够帮助我们理解上节介绍的金融结构的基本特征，使我们对金融体系运行机制理解得更加深入。本节我们将分别探讨交易成本和信息不对称对金融体系结构的影响。

讨论：
小微企业为什么融资难？

一、交易成本如何影响金融结构

交易成本（transaction cost），即从事交易活动所耗费的成本。交易成本是金融市场中的重要问题，较高的交易成本会影响市场运行的效率，从而影响金融结构。任何降低交易成本的努力必将影响和改变金融结构。

❖ 交易成本影响家庭和个人的金融市场参与

假设我们拥有 1 000 元并且希望将其投资于股票市场。由于股票市场的最小交易数量是 1 手，即 100 股，同时在购买股票时需要向经纪人支付佣金，因而我们只能购买股票价格小于 10 元/股的股票，这将极大限制我们在股票市场上的投资。这意味着佣金等交易成本的存在，导致资金量有限的家庭和个人不可能最大限度地利用金融市场来使自己的财富获得收益。

同时，交易成本的存在使得家庭和个人不能通过投资多元化来实现风险分散化。由于家庭和个人可用资金可能较少，而大多数小额交易的交易成本往往比较高昂，以致家庭和个人只能开展有限种类的投资活动。这意味着家庭和个人不得不把所有鸡蛋都放到同一个篮子里，即无法实现风险分散化，以致家庭和个人面临着更高的风险。

❖ 金融中介机构降低交易成本的途径

上面的例子说明了小额储蓄的家庭和个人常常被排除在金融市场之外，从而无法获得投资收益。幸运的是，作为金融结构重要组成部分的金融中介机构能够通过规模经济和专门技术等途径来降低交易成本，从而使得小额储蓄者和借款人能够从金融市场中获得收益。

◆ 规模经济

金融中介机构降低交易成本的途径之一是把众多投资者的资金汇集起来，从而使得他们可以利用规模经济效应来降低单位投资的交易成本。金融市场的这种规模经济现象可以解释金融中介机构得以发展并成为金融结构重要组成部分的金融结构基本特征。规模经济效应促进金融中介机构发展的最显著的例证是共同基金。共同基金向家庭和个人等投资者出售基金份额，将汇集的资金投资于股票或债券。由于资金规模庞大，因而共同基金在大量购买股票或者债券时具有交易成本较低的优势。在扣除因管理账户活动而收取的管理费用之后，共同基金节约交易成本的好处将会分享给其投资者。同时，共同基金因其资金规模庞大能够购买高度分散化的证券投资组合。对家庭和个人投资者而言，共同基金更加分散化的投资降低了其风险程度。

◆ 专门技术

除了规模经济，金融中介机构还可以通过开发专门技术来降低交易成本，而家庭和个人投资等投资者很难做到一点。比如金融中介机构可以通过计算机方面的专门技术向客户提供各种便利服务，从而不仅使得其客户可以更加便捷地从事交易活动，而且有助于降低交易成本。以商业银行为例，专门技术的运用有助于降低吸收存款、发放贷款以及开展其他投融资活动的交易成本，从而有助于提高客户收益并吸引更多客户把资金存入银行。

综上所述，金融市场中存在着交易成本的事实使得金融中介机构和间接融资在金融市场中发挥重要的作用。

二、信息不对称如何影响金融结构

为了更加全面地理解金融结构，除了交易成本，我们还需要考察信息在金融市场中所发挥的作用。与交易成本一样，信息不对称是金融市场的另一个重要特征和问题。所谓的**信息不对称**（asymmetric information）是指交易的一方对交易另一方缺乏充分的了解，从而使其在交易过程中难以做出准确的决策。信息不对称可能导致逆向选择和道德风险问题，从而影响金融市场的效率和金融结构。

❖ 逆向选择如何影响金融结构

逆向选择（adverse selection）是交易之前发生的信息不对称问题。由于逆向选择问题与二手车市场中的次品车问题类似，所以其也被称作**次品车问题、柠檬问题**（lemon problem)。阿克洛夫(George A. Akerlof)1970年发表的论文《柠檬市场:质量的不确定性和市场机制》详细阐述了逆向选择如何影响市场有效运行的具体方式。二手车的潜在买主通常不能够准确评估车辆的质量，他们不能辨别出某辆二手车是性能良好的好车，还是会不断带来麻烦的次品车。因此，二手车买主愿意支付的价格常常介于次品车的低价和好车的高价之间，反映的是市场上所有二手车的平均质量。与二手车的潜在买主不同，二手车的所有者更了解自己的车是好车还是次品车。如果是好车，车主知道如果按买主意愿支付的价格成交，则该车的价值将被低估，因而他可能不愿意出售。如果是次品车，车主当然乐意按照买主愿意支付的价格卖掉，因为车主知道该价格高于次品车的价值。这种逆向选择的结果是二手车市场上很少会有良好的二手车出售，以致提供到市场上的二手车平均质量低下，同时也几乎没有人愿意购买二手车。

在债券市场和股票市场等证券市场上，同样会出现次品车问题。潜在的证券购买者往往不能识别拥有较高预期收益和较低风险的优质公司与拥有较低预期收益和较高风险的劣质公司。他们愿意支付的证券价格常常介于劣质公司的证券价值与优质公司的证券价值之间，反映的是发行证券公司的平均质量。与潜在的证券购买者相比，公司的所有者或经理人拥有更多的公司信息，因而能够区别优质公司和劣质公司。优质公司的所有者知道如果按潜在证券购买者愿意支付的价格成交，公司的证券价值将被低估，因而他们不愿意按照该价格出售证券。愿意按照潜在证券购买者愿意支付价格出售证券的只有那些劣质公司，因为该愿意支付的证券价格高于劣质公司的证券价值。当潜在的证券购买者意识到上述情形时，他们将会决定不在市场上购买证券。显然，这结果类似二手车市场。由此可见，由于次品车问题的存在，很多公司并不适合通过在证券市场出售证券来筹资，所以在证券市场上发行可流通的债务工具和股权证券不是企业融资的主要来源。

与此同时，规模越庞大和组织越完善的公司，其知名度越高，市场上能够获得与之活动相关的信息也越多，投资者评价公司质量进而区分公司优劣就越容易。由于投资者不必太担心会出现逆向选择问题，所以他们更愿意直接购买规模庞大和组织完善的知名公司的证券。因而，由于金融市场存在逆向选择问题，只有规模庞大和组织完善的公司才能进入证券市场融资。

❖ 道德风险如何影响金融结构

道德风险(moral hazard)是在交易发生后出现的信息不对称问题。它是指证券的销售者具有一种隐瞒信息，并从事那些违背证券购买者意愿活动的激励。道德风险对金融结构的影响非常重要：它不仅影响债务合约和股权合约的选择，而且影响债务市场的金融结构。

◆ 道德风险影响债务合约和股权合约的选择

诸如普通股等股权合约是分享公司盈利和资产的剩余索取权。作为公司管理者的经理人虽然不拥有或只拥有其所在公司的小部分股权，但其可以作为拥有大部分公司股权的股东(被称为“委托人”)的代理人，行使公司经营管理权。**所有权和经营管理权的这种分离常常存在着道德风险**，即作为公司管理者的经理人追求利润最大化的动机没有股东那么强烈，他们可能会按照自己的利益而不是股东的利益行事。当拥有大部分股权的股东与公司经理人的利益存在冲突时，**委托—代理问题**（principal-agent problem）就出现了。当委托—代理问题出现时，委托人和代理人之间常常存在两个方面的不对称。一是利益不对称，股东追求公司利润和股东权益最大化，而经理作为代理人追求的是个人利益最大化，包括收入、社会地位、声誉的提高和权力的扩大以及舒适的条件等。二是信息不对称，委托人了解的信息是有限的，而代理人在掌握信息方面存在明显优势，这就需要委托人去监督和核实。

相对于股票等股权合约的持有者在任何情况下（无论公司是盈利还是亏损）享有剩余索取权而言，贷款、债券等债务合约是一种规定借款人（或债券发行人）必须定期向贷款人（或债券持有人）支付固定金额的契约性合约。当公司具有较高的利润时，贷款人按照合约规定获得偿付款项，而不需要知道公司的确切利润数额。如果公司经理人隐瞒利润，或者从事那些使其个人获益而并不增加企业利润的活动，只要这些活动不影响公司按时偿付债务的能力，贷款人就不必介意。只有当公司不能按期偿付债务，即出现违约时，才需要贷款人对公司的盈利状况进行核实。此时债务合约的贷款人才需要像公司股东那样行事：他们需要明确知道公司的收入状况，从而保证自己得到公平的份额。

相对于股权合约而言，**债务合约不需要经常监督公司活动，具有监督和核实成本更低的优点，**这有助于解释公司在筹资活动中更容易地和更多地使用债务合约而不是股权合约的原因。由此可见，由道德风险导致的委托—代理问题能够帮助解释股票不是企业最重要的外部融资来源的原因。

◆ 道德风险影响债务市场的金融结构

即使债务合约拥有不需要经常监督公司活动从而使得监督成本降低的优点，债务合约还是容易受到道德风险的影响。由于债务合约要求借款人偿付固定的金额，超过此数额之外的收入才能形成利润，从而借款人就有一种从事风险水平高于贷款人意愿水平的投资项目的冲动。对于贷款人而言，借款人从事高风险投资项目并不能为贷款人增加额外收益，但可能导致贷款损失。为了缓解潜在的道德风险问题，贷款人需要采取措施防范或降低借款人从事高风险投资项目可能给贷款人造成的损失。正是由于这方面的原因，**抵押品、净值要求和限制性条款在债务合约中非常普遍**，进而对债务市场的金融结构产生影响。

抵押品（collateral）是指借款人承诺在债务合约违约的情况下交付给贷款人支配的财产。**净值**（net worth）也称为权益资本，即公司资产与负债之间的差额。在债务市场，一方面，贷款人为了缓解道德风险问题普遍偏好发放有抵押品作为抵押的贷款而不是信用贷款，抵押贷款成为了一种占比很高的贷款形式。另一方面，贷款人也偏好给资产净值高的借款人发放贷款，这导致资产净值低的借款人往往难以获得贷款。比如，经济生活中经常提到的“小微企业贷款难”，作为借款人的小微企业缺乏抵押品以及资产净值低就是导致其贷款难的原因之一。当然对于“小微企业贷款难”较为全面的经济学分析，除了需要考虑上述信息不对称导致的道德风险问题，还需要考虑逆向选择问题以及交易成本问题。

第四节　信息不对称问题的解决办法

正如我们在前一节介绍的，信息不对称是金融市场的一个重要特征，信息不对称可能导致逆向选择和道德风险问题，它们影响金融市场运行的实现机制，从而影响金融结构。本节我们将依次从逆向选择和道德风险两个维度来探讨信息不对称问题的解决办法。

一、逆向选择问题的解决办法

如果金融市场不存在信息不对称，证券购买者能够识别出优质公司和劣质公司之间的区别，他们将对优质公司的证券支付足额价格，优质公司也愿意在金融市场出售它们的证券。由此，证券市场就会把资金转移到拥有最佳生产投资机会的优质公司手中。但是信息不对称问题在金融市场普遍存在，如何降低交易前的信息不对称程度，从而降低逆向选择所带来的危害呢？

◆ **信息的私人生产和销售**

解决金融市场中逆向选择问题的办法是向资金供给方提供那些正在为投资寻求资金的个人或公司的详细情况，以消除信息不对称的影响。使资金供给方获得这类信息的途径之一是设立私人公司，由它们负责收集和生产出能够区别优质公司和劣质公司的信息，然后卖给资金供给方。

由于存在**搭便车问题**（free-rider problem），私人生产和销售信息的方法并不能完全解决证券市场的逆向选择问题。当一些人不必支付费用却能够获取其他人付费得到的信息时，就产生了搭便车问题。搭便车问题的存在使得私人公司从销售信息中盈利的能力降低，导致市场上生产出来的信息越来越少。因而，逆向选择问题还是会干扰证券市场的有效运行。

◆ **旨在增加信息的政府监管**

搭便车问题的存在使得私人市场不能生产出足够的信息以消除导致逆向选择的所有信息不对称问题。政府干预能够使金融市场从中受益吗？政府干预的方法之一是政府来生产信息，帮助投资者识别优质公司和劣质公司，并免费提供给公众。然而，这种要求政府发布关于公司负面信息的解决办法往往难以实现。政府解决证券市场信息不对称的常用办法是政府对证券市场进行监管，鼓励公司披露真实信息，使投资者得以识别公司的优劣。中国证券监督管理委员会和美国证券交易委员会就属于此类政府机构，它们要求在公开市场上销售证券的公司都要有会计师事务所对公司财务进行独立审计，以确保这些公司披露的有关销售、资产和收益等方面的财务信息符合标准会计准则。

为了增加投资者的可用信息，减少那些阻碍包含股票市场和债券市场在内的证券市场有效运作的逆向选择问题，政府的监管活动是必要的。事实上，金融体系受到了政府部门的严格监管。然而，政府监管的信息披露要求并不总是能够发挥作用，2001 年发生在美国的安然公司破产案就是一个明证。

◆ **抵押品和净值**

抵押品的作用在于如果借款人出现贷款违约，贷款人可以出售抵押品，并且利用出售收入来弥补贷款的损失。由于抵押品在债务合约出现违约的情况下能够减少贷款人遭受的损失，所以抵押品降低了逆向选择产生的不良影响。

净值具有与抵押品类似的作用。净值较高的公司一般拥有较多可以补偿贷款损失的资产，因此即使公司从事的投资活动出现亏损导致债务违约，贷款人仍有可能通过公司净值补偿贷款损失，净值降低了逆向选择产生的不良影响。

由此可见，抵押品和净值都具有降低逆向选择产生的不良影响的作用，因此贷款人更愿意向拥有较高净值的公司提供贷款。不仅如此，如果借款人能够提供充足的抵押品或者借款人资产净值高，那么这本身就表明出现逆向选择问题的可能性低，这会有利于借款人从贷款人那里获得贷款，甚至可能使借款人以较低的利率获得贷款。总之，借款人对贷款人的抵押品和净值要求不仅有助于减少逆向选择的出现，还能够降低出现逆向选择后产生的不良影响，这也部分解释了为什么抵押品和净值要求在债务合约中非常普遍。

◆ **金融中介机构**

由私人生产的信息以及旨在增加信息的政府监管只能缓解而不能完全消除金融市场的逆向选择问题。与在二手车买卖中发挥中介作用的二手车经销商的作用类似，金融中介机构有助于解决逆向选择问题。金融中介机构（比如银行）是生产公司信息的专家，能够分辨出公司信用风险的高低，从而它们能够从存款者那里获得资金，再将资金贷给优质公司。由于银行大部分贷款是发放给那些优质公司的，所以它们通过贷款获得的收益将会高于支付给存款者的利息。银行能够因此获得盈利，这会激励它们从事此类信息的生产活动。

银行之所以具有从信息生产中获利的能力，是因为它们主要发放私人贷款而不是购买在公开市场上交易的证券，这就避免了搭便车问题。由于私人贷款是一对一谈判交易的，所以其他投资者就无法发现银行在做什么，从而难以压低贷款的价格，将其降低到银行难以补偿其生产信息成本的水平。由此可见，作为金融中介机构的银行，持有大量一对一谈判交易形成贷款是它们得以成功地在金融市场上降低信息不对称程度的关键。

总体而言，金融中介机构，尤其是拥有大量一对一谈判交易形成的贷款的银行，在解决逆向选择方面可以更好地避免搭便车问题，从而在解决逆向选择方面比证券市场发挥了更大的作用。

二、股权合约中道德风险的解决办法

在股权合约中，经理比股东更加了解公司的经营活动和实际盈利情况，因而容易受到委托—代理问题这种道德风险的影响。

◆ **股东监督**

对股东而言，降低股权合约中道德风险的办法之一是通过经常对公司进行审计和核查经理层的行为等方法来进行信息生产以监管公司的活动。然而，股东实施这些监督活动需要花费大量的时间和金钱，是一种高成本核实行为。这种高成本核实行为减少了股权合约的吸引力，部分地解释了股票在金融体系中不具有较高地位的原因。

与逆向选择一样，搭便车问题的存在将减少那些用于缓解委托—代理问题等道德风险问题的信息产量。这将削弱股东监督的效果，使得公司难以通过发行股票进行筹资。

◆ 旨在增加信息的政府监管

与逆向选择一样，政府有动机去试图减少由信息不对称造成的道德风险问题。世界各国政府都制定了相关法律，要求公司遵循标准的会计准则，对那些从事隐瞒和骗取利润的欺诈行为进行严厉的刑事处罚。这为金融体系受到严格的监管提供了另一方面的解释。然而，那些进行欺诈活动的经理具有强烈的隐瞒真相的动机，导致政府机构难以发现或者证实这些欺诈行为，这将导致政府上述监管措施的实际效果非常有限。

◆ 债务合约

债务合约有助于解决股权合约存在的委托—代理问题，这在前文已有分析。如果公司的所有者能完全掌握经理层的行为，并且能够防止欺诈行为和浪费性开支，委托—代理问题就不会出现，显然这是很难达到或需要花费过高成本才可能达到的。而债务合约不存在股权合约所涉及的显著的委托—代理问题，贷款人选择债务合约而不是股权合约有助于减少道德风险问题。

◆ 金融中介机构

金融中介机构可以避免道德风险中的搭便车问题，这是间接融资如此重要的另一个原因。比如有一种被称为风险投资公司的金融中介机构，有助于解决股权合约中由委托—代理问题所产生的道德风险。风险投资公司将合伙人的资金汇集起来，使用这些资金来帮助具有潜力的企业家进行创业。作为公司使用风险资本的交换，风险投资公司将会获得新企业的一部分股份。风险投资公司通常会坚持委派其成员进入新企业的管理层，如董事会成员，以便能够严密地监督新企业的活动。在风险投资公司向企业注入启动资金后，该企业的股份变成私募股份，即公司股份不能向那些除了风险投资公司之外的其他人转让。这样其他投资者就不能搭风险投资公司监督活动的便车。因而，风险投资公司能够获得其监督活动的全部收益，从而有足够的动机来解决道德风险问题。

三、债务合约中道德风险的解决办法

虽然债务合约相对于股权合约而言具有优势，但是它仍然容易受到道德风险的影响。为了解决潜在的道德风险问题，债务合约常常包含抵押品、净值要求和限制性条款。

◆ 抵押品和净值

债务合约中的抵押品和净值要求有利于促使借款人和贷款人形成**激励相容**，即将借款人和贷款人的动机统一起来了，这有助于解决债务合约中的道德风险问题。这是因为，如果借款人提供的抵押品价值或者借款人的资产净值越高，借款人按照贷款人的意愿行事的动力就越大，债务合约中的道德风险就会越小，从而借款人获得贷款也会越容易。相反，如果借款人提供的抵押品价值以及借款人的资产净值越低，道德风险就越大，借款人获得贷款也会越发困难。这进一步解释了为什么抵押品和净值要求在债务合约中非常普遍。

◆ 限制性条款的监督和强制执行

限制性条款通过排除不符合贷款人意愿的行为或者鼓励那些符合其意愿的行为，能够直接降低道德风险，因此限制性条款在债务合约中非常普遍。实现这一目标的限制性条款通常分为如下四种类型：(1) 限制不符合贷款人意愿的行为的条款——如贷款只能用于为特定的活动融资、限制借款人从事高风险经营活动等，制定这些条款的目的在于限制借款人从事那些不符合贷款人意愿的高风险投资项目，从而减少道德风险。(2) 鼓励符合贷款人意愿的行为的条款——如要求家庭中主要收入来源的提供者必须购买人寿保险、鼓励借款公司维持较高的净值水平等，这类限制性条款可以用于鼓励借款人从事那些符合贷款人意愿的经营活动，从而提高其偿还贷款的可能性。(3) 抵押品保值条款——如汽车贷款合约要求车主必须购买最低金额的碰撞险和偷盗险等，此类限制性条款鼓励借款人保持抵押品的良好状态，并且保证对抵押品所有权。(4) 提供信息的条款——如要求借款公司通过季度会计报表和收入报表的形式定期提供与其活动相关的信息，此类限制性条款使贷款人更为方便地监督借款人活动，从而降低道德风险。

◆ 金融中介机构

尽管限制性条款有助于缓解道德风险问题，但是无法完全杜绝其发生。一方面贷款人几乎不可能制定出一份能够排除所有风险活动的合约，另一方面精明的借款人总能够在限制性条款中找到一些漏洞导致其无法生效。此外，限制性条款需要通过监管和强制执行来实现。由于监督和强制执行限制性条款的成本非常高昂，债务证券市场常常会出现搭便车问题，由此导致债券持有人无法投入足够的资源对限制性条款进行监督和强制执行，由此导致债券持有人无法投入足够的资源对限制性条款进行监督和强制执行。前文已有介绍，由于私人贷款是一对一谈判交易的，发放私人贷款的金融中介机构（特别是银行）可以在一定程度上有效避免搭便车问题，即没有人能够搭金融中介机构的便车来监督和强制执行限制性条款。因此，提供私人贷款的金融中介机构就能够从监督和强制执行活动中受益，从而金融中介机构能够减少债务合约中的潜在道德风险。

四、信息不对称问题解决办法汇总

金融市场中存在的信息不对称导致了逆向选择和道德风险问题，从而影响了市场的有效运行。解决这些问题的办法包括：私人生产和销售信息，旨在增加金融市场信息的政府监管，债务合约中的抵押品和净值要求以及使用监督措施和限制性条款等。表 10-4 汇总了金融市场上存在的各种信息不对称问题及其解决办法。

表 10-4　信息不对称问题及其解决办法

信息不对称问题	解决办法	成效或不足
逆向选择	信息的私人生产和销售	存在搭便车问题
	旨在增加信息的政府监管	实际效果有限
	抵押品和净值	缓解逆向选择问题
	金融中介机构	信息生产的专家，私人贷款避免搭便车问题
股权合约中的道德风险	股东监督	高成本，搭便车问题
	旨在增加信息的政府监管	实际效果有限
	债务合约	避免委托-代理问题
	金融中介机构	避免搭便车问题，避免委托-代理问题
债务合约中的道德风险	抵押品和净值	缓解道德风险问题
	限制性条款的监督与强制执行	缓解道德风险问题
	金融中介机构	信息生产的专家，私人贷款避免搭便车问题

本章重点回顾

- **金融机构的类型和我国的金融机构体系**

  根据金融机构的资金来源：存款类金融机构，非存款类金融机构

  金融中介机构类型：存款类金融机构，契约性金融机构，投资性金融机构

- **我国及其他国家金融结构的基本特征**
- **交易成本和信息不对称影响金融结构的经济学分析**

  金融中介机构是重要外部融资来源的原因

  债务合约相比股权合约更为重要的原因

  抵押品、净值要求和限制性条款在债务合约中十分普遍的原因

- **信息不对称问题的解决办法**

课后思考和练习题

1. 我国金融机构体系的基本构成情况是怎样的？
2. 我国及其他国家金融结构的基本特征有哪些？
3. 金融中介机构为什么是重要的外部融资来源？

4. 债务合约相比股权合约为什么更重要？

5. 抵押品、净值要求和限制性条款为什么在债务合约中十分普遍？

阅读资料推荐

刘磊，邵兴宇，王宇. 金融结构特征与金融体系发展：大国的比较［J］. 国际经济评论，2022（06）：71-101.

姚德权，刘润坤. 金融科技对金融体系结构的影响研究［J］. 财经理论与实践，2023（06）：2-12.

第十一章　商业银行业务与管理

学习目标

本章主要介绍商业银行的主要业务和经营管理，特别是重点介绍商业银行的流动性管理、资产负债管理、资本金管理以及信用风险和利率风险的管理等内容。学完本章，你应该掌握：

- 商业银行业务分类。
- 商业银行流动性管理为什么重要。
- 商业银行资本充足率的计算方法和资本金管理。
- 商业银行信用风险管理的方法。
- 商业银行利率风险管理：敏感性缺口分析和久期分析。

第一节　商业银行概述

商业银行（commercial bank）是一个以营利为目的，以吸收存款及通过多种金融负债来筹集资金，以发放贷款及通过投资多种金融资产来运用资金，具有信用创造功能的金融机构。商业银行是金融体系中极其重要的金融机构，在经济发展中扮演着非常重要的角色。随着经济的发展，商业银行已经由过去仅仅是经营吸收存款、发放贷款、办理结算等业务的金融机构，逐步发展演变为多角度全方位运用公众资金、以多种金融资产和金融负债为经营对象的具有多方面的综合性服务功能的金融服务企业，在经济生活中的地位与作用已经是不可或缺了。

一、商业银行的起源

从历史上看，银行（bank）一词被认为源于近代意大利。从12世纪中期开始，欧洲许多城市流通着种类繁多的货币，随着商业的发展，不同地区之间多种货币用作媒介的商品交易日益困难。于是，有些意大利人在威尼斯等地，犹太人则在伦巴特等地，沿街摆摊，专门从事鉴定兑换各种货币的业务，他们有时也接受存款，从事高利贷。由于这些经营货币的商人多坐在长板凳上办理业务，意大利人便把他们称为banco，即长板凳，英语的bank就是由此演变而来的。

近代银行的出现，是在中世纪的欧洲，当时欧洲的贸易已很发达。最早的银行是意大利的威尼斯银行，创办于1171年。随后又有于1407年设立的热亚那银行、1609年在荷兰成立的阿姆斯特丹银行以及1619年在德国成立的汉堡银行。英国在16世纪到17世纪，也有许多从事金银生意的金店兼做存款贷款业务。这些早期的银行具有高利贷性质，随着资本主义生产关系的确立和资本主义商品经济的发展，高利贷性质的银行业已不能适应资本扩张的需要，成为资本主义经济发展的障碍。

现代资本主义银行主要通过两条途径产生：一条途径是旧高利贷业转变为资本主义银行，另一条较典型的途径是以股份公司的形式建立新型股份制银行。1694年英国成立的英格兰银行是第一个具有现代经济意义的股份制银行，它是现代银行的标志，自此开始，股份制银行在各国得以普遍成立。这些股份制银行极大地促进了社会经济的进程，同时也使它们自己成为现代金融业的主体。

二、商业银行的分类

传统的商业银行以吸收存款、发放贷款、办理结算为基本业务，现代意义上的商业银行则以多种金融资产和金融负债为经营对象，具有综合性服务功能。按照不同的标准，我们可将商业银行划分为不同类型：

◆ **按业务对象的不同，商业银行可以分为批发性银行、零售性银行、批发零售兼营性银行。**批发性银行的主要客户是大的工商企业和机构，单笔业务数额大；零售性银行的服务对象是普通大众和中小微企业，单笔业务数额小；批发零售兼营性银行则两者兼而有之。

◆ **按资本所有权的不同，商业银行可以分为私人银行、股份制银行和国有银行。**

◆ **按业务地域范围的不同，商业银行可以分为地方性银行、区域性银行、全国性银行和国际性银行。**目前，我国的银行体系主要由全国性大型商业银行、股份制商业银行以及地方性商业银行等组成，另外我国的部分大银行已具有国际性银行的特征。美国的银行体系则是双重银行体系：一是由联邦政府注册并负责监管的国民银行体系，美国全国性及国际性的大型商业银行基本上都是国民银行；二是由州政府注册并负责监管的州立银行体系，这类银行大多属于规模有限的地方性银行。

◆ **按业务经营范围的不同，商业银行可以分为职能分离型银行和全能型银行。**职能分离型银行只能经营银行业金融业务，而全能型银行可以经营银行业、证券业、保险业等相关各类金融业务。目前，我国实行的是分业经营和分业管理的制度，我国的商业银行属于职能分离型银行。美国于 1999 年转变为实行全能银行制，结束了长达 60 多年的分业经营体制。总体来看，目前混业经营已成为国际银行业经营制度的发展趋势。

三、我国银行业金融机构概况

改革开放以来，我国银行业快速发展，目前已形成了比较完备的银行业金融机构体系。我国的银行体系不仅包括大型商业银行、股份制银行、外资银行等全国性商业银行，也包括城市商业银行、民营银行、农村合作金融机构、村镇银行等专注于社区、小微企业和“三农”经济的地方性银行，形成了多层次、广覆盖的银行体系。我国银行业金融机构类别和部分机构名称列示如下①：

讨论：
英国《银行家》杂志每年发布世界银行 1 000 强榜单，中国银行业长期占据榜单主导位置。请谈谈你对我国银行业巨大成就的感悟。

◆ **开发性金融机构：**国家开发银行。

◆ **政策性银行：**中国进出口银行、中国农业发展银行。

◆ **国有大型商业银行：**中国工商银行、中国农业银行、中国银行、中国建设银行、交通银行、中国邮政储蓄银行。

◆ **股份制商业银行：**中信银行、中国光大银行、华夏银行、广东发展银行、平安银行、招商银行、上海浦东发展银行、兴业银行、中国民生银行、恒丰银行、浙商银行、渤海银行。

◆ **城市商业银行。**

◆ **农村金融机构：**农村商业银行、农村合作银行、农村信用社和新型农村金融机构。

◆ 其他还包括**民营银行、外资银行**等。

对于以上各类银行业金融机构，从资产份额来看（见表 11-1），截至 2020 年 12 月末，国有大型商业银行（6 家）拥有的资产规模在整个银行业金融机构体系中占比最高，资产份额为 41.7%，显示出国有大型商业银行在我国金融业中的举足轻重地位；其次为股份制商业银行（12 家），占比为 17.0%；城市商业银行在整个银行业金融机构体系中的资产份额为 13.5%；农村金融机构的该项数据为 13.3%。

表 11-1　我国银行业金融机构资产份额（2023 年年末）

机构类别	总资产（亿元）	资产份额（%）
国有大型商业银行	1 706 400	41.7
股份制商业银行	696 606	17.0
城市商业银行	551 999	13.5
农村金融机构	546 113	13.3
其他金融机构	595 864	14.5

注：其他类金融机构包括政策性银行及国家开发银行、民营银行、外资银行、非银行金融机构、金融资产投资公司、理财公司。

数据来源：根据国家金融监督管理总局网站数据整理计算。

① 数据资料仅限中国境内，且不含港澳台。

第二节　商业银行主要业务

关于商业银行的主要业务可以从商业银行的资产负债表讲起，商业银行的资产负债表综合反映了商业银行在特定时点的资产、负债及所有者权益等各项内容。表 11-2 是一张由中国银行的资产负债表简化而来的商业银行资产负债表。

表 11-2　简化的商业银行资产负债表

资产	负债
现金及存放中央银行款项（准备金）	向中央银行借款
存放同业款项	同业及其他金融机构存放款项
发放贷款和垫款	拆入资金
拆出资金	吸收存款
金融投资	金融债券
固定资产	其他负债
其他资产	银行资本（所有者权益）

从商业银行的资产负债表来看，商业银行主要通过吸收存款、对外借款等负债的方式来获得资金，它构成了银行所能够利用的资金来源。通过发放贷款或去购买盈利性资产等方式来运用资金，它构成了银行的资金运用。因此，基于商业银行的资产负债表，可将其业务划分为以下三类：**负债业务、资产业务以及表外业务。**

一、负债业务

商业银行的负债业务，即资金来源的相关业务，反映于资产负债表的负债方。具体而言，负债业务是商业银行开展经营活动的基础，商业银行主要通过负债业务来筹集业务发展所需的资金，进而将所筹集的资金用于购买各项资产，实现盈利。此外，商业银行的负债结构决定了其资金来源的流动性与稳定性、负债成本以及资金运用的规模和投向，是影响银行盈利水平的重要因素。

商业银行的资金来源包含两部分：一是自有资本，二是负债资金。其中，自有资本包括发行股份、未分配利润等权益资本，是银行经营、开展各项业务的基础，但自有资本在商业银行资金来源中占比很小。负债资金，即吸收存款、同业负债、发行金融债券、向中央银行借款等方式筹集的外部资金，在商业银行的资金来源中占据了很大比重，是商业银行资金来源的主要方式。

吸收存款是商业银行负债资金最主要的组成部分。比如，截至 2023 年年末，中国工商银行和中国银行吸收存款总额分别为 33.52 万亿元和 22.91 万亿元，占总负债比重分别为 81.92%和 77.19%。对于存款的种类，不同国家的划分不尽相同。我国商业银行的存款按照存款人类型分为对公存款和对私存款，按照期限分为活期存款和定期存款。美国商业银行的存款以流动性划分，分为交易类存款和非交易类存款。此外，商业银行在存款账户设置、期限及利率约定等方面的创新不断出现，如大额可转让定期存单、结构性存款等。

除了吸收存款，其他主要负债业务的含义分别如下：向中央银行借款主要是通过再贷款、再贴现等获得款项；同业负债主要由同业和其他金融机构存放款项和拆入资金等构成；金融债券主要指商业银行发行的一般金融债券、次级债、可转债等。

二、资产业务

商业银行的资产业务，即资金运用的相关业务，反映于资产负债表资产方。具体而言，商业银行的资产业务是商业银行运用其吸收的资金，从事各种信用活动，以此获取收益的业务。因此，商业银行资产业务的经营决定了商业银行的盈利状况。

具体来看，商业银行的资金运用主要投向现金资产、贷款业务和金融投资业务等，以下分别简要介绍这三类项目或业务。

现金资产是商业银行满足流动性的现金需求。狭义的现金资产指商业银行的库存现金，广义的现金资产还包括在中央银行的存款、同业存款以及在途资金等项目。

贷款业务是商业银行资产业务中比重最大的项目，也是商业银行最主要的盈利资产。比如，截至 2023 年年末，中国工商银行和中国银行发放贷款总额和垫款总额分别为 25.39 万亿元和 19.48 万亿元，占总资产比重分别为 56.80%和 60.05%。对于贷款的种类，根据不同的角度可以作不同划分。根据贷款对象的性质，可将贷款分为公司贷款和个人贷款；根据贷款期限的不同，可将贷款分为短期贷款、中期贷款和长期贷款；按照贷款的担保程度，可将贷款分为信用贷款、担保贷款和抵押贷款；按照贷款质量，可将贷款分为正常贷款和不良贷款。

金融投资业务是商业银行通过购买股票、债券等有价证券及衍生品来获取利息、红利以及资本利得的行为。商业银行的证券投资对象包括政府债券、金融债券、公司债券和股票等，但一般以各类债券为主，且主要集中于政府债券和金融债券。由于我国对金融业实行分业经营和分业监管，目前我国商业银行自有资产是不允许直接进行股票投资的。

三、表外业务和中间业务

商业银行的表外业务，即商业银行从事的，能够影响银行的利润水平，但不列入资产负债表的业务。广义的表外业务既包括金融服务类的中间业务，也包括或有资产、或有负债的业务；狭义的表外业务仅指或有资产、或有负债业务。

狭义表外业务的最大特点是收益较大、风险也较大。因为或有资产和或有负债是一种潜在的资产和负债，其是否会形成银行真正的资产和负债，须通过不完全由银行控制的未来不确定事项的发生或不发生才能证实。比如，银行为申请人向交易的另一方出具履约保证，承诺当申请人无法履约时，由银行代为履约。实务中，出具履约保证并不会马上反映在银行的资产负债表中，但当申请人无法向交易的另一方进行支付而由银行代为履约时，此时就真正地反映在了资产负债表中。因此，这一类业务虽然不在资产负债表中反映，但是与表内的资产业务、负债业务的关系十分密切，可以在一定的条件下转化为表内业务。主要的表外业务包括贷款承诺、商业信用证、备用信用证、保留追索权的贷款出售、金融衍生品交易等。表外业务是商业银行拓展的新盈利来源，借助非利息收入可以提升商业银行的盈利能力，但蕴藏的风险比传统业务更大。

与表外业务相近的还有**中间业务**这个概念，它是指商业银行不用或较少占用商业银行自己的资金，以中间人的身份为客户办理收付和其他委托事项，提供各种金融服务并收取各种费用的业务。**中间业务基本没有风险**，不会给银行带来潜在的资产或负债的业务。商业银行主要的中间业务包括结算类业务、代理类业务、信息咨询业务和其他中间业务。

第三节　商业银行经营管理

作为金融企业，商业银行的营运受到多方因素的制约，如股东利益、外部监管、市场竞争等。商业银行在实际经营过程中，一般需要遵循“安全性、流动性、盈利性”三原则（也称“三性原则”），这是商业银行经营管理的重要原则。

◆ **安全性。**作为吸收社会储蓄资金的存款类机构，商业银行经营的首要原则是保持较高的安全性，在经营过程中将所面临的各类风险控制在一定范围内，既要有效管理信贷资产，也要合理参与证券投资。商业银行资产中的自有资本占比较低，主要依靠负债资金进行经营活动，对风险具有较高的敏感度，因此资金的安全性对于商业银行的经营管理至关重要，是商业银行经营的基本前提和基础。

◆ **流动性。**存款是商业银行的最主要资金来源，在其负债中占据了非常高的比例。为了即时兑付存款人的存款支取、支付结算等需求，商业银行必须保持充裕的流动性。所谓流动性，从资产的角度考虑是商业银行资产在无损的状态下迅速变现的能力，从负债的角度考虑是商业银行能够随时以较低成本获取所需资金的能力。流动性不足会给商业银行带来较大的风险，甚至引发挤兑，保持流动性合理充裕是商业银行保持安全性的条件和手段。

◆ **盈利性。**盈利性，即商业银行获取利润的能力。获取利润是商业银行进行经营活动的根本动力，也是商业银行所有权拥有者的利益要求。盈利性是商业银行经营活动的重要目标。如何有效提升商业银行获取利润的能力是其经营管理过程中面临的重要课题。

商业银行经营管理三原则之间的关系是矛盾且统一的。（1）安全性和盈利性不可兼得，金融资产具有风险性，高收益往往伴随高风险从而牺牲安全性，低风险则一般意味着较低盈利水平。（2）同样的矛盾关系也存在于流动性与盈利性之间，诸如现金资产和短期证券等流动性水平较高的资产，收益率则较低；长期贷款和长期投资等流动性较弱的资产，收益率则较高。(3) 流动性与安全性具有一定的统一性，流动性较强的金融资产具备较高的变现能力，从而具有较高的安全性。(4) 从长远来看，安全性和盈利性也具有一定的统一性，安全性是商业银行经营并获取盈利的前提，而盈利能力的提高也会有助于安全性的提高。总之，商业银行在经营管理活动中，需要在三个基本原则中找到最佳平衡点，实现三者的协调统一。

本节及后续章节循着商业银行经营管理的三性原则，着重介绍商业银行流动性管理、资本充足性管理、资产负债管理以及商业银行风险管理。

一、流动性管理

为了即时兑付存款人的存款支取、支付结算等需求，商业银行必须保持充裕的流动性。一旦出现存款外流的情况，充裕的流动性可以保证银行拥有足够的货币资金来支付存款者的提款要求，否则，银行可能面临较大成本以满足流动性要求，甚至面临较大的风险。

在深入讲解前，首先有必要进一步了解存款准备金。存款准备金是指商业银行在吸收存款后，按照一定比例提取的，用于应对存款人随时提现的资金储备。存款准备金由必须持有的法定存款准备金和自愿持有的超额存款准备金构成。进一步地，我们通过举例来理解流动性管理的重要性。若存款人从银行取出 10 万元，假定银行的法定存款准备金率为 10%，那么这一存款流出将会对银行产生什么影响呢？这里我们假设两种情形：

情形 1　对于拥有足够超额存款准备金的 A 银行，存款外流不会迫使银行调整其资产负债表的其他部分，其 T 形账户变动如表 11-3 及表 11-4 所示。

表 11-3　A 银行存款外流前　　单位：万元

资产		负债	
准备金	20	存款	100
贷款	80	资本	10
证券	10		

表 11-4　A 银行存款外流后　　单位：万元

资产		负债	
准备金	10	存款	90
贷款	80	资本	10
证券	10		

此时，银行存款 90 万元，准备金 10 万元，准备金数额大于所需要的法定存款准备金（90×10%＝9 万元）。

情形 2　对于未拥有足够超额存款准备金的 B 银行，存款外流将导致其出现流动性缺口，缺口金额为 90×10%＝9 万元，其 T 形账户变动如表 11-5 及表 11-6 所示。

表 11-5　B 银行存款外流前　单位：万元

资产		负债	
准备金	10	存款	100
贷款	90	资本	10
证券	10		

表 11-6　B 银行存款外流后　单位：万元

资产		负债	
准备金	0	存款	90
贷款	90	资本	10
证券	10		

上述案例中，B 银行可以通过以下方式管理流动性以满足监管要求：

◆ **向其他银行或中央银行借款**，其成本是借款利息。商业银行向其他银行借款常被称为同业拆借，即银行之间的资金融通。商业银行向中央银行借款则主要通过（再）贴现贷款、直接借款等形式，用于缓解流动性的暂时性短缺。

◆ **出售证券**，其成本是出售证券涉及的成本。如果出售的证券的流动性较差，还可能导致较大的跌价损失。

◆ **削减贷款**，也就是收回贷款或出售贷款。贷款是银行主要的利润来源之一，通过削减贷款来获取准备金的代价是最高的。收回贷款不但会影响银行利润，还可能破坏客户关系，而出售贷款则可能面临折价出售。

综上，如果银行不保持一定的超额存款准备金，则当存款外流时银行可能面临较大成本以满足流动性要求。由此可见，超额存款准备金是对于存款外流所引致的各种成本的保险，存款外流引致的成本越高，银行愿意持有的超额存款准备金就越多。同时需注意的是，超额存款准备金是低收益资产，因此它的规模有适度性的问题。

拓展 11-1

超额存款准备金率

超额存款准备金率（超储率）是超额存款准备金余额与各项存款余额之比，是衡量银行体系流动性的关键指标。从货币运行机制看，商业银行在资产扩张过程中，如发放贷款、购买外汇、购买债券等，都会在其负债方派生出等额存款。随着存款增长，银行须按要求把相应的超额存款准备金划转为法定存款准备金，由此起到支持银行资产扩张的作用。同时，超额存款准备金也有满足银行支付清算的功能，对银行至关重要。超储率的高低，既可以衡量银行流动性水平，也是货币政策是否有效传导的重要标志之一。

二、资本充足性管理

资本金（capital）是银行股东投入的货币资金或者保留在银行的收益，是银行最基本的资金来源，也是银行建立并开展经营活动的前提和基础。为什么银行需要对资本充足性进行管理？主要是源于以下三方面原因。

❖ 银行资本规模影响银行安全

银行资本可以防范银行倒闭，即避免银行无法履行对存款者和其他债权人的支付义务而被迫停业。假设有资产规模完全一致的两家银行，资本占资产总额的比率分别为10%和4%。详细信息如表11-7及表11-8所示。

表 11-7　资本规模较大的 A 银行　　单位：万元

资产		负债	
准备金	1 000	存款	9 000
贷款	9 000	银行资本	1 000

表 11-8　资本规模较小的 B 银行　　单位：万元

资产		负债	
准备金	1 000	存款	9 600
贷款	9 000	银行资本	400

若两家银行均有一笔500万元的房地产贷款变为不良贷款且一文不值，它们应对此项冲击的能力如何呢？我们通过T形账户来分析，500万元贷款一文不值后，由表11-9及表11-10列出的T形账户变动情况可见，A银行尚有银行资本500万元，而B银行的银行资本为-100万元，也就是说此时B银行已经资不抵债。由此可见，**持有较多的资本金可以降低银行倒闭的可能性**。

表 11-9　资本规模较大的 A 银行　　单位：万元

资产		负债	
准备金	1 000	存款	9 000
贷款	8 500	银行资本	500

表 11-10　资本规模较小的 B 银行　　单位：万元

资产		负债	
准备金	1 000	存款	9 600
贷款	8 500	银行资本	-100

❖ 银行资本规模影响股东回报率

银行资本规模可以影响银行所有者（股东）的收益情况。在对银行的绩效评价体系中，常用指标包括**资产回报率**（Return On Assets，ROA）、**股本回报率**（Return On Equity，ROE）等。其中，资产回报率可以综合反映银行的总资产回报率，即每单位资产的税后净利润，衡量的是银行的经营状况。股本回报率则表示每单位股权资本的税后净利润，衡量的是所有者的投资回报情况。根据上述两个指标的计算公式，可发现两者存在如下关系：

$$ROE = \frac{税后净利润}{股权资本} = \frac{税后净利润}{资产} \times \frac{资产}{股权资本} = ROA \times EM \qquad (11\text{-}1)$$

式中：EM 代表**股本乘数**（Equity Multiplier，EM），即每单位股权资本所对应的资产数额。

综上，我们可以得出如下结论：**在资产回报率给定的条件下，银行的资本越少，银行股东的股本回报率就越高。**为了更好地理解银行资本规模与股本回报率之间的关系，我们继续以上文中资产规模相同但资本规模不同的 A 银行与 B 银行为例进行分析。

例 11-1 给定两家资产规模相同但资本规模不同的银行的资产负债情况如表 11-11，并且假定贷款利率为 6%，存款利率为 3%，且不考虑税收等其他因素。请分别计算 A 银行和 B 银行的资产回报率（ROA）、股本回报率（ROE）和股本乘数（EM），并观察股本回报率和资本规模之间的关系。

表 11-11 A 银行与 B 银行的资产负债情况 单位：万元

A 银行 资本规模较大				B 银行 资本规模较小			
资产		负债		资产		负债	
准备金	1 000	存款	9 000	准备金	1 000	存款	9 600
贷款	9 000	资本	1 000	贷款	9 000	资本	400

✓ 解答：

结合上述表格中的有关信息，我们可做如下计算。

（1）对于 A 银行

$$ROA = \frac{净利润}{资产} = \frac{9\,000 \times 6\% - 9\,000 \times 3\%}{10\,000} = 2.7\%$$

$$ROE = \frac{净利润}{资本} = \frac{9\,000 \times 6\% - 9\,000 \times 3\%}{1\,000} = 27\%$$

$$EM = \frac{资产}{资本} = \frac{10\,000}{1\,000} = 10$$

（2）对于 B 银行

$$ROA = \frac{净利润}{资产} = \frac{9\,000 \times 6\% - 9\,600 \times 3\%}{10\,000} = 2.52\%$$

$$ROE = \frac{净利润}{资本} = \frac{9\,000 \times 6\% - 9\,600 \times 3\%}{400} = 63\%$$

$$EM = \frac{资产}{资本} = \frac{10\ 000}{400} = 25$$

由上可知，在总资产规模相同的情况下，资本规模较小的 B 银行具有更高的股本乘数和股本回报率。同时，从前面的分析中已经知道，资本规模较小的 B 银行面临更大的倒闭风险。由此可见，银行安全和股本回报率之间存在替代关系。

总之，银行的资本既能带来收益又能带来成本。其中，“收益”体现在银行资本越多，银行破产的可能性越低，银行的安全性越高；“成本”体现在对于既定的资产回报率，银行资本越多，股本回报率越低。因此，在确定银行资本规模时，银行管理层必须权衡他们愿意在多大程度上用安全性的提高（由资本规模较大带来的收益）来换取股本回报率的相应降低（由资本规模较大带来的成本）。一般而言，银行管理层愿意持有的资本规模要低于监管机构的要求，因此，只有通过法定资本金规定（资本充足率）来决定银行资本（最低）规模。这也是银行监管的重要内容之一。

❖ 银行资本充足率是重要的监管指标

安全性是商业银行日常经营的前提和基础，在以保护存款人利益为主要监管目的的监管制度下，资本充足率是首要的安全性指标。银行监管机构可以通过对银行资本最低限额和构成的规定，控制银行的扩张能力和提高抗风险能力。**资本充足率**（Capital Adequacy Ratio，CAR）是指银行资本总额对其风险加权资产的比率。即

$$资本充足率 = \frac{银行资本}{风险加权资产} \tag{11-2}$$

我们通过举例的形式来理解资本充足率。

例 11-2　A 银行有 100 亿元资产，95 亿元负债。银行的资产构成如表 11-12 所示。若规定存款准备金和政府债券的风险权重为 0%，抵押贷款的风险权重为 50%，其他类型贷款的风险权重为 100%。请计算该银行的资本充足率。

表 11-12　A 银行的资产负债表　　单位：亿元

资产		负债	
存款准备金	10	各类存款	95
政府债券	10	银行资本	5
抵押贷款	30		
其他贷款	50		

✓ 解答：

$$银行资本 = 资产 - 负债 = 100 - 95 = 5(亿元)$$

$$风险加权资产 = 10 \times 0\% + 10 \times 0\% + 30 \times 50\% + 50 \times 100\% = 65(亿元)$$

$$资本充足率 = \frac{银行资本}{风险加权资产} = \frac{5}{65} = 7.69\%$$

根据上述计算结果，可发现 A 银行的资本充足率为 7.69%，低于资本监管中的最低资本充足率要求（8%），那么，A 银行可采取哪些途径提高资本充足率呢?

要回答上述问题，我们需要结合资本充足率的计算公式进行思考。由于资本充足率

是银行资本与风险加权资产的比率，因此**提高资本充足率可从两方面思考：（1）增大分子规模，即增加银行资本**，具体方式包括减少分红、增资扩股等方式；**（2）缩减分母规模，即减少银行的风险加权资产。**由于风险加权资产是商业银行各项资产与其对应风险权重的加权平均值，因此可采取两种方式实现风险加权资产规模的缩减：一是减少资产规模，具体包括缩减信贷规模、收回贷款、出售债券等方式；二是调整资产结构，如将出售高风险（权重）资产所得资金用于购买低风险（权重）资产等。

结合例 11-2，银行 A 若采取以下方式提升资本充足率：一是增加资本 5 亿元，二是收回 10 亿元抵押贷款并用于支付存款，三是收回 10 亿元抵押贷款并用于购买政府债券。请自行分别计算以上三种方式各自采取后的资本充足率水平，并评估是否能达到资本监管要求。

拓展 11-2

我国商业银行资本监管要求

当前，国际上通行的资本监管框架是巴塞尔银行监管委员会（Basel Committee on Banking Supervision）发布的《巴塞尔协议》（Basel Accord）。2010 年，《巴塞尔协议Ⅲ》出台，确立了当前全球银行业监管的全新框架，其中，总资本充足率要求仍维持 8%不变。

2012 年，原中国银监会发布《商业银行资本管理办法（试行）》，被称为“中国版巴塞尔协议”，标志着我国银行业监管正式与国际接轨，进入资本监管的新阶段。这一新监管框架不仅将信用风险、市场风险、操作风险纳入监管内容，也明确了资产证券化、场外衍生品等复杂交易性业务的资本监管规则，旨在引导商业银行审慎开展金融创新。

2023 年，国家金融监督管理总局发布《商业银行资本管理办法》（国家金融监督管理总局令 2023 年第 4 号，自 2024 年 1 月 1 日起施行），标志着“中国版《巴塞尔协议Ⅲ》”最终定版并开始落地实施。其中关于商业银行资本充足率监管要求包括最低资本要求、储备资本和逆周期资本要求、系统重要性银行附加资本要求以及第二支柱资本要求。相关内容如下：

（1）**商业银行的资本充足率不得低于 8%，一级资本充足率不得低于 6%，核心一级资本充足率不得低于 5%。**（核心一级资本包括：实收资本或普通股，资本公积，盈余公积，一般风险准备，未分配利润，累计其他综合收益，少数股东资本可计入部分。其他一级资本包括：其他一级资本工具及其溢价，少数股东资本可计入部分。）

（2）商业银行应在最低资本要求的基础上计提储备资本。储备资本要求为风险加权资产的 2. 5%，由核心一级资本来满足。国家金融监督管理总局有权根据宏观经济金融形势、银行业整体风险状况以及单家银行经营管理和风险水平等情况，对储备资本要求进行调整。

（3）商业银行应在最低资本要求和储备资本要求之上计提逆周期资本。逆周期资本的计提与运用规则由中国人民银行会同国家金融监督管理总局另行规定。

（4）除规定的最低资本要求、储备资本和逆周期资本要求外，系统重要性银行还应计提附加资本。另外，国家金融监督管理总局及其派出机构有权在第二支柱框架下提出更审慎的资本要求，确保资本充分覆盖风险。

三、资产负债管理

商业银行资产管理的基本目的是通过获得那些违约风险较低的资产并且实现所持有资产的多样化，把风险降至一个可接受的较低水平，并获取利润；商业银行负债管理的基本目的是以低成本获取资金，并保持负债结构的合理性、安全性和稳定性。自商业银行诞生以来，围绕资产负债管理陆续产生了资产管理理论、负债管理理论以及资产负债综合管理理论。在不同发展阶段中，这三种理论都充分体现了商业银行在不同外部环境下做出的积极应对与思想创新。

❖ 资产管理理论

20 世纪 60 年代以前，资产管理理论一直是商业银行经营管理中的核心理论，这与当时的外部环境密不可分。当时金融体系以商业银行为主导，非银行金融机构尚未发展成熟，金融工具较为单一，间接融资是社会经济活动的最主要融资方式。这使得社会上的盈余资金持有者只能通过存款的方式进行投资，从而保证了商业银行有着稳定、充足的资金来源；并且当时通货膨胀还没有成为普遍性的、长期性的货币现象，这也是商业银行有着稳定资金来源的重要原因。虽然商业银行资金来源稳定，但资金来源结构很单一，活期存款是当时商业银行的主要资金来源。资金来源结构的单一限制了商业银行利用资金的途径，因此，当时的商业银行经营管理的重心就在于维护资产业务的流动性上，并在满足流动性的前提下实现利润最大化。

资产管理理论认为，银行的利润主要源于资产业务，而资产业务也是商业银行可以实现主动管理的业务活动。相对而言，主导商业银行资金来源的负债业务则主要取决于客户是否愿意将资金存入银行，商业银行处于被动地位，吸收存款规模则是商业银行无法控制的外生力量。简言之，商业银行应以资产的流动性和安全性作为经营管理的重点，通过合理安排资产的配置实现银行的流动性和安全性，以实现盈利性、流动性和安全性的统一。

具体而言，资产管理是指通过获得那些违约风险较低的资产并且实现所持有资产的多样化，把风险降至一个可接受的较低水平，并获取利润。商业银行的资产管理主要包括以下内容：（1）银行试图找到愿意支付高利率同时违约风险低的借款人；（2）银行力图购买回报率较高而风险较低的证券；（3）银行必须通过资产多样化来降低风险水平；（4）银行必须对其资产的流动性进行管理，应对存款外流，并以较低成本满足法定存款准备金要求。

❖ 负债管理理论

20 世纪 60 年代之后，通货膨胀开始成为困扰各国经济的重要难题，西方各国实行严格的政府利率管制政策，商业银行的资金来源受到了金融市场上较高利率的各种金融工具的严重冲击，资金吸收能力迅速降低。伴随着经济的增长，各种非银行金融机构迅速发展，证券市场也迅速成熟。通货膨胀的压力和非银行金融机构的成长导致了严重的"金融脱媒"现象，这就使得商业银行的资金来源，无论是渠道上还是数量上都受到极大威胁。随着金融市场的发展，银行不再将资金来源（负债）作为既定指标，而是主动在需要资金时通过发行负债工具实现资金的筹措。美国花旗银行前身第一花旗银行率先创新了一种新型的负债工具——大额可转让定期存单（CDs），取得了显著成效，使存款迅速增加，商业银行纷纷效仿，由此引发了现代银行负债管理理论的兴起。

负债管理理论认为，银行对负债业务并非无能为力，银行能够也完全应该采取主动，积极地到市场上去购买资金。只有更多的负债，才能支撑起更大的资产规模。尤其在通货膨胀条件下，负债越多越有利。因此，银行经营管理的重点应从资产管理与配置，转向扩大负债的能力提升，即以低成本获取资金，进而推动资产业务的发展。同时，银行的安全性和流动性可以通过负债结构的安排和负债来源结构的安排来实现，而不必依赖资产的管理。特别是"存款保险制度"这一"公共安全网"的作用，已经在很大程度上提高了银行存款的信誉和安全。

尽管负债理论的思想极大地帮助商业银行缓解了资金来源受限的困境，但其强调以负债为经营重点，以负债来保证银行资产的流动性并获取收益，在帮助商业银行追求盈利并满足流动性的同时，也可能累积风险。

❖ 资产负债综合管理理论

资产负债综合管理理论产生于 20 世纪 70 年代中后期，是在资产管理理论、负债管理理论的局限性日益明显的情况下出现的。20 世纪 70 年代，金融创新不断涌现，利率限制实际上已经被冲破，市场利率大幅上升，使得负债管理在负债成本提高和经营风险增加等方面的缺陷越来越明显。单纯的负债管理已经不能满足银行经营管理的需要。商业银行由单纯偏重负债管理转向资产负债综合管理。20 世纪 80 年代，西方各国先后取消或放松利率管制，金融界出现了金融自由化浪潮。一方面，随着利率和经营活动的自由化，银行资产和负债的品种增加，金融产品根据市场定价也成为可能，银行因此能够主动灵活地控制资产和负债的各种条件，如期限和利率。另一方面，自由化的进程也使客户需求多样化，银行在满足客户需求的同时，充分管理资产负债的风险显得更为重要。还有，金融市场各类金融工具和衍生交易不断增加，计算机和网络技术快速发展，都为商业银行采用资产负债综合管理创造了良好条件。

资产负债综合管理理论认为，商业银行单靠资产管理或负债管理都难以实现安全性、流动性和盈利性的最优均衡，只有兼顾了资产方与负债方，并置于共同的目标和环境之下进行全盘考虑，通过资产结构和负债结构的共同调整以及协调统一管理，才能控制市场利率波动的风险，保持资产的流动性，实现利润最大化的目标。其基本原则是，通过偿还期对称、经营目标互相替代、资产分散达到了总量平衡与结构对应。**资产负债综合管理理论已成为现代商业银行普遍使用的基本方法和手段。**

第四节　商业银行风险管理

风险管理是商业银行经营管理的重要内容。风险是指由于事物的不确定性而存在损失的可能性，风险的本质特征是不确定性。商业银行风险是指商业银行经营过程中由于各种不确定因素的存在，而使商业银行遭受经济损失的可能性。

在实际经营过程中，**商业银行面临的主要风险包括信用风险、市场风险、流动性风险、操作风险等。**其中，信用风险又称违约风险，是指交易对手未能履行约定契约中的义务而造成经济损失的风险。市场风险，是指由于利率、汇率、证券、商品等价格变化导致商业银行损失的风险。流动性风险，是指商业银行无法以合理成本及时获得充足资金，以应对资产增长、偿付到期债务或其他支付义务的风险。操作风险，是指由于不完善或有问题的内部操作过程、人员、系统或外部事件而导致的直接或间接损失的风险。

一、信用风险管理

上文已介绍，**信用风险**（credit risk）又称违约风险，是指交易对手未能履行约定契约中的义务而造成经济损失的风险，即受信人不能履行还本付息的责任而使授信人的预期收益与实际收益发生偏离的可能性。**信用风险是现代商业银行面临的主要风险。**

信息不对称是信贷市场的基本问题，由此引发的逆向选择和道德风险问题是信贷活动中的重要特征，也是造成信用风险的主要原因。由于商业银行高杠杆经营的特征，相较于庞大的资产规模，其自有资本规模往往很小，因此即使少量资产违约也可能耗尽银行资本，甚至引发银行破产倒闭。中国人民银行发布的《中国金融稳定报告（2023）》对全国 3 985 家银行机构开展了压力测试①，评估了银行体系在多种“重度但可能”不利冲击下的稳健性状况。其中对 19 家国内系统重要性银行（D-SIBs）进行的压力测试数据显示，信用风险是影响资本充足水平的主要因素，在轻度、中度、重度压力情景下，参试银行贷款质量将不同程度恶化，不良贷款率将不同幅度上升。

商业银行如何对信用风险进行管理？信用风险产生的根源在于信贷市场的信息不对称，商业银行需要采取措施尽可能缓解逆向选择和道德风险问题，进而控制信用风险。具体而言，商业银行可采取如下信用风险管理方法：

---

① 所谓压力测试（Stress Testing）是指将整个金融机构或资产组合置于某一特定的（主观想象的）极端市场情况下，然后测试该金融机构或资产组合在这些关键市场变量突变的压力下的表现状况，看是否能经受得起这种市场的突变。

❖ 甄别和监督

信息不对称是产生信用风险的根本原因，增加信息产出则是降低信用风险的有效途径。商业银行在发放贷款前，需要有效**甄别借款人**，多方收集有价值的信息，以降低自身面临的信息不对称程度，避免逆向选择问题出现。签订贷款合同时，商业银行往往会引入部分限制性条款，对借款人的贷款使用及还款行为构成有效约束，降低违约概率。在贷款发放之后，商业银行还需要有效**监督借款人**，及时跟踪贷款用途、还款情况等，做好贷后管理，以减少借款人的道德风险。

❖ 长期客户联系和贷款承诺

长期客户联系可以减少收集信息的成本，从而降低甄别信用风险的难度，同时监控长期客户的成本要低于监控新客户的成本。**关系型贷款理论**（relationship lending theory）认为，贷款人不仅可借助财务报表等硬信息（hard information）进行贷款决策，还可对那些难以量化与传递的软信息（soft information）进行收集与挖掘，将其纳入信贷决策过程中，以实现更为合理、准确的贷款定价与决策，尤其是在向那些信息不对称更为严重的中小企业发放贷款时。长期客户联系能够使银行和客户都从中获得收益。对于银行来说，长期客户联系可以减少收集信息的成本，从而降低甄别信用风险和监督借款人的难度；对于客户来说，长期客户联系能够帮助借款人以更低的利率获得贷款，这是因为银行能够更容易地确定该潜在借款人的信用状况，而且对该借款人的监督成本也比较低。

商业银行也可通过向客户提供**贷款承诺**（loan commitments）来建立长期客户联系和实现信息收集。贷款承诺是银行向客户做出的在未来一定时期内按商定条件为客户提供约定数额贷款的承诺。这种做法对于借款人的好处是在其需要贷款时可以方便地使用约定数额的信贷资金，很多工商业贷款就是在贷款承诺安排下发放的。对于银行的好处在于贷款承诺促进了长期客户联系的建立，便于其开展信息收集工作。此外，贷款承诺协议中的条款还要求企业持续提供其收入、资产负债状况、经营活动等方面的信息，因此，贷款承诺协议是降低银行甄别和信息收集成本的有力手段。

❖ 抵押品和补偿性余额

对于贷款而言，抵押品是信用风险管理的重要工具。**抵押品**（collateral）是借款人在违约的情况下，承诺提供给银行作为赔偿的资产。当借款人的某项贷款出现违约时，贷款人（商业银行）可以出售相应的抵押品，并且用来弥补贷款损失。由于在出现贷款违约的情况下，抵押品可以减少贷款人承受的损失，所以它减轻了逆向选择的不良影响。另外，抵押品同样降低了道德风险的影响。道德风险是银行信贷活动中信用风险的重要内容。由于借贷双方的利益动机不一致，借款人在成功获取贷款后，可能为了增加自身收益，进而出现有损银行的行为，如贷款挪用、投资高风险项目等。为了减少借款人的道德风险，抵押品机制是一种非常有效的方法。通过发放抵押贷款，商业银行可有效降低借款人的道德风险行为，实现借贷双方的激励相容。

补偿性余额（compensating balance）是一种特殊形式的抵押品。其做法是：银行在发放贷款时，要求获得贷款的企业必须在其在该银行开立的账户上保留某一个最低的资金限额。比如获得100万元贷款的某企业，被要求在其在该银行开立的账户上至少保留20万元的补偿性余额。一旦贷款违约，银行就可以使用补偿性余额弥补贷款损失。补偿性余额除了能够作为抵押品，还有助于银行对企业的监督，这是由于借款人使用该银行的账户进行相关支付活动，这便于银行观察企业的经营活动从而进行相关监督。

❖ 信贷配给

信贷配给（credit rationing）是指贷款人拒绝向借款人提供贷款，即使借款人愿意按照规定利率甚至更高的利率来支付利息。信贷配给主要包含两种形式：第一种形式是即使借款人愿意支付更高的利率，银行也拒绝发放任何贷款。这主要是为了防范逆向选择，因为往往是高风险的借款人，更愿意接受高利率贷款。第二种形式是银行愿意向借款人发放贷款，但是贷款数量低于借款人要求。这主要是为了防范道德风险，因为贷款规模越大，借款人从道德风险中所获得的收益也越大。

❖ 贷款出售和资产证券化

贷款出售（loan sales）是指商业银行在贷款形成之后，将贷款债权出售给第三方，重新获得资金来源并获取手续费收入的一种业务方式。贷款出售是20世纪80年代国际金融市场快速发展，大银行为了夺回它们失去的市场份额而进行的创新。

对于商业银行，**资产证券化**（asset-backed securitization，ABS）是指银行将缺乏流动性但具有未来现金流量的信贷资产，通过结构性重组，转变为可以在金融市场上流通的证券以融通资金的过程。发起人将可证券化资产出售给一家特殊目的机构（special purpose vehicle，SPV），或者由SPV主动购买可证券化的资产；然后SPV将这些资产汇集成资产池，再以该资产池所产生的现金流为支撑在金融市场上发行有价证券融资；最后用资产池产生的现金流来清偿所发行的有价证券。

贷款出售与贷款证券化最根本的区别在于贷款出售只是将贷款的全部或一部分所有权从发起银行转移出去，贷款资产本身不发生任何实质性变化；而贷款证券化则将贷款组合转变为可在资本市场上买卖的证券，创造出了新的投资工具，资产性质发生了变化。

❖ 信用风险对冲

通过持有不同的金融工具对冲风险，这也是商业银行管理信用风险的一种方法。一方面，商业银行可通过投资、购买与标的资产收益波动负相关的资产，以冲销标的资产潜在的风险损失。另一方面，商业银行还可借助衍生工具帮助其管理信用风险，如信用违约互换（credit default swap，CDS）等。

近年来，随着我国信用衍生品市场的发展，风险对冲手段也被广泛用来管理信用风险。2010年10月，我国银行间市场交易商协会发布《银行间市场信用风险缓释工具试点业务指引》，推出信用风险缓释合约（credit risk mitigation agreement，CRMA）、信用风险缓释凭证（credit risk mitigation warrant，CRMW），标志着我国信用衍生品的开端。在经历了2014年首例债券违约后，市场上对信用衍生工具的需求日益旺盛，交易商协会于

2016年9月推出新版信用风险缓释合约、新版信用风险缓释凭证、信用违约互换(CDS)、信用联结票据（credit-linked notes，CLN）等四个信用衍生产品。目前，商业银行、证券公司、保险公司、证券投资基金等均可进入信用衍生品市场实现信用风险的对冲与管理。

此外，商业银行还可以通过保险进行信用风险管理，比如通过信用保证保险管理信用风险。信用保证保险是指以信用风险为保险标的的保险，是权利人向保险人投保债务人的信用风险的一种保险。在我国，监管部门于2015年出台《关于大力发展信用保证保险服务和支持小微企业的指导意见》，并于2017年7月出台《信用保证保险业务监管暂行办法》，对信用保证保险业务的有关内容予以了规范与明确。

拓展 11-3

我国商业银行贷款风险管理

信用风险是商业银行面临的主要风险之一，不良贷款是商业银行信用风险的主要表现形式。我国商业银行的不良贷款自20世纪90年代开始受到广泛关注。1998年以前，我国把贷款划分为正常、逾期、呆滞、呆账四种类型，后三种合称为不良贷款，简称“一逾两呆”。1999年，中国人民银行开始推行贷款质量五级分类管理。从2002年起，在我国各类银行全面施行贷款质量五级分类管理。2007年印发的《贷款风险分类指引》(银监发〔2007〕54号)中明确规定商业银行应至少将贷款划分为正常、关注、次级、可疑和损失五类，后三类合称为不良贷款，具体如下。

◇ **正常：** 借款人能够履行合同，没有足够理由怀疑贷款本息不能按时足额偿还。

◇ **关注：** 尽管借款人目前有能力偿还贷款本息，但存在一些可能对偿还产生不利影响的因素。

◇ **次级：** 借款人的还款能力出现明显问题，完全依靠其正常营业收入无法足额偿还贷款本息，即使执行担保，也可能会造成一定损失。

◇ **可疑：** 借款人无法足额偿还贷款本息，即使执行担保，也肯定要造成较大损失。

◇ **损失：** 在采取所有可能的措施或一切必要的法律程序之后，本息仍然无法收回，或只能收回极少部分。

由于不良贷款总额包括次级、可疑和损失这三类贷款，因此**不良贷款率**计算公式如下：

$$\text{不良贷款率}=\frac{\text{不良贷款总额}}{\text{贷款总额}}=\frac{\text{次级类贷款}+\text{可疑类贷款}+\text{损失类贷款}}{\text{贷款总额}}$$

为了增强商业银行抵御不良贷款的冲击，针对商业银行可能的贷款违约损失，所有银行在贷款时都要求计提**贷款损失准备**，建立**贷款拨备率**和**拨备覆盖率**监管标准。贷款拨备率和拨备覆盖率的计算公式如下：

$$贷款拨备率=\frac{贷款损失准备}{贷款总额}$$

$$拨备覆盖率=\frac{贷款损失准备}{不良贷款总额}$$

对于以上监管指标，2011 年印发的《银监会关于中国银行业实施新监管标准的指导意见》（银监发〔2011〕44 号）规定贷款拨备率不低于 2.5%，拨备覆盖率不低于 150%。2018 年印发的《关于调整商业银行贷款损失准备监管要求的通知》（银监发〔2018〕7 号）明确将拨备覆盖率监管要求由 150%调整到 120%～150%，贷款拨备率监管要求由 2.5%调整到 1.5%～2.5%。

截至 2023 年年末，我国商业银行正常类贷款余额 194.84 万亿元，关注类贷款余额 4.46 万亿元；商业银行不良贷款余额 3.23 万亿元，不良贷款率 1.59%；商业银行贷款损失准备余额为 6.62 万亿元，拨备覆盖率为 205.14%，贷款拨备率为 3.27%①。

二、利率风险管理

利率风险（interest rate risk）是指市场利率变动的不确定性给商业银行造成损失的可能性。巴塞尔银行监管委员会将利率风险分为重新定价风险、基差风险、收益率曲线风险和选择权风险四类。利率风险管理方法主要包括敏感性缺口法和久期缺口法等。

❖ 敏感性缺口法

敏感性缺口法（gap analysis）从利率波动导致利息收入和支出波动的角度，考量银行利润对利率变化的敏感程度，进而管理利率风险。在运用敏感性缺口法之前，需要根据对利率是否敏感的原则，对银行资产与负债进行判断与划分，即利率敏感性资产、利率敏感性负债、非利率敏感性资产、非利率敏感性负债。

利率敏感性资产（rate-sensitive assets，RSA）又叫可重新定价资产，是指如果市场利率变化，到期收益率也随之变化的那部分资产，如浮动利率贷款、短期贷款以及快到期或待展期贷款。**利率敏感性负债**（rate-sensitive liabilities，RSL）又叫可重新定价负债，是指如果市场利率变化，到期收益率也随之调整的那部分负债，如浮动利率存款、短期存款以及快到期存款等。与利率敏感性资产和利率敏感性负债对应的是**非利率敏感性资产**（rate-insensitive assets，RISA）和**非利率敏感性负债**（rate-insensitive liabilities，RISL）。事实上，对利率敏感性和非敏感性资产（负债）的划分只有在一段特定的时间内才有意义。倘若时间足够长，所有资产（负债）都敏感；倘若时间足够短，则所有资产（负

① 数据来源：国家金融监督管理总局网站 https://www.cbirc.gov.cn/cn/view/pages/ItemDetail.html? docId = 1109305.

债）都为非敏感。在实践中，大多数银行对此的划分都以 1 年为界。

当利率变动时，非利率敏感性资产和非利率敏感性负债的利息收入和支出不变，而利率敏感性资产及利率敏感性负债则会受到影响。具体而言，利率敏感性资产利息收入会跟随利率变动而发生变化，利率敏感性负债的利息成本也会跟随利率变动而发生变化，两者的变动金额可通过如下公式计算：

利率敏感性资产利息收入变动值 = 敏感性资产量 × 利率变动量

利率敏感性负债利息成本变动值 = 敏感性负债量 × 利率变动量

在理解了利率敏感性资产和利率敏感性负债等概念后，我们可借助**利率敏感性资产**（RSA）和**利率敏感性负债**（RSL）之间的**敏感性缺口**（GAP）来反映银行所面临的利率风险：

$$GAP = RSA - RSL \tag{11-3}$$

银行净利息收入（net interest income）的变化量（ΔNII）与敏感性缺口（GAP）及利率变化量（Δr）具有如下关系：

$$\Delta NII = GAP \cdot \Delta r \tag{11-4}$$

基于上述计算公式，可得出以下结论：

若 GAP>0，即正缺口，则当利率上升有利于银行净利息收入增加，反之则反是。

若 GAP<0，即负缺口，则利率上升将导致银行净利息收入下降，反之则反是。

当 GAP=0，即零缺口，则无论利率如何变动，银行净利息收入都不变，也就是说银行的净利息收入对利率变化有免疫力。

综上可见，**正或负的敏感性缺口都将使得银行面临利率风险，仅有在保持零缺口时银行在利息收入方面没有利率风险。**

为了更好地理解上述内容，我们考虑以下例子。

例 11-3　A 银行的资产负债表如表 11-13 所示，请计算 A 银行的敏感性缺口，并分析当利率上升或下降 5 个百分点时，银行利润受到何种影响？

表 11-13　A 银行资产负债表　　单位：亿元

资产		负债	
准备金	10		
固定利率贷款	40	固定利率存款	10
浮动利率贷款	50	浮动利率存款	80
		资本	10

✓ 解答：

由以上列出的 A 银行的资产负债表可知：

利率敏感性资产为 50 亿元的浮动利率贷款，即 RSA=50（亿元）

利率敏感性负债为 80 亿元的浮动利率存款，即 RSL=80（亿元）

因此，敏感性缺口：GAP=RSA-RSL=50-80=-30（亿元）

若利率上升 5 个百分点，则 A 银行利润变动为：(-30) ×5%=-1.5（亿元）

若利率下降 5 个百分点，则 A 银行利润变动为：(-30) × (-5%) = 1.5（亿元）

上例表明，A 银行由于存在敏感性缺口，因此存在着利率风险。对此，银行需要管理利率风险。只有当敏感性缺口为零时，银行净利息收入才不会受利率波动的影响。

❖ 久期缺口法

久期缺口法（duration analysis）从利率波动导致资产和负债市场价值变动的角度，考量银行总资产和总负债的市场价值对利率变化的敏感程度，进而管理利率风险。**久期**（duration）是指某种证券利息和本金支付的加权平均时间，其中的权重是每一次支付现金流现值占所有现金流现值之和的比值。根据定义可得出久期公式如下：

$$D=\sum_{t=1}^{n}t\frac{\frac{C_t}{(1+r)^t}}{V}=\frac{1}{V}\sum_{t=1}^{n}\frac{tC_t}{(1+r)^t} \tag{11-5}$$

其中，D 为麦考利久期，r 为到期收益率，t 为收到现金流的期数，n 为到期时的期数，C_t 为第 t 期的现金流，V 为债券现值。事实上，久期描述的是现金流的平均到期时间，是衡量利率风险的重要工具。直观上讲，久期越短，收回投资所需时间越短，现金流的不确定性越低，利率风险越小；反之，利率风险越大。

结合现值公式对久期公式进行数学推导，可以得到关于久期的重要结论，推导如下：

对现值公式

$$V=\sum_{t=1}^{n}\frac{C_t}{(1+r)^t}$$

求微分可得：

$$\mathrm{d}V=\sum_{t=1}^{n}\frac{-C_t\cdot t}{(1+r)^{t+1}}\cdot\mathrm{d}r=-\frac{1}{1+r}\cdot\sum_{t=1}^{n}\frac{C_t\cdot t}{(1+r)^t}\cdot\mathrm{d}r$$

$$\frac{\mathrm{d}V}{V}=-\frac{1}{1+r}\cdot\frac{1}{V}\sum_{t=1}^{n}\frac{C_t\cdot t}{(1+r)^t}\cdot\mathrm{d}r=-\frac{1}{1+r}\cdot D\cdot\mathrm{d}r$$

对于上式，如果忽略 $\frac{1}{1+r}$，则有，

$$\frac{\mathrm{d}V}{V}\approx -D\cdot\mathrm{d}r \tag{11-6}$$

也即有经验公式：

证券的市场价值变动百分比 ≈ – 利率变动额 × 久期 （11-7）

上式表明，久期衡量了证券价格变化对利率微小变化的敏感程度，是价格的利率弹性，负号表示价格变动方向与利率变动方向相反，这正是久期的经济含义。因此，我们可得出如下推论：**久期越长，证券价格对利率的弹性越大，同等条件下利率风险越大。**因此，久期可以用来衡量银行总资产与总负债的市场价值对利率变化的敏感程度。

为了更好地理解上述内容，我们考虑以下例子。

例 11-4 假定某银行资产为 1 000 万元，平均久期为 3 年，负债为 900 万元，平均久期为 2 年。当利率上升 3 个百分点时，求银行净值的变动情况？

✓ 解答：

当利率上升3个百分点时，根据式（11-7）有，

银行资产的市场价值变动百分比=-3%×3=-9%

银行资产的市场价值变动额=1 000×（-9%）=-90（万元）

银行负债的市场价值变动百分比=-3%×2=-6%

银行负债的市场价值变动额=900×（-6%）=-54（万元）

银行净值的变动额=（-90）-（-54）=-36（万元），即银行净值减少36万元。

上述例子表明，银行可以通过久期来测度利率风险，进一步地，银行可以通过调整资产和负债的久期来管理利率风险。

案例 11-1

利率风险与英国诺森罗克银行挤兑事件

英国诺森罗克银行（Northern Rock，又译：北岩银行）成立于1850年，其早期只是一家住房贷款协会，1997年变成一家银行并上市。2007年受美国次贷危机导致的全球信贷紧缩影响，诺森罗克银行发生储户挤兑事件。

导致英国诺森罗克银行挤兑事件发生的主要原因是诺森罗克银行本身的资产负债构成存在问题，特别是融资过于依靠批发市场问题和资产负债利率缺口过大问题等。

一方面，与其他银行的资金主要来自储户不同，诺森罗克银行的大部分资金来源于金融机构，超过75%的资金是通过同业拆借、发行债券或卖出有资产抵押的证券来融资，来源于储户的零售存款业务占比不到25%。而零售存款融资相对是比较稳定的，故资金绝大部分来源于批发市场的诺森罗克银行也就更容易受到市场上资金供求的影响。受美国次贷危机影响，当年全球货币市场流动性紧张，诺森罗克银行在批发市场上获得资金的难度不断增加，银行流动性问题直接成为挤兑危机发生的导火索。

另一方面，批发市场和住房贷款市场不同的定价机制加大了诺森罗克银行的利率缺口。在当时的市场定价机制下，诺森罗克银行大部分批发资金的融资利率取决于3个月Libor货币市场利率，而发放给个人的住房抵押贷款利率则取决于英格兰银行的基准利率。这种不同的定价方式在货币市场利率随着资金紧张而上升的幅度大幅高于英格兰银行的基准利率上升幅度时，对诺森罗克银行造成了巨大损失，从而导致储户对诺森罗克银行预期收益的下降并引起挤兑。

对于这一事件的处置，在危机爆发前英国监管当局并没有认识到这一问题，英国央行既未向银行注资，也没有降低贴现窗口利率，错失了及时避免危机爆发的时机。直至危机爆发之后，英国监管当局先后采取了注资以及存款账户担保等紧急救助措施，才得以将这场危机控制下来。

三、其他风险管理

除了信用风险和利率风险，商业银行还面临许多其他风险，如操作风险、流动性风险、国家风险、法律风险、声誉风险等。其中，操作风险是指银行内部控制、信息系统的缺陷以及公司治理机制失效导致的风险，可能源于人为错误、系统失灵、无效监督等。事实上，商业银行面临的各种风险往往交织在一起，并可能相互影响，如市场风险与信用风险、市场风险与流动性风险。

同时，商业银行为了管理信用风险和利率风险，可能从事金融期货、期权以及互换等金融衍生品交易活动，由于不会直接影响银行的资产负债表，所以这些交易活动都属于表外业务。然而，这些交易活动可能引致风险。首先，金融衍生品交易具有较高盈利性，但风险很高。此外，由于存在"委托—代理"问题，交易员作为代理人具有承受超额风险的动力，如巴林银行、法国兴业银行的交易员欺诈案例。

为了降低委托—代理问题的影响，金融机构管理层必须设立内部控制制度以防范操作风险，并对金融机构风险暴露水平进行评估，以防止发生类似巴林银行破产的事件。内部控制制度包括诸如将主管交易活动或主管记账业务的人完全分离，对交易员的交易规模和机构风险敞口水平设置限制，等等。

此外，借助最新的计算机技术，银行经理必须要谨慎地对金融机构风险暴露水平进行评估。其中之一就是**风险价值**（value at risk，VaR）的方法。通过这种方法，金融机构可以开发出相应的统计模型，用以计算在给定时间范围内其投资组合可能承担的最大损失数额，即在险价值。还有一种被称为**压力测试**（stress testing）的方法。通过这种方法，计算机模型可以计算出在发生毁灭性事件的情况下银行可能受到的影响。这就是说，银行经理可以由此预见到在各种不利事件接连发生的情况下，银行可能会承受的损失。运用风险价值和压力测试等方法，金融机构能够对其风险敞口水平进行评估，进而采取措施降低这些风险的不良影响。

第五节　金融科技与商业银行的转型*

当前，随着金融科技的迅速发展，更多便捷、低廉、友好的金融服务方式不断涌现，迫使商业银行开始思考新的转型方向——金融科技创新。在金融科技变革下，商业银行的转型更加强调对大数据、云计算、区块链、人工智能等金融科技核心技术的应用，强调基于互联网思维不断借助科技的力量对银行业务模式、流程或产品的创新改造，综合推进数字化与智能化水平的提升，以此对金融服务的提供方式产生重大影响。

一、商业银行面临的挑战

身处金融科技快速发展的时代，当前银行所面临的竞争对手已经远远不只是其他银行。近年来，新兴金融科技公司快速崛起，以客户体验为导向、数据为核心、互联网高效率扩张为手段的商业模式，逐步打破了传统银行的业务垄断。事实上，银行在资产业务、负债业务以及支付业务等领域都面临来自其他金融机构和非金融机构的竞争和挑战。这种竞争将逐步成为常态，并且逐渐改变金融领域的竞争方式和竞争格局。

❖ 支付业务的挑战

在中国市场上，目前金融科技最活跃、最有成效的领域是支付业务领域，支付宝、微信等移动第三方支付方式已经成为一种主要的支付手段。与传统银行支付相比，第三方支付操作快捷、覆盖场景多，能够迅速融入人们的日常生活。第三方支付平台借助移动互联网的迅猛发展，大力开发支付场景。由于其方便快捷，掌握了更多的客户资源，在获取客户、交叉销售、风险管理等方面占有一定渠道和数据优势，其快速发展逐步侵蚀银行卡等中间业务，挤压银行传统营业网点的个人和中小企业业务规模，使得银行实体网点的投资回报率逐渐降低，倒逼商业银行的经营模式发生改变。

❖ 资产业务的挑战

贷款业务是商业银行最重要的资产业务。近几年，在贷款市场出现了各种由金融科技公司主导的创新贷款产品，如蚂蚁小贷、京东白条、腾讯微粒贷、百度小贷等。通常来说，传统银行发放一笔贷款，需经过严格的信用审查过程，不仅过程烦琐，而且一些小微企业由于信用记录不完备且缺乏合格的抵质押物，无法及时从银行获得借款。相比较而言，金融科技公司有条件通过对大数据的应用，凭借在信息获取和数据挖掘等方面的优势，开发出更加符合用户需求的服务和产品。这些产品的出现严重挤占了银行的贷款业务市场份额。

❖ 负债业务的挑战

存款业务是商业银行最重要的负债业务。2013 年，支付宝与天弘基金合作的货币基金产品余额宝上线，这被普遍认为开创了国人互联网理财元年。之后，除余额宝之外，腾讯理财通、京东小金库、百度度小满等理财产品也迅速兴起。这些产品操作简单、流动性较好、为客户提供了低风险的增值渠道，迅速占领了市场。这些产品的出现，逐步抢占了银行的存款客户，侵蚀了银行储蓄存款市场份额。

二、商业银行与金融科技的融合

在金融科技发展的背景下，企业和居民的资产配置日趋多元化，金融脱媒趋势加速，商业银行难以依靠传统经营模式持续增长，需要寻找新的利润增长点。而通过科技手段满足客户需求，提升运营效率和服务质量，正是金融科技能够与商业银行相结合的领域。尽管金融科技所衍生的金融服务发展迅猛，但其不可能完全涵盖商业银行的所有业务。商业银行的主体地位在短期内也不会因为金融科技的发展而动摇，更大的可能性是商业银行通过与金融科技的深度融合来加速其转型升级。目前，商业银行主要通过两种途径实现其自身经营与金融科技的融合：一是银行自身成立金融科技子公司，二是寻求与金融科技公司的外部战略合作。

❖ 成立金融科技子公司

2015 年以来，商业银行为应对行业挑战，促进自身金融科技转型，开始成立自己的金融科技子公司。各子公司纷纷依托母公司，建立起各自的产品体系，切入银行运营的前、中、后台，为银行业务提供有效科技支撑。2015 年，兴业银行成立兴业数字金融服务（上海）股份有限公司，开创了商业银行成立金融科技子公司的先河。之后，平安集团、招商银行、光大集团、建设银行、工商银行、中国银行、农业银行、交通银行等也先后成立了金融科技子公司（见表 11-14）。

表 11-14　我国银行系金融科技子公司（截至 2023 年年末）

金融机构	金融科技子公司	成立时间
兴业银行	兴业数字金融服务（上海）股份有限公司	2015 年 12 月
河北银行	北京冀银科技有限公司	2015 年 11 月
平安集团	上海壹账通金融科技有限公司	2015 年 12 月
招商银行	招商云剑（深圳）信息技术有限公司	2016 年 2 月
深圳农商行	前海金信（深圳）科技有限责任公司	2016 年 2 月
光大集团	光大科技有限公司	2016 年 12 月
建设银行	建信金融科技有限责任公司	2018 年 4 月
民生银行	民生科技有限责任公司	2018 年 4 月
华夏银行	龙盈智达（北京）科技有限公司	2018 年 5 月
中信银行	中信天津金融科技服务有限公司	2018 年 12 月
工商银行	工银科技有限公司	2019 年 3 月
北京银行	北银金融科技有限责任公司	2019 年 5 月
中国银行	中银金融科技有限公司	2019 年 6 月
浙商银行	易企银（杭州）科技有限公司	2020 年 2 月
农业银行	农银金融科技有限责任公司	2020 年 7 月
交通银行	交银金融科技有限公司	2020 年 8 月
厦门国际银行	集友科技创新（深圳）有限公司	2020 年 9 月
廊坊银行	廊坊易达科技有限公司	2020 年 11 月
济宁银行	山东济银数字科技有限公司	2020 年 11 月
浙江农商联合银行	浙江农商数字科技有限责任公司	2020 年 12 月
广西农商联合银行	广西桂盛金融信息科技服务有限公司	2020 年 12 月
浦发银行	浦银金融科技有限公司于	2021 年 5 月
盛京银行	盛银数科（沈阳）技术有限公司	2021 年 7 月
长沙银行	湖南长银数字科技有限责任公司	2022 年 7 月
重庆农商行	重庆渝银金融科技有限责任公司	2023 年 11 月

与互联网金融科技公司相比，银行系金融科技子公司虽然在技术、场景和机制灵活性方面仍与前者存在一定差距，但银行系金融科技子公司的最大优势在于其对金融行业运营、业务、监管的理解更为深刻，同时，母公司能给予其更多金融资源。在未来，预计将会有更多的商业银行研究并实践金融科技子公司运作模式，实现其自身经营与金融科技的融合，为金融科技背景下商业银行的转型提供坚实的科技基础和支撑。

❖ 与金融科技公司的外部战略合作

近年来，大型商业银行与互联网公司、科技公司频频开展战略合作引发广泛关注。

从已有的实践来看，两者的合作是一种互利共赢的选择。一方面，商业银行历史悠久、信誉良好，具有坚实的客户基础和庞大的客户信息及账户数据等优势，但其缺乏充分挖掘和发挥数据价值的能力，也不擅长创造电商、社交等丰富的应用场景。另一方面，互联网公司、科技公司积极寻求与传统金融机构的合作，不仅可以获得正规经营金融业务的牌照，还能够利用自身技术优势对传统业务进行技术改造升级。因此，商业银行与互联网公司、科技公司协同合作、融合共赢的发展模式逐渐成为共识。双方在客户资源、科技开发与应用、征信、风险防范、客户服务等各个领域进行合作，共同推进金融科技的应用与提升，形成积极的竞合新模式。

案例 11-2

“四大行”牵手四大互联网巨头

每经网，2017 年 6 月 26 日

近日，工、农、中、建四大国有银行和四大互联网巨头陆续开展合作活动，为金融服务变革注入了想象力。

◇ 中国银行牵手腾讯

2017 年 6 月 22 日，中国银行对外宣布，“中国银行—腾讯金融科技联合实验室”挂牌成立，双方将重点基于云计算、大数据、区块链和人工智能等方面开展深度合作，共建普惠金融、云上金融、智能金融和科技金融。

◇ 中国农业银行牵手百度

2017 年 6 月 20 日，中国农业银行与百度达成战略合作，合作领域主要是金融科技、金融产品和渠道用户，双方还将组建联合实验室，推出农行金融大脑，在智能获客、大数据风控、生物特征识别、智能客服、区块链等方面合作探索。

◇ 中国工商银行牵手京东

2017 年 6 月 16 日，工商银行与京东正式签署全面合作协议，双方将在金融科技、零售银行、消费金融、企业信贷、校园生态、资产管理、个人联名账户乃至电商物流等方面，展开全面合作。

◇ 中国建设银行牵手阿里巴巴

2017 年 3 月 28 日，中国建设银行与阿里巴巴、蚂蚁金服宣布战略合作，按照协议和业务合作备忘录，双方将共同推进建行信用卡线上开卡业务以及线下线上渠道业务合作、电子支付业务合作，打通信用体系。

本章重点回顾

商业银行业务

负债业务：资金来源的相关业务

资产业务：资金运用的相关业务

表外业务和中间业务：两者的区别与联系

商业银行经营管理

流动性管理：向其他银行或中央银行借款；出售证券；削减贷款

资本充足性管理：资本规模对商业银行的影响；资本充足率的计算

资产负债管理：资产管理理论；负债管理理论；资产负债综合管理理论

商业银行风险管理

信用风险管理：信用风险管理的各种方法

利率风险管理：敏感性缺口法；久期缺口法

课后思考和练习题

1. 简述商业银行的资产业务和负债业务。
2. 什么是商业银行的表外业务和中间业务？
3. 简述商业银行经营管理的基本原则。
4. 简述商业银行流动性管理的重要性。
5. 为什么商业银行需要对资本充足性进行管理？
6. 简述商业银行提高资本充足率的方法。
7. 什么是信用风险？商业银行如何进行信用风险管理？
8. 什么是利率风险？商业银行有哪些利率风险管理方法？

阅读资料推荐

国家金融监督管理总局资本监管研究课题组. 商业银行资本监管改革研究——兼评资本新规实施挑战与应对［J］. 金融监管研究，2023（11）：1-23.

周鸿卫，田璐. 农村金融机构信贷技术的选择与优化——基于信息不对称与交易成本的视角［J］. 农业经济问题，2019（05）：58-64.

郭晔，未钟琴，方颖. 金融科技布局、银行信贷风险与经营绩效——来自商业银行与科技企业战略合作的证据［J］. 金融研究，2022（10）：20-38.

第十二章　非存款类金融机构

学习目标

本章主要介绍各类非存款类金融机构的概念、特征、功能、业务以及国内外发展情况等。学完本章，你应该掌握：

- 保险的含义以及保险公司的功能和业务。
- 什么是投资银行以及投资银行的主要业务。
- 信托的含义以及信托的功能。
- 投资基金的种类和基金管理公司的业务。
- 什么是金融租赁和财务公司。

区别于商业银行等存款类金融机构，非存款类金融机构的资金来源和存款类金融机构吸收公众存款不一样，主要是通过发行证券或以契约性的方式聚集社会闲散资金，比如投保人缴纳的保费、基金投资人购买基金份额支付的资金等。非存款类金融机构包括保险公司、投资银行、信托公司、投资基金和其他非存款类金融机构等。

第一节　保险公司

一、保险概述

保险（insurance）是指投保人根据合同约定，向保险人支付保险费，保险人对于合同约定的可能发生的事故，因其发生所造成的财产损失承担赔偿保险金责任，或者当被保险人死亡、伤残、疾病或者达到合同约定的年龄、期限等条件时承担给付保险金责任的商业保险行为。其中，支付保险费的投保人，即保单所有人；收取保险费的保险人，即保险公司。从经济角度看，保险是分摊意外事故损失的一种财务安排；从法律角度看，保险是一种合同行为，是一方同意补偿另一方损失的一种合同安排；从社会角度看，保险是社会经济保障制度的重要组成部分，是社会生产和社会生活“精巧的稳定器”；从风险管理角度看，保险是风险管理的一种方法。

作为一种经济补偿制度，保险由一些基本的要素构成，主要包括可保风险、多个经济单位集合、保险基金、保险合同、保险机构以及数理依据。

可保风险是构成保险的第一要素。现实社会经济生活中的风险是多种多样的，但并不是所有风险都可以通过保险方式予以转移。保险公司能够提供保险的风险必须具备以下三个条件：一是可保风险不具有投机性，即被保险人只有因风险受到损失的可能性，而没有因风险获得收益的可能性。二是可保风险必须具有偶然性和不可预知性，即风险发生与否、发生的时间、发生的状况、发生的程度都是不确定的，并且不能是由被保险人的故意行为引起的。三是可保风险必须是大量的、同质的、分散的。风险同质是指风险的性质相同或相近，只有这样，风险发生的规律才可以被把握。当然，保险公司可以同时经营若干不同类型的同质风险。风险的分散性是指一个风险事故的发生和另一个风险事故的发生之间没有必然的联系或引致关系，只有这样才能保证概率论和大数定律发挥作用。

多个经济单位集合是指保险需要结合有共同风险顾虑的个人或单位，形成集体的力量来分担风险，它体现了保险的互助性。

保险基金是投保人所缴纳的保险费的总和。保险机制对损失的分摊，是建立在有雄厚的保险基金的基础之上的，没有这一物质基础，保险的经济补偿功能便无法实现。

保险合同是投保人和保险人之间约定权利与义务的经济协议，商业性的保险经济活动必须以合同方式来约定和维系。

保险机构也是保险的要素之一，一般以保险公司的形式存在，但也可能是自然人，如英国的劳合社[①]。

数理依据之所以成为保险的构成要素是因为保险经营的基础是建立在科学的数理计算（称为保险精算）之上的，保险价格、保险金额损失率以及由此确定的未来责任准备金和总准备金等，无一不需要数理技术或方法来进行测算。

二、保险公司的功能和组织形式

保险公司（insurance company）是指采用公司组织形式的保险人或经营保险业务的经济组织，在我国是指依据《中华人民共和国保险法》和《中华人民共和国公司法》（以下简称《公司法》）设立的专门经营商业保险业务的企业。

---

① 劳合社（Lloyd's）是英国的一家保险人组织。该组织不直接经营保险业务，只是为其会员提供交易场所和有关服务，是世界上由个人承保保险业务的唯一组织。

❖ 保险公司的功能

保险公司在承保风险过程中，具有独特的社会功能和重要的经济功能，主要包括：**一是向受益人提供经济补偿和风险保障的功能。**保险公司提供保单，通过向众多投保个人和单位收取保险费，建立保险基金，根据保险合约，保险公司承诺依据未来的偶然事件情况支付特定的理赔，为不幸遭受损失的被保险人提供经济保障、分摊损失。**二是储蓄向投资转化的功能。**由于保险公司是先收保费，在事故（比如投保人伤亡或车祸）发生之后才支付理赔，为了提高资金使用效率，保险公司要将收来的保费投资于债券、股票、贷款等资产，这就会产生收益。因此，保险公司有两个收入来源：一是初期销售收入（保费收入）；二是投资所得，投资所得随着时间的推移而不断累积。保险公司运用这些保费和投资所得支付保单所确定的保险赔偿。在整个资金运作过程中，保险公司向金融市场提供了大量资金，促进了储蓄向投资的转化。

❖ 保险公司的组织形式

按照公司组织形式，保险公司可以分为保险股份公司、相互保险公司、专属保险公司。**保险股份公司**，类似于其他行业的股份公司，由发起人根据《公司法》设立，由此具体规定了公司发起人的人数、公司债务的限额、发行股票的种类、税收、营业范围、公司的权力、申请程序、公司执照等。保险股份公司是我国保险公司主要的组织形式，我国新成立的中资保险公司基本上采取这种组织形式。**相互保险公司**（mutual insurance company），是被保险人为保障自己的经济利益而创设的一种合作性保险组织。相互保险公司没有股东，公司为保单持有人（投保人）拥有。投保人具有双重身份，既是公司所有人，又是公司的客户。相互保险公司的投保人作为所有人可以参加选举董事会，由董事会任命公司的高级管理人员专事公司的业务经营与管理，投保人能以取得“红利”的形式分享经营成果。**专属保险公司**，由工商企业自己设立，旨在为该企业、附属企业以及其他相关企业的风险保险或再保险的保险公司，简称自保公司。

三、保险公司的业务

保险公司的业务分为人身保险业务和财产保险业务两大类。相应地，按照经营产品的类别，保险公司可分为人身保险公司和财产保险公司。我国的保险公司一般不得兼营人身保险业务和财产保险业务。

◆ 人身保险业务

人身保险业务包括人寿保险、健康保险和意外伤害保险等保险业务。**人寿保险**以被保险人的寿命为保险标的，以被保险人的生存或死亡为给付条件。根据投保人保障内容的不同，寿险又可分为定期寿险、终身寿险和两全寿险。有些保单除提供保障功能外，还可以结合投保人的投资需要提供投资机会，因而具有现金价值，有人称之为复合型保险。**健康保险**是指在被保险人身体出现疾病时，由保险人向其支付保险金的人身保险。

意外伤害保险是以被保险人因遭受意外伤害造成死亡、残废为给付保险金条件的人身保险。

◆ **财产保险业务**

财产保险业务有广义与狭义之分。广义财产保险是指以财产及其有关的经济利益和损害赔偿责任为保险标的的保险；狭义财产保险则是指以物质财产为保险标的的保险。在保险实务中，后者一般称为财产损失保险。财产保险业务包括财产损失保险、责任保险、信用保险、保证保险等保险业务。以物质形态的财产及其相关利益作为保险标的的保险，通常称为财产损失保险。例如，飞机、卫星、电厂、大型工程、汽车、船舶、厂房、设备以及家庭财产保险等。以非物质形态的财产及其相关利益作为保险标的的保险，通常是指各种责任保险、信用保险等。例如，公众责任、产品责任、雇主责任、职业责任、出口信用保险、投资风险保险等。

四、我国保险业发展历程

从1949年中国人民保险公司与中华人民共和国一道诞生开始算起，中国保险业一路走过了70多年的砥砺之程，保险业的改革发展几乎是与国家的改革发展进程同步推进。过去70多年我国保险业所走过的路大致可分为三个阶段。

随着中华人民共和国的成立，我国保险业进入了第一阶段。在1949年到1978年这近30年的历程中，保险业经历了整顿、初期发展及之后20年停办和停滞发展的波折历程。1949年9月，中央召开第一次全国保险工作会议，批准成立中国人民保险公司。同年10月20日，中国人民保险公司成立，这是中华人民共和国成立后第一家国有保险公司，标志着中国的保险事业进入一个新的历史发展时期。接着在1958年到1978年，我国保险业进入停办和停滞发展阶段。

1979年，随着改革开放春风的到来，全国保险工作会议在北京举行，政府决定恢复保险业务，沉睡了20年的中国保险业开始进入复苏及对外开放试点的第二阶段。在随后的10年中，中华联合保险公司（前身新疆生产建设兵团农牧业保险公司）、中国太平洋保险公司（前身交通银行保险部）、平安保险相继成立，打破了过去由中国人民保险公司独家经营的传统格局，开始出现多家保险公司共同经营的局面。同时，随着改革开放的实行，从1980年开始，外资保险公司纷纷到中国设立代表处。1992年，国务院批准在上海进行保险市场开放试点。同年10月，美国友邦保险获准在上海开业，成为改革开放后中国第一家外资保险公司。截至1999年年底，共有17个国家和地区的外资保险机构在我国设立196个代表处。《图说中国保险史》[①] 中的数据显示，1999年，全国共有28家保险公司，其中国有独资公司4家、股份制保险公司9家、中外合资保险公司4家、外资保险公司分公司11家。保险市场初步形成了以国有商业保险公司为主体、中外保险公司并存、多家保险公司竞争发展的新格局。

---

① 中国金融博物馆. 图说中国保险史［M］. 北京：中国金融出版社，2018.

2001 年 12 月中国正式加入世贸组织之后，中国保险业就进入了全面发展的第三阶段。2004 年年底保险业结束加入世贸组织的过渡期，率先在金融领域实现全面对外开放，保险业也成为我国金融体系中开放时间最早、程度最高的行业。2014 年“新国十条”[①]的发布更是标志着我国以“顶层设计”形式明确了保险业在社会经济中的地位，明确了中国保险业要努力由保险大国向保险强国转变。数据显示，中国保险业的年保费收入从复业之后 1980 年的 4.6 亿元，增加到 2023 年 12 月末的 5.12 万亿元[②]；保险机构法人数量从 1992 年全国只有 6 家保险公司，增长到 2023 年 12 月末的 238 家。其中：保险集团（控股）公司 13 家，财产保险公司 88 家，人身保险公司 91 家，再保险公司 7 家，保险资产管理公司 35 家。截至 2023 年 12 月末，保险业机构总资产为 29.96 万亿元，保险业机构所有者权益总额为 2.73 万亿元。当前，我国保险市场规模先后超过德国、法国、英国，并于 2017 年超越日本，成为仅次于美国的全球第二大保险市场，我国成为全球最重要的新兴保险市场大国。

第二节 投资银行

一、投资银行概述

投资银行（investment banks）是最典型的投资性金融机构，一般认为，投资银行是在资本市场上为企业发行债券、股票，筹集长期资金提供中介服务的金融机构，主要从事证券承销、公司购并与资产重组、公司理财、基金管理等业务。投资银行的名称通用于欧洲大陆及美国等西方国家，在英国被称为**商人银行**（merchant bank），在中国和日本则称**证券公司**（securities company）。投资银行除为工商企业代办发行或包销债券和股票外，还参与企业的创建和改组活动，包销本国政府和外国政府的债券，为企业提供投资及兼并的财务咨询服务等。投资银行与商业银行和储蓄机构不同，其资金主要来源于自己发行的股票和债券。英国的商人银行可以接受存款，但也主要是定期存款，它们可以向其他银行借款，但这不是主要的资金来源。

现代意义上的投资银行产生于欧美，主要是由 18、19 世纪众多销售政府债券和贴现企业票据的金融机构演变而来的。投资银行的早期发展主要得益于以下四方面因素：融资业务的日趋活跃，证券业的兴起与发展，基础设施建设的巨大资金需求，股份制的出

① 2014 年 8 月 13 日，国务院印发《关于加快发展现代保险服务业的若干意见》（被业界称为“新国十条”），明确了今后较长一段时期保险业发展的总体要求、重点任务和政策措施，提出到 2020 年，基本建成保障全面、功能完善、安全稳健、诚信规范，具有较强服务能力、创新能力和国际竞争力，与我国经济社会发展需求相适应的现代保险服务业，努力由保险大国向保险强国转变。

② 数据来源：国家金融监督管理总局网站 https://www.cbirc.gov.cn/cn/view/pages/ItemDetail.html? docId=1149691（说明：本章后文中有多处截至最新的数据与第十章第一节的数据来源相同，对这些数据不再重复注释数据来源。）

现和发展。

投资银行与传统的商业银行有很大的区别，尽管不少国家已从法律上消除了投资银行与商业银行之间的业务界限，但现实中两者还是有其不同的特点：从本源上看，商业银行是存贷款银行，存贷款业务是其本源业务；投资银行是证券承销商，证券承销业务是其本源业务。从功能上看，商业银行行使间接融资职能，为了降低风险，主要侧重于短期资金市场活动；投资银行行使直接融资职能，为直接融资提供服务，一般侧重于资本市场活动。从利润构成上看，商业银行的利润主要来自存贷差，其次是资金营运收入和表外业务收入；投资银行的利润主要来自佣金，其次才是自己营运收入和利息收入。从风险管理上看，商业银行更注重安全性，资产除贷款外主要配置于同业往来、国债与基金等低风险品种；投资银行更注重盈利性，在一定风险控制前提下追逐高收益和金融创新，资金主要投资于股票、债券、外汇及衍生金融工具等。

二、投资银行的类型和组织形式

投资银行的组织形态或类型主要有四种：（1）**独立型的专业性投资银行**，这种类型的机构比较多，遍布世界各地，比如2008年金融危机前引领华尔街独立投行模式（华尔街一群从事证券买卖、为客户提供咨询服务、比从事储蓄和贷款业务的传统银行受到更少监管的投行模式）的美国的高盛、摩根士丹利等。我国的投资银行也以这种组织形态为主。（2）**商业银行拥有的投资银行**，主要是商业银行通过兼并收购其他投资银行，参股或建立附属公司从事投资银行业务，这种形式在英国、德国等国非常典型，比如汇丰集团、瑞银集团等。（3）**全能型银行直接经营投资银行业务**，这种形式主要出现在欧洲，银行在从事投资银行业务的同时也从事商业银行业务。（4）**一些大型跨国公司兴办的财务公司。**

一般而言，投资银行采用的组织结构是与其内部的组建方式和经营思想密切相关的。现代投资银行的组织结构形式主要有三种：（1）**合伙人制。**合伙人公司是指由两个或两个以上合伙人拥有公司并分享公司利润的组织形式。其主要特点是合伙人共享企业经营所得，并对经营亏损共同承担无限责任；可以由所有合伙人共同参与经营，也可以由部分合伙人经营，其他合伙人仅出资并自负盈亏；合伙人的组成规模可大可小。（2）**混合公司制。**混合公司通常是由在职能上没有紧密联系的资本或公司相互合并而形成规模更大的资本或公司。20世纪60年代以后，在大公司生产和经营多元化的发展过程中，投资银行是被收购或联合兼并成为混合公司的重要对象。这些并购活动的主要动机都是为了扩大母公司的业务规模，在这一过程中，投资银行逐渐开始了由合伙人制向现代公司制度的转变。（3）**现代公司制。**现代公司制度赋予公司以独立的人格，其确立是以企业法人财产权为核心和重要标志的。法人财产权是企业法人对包括投资和投资增值在内的全部企业财产所享有的权利。法人财产权的存在显示了法人团体的权利不再表现为个人的权利。现代公司制度使投资银行在资金筹集、财务风险控制、经营管理的现代化等方面都获得较传统合伙人制所不具备的优势。

三、投资银行的业务

投资银行的业务主要包括以下几类：

◆ **证券承销**

投资银行在证券发行市场上代理发行人承销证券并以此获得证券手续费收入，这是投资银行最本源、最基础的业务活动。投资银行承销的职权范围很广，包括本国中央政府、地方政府、政府机构发行的债券，企业发行的股票和债券，外国政府和公司在本国和世界发行的证券，国际金融机构发行的证券等。投资银行在承销过程中一般要按照承销金额及风险大小来权衡是否要组成承销辛迪加和选择承销方式。通常的承销方式有四种：（1）**包销**。这意味着主承销商和它的辛迪加成员同意按照商定的价格购买发行的全部证券，然后再把这些证券卖给它们的客户。这时发行人不承担风险，风险转嫁到了投资银行的身上。（2）**投标承购**。这种方式通常是在投资银行处于竞争较强的情况下进行的。投资银行通过参加投标承购证券，再将其销售给投资者。采用这种发行方式的证券通常都是信用较高，颇受投资者欢迎的证券，该种方式在债券（特别是国债发行）中较为常见。（3）**代销**。这种方式一般是由于投资银行认为该证券的信用等级较低，承销风险大而采取的。这时投资银行只接受发行者的委托，代理其销售证券，如在规定的期限计划内发行的证券没有全部销售出去，则将剩余部分返回证券发行者，发行风险由发行者自己负担。（4）**赞助推销**。当发行公司增资扩股时，其主要对象是现有股东，但又不能确保现有股东均认购其证券，为防止难以及时筹集到所需资金，甚至引起本公司股票价格下跌，发行公司一般都要委托投资银行来代办现有股东认购新股的工作，从而将风险转嫁给投资银行。

◆ **证券交易**

投资银行在二级市场中扮演着做市商、经纪商和交易商三重角色。作为做市商，在证券承销结束之后，投资银行有义务为该证券创造一个流动性较强的二级市场，并维持市场价格的稳定。作为经纪商，投资银行代表买方或卖方，按照客户提出的价格代理进行交易。作为交易商，投资银行有自营买卖证券的需要，这是因为投资银行接受客户的委托，管理着大量的资产，必须要保证这些资产的保值与增值。此外，投资银行还在二级市场上进行无风险套利和风险套利等活动。

◆ **项目融资**

项目融资是指以项目的资产、预期收益或权益作抵押取得的一种无追索权或有追索权的融资或贷款活动。项目融资是对一种特定的经济单位或项目策划安排的一揽子融资的技术手段，借款人可以只依赖该经济单位的现金流量和所获收益用作还款来源，并以该经济单位的资产作为借款担保。投资银行在项目融资中起着非常关键的作用，它将与项目有关的政府机关、金融机构、投资者与项目发起人等紧密联系在一起，协调律师、会计师、工程师等一起进行项目可行性研究，进而通过发行债券、基金、股票或拆借、拍卖、抵押贷款等形式组织项目投资所需的资金融通。投资银行在项目融资中的主要工作是：项目评估、融资方案设计、有关法律文件的起草、有关的信用评级、证券价格确定和承销等。

◆ **企业的兼并与收购**

投资银行为企业的兼并、收购、接管、公司结构调整、资本充实和重新核定、破产与困境公司重组等较为复杂的筹划与操作提供信息和筹集资金。企业兼并与收购已经成为现代投资银行除证券承销与经纪业务外最重要的业务组成部分。投资银行可以以多种方式参与企业的并购活动，如：寻找兼并与收购的对象、向猎手公司和猎物公司提供有关买卖价格或非价格条款的咨询、帮助猎手公司制定并购计划或帮助猎物公司针对恶意的收购制定反收购计划、帮助安排资金融通和过桥贷款等。此外，并购中往往还包括“垃圾债券”的发行、公司改组和资产结构重组等活动。

◆ **基金管理**

基金是一种重要的投资工具，它由基金发起人组织，吸收大量投资者的零散资金，聘请有专门知识和投资经验的专家进行投资并取得收益。投资银行与基金有着密切的联系，可以承担基金的发起人、管理人和承销人等职责。第一，投资银行可以作为基金的发起人，发起和建立基金；第二，投资银行可作为基金管理者管理基金；第三，投资银行可以作为基金的承销人，帮助基金发行人向投资者发售受益凭证。

◆ **风险投资**

风险投资又称创业投资，是指对新兴公司在创业期和拓展期进行的资金融通，表现为风险大、收益高。新兴公司一般是指运用新技术或新发明、生产新产品、具有很大的市场潜力、可以获得远高于平均利润的利润、但却充满了极大风险的公司。由于高风险，普通投资者往往都不愿涉足，但这类公司又最需要资金的支持，因而为投资银行提供了广阔的市场空间。投资银行涉足风险投资有不同的层次：第一，采用私募的方式为这些公司筹集资本；第二，对于某些潜力巨大的公司有时也进行直接投资，成为其股东；第三，更多的投资银行是设立“风险基金”或“创业基金”向这些公司提供资金来源。

◆ **理财顾问**

投资银行为客户提供财务顾问和投资咨询等业务，这一业务往往同投资银行的其他业务相伴而生，并渗透到各项业务之中。投资银行的**财务顾问业务**是投资银行所承担的对公司尤其是上市公司的一系列证券市场业务的策划和咨询业务的总称，主要指投资银行在公司的股份制改造、上市、在二级市场再筹资以及发生兼并收购、出售资产等重大交易活动时提供的专业性财务意见。投资银行的**投资咨询业务**是联结一级和二级市场、沟通证券市场投资者、经营者和证券发行者的纽带和桥梁，习惯上常将投资咨询业务的范畴定位在对参与二级市场投资者提供投资意见和管理服务。

◆ **资产证券化**

资产证券化（ABS）是指把流动性较差的资产，如金融机构的一些长期贷款或企业的应收账款等，通过投资银行或商业银行给予重新组合，以这些资产作为抵押来发行证券，从而改变资产的流动性。进行资产转化的公司称为资产证券发起人。发起人将持有的各种流动性较差的金融资产（基础资产）分类整理为一批资产组合，出售给特定的交易组织，即金融资产的买方（主要是投资银行），再由特定的交易组织以买下的金融资产为担保发行资产支持证券。资产支持证券的购买者与持有人在证券到期时可获本金、利息的偿付。证券偿付资金来源于基础资产所创造的现金流量，即基础资产债务人偿还的到期本金与利息。

◆ **金融衍生工具业务**

金融衍生工具是指基于标的金融资产的价格及其变化所衍生出的金融产品，包括远期、期货、期权、互换等。通过金融衍生工具的设立与交易，投资银行进一步拓展了业务空间。第一，投资银行作为经纪商代理客户买卖这类金融工具并收取佣金；第二，投资银行也可以获得一定的价差收入，因为投资银行往往首先作为客户的交易对手进行衍生工具的买卖，然后寻找另一客户做相反的抵补交易；第三，这些金融衍生工具还可以帮助投资银行进行风险控制，免受损失。

四、我国投资银行业发展历程

现代意义上的投资银行产生于欧美，主要是由 18、19 世纪众多销售政府债券和贴现企业票据的金融机构演变而来的。与西方发达国家相比，我国现代投资银行业发展较晚，但发展速度较快，目前投资银行业已成为我国金融体系的重要组成部分。

投资银行业的发展必须以证券市场的发展壮大为基础。我国从 1981 年恢复发行国债，到 1988 年允许国债流通，再到 1990 年沪、深证券交易所分别成立，经过一系列探索和试点，才逐渐产生了我国的证券市场。伴随着我国证券市场的产生与发展，经营传统投资银行业务的证券公司也才应运而生。从 1985 年 1 月 2 日我国第一家证券公司——深圳经济特区证券公司开始试办以来，我国证券公司从无到有、从小到大，发展速度极其惊人。据统计，截至 2023 年 12 月末，我国共有证券公司 147 家，证券业机构总资产为 13.84 万亿元，证券业机构所有者权益总额为 3.42 万亿元。

得益于我国经济的快速发展，我国投资银行业的市场潜力是巨大的，这对我国投资银行业是巨大的机遇，同时也是巨大的挑战。为了更好把握投资银行业的发展机遇，承担起历史赋予的重任，我国投资银行业必将向着规模化、专业化、国际化发展。

拓展 12-1

华尔街和五大投行兴衰的启示

华尔街（Wall Street）位于纽约市曼哈顿区的南部，原来是沿百老汇大街的一堵土墙，从东河（East River）一直筑到哈德逊河（Hudson River），后沿墙形成了一条街，华尔街也就因而得名。后来围墙拆除了，但“华尔街”的名字却保留了下来。这条小街长不超过 1 600 米，宽仅 11 米，狭窄的街道，在两边高楼大厦的遮盖下，显得越发阴暗。然而，它却以“美国的金融中心”闻名于世。它是美国财富的象征，是世界金融市场的“晴雨表”。美国和世界的财团大亨把这里看成圣地，聚集在这里，做着暴富的美梦。

原来举世闻名的五大投行是高盛（Goldman Sachs）、摩根士丹利（Morgan Stanley）、美林（Merrill Lynch）、雷曼兄弟（Lehman Brothers）、贝尔斯登（Bear Stearns），但2008年金融风暴将华尔街几乎摧毁，意味着“长久以来世人熟知的华尔街的终结”。

2008年3月，美国第五大投行贝尔斯登因濒临破产而被摩根大通收购。同年9月15日，美国第四大投行雷曼兄弟公司宣布破产，而第三大投行美林公司则被美国银行收购。同年9月21日，高盛和摩根士丹利被美联储批准从投资银行转型为银行控股公司。根据美联储的决定，高盛和摩根士丹利以后将混业经营。至此，宣告了主导世界金融业数十年之久的华尔街独立投行模式宣告终结。

华尔街独立投行模式覆没的原因主要有以下三个方面：一是在未对投资作充足损失准备情况下的高杠杆运行。这种高杠杆经营模式积累了巨大的风险敞口，在危机爆发后，迅速将投行吞噬。二是过度的金融创新。金融创新就像一把双刃剑，在使华尔街投行走过了繁荣的几十年，并为美国金融市场在全球的领先地位做出了贡献的同时，也使华尔街投行最终又倒在了自己不计风险和缺乏监管的金融创新中。三是过度的高管薪酬激励。华尔街五大投行在上市之前都是合伙制企业，上市之后这种薪酬制度被保留了下来。巨额奖金加剧了风险偏好，也导致了各投行的流动资金大大减少，随着金融危机的升级，流动性陷入枯竭。

尽管华尔街独立投行模式的覆没并不是金融危机的终局，但是，人们从中获得的教训却弥足珍贵。在金融创新频繁、全球经济一体化的时代，华尔街独立投行模式的覆没进一步凸显出现代金融市场中风险管理和监管体制的重要性。

第三节 信托公司

一、信托概述

信托（trust）是指委托人基于对受托人的信任，将其财产委托给受托人，由受托人按委托人的意愿，以自己的名义为受益人的利益或者特定目的，对受托的财产进行管理或者处分的行为。信托是以资财为核心、以信任为基础、以委托为方式的财产管理制度。**一项典型的信托行为涉及三方关系人：委托人、受托人和受益人。**

委托人是指主动提出设立信托关系的关系人，其条件是必须拥有作为信托标的物的财产所有权或具有委托代办经济事务的合法权利。委托人的权利除了设立信托时的授予权外，在信托关系存续期间，还有权对受托者管理不当或违反信托目的的行为提出异议，并要求弥补损失；有权查阅有关处理信托事务的文件和询问信托事务；有权准许受托者辞职或要求法院免去其职权；当信托关系结束而又找不到信托财产的归属者时，有权得到信托财产等。

受托人是指接受委托人的授权，并按约定的信托条件对信托财产进行管理或处理的信托关系人。受托人必须具有受托行为能力，即必须有执管产权，并管理、运用和处理财产的能力。受托人可以由个人或法人承担，当受托人为法人时，必须拥有一定的资本金，并须经政府主管部门审核批准后取得信托经营权。受托人的权利主要有两项：一是根据信托契约具有合法地对信托财产进行独立管理和处理的权利；二是具有收取报酬、获得收益的权利和收取费用、要求补偿（非自己主观过失造成的）损失的权利。受托人的基本义务主要有：忠于职守，妥善管理和处理受托财产；在因管理不善或处理不当，或逾越信托权限致使信托财产遭受损失时，有弥补损失的义务；必须将自有财产和信托财产分别管理，对不同委托人的财产也要分别管理。

受益人是指享受信托利益的人。各国法律对谁担任受益人一般没有特别的条件限制，除根据法律规定为禁止享有财产权者外，其他人均可成为信托受益人。受益人最首要的权利是索取按信托合同规定的信托财产及其所产生的利益。此外，受益人还拥有许多与委托人相同的权利，如具有在一定条件下要求受托人弥补损失或取消处理的权利，有权查阅、过问信托事务处理的有关资料和情况等。当然，一般来讲，受益人在信托期间对信托财产只享有利益之权，而无财产的物权，即无权处理、转移、抵押、分割信托财产或发生其他损害信托财产的行为。

从上述三方关系人的权利与义务来看，**信托最突出的特征是对信托财产所有权的分割**。在信托关系成立后，受托人以所有人身份管理、处理信托财产，以自己的名义对外与第三人进行有关信托财产的交易并承担相应的民事责任，但必须是为了受益人的利益而管理、处理信托财产。信托财产在法律上不能看成受托人的自有财产。因此，**信托的实质是将责任和利益分开**，承担财产管理责任的人并不享有利益，而享有财产利益的人不承担管理的责任。信托的这一特征使它特别适合于因时间、精力和能力等因素限制而不能亲自管理财产的人进行理财安排，信托也因此而成为现代社会中一种广受欢迎的财产管理制度。

二、信托的功能

信托业以其独特的，有别于其他金融机构的功能，牢固地在现代各国金融机构体系中占有重要的一席之地，并以其功能的丰富性，而获得“金融百货公司”之美誉。但必须明确的一点是，虽然信托的功能很多，但其原始功能——财产管理功能是其基本的功能，其他各种功能都是由此衍生而来。

◆ 财产管理功能

财产管理功能是指信托受委托人之托，为之经营管理或处理财产的功能，即“受人之托、为人管业、代人理财”，这是信托业的基本功能。现代信托业所从事的无论是金钱信托还是实物信托，都属于财产管理功能的运用，其理论支持是现代产权理论。在该功能下，信托业作为受托人，必须按委托人的要求或其指定的具体项目，发放贷款或进行投资，为委托人或受益人谋利。而且，信托财产所获收益，全部归受益人享有，信托机构只能按契约规定收取相应手续费。

◆ **融通资金功能**

融通资金功能是指信托业作为金融业的一个重要组成部分，本身就赋有调剂资金余缺之功能，并作为信用中介为一国经济建设筹集资金，调剂供求。由于在商品货币经济条件下，财产有相当一部分以货币资金形态存在，因此对这些信托财产的管理和运用就必然伴随着货币资金的融通。表面上看信托业的这一功能与信贷相似，但实则有质的区别：在融资对象上，信托既融资又融物；在信用关系上，信托体现了委托人、受托人和受益人多边关系；在融资形式上实现了直接融资与间接融资相结合；而在信用形式上信托成为银行信用与商业信用的结合点。因此，信托融资比信贷融资有显著优势。

◆ **协调经济关系功能**

协调经济关系功能是指信托公司处理和协调交易主体间经济关系和为之提供信任与咨询事务的功能。在现代经济生活中，由于存在信息不对称和交易主体的机会主义行为倾向，使得交易费用越发昂贵。因此，为降低交易费用，弱化交易对方的机会主义行为，交易主体通常都要了解与之经营有关的经济信息。信托机构通过其业务活动而充当“担保人”“见证人”“咨询人”“中介人”，为交易主体提供经济信息和经济保障。

◆ **社会投资功能**

社会投资功能是指信托公司运用信托业务手段参与社会投资活动的功能。信托业务的开拓和延伸，必然伴随着投资行为的出现，也只有信托机构享有投资权和具有适当的投资方式的条件下，其财产管理功能的发挥才具有了可靠的基础。因此，信托机构开办投资业务是世界上许多国家的信托机构的普遍做法。信托业的社会投资职能，可以通过信托投资业务和证券投资业务得到体现。

◆ **服务社会公益事业功能**

服务社会公益事业功能是指信托公司可以捐款或资助社会公益事业的委托人服务，以实现其特定目的的功能。随着经济的发展和社会文明程度的提高，越来越多的人热心于学术、科研、教育、慈善、宗教等公益事业，纷纷捐款或者设立基金会，但他们一般对捐助或募集的资金缺乏管理经验，并且又希望所热心支持的公益事业能持续下去，于是就有了与信托机构合作办理公益事业的愿望。信托业对公益事业的资金进行运用时，一般采取稳妥而且风险较小的投资方法，如选取政府债券作为投资对象。信托公司开展与公益事业有关的业务时，一般收费较低，有的甚至可不收费，提供无偿服务。

三、信托公司的业务种类

信托公司以信任委托为基础、以货币资金和实物财产的经营管理为形式，开展融资和融物相结合的多边信用行为。在很多国家，信托公司的业务种类非常宽泛，有信托类业务、代理类业务、租赁类业务、咨询类业务及其他类业务，其中信托类业务是最能体现信托机构业务特征的。按照不同的划分标准，信托类业务又可分为不同的种类。

◆ 按信托财产的性质划分

按信托财产的性质，信托可分为金钱信托、动产信托、不动产信托、有价证券信托和金钱债权信托。金钱信托是指设立信托时，信托财产为货币（包括现金和存款）形态，并规定信托结束时仍以货币形态交付受益人的信托。动产信托是指以各种动产作为信托财产而设定的信托。所谓动产，是指能够位移，且位移后不降低原有价值和使用价值的财产，如运输设备、机器设备、家具、贵金属等。不动产信托是指委托人把房屋、土地等不动产转移给受托人，由其代为管理和运用的信托。有价证券信托是指委托人将股票、债券等有价证券作为信托财产托付受托人对其进行保管和运用的信托。金钱债权信托是指委托人将自己的货币债权凭证交给信托机构，委托其向债务人收回贷款、货款或其他货币债权的信托业务。

◆ 按信托的目的划分

按信托的目的不同，信托可分为担保信托、管理信托、处理信托、管理和处理信托。担保信托是以担保债务清偿为目的而设定的信托，一般是在信用担保业务中，信托机构要求委托人提供抵押、质押财产或保证金的那一部分业务，受托人掌管信托财产只是为了保证委托人清偿债务。管理信托是以保护信托财产的完好或运用信托财产以增加收益为目的的信托，在信托期间，受托人只有信托财产管理权，而无处分权。处理信托是指改变信托财产性质、原状以实现财产增值的信托。管理和处理信托通常由受托人先管理财产，最后再处理财产，这种信托形式通常被企业当成一种促销和融资的方式，在销售一些价值巨大的商品如房屋和大型设备时使用。

◆ 按委托人的不同划分

按委托人的不同，信托可分为个人信托、法人信托和个人法人通用信托。个人信托是指委托人为自然人的信托。几个个人共同委托的仍属个人信托。法人信托是指由具有法人资格的企业、公司、社团等作为委托人而设立的信托。这类信托大多与法人的经营活动有关。个人法人通用信托是指既可由个人作为委托人也可由法人作为委托人而设立的信托业务。

◆ 按受益人的不同划分

按受益人的不同，信托可分为自益信托、他益信托、私益信托和公益信托。自益信托是以委托人指定自己为受益人的信托。他益信托是以委托人以外的第三人为受益人的信托。私益信托是委托人为了自己或特定的第三人的利益而设立的信托。公益信托是以公共利益为信托目的的信托。公益信托中受益人应具备的条件通常由委托人指定，但具体受益人是不特定的，而是符合规定条件的任何人，委托人也可以是受益人之一。

◆ 按信托事项的法律依据划分

按信托事项法律依据的不同，信托可分为民事信托和商事信托。民事信托是指信托事项所涉及的法律依据是在民事法律（民法、继承法、婚姻法、劳动法等）范围之内，受托人处理这类信托业务除遵守信托法规和信托契约外，还应遵守有关民事法规的规定。商事信托是指信托事项所涉及的法律依据在商法（公司法、证券法、票据法、担保法等）规定的范围之内，受托人处理这类信托业务时，除遵守信托法规和信托契约外，还应遵守有关商法的规定。

四、我国信托业发展历程

信托作为与银行、保险、证券、基金等并列的金融细分行业之一，自1979年国内首家信托公司——中国国际信托投资公司成立以来，我国信托业已经历了几十年的发展。在前20年中，我国信托业由于定位不清晰、法律法规及制度建设不健全等原因，经历了多轮清理整顿。2001年《信托公司管理办法》和《中华人民共和国信托法》的分别颁布以及2002年《信托投资公司资金信托管理暂行办法》的实施，推动我国信托业进入规范发展的阶段。2007年全面修订后的《信托公司管理办法》和《集合资金信托计划管理办法》实施，信托业发展方向和经营模式更加明确，信托业进入高速发展阶段。

2008年至2011年，银信合作迎来爆发式增长，加上全球金融危机爆发，宏观政策大幅宽松，信托行业资产规模迅速扩张。2012年至2015年，监管部门针对基金公司、保险公司、证券公司资管业务制定出台了一系列文件，大幅减少了其资管业务限制，市场迎来大资管时代。由于业务趋于同质化，市场竞争加剧，其间信托业资产规模虽保持了两位数以上增速，但增速已大为放缓。2016年至今，在去杠杆大背景下，表外业务纳入监管，监管套利被重点整治，金融监管力度持续加强。2016年，中国银监会发布了《商业银行理财业务监督管理办法（征求意见稿）》，规定商业银行投资“非标”产品，只能对接信托计划，券商、基金子公司通道业务受到挤压，信托业资产规模增速回升。2017年，中国银监会开展“三三四十”等专项整治行动，信托公司政信合作、房地产信托、同业业务受到监管约束，银信合作在“去通道”下进一步收缩。2018年，中国人民银行、中国银保监会、中国证监会、国家外汇管理局联合发布《关于规范金融机构资产管理业务的指导意见》及相关细则，明确了打破“刚兑”、穿透监管等要求，信托业在金融监管下面临转型压力。但经过治理后的信托业无疑更为规范、健康，信托业必将迎来更为广阔的前景。截至2023年12月末，国内信托公司数量为67家，信托资产规模为23.92万亿元①。

① 数据来源：中国信托业协会网站 http://www.xtxh.net/xtxh/statistics/49051.htm

第四节　投资基金

一、投资基金与基金管理公司概述

投资基金（investment funds），也称为互助基金或共同基金，在此主要是指证券投资基金，是指通过发售基金份额募集资金，并将募集的资金投资于证券市场的金融组织。投资基金由基金管理人管理，基金托管人托管，以资产组合方式进行证券投资活动，为基金份额持有人的利益服务。

基金管理公司（fund management company）是指依据有关法律法规设立的对基金的募集、基金份额的申购和赎回、基金财产的投资、收益分配等基金运作活动进行管理的公司。

基金管理公司的特点主要体现为专业管理和专业投资。（1）专业管理。基金管理公司，能够集合运用投资者闲散的资金，按照科学的投资组合原理进行投资决策，真正体现出证券投资基金的最大特点——专家理财。基金管理公司的作用是由其“先天发育良好”决定的。根据有关规定，基金管理公司在成立时就须配备高素质的有丰富证券从业经验的基金管理人才，要有明确可行的基金管理计划，科学分工的组织机构，同时，还要建立健全的内部管理制度，配备先进的技术设施，这就为它们日后对基金资产进行有效的管理和运用奠定了雄厚的基础。（2）专业投资。基金管理公司的作用主要是在其有效地运用基金资产进行证券投资的过程中体现出来的。基金管理公司的研究分析人员能够及时搜集到从国际、国内宏观经济形势到各家上市企业具体经营状况的详细资料，以供基金经理在投资决策时参考。基金经理则利用他们掌握的丰富的投资分析和投资组合管理知识和经验，有依据、有计划地进行股票、债券的买卖，不断增加投资者的财富。

二、投资基金的种类和组织形式

❖ 投资基金的种类

根据不同标准可将投资基金划分为不同的种类，下面仅介绍几种常用的分类方法。

根据基金单位是否可增加或赎回，投资基金可分为开放式基金和封闭式基金。开放式基金是指基金设立后，投资者可以随时申购或赎回基金单位，基金规模不固定的投资基金；封闭式基金是指基金规模在发行前已确定，在发行完毕后的规定期限内，基金规模固定不变的投资基金。

根据组织形态的不同，投资基金可分为公司型基金和契约型基金。公司型投资基金是具有共同投资目标的投资者组成以营利为目的的股份制投资公司，并将资产投资于特定对象的投资基金；契约型投资基金也称信托型投资基金，是指基金发起人依据其与基金管理人、基金托管人订立的基金契约，发行基金单位而组建的投资基金。

根据投资风险与收益的不同，投资基金可分为成长型基金、收入型基金和平衡型基金。成长型基金是指把追求资本的长期成长作为其投资目的的投资基金；收入型基金是指以能为投资者带来高额的当期收入为目的的投资基金；平衡型基金是指以支付当期收入和追求资本的长期成长作为共同目的的投资基金。

按照投资对象不同，投资基金可分为股票型基金、债券型基金、货币型基金和混合型基金。股票型基金是指以股票为投资对象的投资基金；债券型基金是指以债券为投资对象的投资基金；货币型基金是指以国库券、大额银行可转让存单、商业票据、公司债券等货币市场短期有价证券为投资对象的投资基金；混合型基金是指投资股票、债券以及货币市场工具的基金，根据股票、债券及货币市场工具等金融工具投资比例以及投资策略的不同，混合型基金又可以分为偏股型基金、偏债型基金、配置型基金等多种类型。

按资金募集方式和来源不同，投资基金可分为公募基金和私募基金。公募基金是以公开发行证券募集资金方式设立的基金；私募基金是以非公开发行方式募集资金所设立的基金。

按投资地域或国界的不同，投资基金可分为国内投资基金和国际投资基金。国内投资基金是指在本国筹资并投资于本国金融工具的基金；国际投资基金是指在一国筹资并投资于另一国金融工具的基金，其主要种类有完全投资于外国证券的“海外基金”，主要投资于外国证券同时也对本国证券进行投资的“环球基金”，以基金投向国或投向地命名的“国家基金”，等等。

❖ 投资基金的组织形式

投资基金的组织形式主要有三种：(1) **公司型。**基金的投资人作为股东直接参与投资，以其出资额为限，对公司债务承担有限责任。基金管理人可以是股东，也可以是外部人，实践中通常是股东大会选出董事、监事，再由董事、监事投票委托专门的投资管理公司作为基金管理人。管理人收取资金管理费与效益激励费。这种基金股份的出售一般都委托专门的销售公司来进行。由于法律的限制，一般股东数目不多，但出资额都比较大。(2) **契约型。**契约型基金也称为信托型基金，通常是通过基金管理人发行基金份额的方式来募集资金。基金管理公司依据法律、法规和基金合同的规定负责基金的经营和管理运作；基金托管人则负责保管基金资产，执行管理人则负责基金资产，执行管理人的有关指令，办理基金名下的资金往来；资金的投资者通过购买基金份额，享有基金投资收益。与公司型基金不同，契约型基金本身并不具备公司企业或法人的身份，因此在组织结构上，基金的持有人不具备股东的地位，但可以通过持有人大会来行使相应的权利。(3) **有限合伙型。**基金的投资人作为有限合伙人参与投资，以其认缴的出资额为限对投资基金的债务承担责任。普通合伙人通常是基金管理者，有时也雇佣外部人管理基金。有限合伙人在将资金交给普通合伙人后，除了在合同上所订立的条件外，完全无法干涉普通合伙人的行为，普通合伙人享有充分的管理权。

三、基金管理公司的业务

基金管理公司的业务主要包括如下方面:

◆ **发起设立基金**

发起设立基金是指基金管理公司为基金批准成立前所做的一切准备工作，包括基金品种的设计、签署基金成立的有关法律文件、申请设立基金的主要文件的提交、受审与获批。

◆ **基金管理业务**

基金管理业务是指基金管理公司根据专业的投资知识与经验投资运作基金资产的行为，是基金管理公司最基本的一项业务。作为基金管理人，基金管理公司最主要的职责就是组织专业投资人士，按照基金契约或基金章程的规定制定基金资产投资组合策略，包括选择投资对象和决定投资时机、数量和价格等；运用基金资产进行有价证券的投资；向基金投资者及时披露基金管理运作的有关信息和定期分配投资收益。

◆ **受托资产管理业务**

受托资产管理业务是指基金管理公司作为受托投资管理人根据有关法律、法规和投资委托人的投资意愿，与委托人签订受托投资管理合同，把委托人委托的资产在证券市场上从事股票、债券等有价证券的组合投资，以实现委托资产收益最大化的行为。随着机构投资者的不断增加，法律、监管的市场环境的逐渐完善，受托资产管理业务将逐渐成为基金管理公司的核心业务之一。

◆ **基金销售业务**

基金销售业务是指基金管理公司通过自行设立的网点或电子交易网站把基金单位直接销售给基金投资人的行为。

基金管理公司可以直接销售基金单位，也可以委托其他机构代理销售基金单位。从长远来看，基金管理公司应该选择直销与代销相结合的方式，建立自己的直接销售体系，设立销售分支机构，树立自己的品牌形象，与机构投资者建立良好的业务关系，逐步完善客户服务功能，努力扩大基金销售。

四、我国证券投资基金业发展历程

我国证券投资基金业起步于20世纪90年代。1997年11月，国务院证券委颁布《证券投资基金管理暂行办法》。1998年3月，经中国证监会批准，封闭式公募基金“金泰”和“开元”正式设立，开启了我国证券投资基金业的发展历程。

2002年6月，中国证监会颁布《外资参股基金管理公司设立规则》。同年10月，首家中外合资基金管理公司国联安基金管理有限公司正式获准筹建。2003年10月28日，《中华人民共和国证券投资基金法》(以下简称《基金法》)由中华人民共和国第十届全国人民代表大会常务委员会第五次会议通过(现行版本为2015年4月24日第十二届全国人民代表大会常务委员会第十四次会议修正）。2005 年，基金管理公司外资股东持股比例上限提升至 49%，合资基金管理公司迎来发展高峰。2014 年 8 月，中国证监会颁布《私募投资基金监督管理暂行办法》，私募投资基金正式纳入基金法调整范围。2018 年 4 月，基金管理公司外资持股比例放宽至 51%，且三年之后外资持股比例将不受限制，中国基金业对外开放程度进一步提升。

随着我国证券投资基金业相关法律法规的完善和我国金融市场的健康快速发展，各类基金产品不断丰富，债券型基金、货币型基金、上市开放式基金（LOF）、上市交易型开放式指数基金（ETF）、合格境内机构投资者（QDII）基金等相继出现。

截至 2023 年 12 月末，我国证券投资基金产品数量 202 645 只，产品规模 67.06 万亿元。其中：公募基金 11 528 只，私募基金 153 032 只，证券公司及其子公司私募资管计划（含私募子公司私募基金）20 146 只，基金管理公司私募资管计划 8 299 只①。

第五节　其他非存款类金融机构

除了前几节介绍的保险公司、投资银行、信托公司、基金公司，还有很多非存款类金融机构，如金融租赁公司、金融资产管理公司、财务公司、消费金融公司等。下面仅对金融租赁公司和财务公司做简要介绍。

一、金融租赁公司

金融租赁公司（financial leasing companies），是指以经营融资租赁业务为其主要业务的公司，金融租赁公司通过提供租赁设备而定期向承租人收取租金。**融资租赁业务**是指出租人根据承租人对出卖人、租赁物的选择，向出卖人购买租赁物件，提供给承租人使用，向承租人收取租金的交易，它以出租人保留租赁物的所有权和收取租金为条件，使承租人在租赁合同期内对租赁物取得占有、使用和受益的权利。

金融租赁公司主要经营直接租赁、回租、转租赁、委托租赁等融资租赁业务，也可以开展经营租赁业务。**直接租赁**是指出租人用自有资金或在资金市场上筹措到的资金购进设备，直接出租给承租人的租赁方式，即“购进租出”。**回租**是指承租人将其所拥有的物品出售给出租人，再从出租人手里将该物品重新租回的租赁方式。采用这种租赁方式可使承租人迅速回收购买物品的资金，加速资金周转。**转租赁**是指租赁公司事先以承租人的身份租入设备，然后再转租给第二承租人的租赁方式。**委托租赁**是指有多余闲置设备的单位，委托租赁机构代为其寻找承租人，而后由出租人、承租人与租赁机构一起签订租赁合同的租赁方式。租赁机构不垫资，也不拥有租赁物件的所有权，而仅按照委

① 数据来源：中国证券投资基金业协会网站 https://www.amac.org.cn/sjtj/datastatistics/comprehensive/

托人（拥有多余闲置设备的单位）的要求代为办理租赁，只收取经双方商定的委托租赁费。

金融租赁公司开展业务的过程是：租赁公司根据企业的要求，筹措资金，提供以“融物”代替“融资”的设备租赁；在租期内，作为承租人的企业只有使用租赁物件的权利，没有所有权，并要按租赁合同规定，定期向租赁公司交付租金；租期届满时，承租人向租赁公司交付少量的租赁物件的名义货价（象征性的租赁物件残值），双方即可办理租赁物件的产权转移手续。

在业务开展过程中，金融租赁公司可以接受法人或机构委托租赁资金、接受有关租赁当事人的租赁保证金来维持自身资金运转；还可以通过参与有价证券投资、金融机构股权投资、发行金融债券或向金融机构借款、同业拆借业务等维持经营。此外，金融租赁公司还可以提供经济咨询和担保服务。

1952 年，美国成立了世界上第一家具有现代意义的融资租赁公司。到 20 世纪 80 年代，在很多发达国家，租赁已经成为继商业银行贷款后的第二大融资方式。在中国，金融租赁是在 20 世纪 80 年代初被引入的。截至 2023 年年末，我国共有金融租赁公司 70 家。

二、财务公司

财务公司（finance company）也叫金融公司，在国外是指一类通过出售商业票据、发行股票或债券以及向商业银行借款等方式来筹集资金，并用于向购买汽车、家具等大型耐用消费品的消费者或小型企业发放贷款的金融机构。

❖ 财务公司的类型

国外的财务公司可分为三种类型：一是**销售财务公司**，是由一些大型零售商或制造商建立的，旨在以提供消费信贷的方式来促进企业产品销售的公司。比如，美国模式的财务公司主要指依附于大型耐用消费品制造厂商、为零售商提供融资服务的金融机构，其典型代表为美国通用汽车财务公司。二是专门发放小额消费者贷款的**消费者财务公司**。由于贷款规模小，平均管理成本高，消费者财务公司发放的贷款利率一般比较高。消费者贷款公司的主要作用是为那些在别的渠道很难获得贷款的消费者提供资金，从而使他们免受高利贷之苦。消费者财务公司可以是一家独立的公司，也可以是商业银行的附属单位。三是**商业财务公司**，主要向企业发放以应收账款、存货和设备为担保的抵押贷款，或者以买断企业应收账款的方式为企业提供资金。后一类业务的风险较高，因此利润也较高。

❖ 我国财务公司特点

在我国，财务公司是“企业集团财务公司”的简称，是一类由大型企业集团内部成员单位出资组建，并为各成员单位提供金融服务的非银行金融机构，其宗旨和任务是为本企业集团内部各企业融通资金，促进其技术改造和技术进步。

我国第一家财务公司是 1987 年成立的东风汽车财务有限公司，是中国企业体制改革和金融体制改革的产物。经过几十年的发展，财务公司在增强集团公司的融资能力、降低财务费用及降低市场风险方面发挥着越来越重要的作用。截至 2023 年年末，我国共有企业集团财务公司 241 家。我国财务公司特点如下：

第一，业务范围广泛，但以企业集团为限。财务公司是企业集团内部的金融机构，其经营范围只限于企业集团内部，主要是为企业集团内的成员企业提供金融服务。财务公司的业务包括存款、贷款、结算、担保和代理等一般银行业务，还可以经人民银行批准，开展证券、信托投资等业务。

第二，资金来源于集团公司，用于集团公司，对集团公司的依附性强。财务公司的资金来源主要有两个方面：一是由集团公司和集团公司成员投入的资本金，二是集团公司成员企业在财务公司的存款。财务公司的资金主要用于为本集团公司成员企业提供资金支持，少量用于与本集团公司主导产业无关的证券投资方面。由于财务公司的资金来源和运用都限于集团公司内部，因而财务公司对集团公司的依附性强，其发展状况与其所在集团公司的发展状况相关。

第三，接受企业集团和金融监管部门的双重监管。财务公司是企业集团内部的金融机构，其股东大都是集团公司成员企业，因而其经营活动必然受到集团公司的监督。同时，财务公司所从事的是金融业务，其经营活动必须接受金融监管部门的监管。

第四，坚持服务与效益相结合、服务优先的经营原则。财务公司作为独立的企业法人，有其自身的经济利益，但由于财务公司是企业集团内部的机构，且集团公司成员企业大都是财务公司的股东，因此，财务公司在经营中一般都应较好地处理服务与效益的关系，在坚持为集团公司成员企业提供良好金融服务的前提下，努力实现财务公司利润的最大化。

本章重点回顾

保险公司

保险的基本要素；保险公司的功能和业务

投资银行

投资银行的类型和组织形式；投资银行的业务

信托公司

信托及信托关系人；信托的功能；信托的业务种类

投资基金

投资基金的种类和组织形式；基金管理公司的业务

金融租赁公司和财务公司

课后思考和练习题

1. 简述保险公司的功能和业务分类。
2. 投资银行与商业银行有何不同？投资银行的业务有哪些？
3. 什么是信托？一项典型的信托行为涉及哪几方关系人？
4. 投资基金的常见分类有哪些？
5. 金融租赁公司的主要业务有哪些？

阅读资料推荐

李珮. 从大飞机到农机具 服务实体“两手抓”［N］. 金融时报，2023-12-25.

第十三章　金融监管体系

学习目标

本章主要学习与金融监管相关的理论知识以及我国的相关情况，主要包括：金融监管的理论基础；政府安全网；金融监管的体制、框架和监管措施；我国的金融监管体系和监管手段等内容。学完本章，你应该掌握：

- 对金融监管的理论基础有一定的理解。
- 掌握政府安全网的主要形式和存在的弊端。
- 对金融监管体制、框架和监管措施有较为全面的理解。
- 对我国的金融监管体系有较为全面的了解。

金融监管是“金融监督”和“金融管理”的复合词，根据监管主体的不同，有狭义和广义之分。狭义的金融监管是指金融监管当局依据国家法律法规的授权对整个金融业（包括金融机构以及金融机构在金融市场上所有的业务活动）实施的监督管理。广义的金融监管除包括上述监管之外，还包括金融机构的内部控制与稽核、同业自律性组织的监管、社会中介组织的监管等。在实践中，对于金融监管一般用其狭义的概念较多。

具体来看，金融监管的内容主要包括：对金融机构的监管；对金融市场的监管；对银行业、证券业、保险业、信托业的监管；对外汇、外债以及黄金的监管；等等。其中，对商业银行的监管是监管的重点。

第一节 金融监管的理论基础

古典经济学认为自由竞争的市场机制是一只“看不见的手”，它支配着社会经济活动，可以自行实现资源的有效配置，反对国家对市场进行干预。然而，市场完全发挥作用需要满足一系列的前提假设条件，如没有公共产品、不存在规模经济、没有外部性、完全竞争、不存在交易费用等。任何一个条件没有满足，都可能出现市场失灵的现象，如经济的负外部性、自然垄断、公共产品供应不足、信息不对称等。

金融业也会出现经济负外部性、自然垄断以及信息不对称等市场失灵现象，正是因为在金融市场上存在着广泛的失灵，监管机构才有必要进行市场干预。

❖ 外部性与金融监管

以银行业为例，银行业具有较大的外部性（externality）。**银行业的正外部性**指的是银行业的稳健发展，可以保证社会流动性的充分提供，促进储蓄向投资的有效转化，从而推动经济的增长。**银行业的负外部性**则主要体现在银行体系的脆弱性以及银行危机的扩散性。银行业是经济中所有信用的最终来源，在金融体系中有着至关重要的作用，但银行业又具有很大的内在脆弱性。银行的高负债率、低现金资产比率导致其承受债务清偿的能力比非金融机构弱，也决定了它比一般的企业更容易发生危机。单个银行发生危机之后，由于信息不对称，存款人无法有效区分有清偿力的银行和缺乏清偿力的银行，所以他们的挤兑行为会波及所有有清偿力的银行，造成银行系统的全面风险。而流动性危机发生，不仅会使得整个金融体系瘫痪，而且往往波及实体经济部门，所以银行体系具有很大的负外部性，应该受到严格监管。

❖ 金融脆弱性与金融监管

20 世纪 80 年代初，美国经济学家海曼·明斯基（Hyman Minsky）最早提出了**金融脆弱性**（financial fragility）的概念①。以银行业为例，明斯基及其追随者们认为，银行的利润最大化目标促使它们在系统内增加风险性业务和活动，导致系统的内在不稳定性，因而需要对银行的经营行为进行监管。

明斯基认为，有两个主要原因可以解释这种金融体系内在脆弱性特征。一是**竞争压力解释**（rivalry pressure argument），是指贷款人出于竞争的压力而不得不做出许多不审慎的贷款决策。二是**代际遗忘解释**（generational ignorance argument），是指金融危机之后，伴随着一些利好事件以及经济发展和金融繁荣，贷款人渐渐忘记了过去危机的恐惧，而被当前利益吸引，进行了大量的贷款发放和资产购买，导致银行的道德风险。在经济高

---

① 严格来讲，金融脆弱性问题伴随着金融机构的出现而产生，而对金融脆弱性的研究，我们可以追溯到费雪和凯恩斯的相关研究。

涨期，借款需求巨大，如果个别银行不能提供充足的贷款，它就会失去顾客，又由于从借款开始高涨到最终的还款日期的间隔可能很长，以至于发放贷款的银行不会因为它们自己的错误行为而立刻遭受损失。因此，每家银行都会选择向其顾客提供大量贷款，而不顾及最终的累积性影响。

总之，银行追求利润最大化的本性加上其经营业务的特殊性，决定了银行可能从事过多高风险业务和活动，因此需要对银行进行监管。

❖ 公共利益说与金融监管

金融监管的**公共利益说**源于庇古（Arthur Cecil Pigou）和萨缪尔森（Paul A. Samuelson）的福利经济学，该学说的假设前提是：承认金融市场存在着市场失灵，而且认为政府是仁慈的，有足够的动机和能力去纠正市场失灵。

以银行业为例，由于银行业具有自然垄断的特性，存在负外部性，并且银行提供的服务也具有公共产品的特征，因此市场失灵客观存在。市场失灵导致金融资源的配置不能实现“帕累托最优”（Pareto optimality），为纠正市场失灵，政府需要对金融活动进行适当干预。金融监管作为一种公共产品，是一种维护金融部门安全、促进金融资源合理配置、降低或消除市场失灵的有效手段。

银行业具有自然垄断的特性。规模经济以及政府特许是银行业形成垄断的主要原因。首先，要进入金融市场，银行必须拥有巨额的注册资本和初期广告宣传费，这就在进入市场时形成了强大的资金壁垒。而一旦进入运行，必然会增加营业网点，因为繁多的网点本身就是实力的象征，具有强大的吸引力，有助于形成规模经济。此外，银行准入限制、保护银行业的特许权价值等政策同样有利于银行垄断地位的实现。银行等金融部门的垄断会造成价格歧视、寻租等降低资源配置效率和损害消费者权益的现象，对社会产生负面影响，降低金融业的服务质量和有效产出，造成社会福利的损失，所以应该通过监管消除垄断。

银行提供的服务也具有公共产品的特征。银行在经济金融体系中具有核心地位，承担很多公共服务。比如，银行承担着保障支付结算体系正常运转、货币创造、社会财富的保管等职能，所有这些职能又都是政府应该提供的公共物品，因此，银行提供的服务具有非排他性和非竞争性的特征。要建立起整个货币流通制度和储蓄投资转化的制度，是要付出很大成本的，提供公共品的私人收益小于社会边际收益，导致了银行产品提供会存在搭便车的行为，因此需要监管。

总之，公共利益说肯定了政府干预市场的合理性和有效性，认为现代经济不存在纯粹的市场经济，自由竞争的市场机制并不能使资源实现最优配置，反而可能造成资源的浪费和社会福利的损失。

❖ 信息不对称与金融监管

信息经济学认为，**信息不对称**是市场经济不能像古典和新古典经济学所描述的那样完美运转的重要原因之一。以银行业为例，银行业也存在信息不对称的问题，虽然银行作为中介机构，可以有效地解决资金融出方与资金融入方之间的信息不对称，但又形成了银行与存款人以及银行与借款人之间的信息不对称问题。

从银行与借款人的角度来看，相对于借款人来说，银行拥有借款人的信息总是处于劣势，因此在发放贷款时，就会出现**逆向选择**和**道德风险**的问题。信息不对称程度越大，逆向选择和道德风险的问题也就越严重，市场失灵越明显，从而严重影响金融体系的运行效率。

从银行与存款人的角度来看，银行通常是不透明或者透明度较低的，存款人处于信息劣势，他们难以鉴别经营状况好和不好的银行。当出现外部冲击时，存款人就会从保全自身利益的角度出发从银行提款，即使银行经营稳健并有良好的盈利能力，也有可能出现银行挤兑和金融恐慌现象。究其原因，银行挤兑和金融恐慌的发生很多时候是因为信息不对称的存在，形成了人们的错误预期，再加上银行体系本身存在的脆弱性，使得个别银行的破产引发了多米诺骨牌效应。因此，信息不对称导致的金融市场失灵也造成了金融体系的不稳定。

总之，信息不对称问题的存在会严重影响金融体系的运行效率，甚至会危及整个金融体系的稳定。而对金融体系进行监管，可以降低信息不对称程度，维护金融安全与稳定。

拓展 13-1

金融监管失灵

金融监管失灵是指原本短期的、局部的监管漏洞被忽略，未能被监管机构有效防止，随后漏洞扩大蔓延，直至影响到整个金融系统以至整个经济的安全和稳定，这种情况就是监管失灵。金融监管失灵的原因一般有以下几点：

◆ **政府并不是代表全社会的利益**

金融管制失灵理论从私人利益视角出发探讨金融监管失灵的原因，金融管制失灵理论认为，政府并不是像“公共利益说”那样，代表的是全社会的利益，而是代表着各既得利益集团的利益。一方面，政府的金融监管政策往往会被少数既得利益集团所左右，因为利益集团为了自己的利益必然有积极性采取各种手段影响政府的金融监管政策，这样，金融监管机构最后常常被“俘获”；另一方面，政府对金融机构的过多管制行为进一步增加了市场中寻租的机会，破坏了市场的正常竞争秩序，这就不利于金融的长期发展。

◆ **监管机构的信息不完备**

从系统性风险控制来说，信息不完备会导致金融风险爆发的不可预测性，对系统性风险的监管可能失灵。因为金融市场上的信息流量很大，还存在着很多非正规渠道信息，这些信息不完全为监管机构所知，但是却对存款人、投资者等金融市场参与者的行为模式有很重要的影响。所以，信息的不完备导致了监管机构很难预测金融风险爆发的形式和时机，现实中的监管机构往往是被动地对危机进行反应。

◆ **政府监管是有成本的**

早期的公共利益理论假设政府的监管是没有成本的，这种假设十分不合理。政府监管的成本，除了行政性支出的成本外，还存在着广泛的政治交易费用。也就是说，金融监管的成本是相当高的。监管机构即使在消除市场失灵方面获得了很大成效，如果政府监管的总成本过高，社会总体的福利水平还是下降的。此时，没有理由认为政府监管是有效的。

◆ **监管者同被监管机构的合同并非完全有效**

被监管机构或者是其他人并不具备对监管机构的强制力，而监管机构却对他们具有单方面的强制力（即使受到一定的约束）。监管机构和银行之间的地位不对等性，决定了它们的合同是不完全的。这既表现在监管机构可以单方面地取消允诺给金融机构的补贴政策却不受到惩罚，还表现在当监管机构监管政府所有企业时的激励不足。当企业为政府所有时，监管机构的监管方式是任命经理人员及规范其行为的，但是剩余索取权和求偿权不归企业的管理者，企业的运作效率将会很低。

第二节　政府安全网

政府安全网是政府用于预防和应对金融业遭受不利冲击而出现传染性挤兑破坏的政治制度设计。信息不对称会导致逆向选择与道德风险问题，并对金融体系造成严重影响，建立政府安全网可以有效地减少由于信息不对称而对金融体系乃至社会经济造成的冲击。

一、政府安全网的主要形式

政府安全网的常见形式有建立存款保险制度和中央银行作为“最后贷款人”兜底的最后贷款人制度等。

❖ 存款保险制度

存款保险制度（deposit insurance system）是指一个国家或地区的政府为了保护存款人的利益，维护金融业的安全稳定，通过法律的形式在金融体制中设立专门的存款保险机构，规定一定范围的吸收存款的金融机构必须或自愿按照存款的一定比例向存款保险机构缴纳保险费，从而保护存款人利益，维护银行信用，稳定金融秩序的一种制度。存款保险制度使存款得到了充分的保障，存款人即使对银行运营的稳定程度有所担心，也不会到银行提取存款从而避免造成挤兑现象。它是政府采取的一种增强银行稳定性、保护小额存款者免受银行破产损失的一种机制，同时也可以提高银行存款的安全性，防止银行挤兑。

目前，运作历史最长、影响最大的是 1934 年 1 月 1 日正式实施的美国联邦存款保险制度。联邦存款保险公司（Federal Deposit Insurance Corporation，FDIC）是美国联邦政府的独立金融机构，负责办理存款保险业务，向存款人提供存款保险（成立于 1933 年，

1934 年 1 月 1 日开始办理存款保险业务)。如果银行破产，存款人在该银行 25 万美元以内的存款都可以得到足额偿付。随后，世界各国都纷纷建立起存款保险制度。2015 年 5 月 1 日，《存款保险条例》(中华人民共和国国务院令第 660 号) 正式施行，这标志着中国存款保险制度正式建立。《存款保险条例》规定：“在中华人民共和国境内设立的商业银行、农村合作银行、农村信用合作社等吸收存款的银行业金融机构，应当依照本条例的规定投保存款保险。” “存款保险实行限额偿付，最高偿付限额为人民币 50 万元。” “同一存款人在同一家投保机构所有被保险存款账户的存款本金和利息合并计算的资金数额在最高偿付限额以内的，实行全额偿付；超出最高偿付限额的部分，依法从投保机构清算财产中受偿。”

❖ 最后贷款人制度

最后贷款人制度 (lender of last resort) 是政府安全网的另一种主要形式，这种制度下，政府将为陷入财务困境的金融机构“兜底”，是政府安全网的最后保护屏障。之所以要实行最后贷款人制度，是因为除了银行之外，其他金融中介机构也能够对金融体系造成系统性威胁。当金融机构非常庞大且与其他金融机构或市场高度关联时，它们的破产会有拖垮整个金融体系的潜在可能。因此，存款保险制度并非政府安全网的唯一形式。在有些国家，即使没有显性的存款保险制度，为了保护整个金融体系并稳定国家经济状况，政府通常会为那些面临挤兑的国内银行、陷入财务困境的国内金融机构提供支持。政府支持的一种方式是由中央银行向陷入财务困境的金融机构提供贷款，就是通常所说的中央银行发挥“最后贷款人”的作用。

除此之外，**收购和接管**也是政府安全网的一种常用做法。以美国为例，收购和接管是指联邦存款保险公司通过寻找愿意收购该银行并接管全部负债的合伙人来对银行进行重组，这样存款人或者债权人就不会遭受任何损失。在此过程中，联邦存款保险公司可以通过提供补贴贷款或者购买破产银行质量较差的贷款等方式向合伙人提供帮助。收购和接管的最后结果相当于是联邦存款保险公司对所有存款提供了保护，而不仅仅是保障那些低于 25 万美元限额的存款。

案例 13-1

美国硅谷银行倒闭事件

硅谷银行 (Silicon Valley Bank，SVB) 是一家位于美国加州硅谷地区的银行，其鲜明的特色就是服务初创科技企业。2023 年 3 月 10 日，一直以“全球唯一致力于创新领域银行”自称的硅谷银行因资不抵债倒闭。

硅谷银行的倒闭原因是多方面的。在倒闭前几年，美联储维持零利率的承诺持续进行，并进行量化宽松政策。科技初创企业获得了大量的融资和投资，大量存款流入硅谷银行。为了使得存款产生收益，硅谷银行选择将大量存款投资于购买美国国债和抵押贷款支持证券（MBS）。但从2021年开始，美国进入持续加息周期，这就使得硅谷银行持有的各类证券出现了大幅浮亏。

2023年3月8日，硅谷银行母公司——硅谷银行金融集团（SVB Financial）突然发布公告低价出售价值210亿美元的可变现资产（亏损18亿美元），发行可转债筹借150亿美元资金，以及紧急发售新股筹资22.5亿美元。上述公告的信号是硅谷银行已经出现了严重的流动性危机，股价当天就暴跌了60%，并发生了大规模的赎回和挤兑。

2023年3月10日，加州金融保护与创新部关闭了硅谷银行，并由美国联邦存款保险公司（FDIC）接管了硅谷银行。

2023年3月12日，为防止危机的蔓延和扩散，美国财政部、美联储、美国联邦存款保险公司发布联合声明：无论存款是否参加了存款保险，硅谷银行与签名银行（另一家倒闭的银行）所有储户的存款都会得到FDIC的全额保护；美联储创设“银行定期融资计划”（BTFP）用以应对银行业的流动性压力，向银行、储蓄协会、信用合作社和其他符合条件的存款机构提供为期一年的贷款（贷款利率为隔夜利率+10bps）；美国财政部以外汇稳定基金为BTFP提供250亿美元的资金支持。声明表示，3月13日（周一）存款人就可取款，硅谷银行流动性危机得到缓释。

2023年3月27日，美国第一公民银行（First Citizens Bank）宣布，已经与FDIC签署协议，收购原属硅谷银行的存贷款和其他资产及负债。也就是说，在FDIC的撮合下，硅谷银行最终被第一公民银行收购。

二、政府安全网的弊端

尽管政府安全网可以有助于保护存款人和其他债权人的利益，有效地减少由于信息不对称而对金融体系乃至社会经济带来的冲击，防止金融危机或削弱其危害，但是这种保护也产生了有许多弊端，主要有以下几点：

讨论： 政府安全网让金融体系更安全了吗？

◆ 道德风险

政府安全网最严重的问题在于道德风险，即交易的一方有意去从事那些损害其交易对手利益的活动。道德风险通常是存款保险制度中的一个重要问题，原因就在于存款保险制度的存在进一步加大了金融机构从事冒险活动的动力，进而导致保险理赔事件的发生。在存在政府安全网的情况下，由于存款人和债权人知道当银行倒闭时，他们不会遭受损失，所以即使怀疑银行从事过高风险交易活动，他们也不会以提款的形式对这些金融机构施加约束。结果是，政府安全网下的金融机构会有更大的动力从事风险水平更高的交易，因为即便其随后陷入困境，政府（纳税人）也会为其行为买单。

◆ 逆向选择

政府安全网同样会导致逆向选择问题，即实质性地鼓励了爱好冒险的企业家甚至骗子进入金融业。由于受政府安全网保护的存款人和债权人没有理由对金融机构的行为施加严格约束，所以那些爱好冒险的企业家发现金融行业是最具诱惑力的行业，因为他们能够从事高风险的活动。骗子同样也会发现金融行业是一个极具吸引力的行业，因为他们可以轻而易举地逃脱对自己所犯欺诈和贪污行为的制裁。糟糕的是，由于受到保护的存款人和债权人没有理由去监督银行的经营活动，所以没有政府干预的情况，实质性地放任和鼓励了爱好冒险的企业家甚至骗子进入金融业，从而导致严重的逆向选择问题。

◆“大而不能倒”

由于大型金融机构的倒闭可能会引发金融灾难，金融监管者自然不愿意这些大型金融机构倒闭，这就是“大而不能倒”（too big to fail）。于是政府向那些大银行中没有投保的大额债权人也可能提供还款保证，这就导致了即便是在没有投保的情况下，存款人或者债权人也不会遭受任何损失。政府对于大型金融机构的这种保护会显著增强大银行的道德风险动机，因为若政府不提供这种保护，未在存款保险机制以及其他安全网方式保障范围的存款人或债权人就有动力通过密切关注银行业务活动或者在发现银行风险水平过高时就提取存款等方式监督银行的业务活动。而由于政府的这种“兜底”保护行为，他们就没有动力来监督，银行业便丧失了这些主动监管者。这种“大而不能倒”的政策后果使得大银行或其他金融机构更加愿意从事高风险的业务活动，加大了银行倒闭及金融危机爆发的可能性，金融监管机构监管负担加大。

◆ 金融并购与政府安全网

近年来金融并购活动迅猛发展，导致更大的、更为复杂的金融组织的建立。由于政府安全网的存在，金融并购活动向金融监管部门提出了新的挑战。主要包括：

第一，金融并购导致金融机构规模的扩大，使“大而不能倒”的问题更加严重。这是因为现在有更多规模庞大的金融机构，它们的倒闭会导致金融体系出现系统性风险。因此，更多的金融机构可以受惠于“大而不能倒”政策，这些大机构从事过度冒险业务活动的道德风险动机加大了金融体系的脆弱性。

第二，银行与其他金融服务企业的并购，意味着政府安全网需要扩展至其他活动，比如证券承销、保险或者房地产业务等。它增加了这些活动承载过高风险的可能性，同时弱化了金融体系的稳定性。限制这些规模更大、更为复杂的金融组织的道德风险动机将成为金融监管者所面临的一个关键问题。

第三节　金融监管体制、框架和监管措施

由于信息不对称，在有政府安全网的情况下，金融机构反而产生了过度冒险的动机，进而导致道德风险和逆向选择问题。因此，即使建立了较为完善的存款保险制度等政府安全网，加强政府金融监管也是十分必要的。金融监管可以有效防止存款保险制度等政府安全网所产生的道德风险和逆向选择等问题。

一、金融监管体制

目前世界各国的金融监管体制大致分为机构监管、功能监管、综合监管和双峰监管四大类。

机构监管又称为“分业监管”，是按照金融机构的牌照类型和法律属性（如银行、证券公司、保险公司等）来设置监管机构。在实行机构监管的金融体系中，各类金融机构通常按照牌照类型分业经营，同一种类型的金融机构均由同一监管机构监管。一个通俗的说法是“谁发牌照谁监管”。

功能监管则是依据金融业务的类型（如银行、证券、保险等业务）来设置监管机构，每种业务类型都有对应的监管机构。功能监管的概念源于美国经济学家罗伯特·默顿（Robert Merton）及其合作者的研究。在持续的竞争和创新中，金融机构提供金融产品的种类和服务的范围在不断变化，金融机构与市场之间的边界也逐渐开始交叉，传统的机构监管者就会不断面临严重的监管重叠和监管空白并存的尴尬局面。因此，默顿认为机构监管转向功能监管将是不可避免的趋势，主张对发挥同一金融功能的不同金融机构所开展的类似业务实行相同的监管。

机构监管和功能监管都是由多个金融监管机构共同承担监管责任，各监管机构既分工负责，又协调配合，共同组成一个国家的金融监管组织体制。机构监管与功能监管的一个显著区别是：在机构型监管中，金融机构即使涉及多类型业务，所属监管机构仍对其拥有并表监管或全面监管的职责，即“一对一”，一家金融机构只归属于一个监管机构监管；而功能型监管中，则是根据业务类型，由监管机构各司其职，也即“一对多”，一家金融机构可能会有多个监管机构进行监管。

综合监管又称为“混业监管”，是指由一个综合的金融监管机构对金融体系的所有机构和产品进行审慎监管和行为监管。也就是说只设置一个统一的金融监管机构，对整个金融体系进行监管，既负责风险监管，又负责金融消费者利益保护。综合监管的优势在于金融监管机构可以全面综合地掌握金融市场信息，从而避免机构监管或功能监管模式下不同监管机构的监管标准不统一等问题。

双峰监管又称为“目标监管”，该监管体制下设置两类监管机构，一类监管机构通过审慎监管确保金融体系安全稳健运行，另一类监管机构通过行为监管维护消费者权益。

表 13-1 列出了以上四种金融监管体制以及各自的主要特征、优缺点等。

表 13-1　四种金融监管体制比较

体制	主要特征	主要优点	主要缺点
机构监管	根据金融机构的牌照类型和法律属性来划分监管机构	监管机构分工明确、专业性强；有助于防止监管单点失效	对金融机构间的交叉业务易出现无人或过度监管；监管不一致问题；监管协调成本较高
功能监管	根据金融业务的类型来分别设置不同的监管机构	易保持监管一致性和专业性；有助于提高监管效率	难以界定监管机构管辖范围；协调成本大；易造成监管过度竞争；监管规则适用性低；难以有效防范系统性风险

表13-1（续）

体制	主要特征	主要优点	主要缺点
综合监管	由一家综合性监管机构对整个金融体系进行监管，此类监管涵盖防范系统性风险和维护消费者权益两个层面	保持监管统一性；监管视角更为全面；避免监管机构过度竞争；强化问责制；更有效地配置监管资源	可能产生监管的单点失效；权力过于集中而造成监管效率下降；内部部门沟通困难；监管者易形成“团体思维”
双峰监管	两类监管机构并存：一类通过审慎监管确保金融体系的安全稳健运行，另一类通过行为监管维护消费者权益	缓和监管目标内在矛盾；获得综合监管全部优点；给予消费者充分保护	需要优先考虑哪个目标主观性强，有时无法两者兼顾；金融机构管理成本上升

资料来源：张晓朴，卢钊. 金融监管体制选择：国际比较、良好原则与借鉴［J］. 国际金融研究，2012（9）：79-87.

拓展 13-2

全球金融监管体制

金融监管体制大致可分为机构监管、功能监管、综合监管和双峰监管四大类。各国在各自政治、经济、文化和历史等因素的影响下，根据本国的实际情况构建出符合本国特色的金融监管体系。因此，各国的金融监管体系各有特色和利弊。下面列举并介绍了部分国家的金融监管体制：

◇ 美国

美国的金融监管体制是一种典型的“伞形”监管，实际上是功能监管与机构监管的混合体，“伞形”监管体制属于机构监管体制的改良体制，在机构监管的基础上为分业监管机构设置一个“伞项”，即牵头监管者。

美国拥有最为复杂的金融监管体制。在银行业领域，财政部货币监理局（OCC）、联邦储备银行（FRB）、储蓄性金融机构监管局（OTS）、联邦存款保险公司（FDIC）以及各州的银行局（SBD）共同负责监管。证券业由证券交易委员会（SEC）监管，期货业由商品期货交易委员会（CFTC）监管，保险业由所在各州的保险监管局监管。最后，在这些监管机构之上由行使中央银行职能的联邦储备理事会（FED）进行总体监管。

美国的“伞形”监管体制是按照《金融服务现代化法》设置的。该法规定：对同时从事银行、证券、互助基金、保险与商业银行等业务的金融持股公司实行“伞形”监管制度，指定美联储为金融持股公司的“伞形”监管人，负责该公司的综合监管，金融持股公司又按其所经营业务的种类接受不同行业主要功能监管人的监督。“伞形”监管人与功能监管人必须相互协调，共同配合。为避免重复与过度监管，“伞形”监管的权力受到严格的限制，美联储必须尊重金融持股公司内部不同附属公司监管当局的权限，尽可能采用其检查结果。

◇ **英国**

英国目前实行的是双峰监管体制。20 世纪 80 年代以来，英国金融业混业经营发展迅猛，为适应这个潮流，英国建立了强有力的金融业统一监管机构，实现了金融监管权力的高度集中，英国也因此成为全球第一个完全实行综合监管体制的国家。然而 2008 年全球金融危机使英国的金融体系受到沉重压力和巨大考验。对此，英国金融监管当局重新审视 1997 年建立的由金融服务管理局（FSA）、英格兰银行及财政部构成的“三驾马车”式的金融监管体系。

2011 年 6 月，英国政府正式发布包括立法草案在内的《金融监管新方法：改革蓝图》白皮书，对金融监管体系进行全面改革。具体做法为：英格兰银行下新设金融政策委员会（FPC），作为宏观审慎监管机构，负责监控和应对系统性风险；新设审慎监管局（PRA），作为英格兰银行的子公司，负责对各类金融机构进行审慎监管；新设金融行为监管局（FCA），负责监管各类金融机构的业务行为，促进金融市场竞争，保护消费者。2013 年，金融服务管理局（FSA）正式被新设的审慎监管局（PRA）和金融行为监管局（FCA）替代。可见，2013 年开始，英国实质上采用了双峰监管的体制，将审慎监管与金融行为监管分离开来，通过成立 PRA 与 FCA 分别负责上述两项职能。

◇ **日本**

日本的金融监管体制实行的是综合监管。2001 年，日本已经初步形成了集中监管的金融监管体制，金融行政监管的最高权力机构是金融厅，除政策性金融机构由财务省（原大藏省）负责监管以外，银行、证券、保险等商业性金融机构均由金融厅独立监管或与相关专业部门共同监管。

日本金融厅的组织结构和监管方式主要由“三局六委”组成，即金融厅下设总务企划局、检查局、监督局三个职能部门和六个专门委员会。金融厅的协同监管职能，一是策划和制定金融法规，包括金融破产处理和危机管理；二是对存款保险公司等实施监管。金融厅的监管方式以职能监管为主，各职能部门按照监管业务的性质进行设置；在职能分工的基础上，再依照行业细分设置科室，对不同性质和类型的金融机构进行分业监管，各局均设有总务科，专门负责检查与监督的协调工作和信息沟通。

二、金融监管框架

宏观审慎监管和微观审慎监管是审慎监管的两大支柱，共同构成金融监管框架。**宏观审慎监管**旨在提高整个金融系统的稳定性，以防范系统性风险；**微观审慎监管**旨在提高个体金融机构的稳定性，以保护投资者权益。由于意识到金融监管过分关注个体金融机构的稳定性从而忽视了保障整个金融系统的稳定性这一更为重要的目标，“宏观审慎”于 1979 年被巴塞尔银行监管委员会的前身库克委员会（Cooke Committee）首次提出，但直到 2008 年全球金融危机后，宏观审慎概念才得到足够重视。

宏观审慎监管和微观审慎监管的主要区别如下：(1) 目的不同。宏观审慎监管的目的是防范系统性风险，维护金融体系的整体稳定，防止经济增长受影响；而微观审慎监管的目的在于控制个体金融机构或个别行业的风险，保护投资者权益。(2) 内容不同。宏观审慎监管侧重于对金融机构的整体行为以及金融机构之间相互影响力的监管，同时关注宏观经济的不稳定因素；而微观审慎监管侧重于对金融机构的个体行为和风险偏好的监管。(3) 对象不同。宏观审慎监管更关注具有系统重要性金融机构的行为、金融市场整体趋势以及它们与宏观经济的相互影响；而微观审慎监管则更关注具体金融机构的合规与风险暴露情况，避免投资者和存款人等个体遭受不应有的损失。

由于宏观审慎与微观审慎监管的目标不完全一致，宏观审慎与微观审慎监管手段也会大相径庭。比如宏观审慎监管会因为强调整体的稳定性而忽略对个体权益的保护；而微观审慎监管则相反，首先关注的是个体风险控制。虽然宏观与微观审慎监管手段大相径庭，但良好的宏观审慎与微观审慎监管可以相互促进，增强彼此的监管效果。

三、金融监管措施

金融监管措施主要包括：对银行等金融机构持有资产的限制、资本金要求和监管、注册与检查、风险管理评估、信息披露监管、消费者保护、对竞争的限制等。

◆ 对持有资产的限制

我们已经知道，即使在没有政府安全网的情况下，金融机构仍然有过度冒险的动机，政府安全网所产生的道德风险问题无疑更加剧这一动机。对其持有资产的限制等规定，目的就是减少给投资者和债权人带来沉重负担的道德风险问题。

高风险资产可能给金融机构带来更高的收益率，但是如果无法得到偿付，那么金融机构就可能会破产，而投资者和债权人不得不承担相应的损失。如果投资者和债权人能够轻而易举地获取金融机构从事风险活动的信息，那么在金融机构从事过高风险业务的时候，他们就会立即抽走资金，金融机构往往也会减少高风险业务活动。令人遗憾的是，获取有关金融机构所从事业务活动的信息，并确定其承担的风险程度是一件相当困难的事情。因此，大多数投资者和债权人无法对金融机构进行市场约束，以防止其从事高风险活动。如果银行的高风险活动不受约束，银行又最容易受到恐慌情绪的影响，银行危机可能频发。由此可见，通过对金融机构持有资产进行适当的限制，从而降低金融机构风险的监管措施是十分必要的。银行监管部门可以通过促进银行资产多样化、限制银行发放某类贷款或者限制其向借款人发放贷款的规模等方式来降低风险。

◆ 资本金要求和监管

监管机构对银行等金融机构实施强制性的资本要求是实现金融机构道德风险最小化的一种有效方式。因为如果强制要求金融机构持有较大规模的股权资本，那么金融机构的破产将会使其自身遭受更多的损失（所有股权资本被用于破产清偿），所以它便会倾向于从事低风险的业务活动。此外，资本金在出现经济负向冲击出现的时候，可以作为一种缓冲来有效降低金融机构破产的可能性，从而直接增加金融机构的安全性和稳定性。

对于商业银行而言，常见的银行资本要求有两种形式：一是**杠杆比率**（leverage

ratio），即资本与银行资产总额之间的比率；二是**资本充足率**（capital adequacy ratio），即银行资本占加权风险资产的比重。由于第一种形式的资本要求无法很好地对抗风险资产与表外资产交易活动带来的问题，巴塞尔银行监管委员会所执行的被很多市场经济国家广泛接受的《巴塞尔协议》对资本要求的第二种形式，即基于风险的资本要求给出了明确规定。在银行资本金要求监管下，如果金融机构的资本数量下降到一个比较低的水平，说明以金融机构当前的资本规模难以起到有效缓冲负向冲击的作用，金融机构出现倒闭的可能性就会随之提高，并且资本水平较低的金融机构的“赌注”很少，所以参与更高风险水平活动的可能性也越高，即道德风险问题会加剧，此时监管机构就会及时纠正金融机构，要求其将资本金规模及时恢复到要求水平。

◆ **注册与检查**

监管机构对金融机构设置注册要求并定期对金融机构的管理层及其经营活动进行检查，这是缓解金融行业中逆向选择和道德风险问题的一种重要方法。由于骗子和爱好冒险的企业家可以利用金融机构从事那些具有高度投机性的活动，所以有这种意愿的人对从事金融机构管理有更高的积极性。金融机构注册是防止这类逆向选择问题产生的一种方法：通过注册和对金融机构计划书进行审核，可以防止不符合要求的人来掌管这些金融机构。也就是说，金融监管机构会对银行等金融机构的设立注册进行监管，需要其满足一系列的条件之后才可设立。

以商业银行为例，银行一经批准成立，就需要按照有关规定定期提交报告，披露其资产和负债情况、收入和红利情况、所有权结构、外汇交易情况和其他方面的详细信息。同时，银行还要接受监管机构对其进行的定期检查。通过定期对金融机构进行实地检查，监管机构可以核查金融机构是否符合资本要求以及是否满足持有资产的规定，这有助于抑制道德风险。

著名的**“骆驼”评价体系**是美国金融管理当局对商业银行及其他金融机构的业务经营、信用状况等进行检查的一整套规范化、制度化和指标化的综合等级评定制度。因其六项考核指标，即**资本充足性**（capital adequacy）、**资产质量**（asset quality）、**管理水平**（management）、**盈利状况**（earnings）、**流动性**（liquidity）和**敏感性**（sensitivity），其英文第一个字母组合在一起为“CAMELS”，正好与“骆驼”的英文名字相同而得名。“骆驼”评价方法因其有效性，已被世界上大多数国家所采用。

◆ **风险管理评估**

对金融机构实施的传统的定期检查，主要注重评估其资产负债表在某一时点上的质量以及核查其是否符合资本要求与持有资产的限制性规定。金融创新过程产生了新的市场和新的工具，在这种新的金融环境中，在某一时点上财务健全的金融机构很容易由于交易亏损而迅速陷入资不抵债的境地，因此金融监管机构还要加强评估银行等金融机构风险控制管理过程的健全性。例如：由董事会和高级管理层实施的监督活动的质量是否有保障；对于具有重大风险的业务活动所采取的政策和限制措施是否足够；风险测量和监控体系的质量是否合格；为防止雇员从事欺诈和未授权活动的内部控制措施是否足够；等等。

◆ **信息披露**

由于搭便车问题的存在，投资者和债权人往往没有足够的动力生产有关金融机构资产质量的私人信息。为了确保投资者和市场能够获取更多有效信息，监管部门还会要求金融机构遵从标准会计准则，向公众提供更多有关金融机构风险暴露状况及其资产组合质量的信息，以便市场评估和监管金融机构的监管，防止其从事风险过高的活动。

◆ 消费者保护

由于信息不对称，消费者（各种金融工具的购买者）往往无法掌握充足的信息来有效地保护自己的权益。许多消费者可能在不了解某些条款的情况下就接受了贷款协议，而这些条款可能已经远远超过了借款人能够偿付的能力范围。为了保护消费者的权益，金融监管机构会要求金融机构必须向消费者提供有关借款成本的信息（比如标准化的利率以及贷款的融资总费用等）禁止贷款人在种族、性别、婚姻状况等方面对借款人进行歧视，等等。

◆ 限制竞争

日益增强的竞争形势加大了金融机构从事过高风险活动的动力。激烈的竞争导致利润下降，刺激金融机构为了维持原有的利润水平而承担更大的风险，为此金融监管机构需要对竞争进行相应的限制。例如，美国限制竞争的措施包括对设立分支机构的限制、禁止非银行机构通过从事银行业务活动与银行竞争等。

当然我们也需要注意到的是，虽然对竞争的限制有助于银行等金融机构的稳健经营，但它也可能带来不利的后果——如果银行之间不存在激烈的竞争，这可能会导致借款人借款成本的增加，从而降低银行体系的效率。尽管信息不对称的存在可以解释为什么要施行限制竞争的监管措施，但它并不表明这种监管措施总是有益，事实上近年来很多国家对限制竞争的意愿正在消退。

拓展 13-3

巴塞尔银行监管委员会与《巴塞尔协议》

20世纪70年代以来，在新技术革命、经济全球化和金融自由化的影响下，银行业国际化和网络化的进程不断推进。银行机构在国际范围内展开日趋激烈竞争的同时，也面临着日趋多样化和复杂化的风险的挑战。在金融风险国际化的情况下，任何一国的监管机构都难以对银行机构所面临的风险进行全面监管。加之1974年德国（原联邦德国）的赫斯塔特银行和美国的富兰克林国民银行等银行的倒闭，使国际社会深刻认识到银行国际业务的风险性和危机的传染性，更加意识到了加强金融监管国际合作的迫切性，也为银行监管的国际协调和国际合作提供了实践的突破口。鉴于此，由美国、英国、法国、德国、意大利、日本、荷兰、加拿大、比利时、瑞典十国的中央银行于1974年年底倡议成立了巴塞尔银行监管委员会（简称巴塞尔委员会），总部设在瑞士的巴塞尔。

巴塞尔委员会的成立初衷是为了维护成员国的共同利益，加强监管合作，搭建一个供各成员国公平商讨国际金融问题的场所和平台。需要强调的是，委员会并不具备任何凌驾于国家之上的正式监管特权，其文件从不具备亦从未试图具备任何法律效力。但是，由于该组织代表着西方最强大的经济利益集团，任何一个实行对外开放、希望融入国际社会的国家都不可能置之不理，所以，该组织自成立以来，所发布的任何一个协议，都受到世界各国的极大重视。

《巴塞尔协议》(Basel Accord)是巴塞尔委员会制定的国际银行业的一种联合监管协议，建立了一套完整的、国际通用的、以加权方式综合测度商业银行表内及表外风险的资本充足率标准。自1988年《巴塞尔协议Ⅰ》出台以来，经过不断修订，巴塞尔协议更加完善，对银行业的监管要求也明显提高。在2004年出台的《巴塞尔协议Ⅱ》中，强调三大支柱：一是最低资本要求（minimum capital requirements），即资本金至少应达到风险加权资产规模的8%（最低资本充足率），其中核心资本充足率至少为4%；二是监管当局的监察审理程序（supervisory review process）；三是市场自律（market discipline），即商业银行必须满足有关信息披露要求，以使外界对其财务、管理等享有充分了解。

2010年，《巴塞尔协议Ⅲ》出台，确立了当前全球银行业监管的全新框架。《巴塞尔协议Ⅲ》进一步提高银行业资本充足率要求，其中，总资本充足率要求仍维持8%不变，但一级资本（核心资本）充足率上调到6%，同时计提2.5%的防护缓冲资本和不高于2.5%的反周期资本。此外，还引入杠杆比率、流动杠杆比率和净稳定融资比率的要求，以降低银行系统的流动性风险，加强抵御金融风险的能力。

拓展 13-4

金融监管体系面临的挑战

当前，金融监管体系所面临的挑战主要包括：金融创新对金融监管体系的冲击；金融自由化对金融监管体系的冲击；金融全球化对金融监管体系的冲击。

◇ 金融创新对金融监管体系的冲击

金融创新是一把双刃剑，虽然金融创新可以极大地促进金融业的发展，但同时也为现代金融体系带来了巨大的变革和创新，让金融体系面临的风险更为复杂多样，金融监管面临的挑战和困难也是前所未有。为了同时实现金融安全、金融稳定与金融效率，监管机构需要调整与改进监管措施，探索新方式，以保证金融体系稳健运行。

◇ 金融自由化对金融监管体系的冲击

20世纪末期，金融自由化迅猛地席卷了发达国家和发展中国家，金融自由化给新兴市场国家带来很大好处的同时，我们也应当看到新兴市场国家频频发生的金融危机，这同金融自由化给它们带来的冲击是分不开的。金融自由化对新兴国家的冲击主要体现在道德风险水平上升和出现监管宽容现象。具体来说，在金融自由化之前，这些国家的银行业是经济和政治的核心，银行业的准入限制、利率管制、分支机构设立的限制等措施为银行提供了天然保护机制，银行在保护下利润水平很高，所以无须通过高风险贷款来获利。一旦银行业的准入限制、利率管制等政策因为金融自由化取消，银行业竞争日趋激烈，原来受到保护的银行利润空间下降，它们进行高风险贷款的可能性上升，道德风险也随之增加。然而，由于这些国家对于金融机构的谨慎性监管能力无法及时提高，“规则导向”的监管体系无法很快建立起来，新兴市场国家金融危机频发就不难想象了。

◇ 金融全球化对金融监管体系的冲击

金融全球化是由于全球范围内金融管制的放松和金融业的加速开放，而使各国资金、资本或金融服务得以在全球范围内进行自由流动，最终形成全球统一金融市场、统一货币体系的趋势。

第一，金融外包给监管体系带来的冲击。随着统一的金融市场逐渐形成，各个国家在提供金融服务时，越来越多地采取了金融外包的政策。外包行为可以转移风险、降低管理成本以及规避法律，但同时也给各国的金融系统带来了新的风险。

第二，金融标准化对发展中国家金融监管的挑战。金融全球化会推动金融服务标准化和金融监管标准化。首先，现在国际上流行的金融服务标准都是从发达国家的金融实践中总结出来的，同发展中国家的具体情况有很大差异。发展中国家的监管人员能力、监管机构的完善程度都有所欠缺，完全采用国际金融服务标准将使得监管无法进行。其次，金融服务标准化是金融监管标准化的前提，只有服务标准化了，监管才能标准化。而一旦金融服务实现了标准化，金融监管却没有实现标准化，国际金融机构在各个国家不同的监管要求中就可以实现监管套利，发展中国家金融深化程度不够，在采用监管标准时也会遇到很多冲击。

第三，金融危机对监管体系的冲击。金融全球化也会造成金融危机，各个国家的监管理念和监管架构因此发生改变。每次金融危机发生之后，监管当局都会考虑如何调整其监管机构、监管制度和一些具体的监管办法。但是局部的微调，不能够实质改进监管的质量和效率，只有改变金融监管当局的理念，再根据这个理念去重新塑造监管体系，才是根本解决之道。

第四节　我国金融监管体系

在很长一段时间，我国的金融监管从体制来看属于典型的机构监管，特别是2018年以前的“一行三会”金融监管体系时期。“一行”是指中国人民银行，“三会”是指中国银行业监督管理委员会（银监会）、中国证券业监督管理委员会（证监会）、中国保险业监督管理委员会（保监会），分别对银行业（含信托业）、证券业、保险业实行分业监管。随着我国金融业快速发展，分业监管已不能适应金融机构和金融市场创新发展的需要，依据我国国情，也参考了国际上包括“双峰监管”等监管体制，我国持续推进金融监管体制改革。主要包括：中国人民银行于2016年开始实施宏观审慎评估体系，国务院金融稳定发展委员会于2017年成立，银监会和保监会于2018年合并为中国银行保险监督管理委员会（银保监会），形成了国务院金融稳定发展委员会领导下的“一行两会”的金融监管体系。2023 年，中共中央、国务院印发了《党和国家机构改革方案》，提出组建中央金融委员会和中央金融工作委员会，不再保留国务院金融稳定发展委员会及其办事机构；在银保监会基础上组建国家金融监督管理总局。至此，形成了**中央金融委员会和中央金融工作委员会领导下的“一行一局一会”金融监管体系。**

一、我国金融监管的组织体系

金融监管的组织体系是指根据监管模式设立的一整套监管机构，金融监管的组织体系大体上包括以下四部分：金融监管部门监管，金融机构内部监管，金融行业自律监管，体制外金融机构监管。

❖ 金融监管部门监管

目前，世界上主要国家和地区的金融监管部门大致分为三类：一是财政部，二是中央银行，三是另外的独立于财政部和中央银行的政府部门。我国的金融监管部门主要由“一行一局一会”构成，即中国人民银行、国家金融监督管理总局和中国证券业监督管理委员会。当前，中国人民银行肩负货币政策、宏观审慎政策两项职责；国家金融监督管理总局、证监会则专职微观监管职能，包括金融机构的微观审慎监管，以及消费者保护等行为监管的内容。“一行一局一会”共同接受中央金融委员会和中央金融工作委员会的领导。另外，还有其他的相关部门，如财政部金融司、审计署金融审计司等部门也承担一定的金融监管职责。

❖ 金融机构内部监管

金融机构内部监管系统主要包括内控机构、内控设施、内控制度。各金融机构通过建立与业务发展相适应的，具有相对独立性、超脱性、权威性的内部审计部门或稽核部门，对经营业务和财务状况进行定时核查，发现差错及时自我更正。金融机构建立内控设施包括建立系统网络和相对集中的数据处理中心，这既可以改善内部控制的非现场监测条件，运用系统网络观测各经营机构的财务、资产等业务指标的变化情况，又可以有效防止或减少乱调账、乱改账等违规行为的发生。

❖ 金融行业自律监管

要避免金融机构之间的不正当竞争，规范金融行为，建立行业自律监管系统是不可或缺的。金融业自律监管主体主要是行业公会或协会，如我国的银行业协会、证券业协会等。同业公会是种民间的金融监管机构，其通过制定同业公约、加强行业管理、协调各方面的关系，帮助监管当局实施宏观金融管理，维护有序的金融环境。

❖ 体制外金融机构监管

体制外金融机构监管系统主要包括社会舆论监督体系、社会监督机构和有关政府部门。体制外金融机构监管系统可以鼓励和动员全社会都来关心和协助金融业的监管，通过建立严肃的社会举报制度和查处程序形成强大的社会监督威慑力，督促各金融机构依法经营和规范行事。同时，会计师事务所、审计师事务所、律师事务所等也可以协助进行监督管理。

拓展 13-5

中共中央 国务院印发《党和国家机构改革方案》(节选)

新华社北京 2023 年 3 月 16 日电

党的十八大以来，以习近平同志为核心的党中央把深化党和国家机构改革作为推进国家治理体系和治理能力现代化的一项重要任务，按照坚持党的全面领导、坚持以人民为中心、坚持优化协同高效、坚持全面依法治国的原则，深化党和国家机构改革，党和国家机构职能实现系统性、整体性重构，为党和国家事业取得历史性成就、发生历史性变革提供了有力保障，也为继续深化党和国家机构改革积累了宝贵经验。

…………

(一) 组建中央金融委员会。加强党中央对金融工作的集中统一领导，负责金融稳定和发展的顶层设计、统筹协调、整体推进、督促落实，研究审议金融领域重大政策、重大问题等，作为党中央决策议事协调机构。

设立中央金融委员会办公室，作为中央金融委员会的办事机构，列入党中央机构序列。

不再保留国务院金融稳定发展委员会及其办事机构。将国务院金融稳定发展委员会办公室职责划入中央金融委员会办公室。

(二) 组建中央金融工作委员会。统一领导金融系统党的工作，指导金融系统党的政治建设、思想建设、组织建设、作风建设、纪律建设等，作为党中央派出机关，同中央金融委员会办公室合署办公。

将中央和国家机关工作委员会的金融系统党的建设职责划入中央金融工作委员会。

…………

(八) 组建国家金融监督管理总局。统一负责除证券业之外的金融业监管，强化机构监管、行为监管、功能监管、穿透式监管、持续监管，统筹负责金融消费者权益保护，加强风险管理和防范处置，依法查处违法违规行为，作为国务院直属机构。

国家金融监督管理总局在中国银行保险监督管理委员会基础上组建，将中国人民银行对金融控股公司等金融集团的日常监管职责、有关金融消费者保护职责，中国证券监督管理委员会的投资者保护职责划入国家金融监督管理总局。

不再保留中国银行保险监督管理委员会。

(九) 深化地方金融监管体制改革。建立以中央金融管理部门地方派出机构为主的地方金融监管体制，统筹优化中央金融管理部门地方派出机构设置和力量配备。

地方政府设立的金融监管机构专司监管职责，不再加挂金融工作局、金融办公室等牌子。

（十）中国证券监督管理委员会调整为国务院直属机构。中国证券监督管理委员会由国务院直属事业单位调整为国务院直属机构，强化资本市场监管职责，划入国家发展和改革委员会的企业债券发行审核职责，由中国证券监督管理委员会统一负责公司（企业）债券发行审核工作。

（十一）统筹推进中国人民银行分支机构改革。撤销中国人民银行大区分行及分行营业管理部、总行直属营业管理部和省会城市中心支行，在31个省（自治区、直辖市）设立省级分行，在深圳、大连、宁波、青岛、厦门设立计划单列市分行。中国人民银行北京分行保留中国人民银行营业管理部牌子，中国人民银行上海分行与中国人民银行上海总部合署办公。

不再保留中国人民银行县（市）支行，相关职能上收至中国人民银行地（市）中心支行。对边境或外贸结售汇业务量大的地区，可根据工作需要，采取中国人民银行地（市）中心支行派出机构方式履行相关管理服务职能。

…………

【资料来源：中华人民共和国中央政府网站】

二、我国宏观审慎监管

2008年全球金融危机发生后，各国监管当局都认识到，为弥补原有的货币政策框架和微观审慎监管的空白，需要建立并且加强宏观审慎监管框架。美国和欧盟在2009年相继宣布建立宏观审慎监管体系，并成立专门机构。其他经济体和国际组织也开始着手加强这方面的金融监管改革。我国央行也在2010年宣布启动宏观审慎监管，并于2011年开始建立差别准备金动态调整和合意贷款管理机制，以防范系统性金融风险。2015年12月29日，央行宣布从2016年起将现有的差别准备金动态调整和合意贷款管理机制升级为宏观审慎评估体系。

我国的**宏观审慎评估体系**（macro prudential assessment，MPA）将商业银行分为全国性系统重要性机构（N-SIFIs）、区域性系统重要性机构（R-SIFIs）和普通机构（CFIs），对不同类型银行采取不同的监管指标要求和考核方式。宏观审慎评估体系（MPA）的主要构成是：资本和杠杆情况、资产负债情况、流动性、定价行为、资产质量、跨境融资风险、信贷政策执行七大方面（见表13-2），其中资本充足率是评估体系的核心。

表13-2　MPA分项指标

大类	指标
资本和杠杆情况	资本充足率；杠杆率；总损失吸收率
资产负债情况	广义信贷增速；委托贷款增速；同业负债

表13-2(续)

大类	指标
流动性	流动性覆盖率；净稳定资金比率；遵守准备金制度情况
定价行为	利率定价
资产质量	不良贷款率；拨备覆盖率
跨境融资风险	跨境融资风险加权余额；跨境融资币种结构；跨境融资期限结构
信贷政策执行	信贷政策评估结构；信贷政策执行情况；央行资金运用情况

综上所述，我国金融监管部门在《巴塞尔协议Ⅲ》的基础上，采用宏观审慎监管与微观审慎监管有机结合方式，推出了一系列宏观审慎政策措施，不断丰富和完善我国的宏观审慎监管体系，以降低银行业系统性风险，提高金融体系整体的稳健性。

三、我国微观审慎监管

微观审慎监管的目的在于控制个体金融机构或行业的风险，侧重于对金融机构的个体行为和风险偏好进行监管。以下主要就银行业、证券业和保险业的微观审慎监管进行简要介绍。

❖ 银行业监管

我国银行业的金融监管保护手段可以按照危机事件发生之前和之后进行划分，危机事件发生前设置的金融监管手段用于预防危机产生，主要有对银行业的准入监管、设置资本充足率的界限、对银行客户进行信用风险评估以及银行退出监管；危机事件发生后实施的金融安全保护措施有存款保险制度以及央行的最后贷款人制度。监管内容主要包括：(1) 银行业市场准入监管；(2) 资本充足性要求；(3) 内部风险管理评估；(4) 银行客户信用风险评价模型；(5) 银行业市场退出监管；(6) 存款保险制度；(7) 最后贷款人安排。

❖ 证券业监管

证券业监管是指监管主体通过一定的规则和程序对证券市场参与者的行为进行规范和干预，并监督这些规则的执行。目前无论是新兴市场国家还是发达市场国家，都建立了较为完备的证券监管制度，旨在通过对证券市场进行引导和干预，防范市场失灵，抑制过度竞争，维持市场稳定和有序，有效保护投资者的合法权益。我国对于证券业监管包括六个方面：(1) 对从业人员、中介机构的监管；(2) 对证券公司的监管；(3) 对证券发行的监管；(4) 对证券交易的监管；(5) 对证券交易所的监管；(6) 对投资者的监管。

❖ 保险业监管

保险业监管就是政府通过一定的途径和手段对保险市场及保险公司的经营活动进行监督和管理。政府对保险机构进行监管的目的是避免保险机构破产，以保护被保险人(受益人) 的合法权益。从监管内容上看，主要包括：(1) 准入与退出的监管；(2) 保险费率和保险条款的监管；(3) 对偿付能力的监管。

第五节　金融科技的监管*

金融科技是指由大数据、云计算、区块链、人工智能等技术驱动的金融创新，科技赋能下的金融业正在发生着快速变革。金融科技的快速发展也给各国的金融监管带来了新的挑战。

一、金融科技带来的监管挑战

金融科技带来的监管挑战主要包括如下几个方面：

第一，传统金融监管规则很难满足金融科技发展的客观要求。长期以来传统金融监管是基于一定的流程进行的，但在金融科技时代，固有的金融监管模式与金融科技“去中心化”的特征不匹配。一个交易可以在毫秒间实现，风险一旦发生，可以从大型金融机构迅速移转到各个去中心化的节点，实现指数级扩散，因此运用传统监管模式的监管机构无法实时监测和应对金融风险。

第二，部分游离于正统监管体系之外的金融科技企业存在制度套利空间。当前，传统的金融机构面临“脱媒”，金融科技催生了新的金融市场并形成了新型的金融组织，这些金融组织区别于传统的金融机构且呈现出“影子银行”的特征，它们会由于没有被及时纳入现有监管体系，从而形成“监管盲区”，以致滋生的金融风险被忽视。

第三，监管当局面临“从严监管”和“鼓励创新”的两难抉择。金融科技业务的开展依赖于先进的金融科技技术和交易平台，监管机构对于其认知往往滞后于市场，这就会出现无法区分“真创新”或“伪创新”的尴尬境地。一方面，一些披着金融创新外衣的“伪创新”企业扭曲金融市场的定价机制；另一方面，一些金融科技加持下的新型金融组织发展壮大只需要较短的时间，在监管政策滞后于金融创新这一“常态”下，监管机构往往无法适时做出反应并制定适宜的监管政策。

二、金融科技监管的国际借鉴

虽然目前金融科技的监管对世界各国来说都还需要不断完善，但国际上对金融科技监管的有些有益探索或经验还是值得我们总结和借鉴，例如推出或建立创新推动工具和强化对新型金融机构的监管等做法或举措。

第一，推出或建立创新推动工具，例如“监管沙箱”和“创新中心”。**“监管沙箱”**是一种允许企业在权威机构授权和监管下进行产品服务测试的机制，即准许企业“试错”同时秉持监管“容错”，在这种安排下，金融科技公司可以在“安全空间”内，更安全、更灵活地测试自己的产品，并与监管者高度互动、密切协作，共同解决在测试过程中所发现或产生的监管与法制层面的问题。目前，英国、澳大利亚、美国以及中国香港等多个国家或地区的金融监管部门也相继提出了“监管沙箱”计划或相似的监管措施。“**创新中心**”则是一个专门联络点，向所有企业开放。经济实体可通过其与主管部门就金融技术相关问题进行接触，并就创新金融产品、服务、商业模式或交付机制是否符合许可、注册或其他监管要求向主管部门寻求非约束性指导。目前，“创新中心”已在英国、新加坡、澳大利亚以及中国香港等多个国家或地区实施。

第二，强化对新型金融机构的监管。以英国对 P2P（网络借贷）平台监管为例，为了应对 P2P 借贷交易的迅猛增长带来的监管问题，2014 年，英国金融监管部门建立了一套在线借贷市场监管制度，该系统通过提高网络借贷平台和交易的信息透明度来保护 P2P 投资者；同时英国银行业审慎监管局要求对新型金融机构必须采用标准化模型，根据每笔贷款的风险程度，计算自己的资本金要求。同时，考虑到新型金融机构平台缺乏长期业务数据和贷款记录，拥有更为激进的业务模式，英国审慎监管局采用更灵活的风险评估框架，承诺改变资本金要求，以减少对新型金融机构风险评估的不利影响。

案例 13-2

一只蚂蚁的浮沉

《华夏时报》，2020 年 12 月 31 日

2020 年，是蚂蚁集团发展历程上需要被记住的一年。这一年的 7 月，蚂蚁集团开启了 A+H 的上市计划，也同时开启自己的高光时刻。如果顺利上市，蚂蚁集团被认为将以 2.1 万亿市值创下全球最大 IPO 纪录。这场万众瞩目的 IPO，在敲钟前夜宣布暂停。

2020 年也是诸多金融科技及互联网平台公司需要记住的一年。这一年年底的中央政治局会议、中央经济工作会议都强调，2021 年将强化反垄断和防止资本无序扩张。这意味着新经济公司曾经肆意生长的时代已经结束。创新依然受到欢迎，但更重要的前提是合法合规。强力监管的时刻已经到来。

◇ 两次约谈

2020 年最后两个月里的两场约谈，决定了蚂蚁集团这只巨型蚂蚁在 2020 年的命运。11 月初的约谈，让此前市场估值节节走高的蚂蚁集团在科创板上市前夜按下 IPO 的停止键。近日的第二场约谈则决定了蚂蚁集团的未来。12 月 26 日，人民银行、银保监会、证监会、外汇局等金融管理部门联合约谈了蚂蚁集团。中国人民银行的相关领导代表上述金融管理部门指出了蚂蚁集团目前经营中存在的四个主要问题，分别是：公司治理机制不健全；法律意识淡漠，藐视监管合规要求，存在违规监管套利行为；利用市场优势地位排斥同业经营者以及损害消费者合法权益，引发消费者投诉等。

金融管理部门提出的意见很明确，让支付的归支付，让金融的归金融，所有业务都应该合规。

监管的力度还在加强。潘功胜当日还表示，未来监管的政策取向将遵循以下原则：一是坚决打破垄断，纠正、查处不正当竞争行为，维护公平竞争市场秩序；二是坚持所有金融活动必须依法依规纳入监管，坚持金融业务必须持牌经营，坚持对各类违法违规行为“零容忍”。但他也提出监管的第三个取向是坚持“两个毫不动摇”，依法保护产权，弘扬企业家精神，激发市场主体活力和社会创造力，增强我国金融科技企业在全球的核心竞争力。

◇ 新经济与新风险

作为新经济的代表，蚂蚁集团到底是一家金融公司还是科技公司？这个问题一直存在争议。

毫无疑问，蚂蚁集团坚定捍卫自己身上的科技标签。2020 年 7 月，“蚂蚁金服”使用 6 年的名字宣布停用，取而代之的是“蚂蚁集团”，全称则是“蚂蚁科技集团股份有限公司”。不仅仅是在名号上用科技取代了金融，蚂蚁集团对自己的介绍，也是“一家旨在为世界带来普惠金融服务和数字生活新服务的创新型科技企业”。

蚂蚁集团的前身是淘宝的支付结算部门。招股书显示，截至 2020 年 6 月 30 日的 12 个月内，蚂蚁集团在国内的总支付交易规模达到 118 万亿元，占数字支付市场 50%以上的份额。同时，支付宝的年活跃用户已经突破 10 亿人。

但支付并不是蚂蚁的全部。背靠阿里电商生态的巨大流量，蚂蚁集团的业务早已涉足银行、保险、基金、小贷等多个领域。而从营收比例来看，2020 年上半年，数字金融科技平台业务在蚂蚁集团 2020 年上半年的收入中占比达到 63.39%。而以支付宝为平台的数字支付与商家服务占据了蚂蚁集团当期 35.86%的收入，创新业务则占据 0.75%。

但随着以蚂蚁为代表的金融创新日益壮大，数据安全、平台垄断、金融风险等新问题逐渐凸显。此外，蚂蚁在借贷过程的高杠杆也被关注。

◇ 还是不是那只蚂蚁

新风险呼吁新监管。近期，监管机构针对金融科技及互联网平台公司的监管政策密集发布。

在蚂蚁宣布暂停上市的前一日，中国人民银行、银保监会在 11 月 2 日共同发布《网络小额贷款业务管理暂行办法（征求意见稿）》，提出严格限制杠杆率、要求联合贷款出资比例、两参或一控等要求。11 月 10 日，国家市场监管总局发布了《关于平台经济领域的反垄断指南（征求意见稿）》。12 月 8 日，银保监会的相关领导指出“要关注新型‘大而不能倒’风险”。他表示，一些大型科技公司涉足各类金融和科技领域，跨界混业经营，必须关注这些机构风险的复杂性和外溢性，及时精准拆弹，消除新的系统性风险隐患。

蚂蚁集团已经表态整改。需要提及的是，无论采用何种整改方式，若想合规，蚂蚁从商业模式和估值逻辑上都将不再是以前的那只蚂蚁。

但一方面，“稳”字当头下，对金融科技及互联网平台公司加强监管，消除风险十分必要。另一方面，整改的目的是规范，而不是将新经济平台一棒子打死。

潘功胜的谈话中，肯定蚂蚁集团成立以来，在发展金融科技、提高金融服务效率和普惠性方面发挥了创新作用。他同时表示，约谈蚂蚁集团主要目的是督促指导蚂蚁集团深入贯彻党中央、国务院有关精神，按照市场化、法治化原则，落实金融监管、公平竞争和保护消费者合法权益等要求，进一步规范金融业务经营与发展。

他还表示，金融管理部门将一如既往鼓励、支持金融科技企业在服务实体经济和遵从审慎监管的前提下守正创新，推动金融科技成为助推国内国际双循环的重要力量。

本章重点回顾

金融监管的理论基础

外部性；金融脆弱性；公共利益说；信息不对称

政府安全网

存款保险制度

最后贷款人制度

政府安全网弊端

存在逆向选择问题

存在道德风险问题

“大而不能倒”和金融并购强化逆向选择和道德风险问题

金融监管体制、框架和监管措施

金融监管体制：机构监管、功能监管、综合监管、双峰监管

宏观审慎监管和微观审慎监管

金融监管措施

我国的金融监管体系

“一行一局一会”

我国的宏观审慎监管和微观审慎监管

课后思考和练习题

1. 为什么金融体系需要监管？
2. 政府安全网的主要形式有哪些？
3. 政府安全网存在哪些弊端？
4. 宏观审慎监管与微观审慎监管的区别有哪些？

5. 金融监管有哪些具体措施?
6. 简述我国的金融监管体系。

阅读资料推荐

周学东. 我国存款保险制度的实践与思考［J］. 中国金融, 2018（22）: 21-23.

王增武. 包商银行破产重组［J］. 银行家, 2021（01）: 23.

杨志锦. 地方金融监管体制大改革: 四大变化浮现［N］. 21世纪经济报道, 2024-01-08.

PART 4

第四篇 货币理论与货币政策

第十四章　中央银行

学习目标

本章主要学习中央银行相关知识，为后续货币供给、货币政策等知识的学习奠定基础。学完本章，你应该：

- 对中央银行的特征和职能有清晰认识。
- 对中央银行的负债业务、资产业务和中间业务有清晰认识。
- 对中国人民银行和美联储有较为深入的了解。
- 对中央银行的独立性有一定的了解。

中央银行（central bank）是一国最高的货币金融管理机构，承担着国家宏观经济调控、调节货币流通和信用活动以及维护全社会金融稳定等任务，在一国金融体系中居于主导地位。虽然中央银行也被称为“银行”，但它和我们通常所说的银行并不相同。通常所说的银行是指商业银行，是以利润最大化为经营目标的金融机构，而中央银行却是非营利性的政府管理机构，它的根本目标在于维持金融系统的稳定和正常运转。虽然中央银行的出现要比商业银行晚得多，但是自第二次世界大战以来，中央银行制度已经为世界各国普遍采用，并且其职能也得到不断完善。

第一节　中央银行的产生

一、中央银行产生原因

中央银行是经济、金融发展到一定阶段的产物，具体说来，中央银行的产生是适应了以下几个方面需求的结果：

◆ 统一银行券发行的需要

在金本位制下，为了便利流通和节省流通费用，商业银行大多发行各自的银行券代替铸币流通。最初，几乎每家银行都拥有银行券发行权，市场上流通的银行券五花八门，这种由众多银行分散发行银行券的局面逐步暴露出其严重的缺点。首先，不利于保证货币流通的稳定。为数众多的中小银行信用实力薄弱，其发行的银行券常常不能兑现。尤其在危机时期，不能兑现的情况非常普遍，从而容易使货币流通陷入混乱局面。其次，不利于商品流通范围的进一步扩大。众多分散的小银行，其信用活动领域有着地区限制，它们所发行的银行券只能在有限的地区内流通，从而限制了商品跨地区流通。

这些问题表明，由一家大银行来统一银行券的发行也许是更有效率的。事实上，这一过程很早就在自发地进行，某些大银行为进一步壮大自己的实力，在银行券的发行方面不断地排挤其他的中小银行，并最终依靠政府的力量，成为独占银行券发行权的中央银行。英格兰银行便是这样的典型。

◆ 票据清算的需要

随着信用经济的发展，银行业务不断扩大，各银行之间的债权债务关系复杂化，由各个银行自行轧差进行当日结算已非常困难，在客观上要求建立一个全社会统一、有权威、公正的清算中心。

支票等银行票据的流通，虽然反映的是票据授受双方之间的债权债务关系，但是由于它必须由开户银行来支付，所以又通常表现为各开户银行之间的债权债务关系。例如A银行的客户开出的支票被存入B银行，该支票就表现为B银行对A银行的债权。反过来，B银行的客户开出的支票也可能被存入A银行。银行之间的这种债权债务关系，最早是通过银行派专人持客户送来的收款票据到应付款银行要求付款来结清的。这显然是缺乏效率的，而且也不安全。

随着票据流通量的增大，各银行的收款人员开始聚集在固定的地点，交换手中所持有的由对方银行的客户开出的票据，并相互结清其差额。在此基础上，产生了世界上最早的票据交换所——1773年在英国伦敦成立的票据交换所。票据交换所提高了清算效率，但是一般仅局限于同城之间的票据清算，而且银行在票据交换所利用现金来结清净额债权债务也很不方便。因此，需要有一个全国性的统一的清算中心，这便是中央银行。

◆ 最后贷款人的需要

银行在其经营过程中，必然会遇到某些临时性的资金不足，这时，它固然可以通过发行银行券、进行同业拆借或同大企业签订回购协议等方式予以弥补，但有时仅靠这些方式仍然是不够的。况且一个银行的经营状况越不好，它利用这些方式来筹集资金也就越是困难。因此客观上需要有一个最后贷款人作为银行最后的依靠，给予贷款支持，来帮助它度过暂时的困难。这对于维护银行体系的稳定是十分重要的。

◆ **金融管理的需要**

金融行业是一个较为特殊的行业，其存在很高的风险，并且直接关系到一国的货币供给，因此需要有专门的机构代表政府对金融行业实行严格的管理，以维护其公平、效率和稳定，并进而对整个宏观经济进行调节。中央银行便是这些管理机构中最重要的一员，它的主要职责在于执行货币政策、控制货币供给。关于中央银行控制货币供给的方式和手段，我们将在后面的章节进一步学习。

二、中央银行产生途径

中央银行的产生有两种方式：一种是由一般的商业银行演变而成，比如成立于 1694 年的英格兰银行，最终演变为英国的中央银行；另一种则是在政府的设计下直接为担负中央银行职能而设立的，比如 1913 年成立的美联储以及第二次世界大战后许多发展中国家建立的中央银行。

英格兰银行是现代中央银行的鼻祖，继英国之后，法国、德国、日本等国也纷纷建立了中央银行制度。在各主要资本主义国家中，美国的中央银行制度确立的时间最晚，同时也最有特色。事实上，美国可以说很早就开始了建立中央银行的尝试，但是由于美国人对权力集中有着某种本能式的恐惧，这种尝试未能取得成功。由于银行制度的不健全，从 19 世纪末到 20 世纪初，美国每隔数年就要爆发一次金融恐慌，这使美国的政府官员和经济界人士感到有必要像其他资本主义国家一样建立中央银行制度。美国国会于 1913 年通过了《联邦储备条例》，正式宣告了美国中央银行制度的确立。美国的中央银行制度是美国银行业自由竞争传统和集中管理需要之间的一种混合，也是中央银行史上一项重要的制度创新。它把美国分成 12 个储备区，每区各设立一个联邦储备银行，并在此基础上设立中央一级的联邦储备理事会，从而实现中央集权和地方分权之间的一种折中。

我国的中央银行是中国人民银行。1948 年 12 月，中国人民银行在河北省石家庄市宣布成立，1949 年 2 月迁入北京，总行设在北京。和过去的苏联及东欧国家的中央银行一样，中国人民银行也曾经是“一身二任”——既办理全国的工业、农业、商业信贷业务及城乡居民储蓄业务，又执行中央银行的职能（独占货币发行权、管理全国的金融业、代理财政金库等）。这种“大一统”的银行体制，有利于资金的集中调配，对于支持我国社会主义工业体系的建立，曾经起到很大的作用。但是这种政企不分的体制也有很大的弊端，特别是在改革开放以后，新的金融机构、经营业务和经营方式不断出现，金融管理日趋复杂，客观上要求中国人民银行从具体的存贷款业务中超脱出来，专门行使中央银行职能。因此，1983 年 9 月，国务院做出决定：中国人民银行不再兼办工商信贷和储蓄业务，而专门行使中央银行职能。这标志着我国中央银行体制的一个重大转变，即从复合中央银行制转向单一中央银行制。

第二节　中央银行的特征和职能

一、中央银行的特征

中央银行作为一国最高的货币金融管理机构，在一国金融体系中处于主导地位。中央银行负责制订和执行货币政策，管理国家的货币供应和金融体系，承担着国家宏观经济调控、调节货币流通和信用活动以及维护全社会金融稳定等任务。显然，中央银行和商业性金融机构差异巨大，中央银行的特征主要包括以下几个方面。

◆ 中央银行不以营利为目的

中央银行不以营利为目的，而是制定和实施货币政策，确保货币政策目标的实现。中央银行负有特殊的社会责任，中央银行的运营目的是完成调节经济和金融的责任，而不是获得运营收益。即使中央银行出现运营利润，也只是实现货币政策手段过程中的副产品，必须上缴国库。

◆ 中央银行的业务对象是一国政府和金融机构

与商业银行以工商企业和个人为服务对象不同，中央银行是以政府和金融机构为服务对象的。以政府为服务对象表现为代理国库、为政府提供资金融通、充当政府经济金融顾问等；以金融机构为服务对象表现为接受商业银行等金融机构的存款，向金融机构提供再贷款、再贴现、资金清算服务等。

◆ 中央银行资产具有较强的流动性

中央银行负有调节全国金融活动的职责，中央银行资产只有保持较强的流动性，才能根据市场变化随时回收或者投放基础货币，调节社会体系中的货币供给。许多国家在中央银行法律中都明确规定中央银行持有资产的范围，限制其持有流动性较差的资产。

◆ 中央银行不在国外设立分支机构

根据国际法的有关规定，一国中央银行不能在他国发行货币、经营商业银行业务，不能与他国商业银行发生任何联系。这是因为，中央银行作为一国政府在金融方面的代表，无权在他国境内干涉他国金融业务，因而中央银行在国外不能设立分支行。但中央银行可以根据需要和可能，在国外经济和金融中心设立驻外代表处，以就地观察研究经济和金融形势以及本国银行在当地或其他邻国分支机构的活动情况，并增进各国中央银行间的交流与合作。例如，中国人民银行就在伦敦、法兰克福、纽约等地设立了驻外代表处。

二、中央银行的职能

中央银行的职能一般被归纳为“发行的银行、银行的银行、政府的银行和管理金融的银行”四大类。中央银行正是通过这些职能来影响货币供给量、利率等指标，实现其对金融领域乃至整个经济的调节功能。

◆ **中央银行是发行的银行**

中央银行是发行的银行，具有两方面的含义：首先，它是指中央银行垄断货币的发行权；其次，是指中央银行作为货币政策的最高决策机构，在决定一国的货币供给量方面具有至关重要的作用。中央银行制度的一个基本特点便是由中央银行垄断货币的发行，中央银行需要根据国民经济发展的客观情况，适时适度发行货币，为国民经济稳定持续增长提供一个良好的金融环境。

◆ **中央银行是政府的银行**

所谓政府的银行，并非指中央银行的资本归政府所有（尽管许多国家的中央银行确实是国有的），而是指中央银行同政府有着密切的联系，为政府提供各种金融服务，并代表政府执行金融管理职能。中央银行作为政府银行的职能主要包括：代理国库；为政府提供资金融通；代理政府金融事务；充当政府金融政策顾问，为一国经济政策的制订提供各种资料、数据和方案；代表政府参加国际金融活动。

◆ **中央银行是银行的银行**

中央银行与一般商业银行一样，也办理存、贷款。但是它的业务对象不是一般的企业和个人，而是商业银行和其他金融机构，所以它又被称为银行的银行。具体说来，这一职能主要包括：集中保管各商业银行及其他存款机构的准备金；组织全国范围内的清算；充当最后贷款人。

◆ **中央银行是管理金融的银行**

中央银行往往作为国家的最高金融管理当局，执行金融行政管理，其内容主要包括：中央银行根据国情合理制定和实施货币政策，在稳定货币的前提下谋求经济增长；中央银行制定颁行各种金融法规、金融业务规章制度，监督管理各金融机构的业务活动；中央银行管理境内金融市场。

第三节　中央银行的业务

一、中央银行的资产负债表

为了便于各国相互之间了解彼此的货币金融运行状况，国际货币基金组织（IMF）定期出版《国际金融统计》(*International Financial Statistics*)，以相对统一的口径向公众提供各成员的货币金融和经济发展的主要统计数据，其中也包括中央银行的资产负债表。各国中央银行在编制资产负债表时一般都会参考国际货币基金组织的分类和口径（见表 14-1）。

表 14-1　IMF 口径的中央银行资产负债表

资 产	负 债
国外资产 Foreign Assets	储备货币 Reserve Money
外汇 Foreign Exchange	货币发行 Currency Issue

表14-1(续)

资 产	负 债
货币黄金 Monetary Gold	金融性公司存款 Deposits of Financial Corporations
其他国外资产 Other Foreign Assets	其他存款性公司存款 Deposits of Other Depository Corporations
对政府债权 Claims on Government	其他金融性公司存款 Deposits of Other Financial Corporations
其中：中央政府 of which：Central Government	非金融机构存款 Deposits of Non-financial Institutions
对其他存款性公司债权 Claims on Other Depository Corporations	不计入储备货币的金融性公司存款 Deposits of financial corporations excluded from Reserve Money
对其他金融性公司债权 Claims on Other Financial Corporations	发行债券 Bond Issue
对非金融性部门债权 Claims on Non-financial Sector	国外负债 Foreign Liabilities
其他资产 Other Assets	政府存款 Deposits of Government
	自有资金 Own Capital
	其他负债 Other Liabilities

我国目前的央行资产负债表也参考国际货币基金组织的分类和口径，具体项目和截至2023年12月的数据见表14-2。

表14-2　中国人民银行资产负债表（2023年12月）　　单位：亿元

资产		负债	
国外资产	233 548. 51	储备货币	389 036. 93
外汇	220 453. 85	货币发行	118 660. 94
货币黄金	4 052. 88	金融性公司存款	245 687. 45
其他国外资产	9 087. 71	其他存款性公司存款	245 687. 45
对政府债权	15 240. 68	其他金融性公司存款	
其中：中央政府	15 240. 68	非金融机构存款	24 688. 54
对其他存款性公司债权	185 561. 01	不计入储备货币的金融性公司存款	6 038. 42
对其他金融性公司债权	1 310. 90	发行债券	1 250. 00
对非金融性部门债权		国外负债	3 062. 34
其他资产	21 283. 64	政府存款	46 291. 74
		自有资金	219. 75
		其他负债	11 044. 96
总资产	**456 944. 14**	**总负债**	**456 944. 14**

资料来源：中国人民银行网站

说明：(1)“其他存款性公司”主要是指商业银行。(2)“其他金融性公司”是指除中央银行和其他存款性公司以外的其他金融公司。(3)“非金融机构存款”为支付机构交存人民银行的客户备付金存款。

二、中央银行的负债业务

中央银行的负债，是指金融机构、政府、个人和其他部门持有的对中央银行的债权。**中央银行的负债业务，是指其产生负债的业务。**中央银行的负债业务主要包括货币发行、集中存款准备金（准备金存款）、代理国库（政府存款）等内容。

◆ 货币发行（现金发行）

一般意义上的货币发行是指中央银行通过发放贷款或购买资产等业务活动影响基础货币（储备货币）数量，进而改变一国货币总量的行为。按其性质划分，货币发行一般分为经济发行和财政发行两种。经济发行是指中央银行根据国民经济发展的客观需要而进行的货币发行；财政发行是指为弥补国家财政赤字而进行的货币发行。

货币发行有时也特指中央银行的现金发行，其构成包括流通中的现金和商业银行的库存现金，其货币形式包括纸币和硬币以及央行数字货币。

◆ 存款业务

存款业务是中央银行的主要负债业务之一。中央银行的存款一般可以分为商业银行等金融机构的准备金存款、政府存款、外国存款等几种。

准备金存款是中央银行存款业务中数量最多、作用最大的一项。准备金存款业务与存款准备金制度直接相关，主要目的是配合中央银行实施货币政策和宏观调控。政府存款中最主要的是中央政府的存款。外国存款的债权人属于外国中央银行或外国政府。

◆ 其他负债业务

中央银行的其他负债业务包括中央银行债券、对外负债、资本业务等。

发行中央银行债券是中央银行的一种主动负债业务，其发行的对象主要是国内金融机构。中央银行债券是为调节金融机构多余的流动性，而向金融机构发行的债务凭证。许多发展中国家在由直接调控转向间接调控的过程中，由于金融市场不发达，尤其是国债市场不发达，中央银行债券往往成为公开市场操作的主要工具。中央银行债券发行时可以回笼基础货币，中央银行债券到期清算则表现为基础货币投放。

中央银行的对外负债业务主要包括对外国中央银行的负债（不同于外国央行的存款，虽然存款也是负债，这里的负债是一种外币借款）、国际金融机构的贷款、在国外发行的中央银行债券等。各国中央银行国际筹资通常是为实现平衡国际收支、维持本币汇率的既定水平，以及应对货币危机或金融危机等目的。

中央银行的资本业务是中央银行筹集、维持和补充自有资本的业务，中央银行的资本业务与中央银行的资本金形成有关。中央银行的资本来源，即自有资本的形成主要有四个途径：政府出资、地方政府或国有机构出资、私人银行或部门出资、成员方中央银行出资。需要强调的是，由于央行拥有特殊的地位和法律特权，其资本金的实际作用要比一般金融机构的资本金要小得多，像韩国的央行甚至没有资本金。

三、中央银行的资产业务

中央银行的资产，是指中央银行在一定时点上所拥有的各种债权。**中央银行的资产业务，是指其运用货币资金的业务。**央行的资产业务对其制定实施货币政策、调控金融运行具有重要作用。主要包括如下业务。

◆ 再贴现与再贷款业务

中央银行的再贴现业务是指商业银行将通过贴现业务所持有的尚未到期的商业票据，向中央银行申请转让，中央银行据此以贴现方式向商业银行融通资金的业务。再贴现业务的主要目的是解决商业银行临时性短期资金的需要以及保证商业银行在紧急情况下的最后清偿能力，防止出现金融恐慌。中央银行发放贴现贷款，意味着货币的投放；反之，中央银行收回贴现贷款，则意味着货币的回笼。

中央银行的再贷款业务是指中央银行向商业银行提供贷款的业务。在中央银行的资产负债表中，尤其是在原来实行计划经济的国家里，贷款是一个最大的项目，它充分体现中央银行作为"最后贷款人"的职能作用。中央银行的再贷款是向社会提供基础货币的重要渠道。

◆ 证券买卖业务

各国中央银行一般都经营证券买卖业务，主要是在公开市场上买卖政府发行的长期或短期债券，因此这种业务也称为中央银行的公开市场业务。中央银行握有证券和买卖证券的目的，不在于赢利，而是为了调节和控制货币供应量，进而影响整个国民经济。当中央银行买入政府债券时，一方面，所购买的政府债券进入中央银行，成为它的资产；另一方面，支付政府债券的价款则通过一定的途径进入流通领域。可见，中央银行购买政府债券，意味着货币的投放，反之，中央银行出售政府债券，则意味着货币的回笼，从而调节金融体系的流动性，并引导货币市场利率或保持货币市场利率稳定，传达货币政策意图。

◆ 黄金、外汇储备业务

国际经济交往使国与国之间产生债权、债务关系，而黄金、外汇及特别提款权等是国际清算的最后支付手段。因此，各国将黄金和外汇作为储备资产，由中央银行保管和经营，以便在国际收支发生逆差时，用于清偿债务。所以管理黄金、外汇等储备资产是中央银行的一项重要资产业务。中央银行买卖储备资产的目的在于：维护国际收支的清偿能力，促进国际收支平衡，稳定汇价以及国内货币流通。

四、中央银行的中间业务

资金清算业务是中央银行的主要中间业务。中央银行的清算业务是指中央银行为商业银行和其他金融机构办理债权债务清偿和资金转移的业务。这类业务可以划分为三大类：

◆ 集中办理票据交换

有中央银行参与的集中办理票据交换业务是在票据交换所进行的，参与票据交换所交换票据的银行均是“清算银行”或“交换银行”，按票据交换所的有关章程，清算银行均应承担一定的义务（交纳一定的交换保证金、在中央银行开立往来存款账户用以结清交换差额、分摊交换所的有关费用）后，方可享受入场交换票据的权利。

◆ 结清交换差额

各清算银行在中央银行开立有往来存款账户，票据交换后的最后差额即由该账户上资金增减来结清。

◆ 办理异地资金转移

中央银行办理全国范围内的异地资金转移。中央银行通过组织全国银行系统的清算，一方面，为各家银行提供服务提高了清算效率，加速了社会资金周转；另一方面，这有利于中央银行对全国金融情况及商业银行等金融机构的资金情况加强了解，从而有助于中央银行监督、管理职责的履行。

目前，现代化的大额实时清算系统已在大多数发达国家和少数发展中国家稳定运行，成为各国中央银行行使其职能的不可缺少的金融基础性设施。

第四节　中央银行制度

一、中央银行制度的类型

各国的中央银行制度随各国具体国情的不同而存在较大的差异。根据中央银行组织形式和组织结构的不同，可以将中央银行制度分为单一中央银行制、复合中央银行制、跨国中央银行制和准中央银行制四种类型。

❖ 单一中央银行制

单一中央银行制是指国家设立专门的中央银行机构，使之与一般的商业银行业务相分离，而纯粹地行使各项中央银行职能的中央银行制度。单一中央银行制是最主要、最典型的中央银行制度形式。根据中央与地方职权划分的不同，单一中央银行制又可以分为一元式和二元式两种类型。

一元式中央银行制是指一国只设立一家统一的中央银行行使中央银行的全部职责的中央银行制度，机构设置一般采用总分行制，逐级垂直隶属。这种由总分行构成的中央银行的特点是：权力集中、职能齐全、分支机构众多。世界上大多数国家采用此类型中央银行制。如英国、日本、法国的中央银行都采取这种形式，中国自 1983 年以后也实行的是这种中央银行制度。

二元式中央银行制是指一国建立中央与地方两级中央银行机构，中央级机构是最高权力或管理机构，地方级机构受中央级机构的监督管理，但是在它们各自的辖区内有较大独立性的中央银行制度。采用这种制度形式的主要是某些联邦制国家，如美国。

❖ 复合中央银行制

复合中央银行制是指在一国之内不设立专门的中央银行，而是由一家大银行来同时扮演商业银行和中央银行两种角色（也就是所谓的“一身二任”）的中央银行制度。复合中央银行制主要存在于过去的苏联和东欧等国家，我国在 1983 年以前也实行这种中央银行制度。

❖ 跨国中央银行制

跨国中央银行制是指两个以上的主权国家设立共同的中央银行，由这家中央银行在其成员国范围内行使全部或部分中央银行职能的中央银行制度。它一般是与一定的货币联盟联系在一起的，由参加某一货币联盟的所有成员国共同设立中央银行。第二次世界大战后，一些在地域上相邻、经济上联系密切的国家，为促进共同的经济发展，组建了货币联盟，在联盟内发行共同的货币，执行共同的金融政策，并建立共同的中央银行。比如西非的多个国家组成的西非经济货币联盟，并在联盟内设立了共同的中央银行——西非国家中央银行。此外，欧洲联盟（简称“欧盟”）也实行货币联盟，建立了统一的中央银行——欧洲中央银行。欧洲中央银行是一个典型的跨国型中央银行，它是欧洲一体化进程逐步深入的产物。

❖ 准中央银行制

准中央银行制是指有些国家或地区没有建立通常意义上的中央银行，只设置类似中央银行的机构，或由政府授权某个或几个商业银行或机构行使部分中央银行职能的中央银行制度。例如，新加坡是准中央银行制的典型代表。新加坡不设中央银行，有两个类似中央银行的机构，即货币发行局与金融管理局，由它们配合行使中央银行职能。货币发行局发行货币，金融管理局负责银行管理、收缴存款准备金等业务。中国香港也实行准中央银行制，香港金融管理局是香港的金融监管机构，集中了货币政策、金融监管及支付体系管理等中央银行的基本职能，但基本不拥有发钞权。港元纸币绝大部分是在香港金管局监管下由汇丰银行（香港）、渣打银行（香港）和中国银行（香港）发行，只有十元面值纸币以及硬币则由香港金管局负责发行。

案例 14-1

欧洲中央银行

欧洲中央银行（European Central Bank，ECB）是一个典型的跨国型中央银行，欧洲中央银行成立于 1998 年 6 月 1 日，总部位于德国法兰克福，负责欧盟欧元区的金融及货币政策。

欧洲中央银行是根据 1992 年签订的《马斯特里赫特条约》的规定成立的，其前身是设在法兰克福的欧洲货币局。欧洲中央银行是世界上第一个管理超国家货币的中央银行。在货币发行方面，它是唯一有资格允许在欧盟内部发行欧元的机构；在制订货币政策方面，欧元国政府丧失制定货币政策的权力，而必须实行欧洲中央银行制定的货币政策；在独立性方面，独立性是它的一个显著特点，它不接受欧盟领导机构的指令，不受各国政府的监督。

欧洲中央银行实际上是由两个层次组成：一是欧洲中央银行本身，二是欧洲中央银行体系。后者除欧洲中央银行外，还包括所有参加欧元区成员国的中央银行，类似联席会议。前者具有法人身份，而后者没有。欧洲中央银行与各成员国中央银行之间的关系可以粗略理解为决策者和执行者的关系，也就是说，欧洲中央银行将为欧元区内所有国家制定统一的货币政策，然后交由各成员国中央银行去实施。各国中央银行将失去其独立性，从而在事实上成为欧洲中央银行的分行。所有欧元区成员国都必须按其人口和国内生产总值的大小向欧洲央行认购股本。

欧洲中央银行的成立不仅标志着欧盟国家的一体化迈上了一个崭新的台阶，更通过实践证明了货币发行可以跨越国境形成区域性货币，可以实行区域性统一的货币政策。这是一次有益且伟大的尝试，但是和人类所有的伟大尝试一样，欧洲中央银行未来的道路也将充满各种不确定性。

二、中国人民银行的结构

中国人民银行是我国的中央银行。**中国人民银行的结构属于一元式的单一中央银行制，由中国人民银行总行及其分支机构组成。**目前中国人民银行的组织结构为“总行—省级分行—市级分行”三层架构。

中国人民银行总行是领导、管理金融业的职能部门，主要负责制定和执行货币政策，发布与履行其职责有关的命令和规章，集中掌握货币发行、信贷总量调控和基准利率调控等方面的权力，维护金融稳定。中国人民银行实行行长负责制，设行长一人，副行长若干人。行长人选由国务院总理提名，经全国人民代表大会批准（全国人大闭会期间，经全国人大常务委员会批准）后，由中华人民共和国主席任免。副行长由国务院总理任命。根据《中国人民银行法》，中国人民银行设立货币政策委员会。货币政策委员会的职责、组成和工作程序，由国务院规定，报全国人民代表大会常务委员会备案。中国人民银行货币政策委员会应当在国家宏观调控、货币政策制定和调整中，发挥重要作用。

中国人民银行分支机构则是总行的派出机构，接受总行的垂直领导，是贯彻实施国家货币政策、按照授权负责金融行政管理和金融业务监管的具体单位。分支机构的职能主要是贯彻、执行国家货币政策，维护金融秩序稳定，依据法规对本辖区所有金融机构进行管理、协调、监督、稽查等，为各金融机构稳健经营和金融市场有序运作提供完善的服务。分支机构的具体职能包括：金融监督管理、调查统计分析、横向头寸调剂、经理国库、现金调拨、外汇管理和联行清算等。

从 1983 年中国人民银行专门行使中央银行职能到 1998 年以前，中国人民银行的分支机构基本上是按行政区划设置的，从省级、地（市）级到县级分别对应着相应级别的人民银行分支机构（由总行和分支机构构成共四层架构的组织结构）。1998年年底，基于当时的经济、金融环境以及考虑到跨行政区设置分行可以避免地方政府不合理行政干预等原因，中国人民银行的分支机构体系发生了重大变化。当时改革的重大举措主要包括撤销省级分行、组建跨行政区分行等。改革后的人民银行组织结构分为四层架构：总行—9大跨行政区分行和两个总行营业部—省市中心支行—县支行。9个跨行政区分行分别是：沈阳分行（辖黑龙江、吉林、辽宁），天津分行（辖天津、河北、山西、内蒙古），济南分行（辖山东、河南），南京分行（辖江苏、安徽），上海分行（辖上海、浙江、福建），广州分行（辖广东、广西、海南），武汉分行（辖湖北、湖南、江西），成都分行（辖四川、贵州、云南、西藏），西安分行（辖陕西、甘肃、青海、宁夏、新疆）。两个总行营业部则分别设在北京和重庆。1999年1月1日，9大跨行政区分行和两个总行营业部正式开始运作。2005年8月10日，承担中国人民银行总行部分职责和负责上海地区中国人民银行有关业务的央行上海总部成立。

2023年，基于新的经济、金融环境，为了更有效地履行中央银行职能，在中共中央、国务院印发的《党和国家机构改革方案》中，对中国人民银行分支机构改革做了新的统筹推进。改革的重大举措主要包括撤销中国人民银行大区分行并设立省级分行等，中国人民银行的组织结构调整为“总行—省级分行—市级分行”三层架构。本次改革使人民银行分支机构设立与我国行政区划设置更加匹配，从而有利于加强人民银行分支机构与省级政府的沟通和协调，更好地畅通货币政策传导和实施，防范和化解金融风险，维护金融稳定。具体改革内容如下：（1）撤销中国人民银行大区分行及分行营业管理部、总行直属营业管理部和省会城市中心支行，在31个省（自治区、直辖市）设立省级分行，在深圳、大连、宁波、青岛、厦门设立计划单列市分行；（2）中国人民银行北京分行保留中国人民银行营业管理部牌子，中国人民银行上海分行与中国人民银行上海总部合署办公；（3）不再保留中国人民银行县（市）支行，相关职能上收至中国人民银行地（市）中心支行；（4）对边境或外贸结售汇业务量大的地区，可根据工作需要，采取中国人民银行地（市）中心支行派出机构方式履行相关管理服务职能。

三、美国联邦储备系统的结构

美国联邦储备系统（Federal Reserve System，FED）简称美联储，成立于1913年12月23日，负责履行美国的中央银行的职责。**美联储的结构属于二元式的单一中央银行制。**它是由三个主要组成部分构成的，即联邦级的联邦储备理事会（Board of Governors of the Federal Reserve System）、联邦公开市场委员会（Federal Open Market Committee，FOMC）和地方级的12家联邦储备银行及其分支机构。联邦储备理事会是联邦储备系统的最高机构，它由7名理事组成（他们大多是职业经济学家），由总统征得参议院同意后任命，每一理事任期14年，届满后不再连任，并且任期互相错开。因此，在正常情况下，每两年有一位理事任期届满；但是有不少理事因年龄或其他方面的原因提前离任。理事会主席由总统在理事会成员中遴选任命，任期只有4年，但是可以连任。联邦储备理事会是美国货币政策的制定者，它控制贴现率，并可以在规定范围内改变银行的法定存款准备金率。它和联邦公开市场委员会的其他成员一道，控制着最重要的货币政策工具——公开市场业务。

由于公开市场业务在联邦储备系统实施其货币政策过程中的重要性，联邦公开市场委员会也就成为联邦储备系统内一个重要的决策中心。该委员会由 12 名委员组成，其中包括 7 名联邦储备理事会理事，5 名联邦储备银行行长（其中纽约联邦储备银行行长为委员会的固定成员，其余 11 家联邦储备银行的行长则轮流占据其余的 4 个席位）。联邦储备理事会主席同时兼任联邦公开市场委员会主席。联邦公开市场委员会每年约召开 8 次会议，讨论决定联邦储备系统的公开市场业务，即在公开市场上买卖证券的活动。那些不是该委员会现任委员的联邦储备银行行长通常也出席会议并参加讨论，但是没有表决权。在联邦储备系统内部还有一些机构，如联邦顾问委员会等，但是它们远不如联邦公开市场委员会重要。

按 12 个联邦储备区设立的 12 家联邦储备银行分别位于纽约、波士顿、费城、克利夫兰、里士满、亚特兰大、芝加哥、圣路易斯、明尼阿波利斯、堪萨斯城、达拉斯和旧金山。这些银行的股份分别为它们各自的会员银行所拥有。这 12 家联邦储备银行又在其他 25 个大城市中设立了分支机构。纽约、芝加哥和旧金山 3 家联邦储备银行的规模最大，它们持有一半以上的联邦储备资产。而纽约联邦储备银行又是“冠中之冠”，持有联邦储备总资产的 30%。每家联邦储备银行都由 9 名兼职董事组成的董事会来管理。董事会的重要职责之一是选举产生各联邦储备银行的行长，但行长的正式任命必须经过联邦储备理事会的同意。各联邦储备银行除了负责检查会员银行、审批某些银行合并的申请、支票清算、收回被损坏的旧钞、发行新钞等日常的职能外，还具有一定的政策职能。例如它可以管理自己的贴现窗口，决定是否向辖区内的某商业银行或其他存款机构提供贷款；它还可以在征得联邦储备理事会批准的情况下设定自己的贴现利率。更重要的还在于，各联邦储备银行占据着联邦公开市场委员会 12 个席位中的 5 个。

第五节　中央银行独立性

中央银行的独立性是指中央银行在制定和实施货币政策、调控监管一国金融时具有的相对自主性，即中央银行在法律的范围内制定和执行货币政策的自主程度。中央银行的独立性问题，实质上是如何处理中央银行与政府之间关系的问题。这一关系包括两层含义：其一是中央银行应对政府保持一定的独立性，其二是中央银行对政府的独立性是相对的。

一、中央银行独立性的必要性

中央银行保持相对独立性是基于一国政治、经济发展的需要。对于很多西方国家，中央银行保持独立性具有特殊的含义。很多西方国家的政治周期和经济周期存在不一致性，政府可能为了政治上的需要，通过推行扩张性政策以刺激经济增长、就业增加，但其结果往往导致通货膨胀。如果中央银行有较大的独立性，就可以独立地制定和执行正确的货币政策，对政府推行通货膨胀政策可以起到约束作用。由此可见，在西方国家，中央银行保持独立性有助于避免出现政治性经济波动，规避政治经济周期①。

中央银行保持相对独立性有助于避免财政赤字货币化。所谓财政赤字货币化，是指财政出现赤字时，中央银行无条件地去弥补，或者直接对政府贷款、透支，或者想办法降低市场利率，减少财政向市场借款的成本。这会导致通货膨胀，并引发赤字与通货膨胀之间的恶性循环。

中央银行作为政府的银行，虽然有义务帮助政府平衡财政预算和弥补赤字，但财政活动的客观结果并不一定是保持物价稳定和经济的稳定增长。而央行货币政策的主要目标是稳定货币，它对财政的支持只能是一般的支持。因此，为避免政府的短期经济行为，避免通过发行货币去弥补财政赤字，造成通货膨胀，有必要保持中央银行的相对独立性。

中央银行保持相对独立性有助于物价稳定和经济金融的平稳发展。中央银行和政府的地位不同，因而它们在考虑一些经济政策的侧重点上存在差异。政府更关心的是促进经济增长与解决就业问题，而中央银行的首要任务是稳定货币，两者有时候会出现一定的目标冲突。如果中央银行能够保持一定的独立性，这有助于物价稳定和经济金融的平稳发展。

需要注意的是，虽然中央银行独立性具有一定的必要性，但其独立性程度的高低关键要看是否适应本国社会经济发展的需要。同时，中央银行的独立性无论如何都是相对的，因为中央银行只是整个宏观调控体系的一个组成部分，而不是孤立的，更不是唯一的。从金融与经济整体，乃至金融与社会整体的关系看，金融总归只是一个子系统，中央银行的活动总是在国家授权下进行的。

二、中央银行独立性类型和模式

中央银行独立性遵循的基本原则是：中央银行应以一国宏观经济目标为出发点制定货币政策，按照金融运行规律实施业务操作，规避政府短期行为的干扰。

麻省理工学院教授斯坦利·费希尔（Stanley Fischer）把中央银行的独立性分为两种不同的类型：**目标独立性**（goal independence），即中央银行设定货币政策目标的能力；**工具独立性**（instrument independence），即中央银行使用货币政策工具的能力。进一步地，根据中央银行独立性的程度，中央银行独立性可以区分为以下模式：

独立性较大的模式——该模式下中央银行获得立法授权后可以独立地制定货币政策及采取相应的措施，政府不得直接对它发布命令、指示，政府不得干涉货币政策。如果中央银行与政府发生矛盾，通过协商解决。美国和欧盟（欧洲中央银行）等属于这种模式。

独立性稍次的模式——该模式下中央银行名义上隶属于政府，而实际上保持着一定的独立性。有些国家法律规定财政部拥有对中央银行发布指令的权力，事实上财政部并

① 政治经济周期：在西方国家，政府为了提高自己连任的机会或者追求意识形态方面的目标而对经济进行干预所引起的周期性经济波动。政府为了在竞选中再次获胜往往制定有利于其赢得选票的经济政策。一般在选举前采取扩张性政策刺激经济，增加就业。选举后，为了防止通货膨胀或者弥补财政赤字，又实施紧缩性政策，从而导致了经济的周期性波动。

不行使这种权力。政府一般不过问货币政策的制定，中央银行可以独立地制定和执行货币政策。英格兰银行、日本银行属于这一模式。

独立性较小的模式——该模式下中央银行接受政府的指令，货币政策的制定及采取措施要经政府批准，政府有权停止、推迟中央银行决议的执行。意大利银行是这种模式的典型。

综合来看，一般认为，美国、欧盟（欧洲中央银行）等的中央银行独立性较强；英国、日本等国次之；意大利等国则属于中央银行独立性较小的国家。

我国的中央银行是中国人民银行。1995 年 3 月 18 日由第八届全国人大第三次会议通过的《中国人民银行法》第一次以法律的形式确立了中国人民银行的地位。2003 年 12 月 27 日，《中国人民银行法》根据第十届全国人民代表大会常务委员会第六次会议进行了修正。在《中国人民银行法（修正）》中，第七条规定：“中国人民银行在国务院领导下依法独立执行货币政策，履行职责，开展业务，不受地方政府、各级政府部门、社会团体和个人的干涉。”第二十九条规定：“中国人民银行不得对政府财政透支，不得直接认购、包销国债和其他政府债券。”第三十条规定：“中国人民银行不得向地方政府、各级政府部门提供贷款，不得向非银行金融机构以及其他单位和个人提供贷款，但国务院决定中国人民银行可以向特定的非银行金融机构提供贷款的除外。”这些规定对于保障中国人民银行排除外来干预、独立地制定和实施货币政策有着重要的意义。

本章重点回顾

- **中央银行的特征**
- **中央银行的职能**

  发行的银行；政府的银行；银行的银行；管理金融的银行
- **中央银行的业务分类**

  负债业务；资产业务；中间业务
- **中央银行制度的不同类型**

  重点了解中国人民银行和美联储
- **中央银行的独立性**

课后思考和练习题

1. 中央银行产生的原因是什么？
2. 简述中央银行的特征和职能。
3. 简述中央银行的负债业务和资产业务。
4. 中央银行制度的类型有哪些？
5. 简述中国人民银行的组织结构。

阅读资料推荐

万存知. 中国人民银行的故事（4）：人民银行的成立［J］. 金融博览，2023（07）：42-43

易纲. 建设现代中央银行制度［J］. 中国金融，2022（24）：9-11.

第十五章　货币供给

学习目标

本章主要介绍存款货币的创造机制和货币供给模型等内容。学完本章，你应该掌握：

- 存款准备金、原始存款和派生存款。
- 存款货币的创造机制和存款乘数。
- 基础货币、货币乘数、货币供给模型。
- 货币供给的影响因素。

在前面的章节中，我们学习了货币的定义和以流动性为标准的多层次货币供应量（或称货币供给量）的划分（如常见的 M1、M2 等）。由于货币供给水平会影响利率水平和通货膨胀，对经济活动具有深远的影响，因此了解货币供给量的决定机制非常重要。但直到 20 世纪 60 年代，才出现了现代意义上的货币供给理论，其产生和形成相对于货币需求理论要晚得多。究其原因，是由于在很长时间内，绝大多数经济学家都把货币供给作为中央银行（货币当局）能够完全控制的外生变量。事实上，货币供给的决定过程复杂程度不亚于任何其他经济变量的决定过程。中央银行并不具有绝对控制货币供给的能力。除了中央银行外，货币供给过程还有哪些参与者？什么因素会导致货币供给量的变化？本章将在分析银行体系存款货币创造机制的基础上，介绍货币供给模型，分析其构成和影响因素。

第一节 存款货币创造机制

在现代经济中，货币主要由银行体系创造。流通中的现金由中央银行发行，而存款货币则由商业银行创造，**商业银行具有信用创造的功能**。商业银行吸收存款、发放贷款等信贷活动是货币供给机制运作的重要基础。当商业银行通过吸收存款来发放贷款时，它每吸收一单位的存款就会引起多倍的银行存款的增加，实现存款货币的创造。因此要理解货币供给机制，必须首先了解商业银行是如何创造存款货币的。

一、商业银行创造存款货币的前提条件

商业银行是通过吸收存款来发放贷款的，在它的存贷过程中会产生一个存款货币创造的过程。但这种创造是有条件的，受到若干因素的制约。**一般而言，只有同时具备了部分存款准备金制度和转账结算这两个前提条件，商业银行才能创造派生存款。**

❖ 部分存款准备金制度

存款准备金是指金融机构为保证客户提取存款和资金清算需要而准备的资金，金融机构持有的存款准备金占其存款总额的比例就是存款准备金率。存款准备金制度是在中央银行体制下建立起来的，世界上美国最早以法律形式规定商业银行向中央银行缴存存款准备金。

部分存款准备金制度是相对于全额存款准备金制度而言的。在全额存款准备金制度下，商业银行必须为增加的存款保留 100%的存款准备金。比如，甲客户将 1 000 元现金存入 A 银行，则在 A 银行的资产负债表中，负债方的存款增加 1 000 元，同时其资产方的存款准备金也必须等量增加 1 000 元。由于银行不能把这笔资金贷放出去，也就没有多倍的存款创造。但在部分存款准备金制度下，商业银行吸收到存款后，并不需要为此保留等额的存款准备金，而只需要按存款的一定比例保留存款准备金（包括库存现金和在中央银行存款），其余部分就可以用于发放贷款或进行证券投资，并由此形成多倍的存款创造。

❖ 转账结算

转账结算，也称非现金结算、划拨结算，是指在商业银行活期存款基础上，通过银行转账方式使活期存款转移，从而完成货币的收付。转账结算方式下的货币运动并不表现为提取现金的形式，而只是将活期存款从一个存款账户转到另一个存款账户上。如果转账结算的双方在同一银行开户，那么用于支付的活期存款仍停留在银行里，只是银行的债权人发生了变化，资金来源没有减少。如果转账结算的双方不在同一银行开户，那

么转出方银行的存款减少数量也必然等于转入方银行的存款增加数量，对整个银行体系而言资金来源仍然没有减少。转账结算意味着现金不流出银行，这一方式对商业银行派生存款具有重要意义，是商业银行以增记客户存款方式发放贷款的基础。

二、原始存款、派生存款和存款准备金

从商业银行存款创造的角度看，商业银行存款的形式有两种形式，一是原始存款，二是派生存款。所谓**原始存款**，是指商业银行吸收的，能够增加其准备金的存款。就单家商业银行而言，原始存款的增加既可以是现金流入所致，也可以是接收其他银行支票存款所致。原始存款是商业银行进行信用扩张和创造派生存款的基础。所谓**派生存款**，是指商业银行用转账结算方式发放贷款或进行其他资产业务转化而来的存款。将存款划分为原始存款和派生存款，只是从理论上说明两种存款在银行经营中的地位和作用不同，事实上，在银行的存款总额中，是无法区分谁是原始存款、谁是派生存款的。

关于存款准备金，我们在前面已经有过介绍。**存款准备金**（deposit reserve）是指商业银行在吸收存款后，以库存现金或在中央银行的存款的形式保留的、用于应付存款人随时提现的那部分流动资产储备。存款准备金可分为两大类，中央银行要求商业银行必须持有的**法定存款准备金**（required reserve）和银行自愿持有的**超额存款准备金**（excess reserve）。商业银行的存款准备金以两种具体形式存在：一是商业银行为应付日常业务所需的以实物形式持有的货币（因为存放在银行金库中而被称为库存现金）；二是商业银行在中央银行的准备金存款，它是商业银行的资产和中央银行的负债。存款准备金、法定存款准备金、超额存款准备金之间的关系如下：

存款准备金 = 法定存款准备金 + 超额存款准备金

= 商业银行库存现金 + 商业银行在中央银行的存款 （15-1）

相应地，**存款准备金率**（reserve ratio）是指商业银行存款准备金占吸收存款总额的比率。

法定存款准备金率（required reserve ratio）是指中央银行规定的最低限度的存款准备金率。在存款总额一定的条件下，法定存款准备金率越高，商业银行可以用于放款的份额就越少；反之，则越多。法定存款准备金率等于法定存款准备金与存款总额的比率。即

$$\mathrm{rr} = \frac{RR}{D} \quad (15\text{-}2)$$

式中：rr 表示法定存款准备金率；RR 表示法定存款准备金；D 表示存款总额。

超额存款准备金率（excess reserve ratio）则是指商业银行超额存款准备金占吸收存款总额的比率。即

$$e = \frac{ER}{D} \quad (15\text{-}3)$$

式中：e 表示超额存款准备金率；ER 表示超额存款准备金；D 表示存款总额。

超额存款准备金率等于存款准备金率与法定存款准备金率的差值。

三、存款货币的创造过程

当银行体系额外增加一笔存款准备金时，存款的增加将数倍于这一金额，这个过程被称为**多倍存款创造**（multiple deposit creation）。下面举一个例子来说明商业银行创造存款货币的过程，并在此基础上推演多倍存款创造模型。

❖ 多倍存款创造：一个举例

首先做如下假设：

◆ 部分存款准备金制度。即银行吸收存款后需要保留一定比例的资金作为存款准备金，且假定银行只保留法定存款准备金，法定存款准备金率为 10%，其余资金全部贷放出去，超额存款准备金为零。

◆ 转账结算。即没有现金漏损，客户将所获得的贷款或收到的款项，全部以存款的形式存入银行，没有提现的行为。

◆ 只有活期存款，没有定期存款。

假设 A 银行收到甲客户存入的一张 10 000 元的支票，A 银行通过代收这张支票使自己资产负债表中的资产方在中央银行的准备金存款增加 10 000 元，同时在负债方中的甲客户的存款账户上增记 10 000 元。这时 A 银行资产负债状况的变化如表 15-1 所示：

表 15-1　A 银行收到存款　　单位：元

资产		负债	
准备金	+10 000	存款	+10 000

按照法定存款准备金率 10%的要求，A 银行只需要持有 1 000 元的法定存款准备金，其余 9 000 元超额存款准备金可以用于发放贷款。如果 A 银行贷出 9 000 元给乙客户，并使 A 银行在中央银行的准备金存款等额减少 9 000 元，这时 A 银行的资产负债状况如表 15-2 所示：

表 15-2　A 银行发放贷款　　单位：元

资产		负债	
准备金	+1 000	存款	+10 000
贷款	+9 000		

若乙客户用此 9 000 元支付丙客户的购货款，丙客户在 B 银行开户，B 银行代收支票使自己在中央银行的准备金存款增加 9 000 元；同时增记丙客户的存款 9 000 元，这时 B 银行的资产负债表变化如表 15-3 所示：

表 15-3　B 银行收到存款　　单位：元

资产		负债	
准备金	+9 000	存款	+9 000

同样的道理，B 银行只需要保留 900 元的法定存款准备金，可以将剩余的 8 100 元用于发放贷款。如果 B 银行贷出了这样的金额，并使其在中央银行的准备金存款等额减少 8 100 元，则 B 银行的资产负债状况如表 15-4 所示：

表 15-4　B 银行发放贷款　　单位：元

资产		负债	
准备金	+900	存款	+9 000
贷款	+8 100		

进一步地，若 B 银行贷给客户的 8 100 元贷款被转账存入 C 银行，同样的道理，C 银行吸收的存款增加了 8 100 元，并相应增加了在中央银行的准备金存款 8 100 元，那么这个银行又有可能扩大贷款 8 100×（1−10%）= 7 290 元，于是有 7 290 元新的存款货币继续被创造出来。依此类推，银行 D、E……将会依次吸收存款，并相应增加在中央银行的准备金存款，从而也就有可能按照法定存款准备金率 10% 的约束条件扩大贷款并相应创造出新的存款货币。这一过程将一直持续下去，直到最初存入银行的 10 000 元原始存款全部转化为法定存款准备金为止。

为了更清楚地看明白所发生的一切，我们将这一过程用表 15-5 表示出来：

表 15-5　存款货币创造过程　　单位：元

银行	存款增加	贷款增加	法定存款准备金增加
A	10 000	9 000	1 000
B	9 000	8 100	900
C	8 100	7 290	810
D	7 290	6 561	729
E	6 561	5 904. 9	656. 1
…	…	…	…
合计	100 000	90 000	10 000

由表 15-5 可见，通过新增发放贷款从而新增的存款货币（派生存款）呈如下递减级数：

$10\ 000 \times (1 - 10\%) = 9\ 000(\text{元})$

$9\ 000 \times (1 - 10\%) = 8\ 100(\text{元})$

$8\ 100 \times (1 - 10\%) = 7\ 290(\text{元})$

$7\ 290 \times (1 - 10\%) = 6\ 561(\text{元})$

……

派生存款的总和为：

$9\ 000 + 8\ 100 + 7\ 290 + 6\ 561 + \cdots = 90\ 000(\text{元})$

再加上最初的 10 000 元原始存款，存款变动总额为：

$10\ 000 + 90\ 000 = 100\ 000(\text{元})$

法定存款准备金增加的总和为：

1 000+900+810+729+…=10 000（元）

可见，法定存款准备金增加总和等于最初存入的原始存款数额。也即是说在本例给出的假设条件下，存款货币的创造过程直到原始存款全部转化为法定存款准备金为止，此时整个银行体系已经没有了超额存款准备金，也就没有了继续创造存款货币的能力。

对于上面的例子，这里还有三点需要说明：

（1）如果上面例子中的银行选择不把超额存款准备金用于发放贷款，而是用于投资证券，结果是同样的。假设，A 银行在获得甲客户的 10 000 元存款后，在扣除 1 000 元法定存款准备金后，将剩余的 9 000 元超额存款准备金全部用于购买证券，那么这时 A 银行的资产负债状况如表 15-6 所示：

表 15-6　A 银行购买证券　　单位：元

资产		负债	
准备金	+1 000	存款	+10 000
证券	+9 000		

当 A 银行购买 9 000 元证券时，它会签发 9 000 元的支票给证券出售者，后者又把 9 000 元支票存入一家银行，比如 B 银行。此时，B 银行通过代收这张支票使自己在中央银行的准备金存款增加 9 000 元，存款扩张过程与之前发放贷款时相同。所以，无论商业银行将超额存款准备金用于发放贷款，还是购买证券，其存款货币创造的效果都是一样的。

（2）上面的例子是按照银行 A、B、C…顺序依次说明存贷、贷存和存款货币创造的过程的，但现实中的这个过程是在银行交互联系中发生的。比如，A 银行的客户有可能用支票不是向 B 银行的客户，而是向 C 银行的客户结清债务；B 银行的客户也有可能用支票不是向 C 银行的客户，而是向 A 银行的客户结清债务；C 银行的客户用支票不是向新的一家银行结清债务，而是向 A 银行或银行 B 的客户结清债务等。但将整个银行体系当作一个整体来看，这种情况的结果与例子中银行间依次顺序进行的结果并无区别。

（3）如果 A 银行的客户不是像例子所说，向 B 银行的客户用支票付款，而是向同一家 A 银行的客户用支票付款，那么 A 银行就会增加一笔 9 000 元的存款。这时 A 银行总共有两笔存款 19 000 元，为此至少需保有 1 900 元的法定存款准备金，从而它现在最大贷款可能为 10 000-1 900=8 100 元。很清楚，这与上面叙述 B 银行有 8 100 元贷款的最大可能完全一样。换言之，发生在 A 银行和 B 银行之间的过程，变成发生在 A 银行自身内部的过程，也不会使结果有任何改变。

❖ 多倍存款创造：一个简化的模型

根据上述多倍存款创造过程的例子，可以清楚地区别原始存款和派生存款这对概念，也可以初步观测到原始存款与存款变动总额（包括原始存款和派生存款）的倍数关系。在例子中，A 银行吸收的最初 10 000 元存款是原始存款（数量上也等于增加的存款准备金），在原始存款基础上，通过发放贷款扩张出来的 90 000 元存款是派生存款，存款变动总额则为 100 000 元。存款变动总额刚好等于原始存款的 10 倍，或等于例子中给定的法定存款准备金率 10%的倒数。

对此我们通过数学方法进行推导。如果以 ΔD 表示存款变动总额，以 ΔR 表示原始存款的变动额，rr 表示法定存款准备金率，多倍存款创造的简化模型推导过程如下：

$$\Delta D = \Delta R + \Delta R(1 - \text{rr}) + \Delta R(1 - \text{rr})^2 + \cdots + \Delta R(1 - \text{rr})^n$$

等式右边的第一项为原始存款，第二项为第一次派生的存款，第三项为第二次派生的存款，以此类推，构成一个递减的等比数列。

当 $n \to \infty$时，由于 $0 < \text{rr} < 1$，则：

$$\Delta D = \Delta R \cdot \frac{1}{1 - (1 - \text{rr})} = \frac{\Delta R}{\text{rr}}$$

即，多倍存款创造的简化模型为：

$$\Delta D = \frac{\Delta R}{\text{rr}} \tag{15-4}$$

可见，**在多倍存款创造的简化模型中，存款变动总额与原始存款成正比，与法定存款准备金率成反比。**

进一步地，究竟怎样的存款才能被称为原始存款呢？在上面例子中假设的是以 A 银行所吸收的 10 000 元存款为原始存款。问题是 B 银行吸收的 9 000 元存款，或 C 银行吸收的 8 100 元存款等不是也可以设定为原始存款吗？完全可以。由 B 银行或有 C 银行等开始的存款货币创造过程其性质相同，其数量关系也同样符合上述规律。更进一步地，A 银行所吸收的存款，是否也如银行 B、C…所吸收的存款一样，是在它以前已经开始了的存款派生过程中的一个环节呢？也完全有这样的可能。那么，存款货币创造机制的初始点到底在什么地方？

用微观分析方法剖析存款货币创造的机制，选定任何一点都是成立的。就这个意义说，原始存款与派生存款的含义是相对的。但要从总体上找出初始点，就必须换一个角度。在上面的例子中，有一个方面极其重要，就是无论各个商业银行的存贷、贷存多么频繁，也无论商业银行之间通过中央银行进行多么错综复杂的结算，但银行体系的存款准备金总额却始终丝毫未变——10 000 元。所以要从商业银行体系这个整体来考察存款货币创造的初始点，实际上无须确定特定某一笔存款为原始存款，而只需重点考察存款准备金的增减变化。比如假定存款准备金总额是 20 000 元，法定存款准备金率 10%，按照存款货币创造机制的规律，可以推出其最终的存款总额的最大可能是 200 000 元。

接下来，我们考察存款乘数，**存款乘数即存款变动总额对原始存款的倍数**。商业银行存款多倍扩张的这一原理，也称为存款乘数原理。在上面的例子中，我们假设超额存款准备金为零、没有现金流失、不考虑定期存款等，在这种严格假设下计算的存款乘数是简单存款乘数。根据式（15-4），**简单存款乘数**（simple deposit multiplier）是法定存款准备金率的倒数，若以 k 表示简单存款乘数（或存款倍数），则可得：

$$k = \frac{\Delta D}{\Delta R} = \frac{1}{\text{rr}} \tag{15-5}$$

上面例子中 rr 为 10%，则存款乘数是 10 倍（1/10%）；若 rr 下降为 8%，则存款可扩张至 12.5 倍；若 rr 上升至 20%，则存款只可扩张 5 倍。这说明法定存款准备金率越高，存款扩张倍数越小；法定存款准备金率越低，存款扩张倍数越大。

四、存款货币的缩减过程

银行体系派生存款倍数创造原理在相反方向上也适用，即在原始存款减少时，派生存款也呈倍数缩减的过程。

仍用上例中的条件，假设甲客户动用其在A银行的活期存款10 000元（提取现金），A银行动用存款准备金满足客户的提现要求，则A银行将减少客户的活期存款10 000元，A银行的存款准备金也减少10 000元。这时A银行的资产负债状况如表15-7所示：

表15-7　A银行存款减少　　单位：元

资产		负债	
准备金	-10 000	存款	-10 000

在法定存款准备金率为10%且没有超额存款准备金的情况下，银行活期存款减少10 000元，则存款准备金最多可减少1 000元。但在甲客户的提现使A银行的存款准备金已经减少10 000元，因而A银行的存款准备金短缺9 000元准备金。为弥补这一短缺，A银行必须向乙客户收回9 000元贷款，并相应地使自己的存款准备金增加9 000元。这时其资产负债状况如表15-8所示：

表15-8　A银行收回贷款　　单位：元

资产		负债	
准备金	-1 000	存款	-10 000
贷款	-9 000		

如果A银行向乙客户收回贷款，收到的是乙客户交来的由B银行签发的支票9 000元。那么B银行的存款准备金和活期存款将同时分别减少9 000元。这时B银行的资产负债状况如表15-9所示：

表15-9　B银行存款减少　　单位：元

资产		负债	
准备金	-9 000	存款	-9 000

同样，根据10%的法定存款准备金率，B银行法定存款准备金短缺8 100元，因而它也要收回自己的贷款，以满足法定存款准备金要求。这时B银行的资产负债状况如表15-10所示：

表15-10　B银行收回贷款　　单位：元

资产		负债	
准备金	-900	存款	-9 000
贷款	-8 100		

显然，B 银行收回 8 100 元贷款的结果，也是以减少其他银行同等数额的活期存款从而减少其存款准备金为条件的。这一过程将一直进行下去，直到银行体系的活期存款变化到如下水平：

$$(-10\ 000)+(-9\ 000)+(-8\ 100)+(-7\ 290)+\cdots=-100\ 000(\text{元})$$

可见，由原始存款变化引起的派生存款的倍数缩减过程与其倍数扩张过程是相同的，其原理一样，但是方向相反。

五、存款货币创造的限制因素

为了简单地说明存款货币创造机制，前面的例子中假设了严格的前提条件：客户将一切收入都存入银行系统且不提取现金以及银行只需按规定保留法定存款准备金而将超额存款准备金全部贷出。在现实生活中，整个商业银行体系所能创造的存款货币还要取决于以下因素：一是客观经济过程对货币的需求，它要求银行体系必须适度地创造货币；二是商业银行在存款创造的过程中，不仅要受法定存款准备金率高低的制约，而且还要受到现金漏损率、超额存款准备金率、定期存款准备金率等因素的影响。

❖ 现金漏损率（c）对存款货币创造的限制

现金漏损率，也称现金比率，是指流通中的现金与存款总额的比率。在前面存款货币创造的例子中，如果 A 银行的 9 000 元的贷款资金被乙客户以现金形式持有，而没有被使用或存入银行，那 B 银行就无法吸收到新的存款，存款创造过程将就此中断。一般地，如果有部分资金没有被存入银行，而是被以现金形式持有，存款扩张的倍数就会减小，存款货币创造效果就达不到前面例子中所述结果。实际上，总会有客户从银行提取或多或少的现金，导致一部分现金流出银行体系，出现所谓的现金漏损。显然，当出现现金漏损时，银行系统的存款准备金会减少，也即银行通过吸收存款而扩大贷款的资金会相应减少，由此也就降低了银行创造派生存款的能力。与式（15-4）多倍存款创造简化模型的推导过程类似，现金漏损率 c 对存款货币创造限制的推导过程如下：

$$\Delta D=\Delta R+\Delta R(1-rr-c)+\Delta R(1-\mathrm{rr}-c)^2+\cdots+\Delta R(1-\mathrm{rr}-c)^n$$

当 $n\to\infty$时，由于 $0<\mathrm{rr}+c<1$，则：

$$\Delta D=\Delta R\cdot\frac{1}{1-(1-\mathrm{rr}-c)}=\frac{\Delta R}{\mathrm{rr}+c}$$

即如果考虑现金漏损率，则存款乘数修正为：

$$k=\frac{\Delta D}{\Delta R}=\frac{1}{\mathrm{rr}+c} \tag{15-6}$$

可见，现金漏损率 c 与存款乘数成负相关关系。

❖ 超额存款准备金率（e）对存款货币创造的限制

前面例子中还忽略的另外一种情况是，商业银行没有将全部超额存款准备金用于发放贷款或购买证券。现实中，银行并不一定会将超额存款准备金全部贷出。为安全或应对意外之需，银行实际持有的存款准备金总是高于法定存款准备金。比如在前面的举例中，如果 A 银行保有全部 9 000 元的超额存款准备金，B 银行就不会收到新的存款，存款创造过程也将因此中断，存款货币数量也将大幅减少。显然，银行持有超额存款准备金会降低银行创造派生存款的能力。下面给出了同时考虑超额存款准备金率 e 和现金漏损率 c 对存款货币创造限制的推导过程如下：

$$\Delta D=\Delta R+\Delta R(1-\mathrm{rr}-c-e)+\Delta R(1-\mathrm{rr}-c-e)^2+\cdots+\Delta R(1-\mathrm{rr}-c-e)^n$$

当 $n\to\infty$时，由于 $0<\mathrm{rr}+c+e<1$，则：

$$\Delta D=\Delta R\cdot\frac{1}{1-(1-\mathrm{rr}-c-e)}=\frac{\Delta R}{\mathrm{rr}+c+e}$$

即如果同时考虑现金漏损率和超额存款准备金率，则存款乘数修正为：

$$k=\frac{\Delta D}{\Delta R}=\frac{1}{\mathrm{rr}+c+e}\tag{15-7}$$

显然，超额存款准备金率 e 与存款乘数成负相关关系。

❖ 定期存款准备金率（r_t）对存款货币创造的限制*

在前面的例子中，对商业银行的存款是笼统看待的。现实中，存款至少可以大致分为活期存款和定期存款。中央银行对于这两种存款通常分别规定不同的存款准备金率。用 D 和 D_t分别表示活期存款和定期存款，r_d 和 r_t 分别为活期存款和定期存款的法定存款准备金率。显然，定期存款中有 $D_t\cdot r_t$ 的部分不能成为创造存款货币的基础，占比为 $\frac{D_t\cdot r_t}{D}$。令 $\frac{D_t}{D}=t$，t 表示活期存款转化为定期存款比率（简称定活比率）。则 $r_t\cdot t$ 所提存的准备金是用于支持定期存款所需要的，尽管它仍然保留在商业银行手中，即仍包括在准备金中，但它却不能用于支持活期存款的进一步创造，故这部分定期存款准备金对活期存款乘数 k 的影响，便可视为法定存款准备金率的进一步提高，应在 k 的分母中加进此项。因此，如果同时考虑现金漏损率、超额存款准备金率和定期存款这三个限制因素，则需要对式（15-7）进一步修正，修正后的公式如下：

$$k=\frac{1}{(r_d+r_t\cdot t)+c+e}\tag{15-8}$$

显然，定期存款的法定存款准备金率 r_t 及定活比率 t 均与存款乘数成负相关关系。

以上只是就银行创造派生存款过程中的基本可测量因素对存款派生倍数影响所做的分析。如果考虑到客户对贷款的需求要受到经济发展的制约，那么并非任何时候银行都有机会将可能贷出的款项全部贷出。也就是说，银行发放多少贷款，不仅取决于银行行为，还要看企业是否需要贷款。在经济停滞和预期利润率下降的情况下，即使银行愿意发放贷款，企业也可能不需要贷款，从而预期的派生规模并不一定能够实现。

最后，我们有必要对本节的存款货币创造机制中的“创造”现象做进一步理解。一笔存款可以派生出几倍于初始存款的存款总额，这是银行体系整体运行的结果。单独考察每一笔存款或每一笔贷款，都是有实在的货币金额的经济行为，没有任何“创造”的意味。任何顾客向银行存款，如采用现金方式，则银行存款的增加有等额的现金收入与之相对应；如采用支票方式，则银行通过清算系统用支票收取的款项使其在中央银行的存款准备金等额增加。简言之，在这一过程中真正有“钱”存进来，而且有多少钱存多少款，都不能虚报。同样，银行向客户贷款，一旦发生贷款行为，那就必须用“钱”来进行。如果贷款人要求现款，那么银行必须把现实的钞票交给贷款人；如果贷款人用支票付款，那银行必须从中央银行的准备金存款账户上划出相应的金额。总之，从银行与客户的关系上看，任一存款与任一贷款的行为都未“创造”出货币。然而从银行体系总体上看，这个过程中新的货币又确实被“创造”出来了。

问题的关键就在于，银行并不需要为其所吸收的存款保持100%的存款准备金。单独对各家银行来说，它们也并不认为自己在通过这种行为创造货币，它们的行为只不过是把顾客暂时不用的钱贷出以赚取利息，而同时承担只要顾客按存款契约所规定的条件用钱就必须及时予以保障的义务。但把各个银行不认为可以创造货币的行为连成一个体系之后，却发生了质的变化——形成了存款货币创造的机制。这正是现代银行体系的奥妙之处。

第二节　基础货币

现代经济生活中的货币都是由银行体系创造出来的。上一节中我们分析了商业银行创造存款货币的过程，而存款货币是货币供应量的组成部分。接下来，我们从中央银行角度考察整个经济社会中的货币供应量是怎样创造出来的。

在多倍存款创造模型中，存款货币的变动取决于存款乘数的变动和银行准备金的变动，因此中央银行可以通过控制存款乘数和存款准备金来控制货币供应量中最重要的部分——存款货币。但是这一模型有两点不足：首先，它未包含货币供给量的另一个重要组成部分，即流通中的现金；其次，由于流通中的现金和存款准备金的转化是很频繁的，而且取决于公众的行为，因此中央银行很难单独地控制存款准备金的数量，而只能控制流通中的现金和存款准备金总额。而之所以要研究货币的供给过程，一个很重要的目的便是要了解并提高中央银行对货币供给的控制能力，因此希望找出货币供给同一个比较容易被中央银行控制的变量之间的联系。为此，我们很自然地将中央银行控制的流通中的现金与存款准备金之和定义为一个新的变量，即基础货币。

一、基础货币的概念

基础货币（monetary base）也称为货币基数、高能货币、强力货币，它是流通中的现金和银行存款准备金的总和。它是商业银行创造存款货币的源头和基础。一般用 MB 表示基础货币，C 表示流通中的现金，R 表示银行存款准备金。其公式是：

$$MB = C + R \tag{15-9}$$

基础货币直接表现为中央银行的负债。其中，流通中的现金 C 是中央银行对社会公众的负债，存款准备金 R 是中央银行对商业银行的负债。基础货币的数额在中央银行负债总额中占据极大比重。

基础货币具有一定的稳定性，无论是存款转化为流通中的现金，还是流通中的现金转化为存款，基础货币都不变。这是因为当存款转化为流通中的现金时，银行要用现有存款准备金来支付这笔提款，因此存款准备金减少了，其减少量等于流通中的现金的增加量，从而基础货币保持不变。相反，当流通中的一部分现金转化为存款时，如果银行不把增加的存款贷放出去，那么银行存款准备金增加量等于流通中现金的减少量，从而基础货币不变；如果银行把增加的存款贷放出去，根据上一节的知识（关于原始存款和存款准备金变动的关系）容易知道，银行存款准备金增加量还是等于流通中的现金减少量。总之，当流通中的现金转化为存款时，不论银行是否将存款贷放出去，银行存款准备金增加量都等于流通中现金的减少量，从而基础货币不变。由此可见，虽然流通中现金与银行体系的存款准备金都与公众的个人意志有关，具有较大的随意变化性，不易于控制。但二者之和，即基础货币，却具有稳定性。正是由于这种稳定性，中央银行在控制货币供给方面把重点放在了对基础货币的控制上。

二、基础货币与商业银行的货币创造

从前面商业银行创造存款货币的过程可以看出，就单个商业银行而言，它的受信业务先于它的授信业务。商业银行创造存款货币的能力虽直接受制于法定存款准备金率、超额存款准备金率、现金漏损率等因素，但首要的是视其在受信中所能获得的原始存款的数量。而这些原始存款正是来源于中央银行创造和提供的基础货币。比如中央银行把现金投入流通，公众用现金向银行存款，其结果就是增加商业银行的原始存款，这也就相当于增加了商业银行的存款准备金。如果中央银行不增加基础货币的供给量，并且公众持有的现金量不变，商业银行就难以增加存款准备金，从而也无从反复去扩大贷款和创造存款。如果中央银行缩减或收回对商业银行等机构的信用支持，从而减少基础货币的供给，则必然引起商业银行准备金持有量的减少，并必将导致商业银行体系对贷款规模乃至存款规模的多倍收缩。所以，基础货币及其量的增减变化直接决定着商业银行存款准备金的增减，从而决定商业银行创造存款货币的能力。

概括地说，**中央银行创造基础货币与商业银行创造存款货币的能力的关系，实际上是一种源与流的关系。**中央银行虽然不对一般企事业单位贷款，从而不能由此派生存款，却掌握着商业银行创造存款货币的源头，即基础货币的创造与提供。商业银行作为存款货币供给者，具有存款货币创造的能力，但这种能力的发挥依存于中央银行创造和提供的基础货币。当经济中原有的基础货币已经最大限度为商业银行所利用，并创造出多倍存款货币，却仍然不能满足经济发展需要时，唯一的出路是靠中央银行创造、补足基础货币。实际上，随着社会扩大再生产的不断发展，新的基础货币不断被中央银行创造出来，又经商业银行体系不断创造出满足经济需要的货币供应量。

三、中央银行资产负债表与基础货币

为了具体分析基础货币的影响因素，下面我们讨论一张参考中国人民银行资产负债表简化的中央银行资产负债表，如表 15-11 所示。

表 15-11　简化的中央银行资产负债表

资产	负债
外汇	现金发行
货币黄金	准备金存款
对政府债权	政府存款
对金融机构债权	国外负债
其他资产	自有资金
	其他负债

从上面的中央银行资产负债表可以看出，**基础货币直接表现为中央银行的负债（即现金发行与准备金存款之和）**。作为中央银行负债的基础货币是与各项资产业务相对应的，中央银行自身的运作以及与货币政策有关的活动会影响其资产负债表，而其中一些项目的变动会引起基础货币的相应变化。下面通过对中央银行资产负债表中项目的变化进行分析，了解基础货币的影响因素。

❖ 中央银行资产项目变动与基础货币

中央银行资产项目的增加（或减少）是引起基础货币增加（或减少）的重要因素，以下几项资产项目变动将导致基础货币发生变动（实际上这也是中央银行投放基础货币的主要方式，甚至也可称之为货币投放的主要方式）。

讨论：
中央银行扩大资产负债表规模的行为被称为“扩表”，中央银行的“扩表”行为一定会导致货币供给增加吗？

◆ 对政府债权

我国和世界大多数国家都明确立法，不允许中央银行为财政赤字直接融资，不得通过一级市场购买政府债券①。因此，中央银行主要通过公开市场操作买卖政府债券，政府债券是中央银行资产的重要组成部分。

假设中央银行从商业银行处购买了 1 亿元政府债券，中央银行就会在交易者在中央银行的准备金存款账户中增记 1 亿元，因此银行体系的准备金就增加了 1 亿元。在这次交易后，银行体系的资产负债表会发生如表 15-12 所示的变化。

---

① 《中华人民共和国中国人民银行法（修正）》第二十九条规定，中国人民银行不得对政府财政透支，不得直接认购、包销国债和其他政府债券。第三十条规定，中国人民银行不得向地方政府、各级政府部门提供贷款，不得向非银行金融机构以及其他单位和个人提供贷款，但国务院决定中国人民银行可以向特定的非银行金融机构提供贷款的除外。

表 15-12　银行体系（出售政府债券给中央银行）

资产		负债	
准备金	+1 亿元		
政府债券	-1 亿元		

此时，中央银行资产负债表中资产方增加价值 1 亿元的政府债券，负债方增加 1 亿元准备金存款。因此，中央银行的资产负债表会发生如表 15-13 所示的变化。

表 15-13　中央银行（从商业银行购买政府债券）

资产		负债	
政府债券	+1 亿元	准备金存款	+1 亿元

这表明，中央银行通过公开市场操作购买政府债券，一方面增加了政府债券持有量，另一方面也增加了等量的基础货币；反之，中央银行通过公开市场操作出售政府债券，减少政府债券持有量的同时也会引起基础货币的等量减少。即中央银行持有的政府债券的变化会引起基础货币的变化，并且基础货币的变化与中央银行持有的政府债券的变化是同方向的。此外，中央银行公开市场操作还可以针对除政府债券之外的其他资产，这些操作对基础货币具有相同影响。

◆ **对金融机构债权**

贴现和放款是中央银行对金融机构提供信用支持的主要方式，主要以票据再贴现和再贷款两种资产业务形式进行的，其规模代表中央银行对金融机构债权的规模。**再贴现**是指金融机构把持有的已贴现但尚未到期的票据送到中央银行要求贴现以获得融资支持的行为；**再贷款**是指中央银行对金融机构发放的贷款。无论是再贴现还是再贷款，其结果是中央银行对金融机构的债权规模增加。

假定中央银行向商业银行发放 2 亿元贷款，此时，中央银行的资产负债表变化如表 15-14 所示。

表 15-14　中央银行（向商业银行发放贷款）

资产		负债	
贴现和放款	+2 亿元	准备金存款	+2 亿元

这表明，中央银行向商业银行发放贷款后，一方面增加了贴现和放款的数量，另一方面也增加了等量的基础货币。反之，如果中央银行缩减对商业银行的信用支持，比如收回贷款，则商业银行的准备金相应减少，即基础货币相应减少。

◆ **外汇、黄金储备**

由外汇、黄金等构成的储备资产，是中央银行通过注入基础货币来收购的。如果注入的基础货币用于直接向企业或居民收购外汇、黄金，会使企业或居民在商业银行的存款增加，从而使商业银行所持有的存款准备金增加；或会使企业或居民持有的现金增加。无论哪种情况，外汇、黄金储备增加会导致基础货币也增加同等数额。如果中央银行是向商业银行收购外汇、黄金，则会直接引起商业银行的存款准备金增加，从而基础货币增加。

假定中央银行向商业银行购买 1 亿元外汇资产，此时，中央银行的资产负债表变化如表 15-15 所示。

表 15-15 中央银行（从商业银行购买外汇资产）

资产		负债	
外汇	+1 亿元	准备金存款	+1 亿元

这表明，中央银行向商业银行购买外汇资产后，一方面增加了外汇资产的持有量，另一方面也增加了等量的基础货币。关于中央银行因购买外汇资产而增加基础货币的投放有一个专用名词——**外汇占款**，外汇占款是指本国中央银行收购外汇资产而相应投放的本国货币。

❖ 中央银行负债项目变动与基础货币

中央银行负债中最主要的部分是货币发行和商业银行及其他存款类机构准备金存款，二者构成基础货币。在资产项目保持不变的情况下，除基础货币之外的其他负债项目和资本项目的变动也可能引起基础货币的变动。

◆ 政府存款

中央银行具有经理国库的职能，政府存款是政府部门通过税收或发行债券等方式所筹集资金存放于中央银行所形成的存款。一般情况下，无论是政府部门向公众征税还是发行债券，政府部门在中央银行的存款会增加，而基础货币对应减少。

我们以征税为例。当财政部门征税，企业或个人向财政部门缴纳税款时，可以支付现金或签发支票给财政部门。下面我们区分这两种支付方式分析财政部门征税对基础货币的影响。

第一种情形，假设企业或个人支付现金 10 000 元，向财政部门缴纳税款，财政部门将现金交存商业银行后，引起银行体系资产负债表变化如表 15-16 所示。

表 15-16 银行体系（收到以现金形式缴纳的税款）

资产		负债	
库存现金	+10 000 元	政府存款	+10 000 元

在这一过程中，现金由公众持有转为商业银行持有（流通中的现金减少，银行库存现金等量增加），基础货币没有发生变化。

接下来，商业银行将上述款项划转到中央银行（可以理解为财政部门从商业银行支取存款并存入中央银行）。划转税款后，商业银行在中央银行的准备金存款减少 10 000 元，也即基础货币也就减少了 10 000 元，而财政部门在中央银行的政府存款等量增加 10 000 元。此时，中央银行的资产负债表变化如表 15-17 所示。

表 15-17　中央银行（从商业银行划政府存款）

资产	负债	
	准备金存款	-10 000 元
	政府存款	+10 000 元

第二种情形，假设企业或个人以 10 000 元支票向财政部门缴纳税款，支票结算后，引起银行体系资产负债表变化如表 15-18 所示。

表 15-18　银行体系（收到以支票形式缴纳的税款）

资产	负债	
	企业或个人存款	-10 000 元
	政府存款	+10 000 元

在这一过程中，商业银行账户上的企业或个人存款减少，政府存款等量增加，基础货币没有发生变化。

接下来，商业银行将上述款项划转到中央银行。划转税款后，商业银行在中央银行的准备金存款减少，也即基础货币减少，而财政部门在中央银行的政府存款等量增加。中央银行的资产负债表变化情况同表 15-17。

在上面例子中，政府存款增加 10 000 元，基础货币就减少 10 000 元。可见，财政部门征税后，无论纳税企业或个人是支付现金还是签发支票，基础货币都将等量减少。同时需要注意的是，增加的政府存款一般是要支用的，一旦支用就会形成商业银行存款的增加，从而也使商业银行在中央银行的准备金存款相应增加，即基础货币增加。可见，政府存款的变化会引起基础货币反方向的变化。

◆ **国外负债**

在中国人民银行资产负债表中，国外负债是中央银行对非中国居民的负债，主要来自于国外机构存放在我国中央银行的存款、中央银行向国外发行的中央银行票据，以及来自国际合作的清算或者各国中央银行之间存在的货币互换协议的国外负债等。

从理论上讲，国外负债的变动也会对基础货币造成一定影响。比如，国外机构获得我国企业或个人向其支付的支票款项 1 亿元人民币，进而存入中国人民银行形成在我国中央银行的存款，这就表现为商业银行在中央银行的准备金存款减少 1 亿元，也即基础货币减少 1 亿元，而中央银行国外负债相应增加 1 亿元。此时，中央银行的资产负债表变化如表 15-19 所示。

表 15-19　中央银行（国外机构收到支付并存入我国央行）

资产	负债	
	准备金存款	-1 亿元
	国外负债	+1 亿元

但实际上，国外负债在中央银行的资产负债表中一般是占比很小的一部分，在我国央行的总负债中，其占比基本都在0.5%以下。比如，2018—2023年，中国人民银行国外负债占总负债的比例分别为0.31%、0.23%、0.24%、0.25%、0.38%、0.67%①。因此，一般情况下国外负债的变动对基础货币的影响很小。

四、中央银行对基础货币控制的能力

通过上面的分析可知，从中央银行的资产项目来看，中央银行可以通过公开市场操作买卖政府债券以及通过发放贴现贷款等形式对基础货币进行实际控制。其中，公开市场操作的数额完全由中央银行对债券市场交易商发出的指令所决定。贴现贷款的规模虽然受到中央银行设定的贴现率的影响，但中央银行不能单方面决定和准确预测商业银行借款的金额，是否向中央银行借款最终由商业银行自身决定，不由中央银行完全控制。

因此，经济学家通常将基础货币分为两部分，一部分中央银行能够完全控制，而另一部分中央银行的控制力较弱。不能严格控制的部分是由中央银行贴现贷款创造的那部分基础货币，被称为**借入准备金**（borrowed reserves）。基础货币的其余部分则处于中央银行的控制之下，因为该部分基础货币主要源自公开市场操作，被称为**非借入基础货币**（nonborrowed monetary base）②。

从中央银行的负债项目来看，虽然财政存款等其他中央银行不能控制的因素对基础货币也有重要影响，但它们所出现的短期波动通常可以预见，也完全可以被公开市场操作所抵消。因此总体来看，中央银行对基础货币的控制能力是较强的。

第三节　货币乘数

一、货币乘数的概念

货币乘数（money multiplier）**是货币供给量与基础货币之比，反映了基础货币转化为货币供给量的倍数。**作为货币供给之源的基础货币，可以引出数倍于自身的货币供给量。货币供给量之所以数倍于基础货币，是由于商业银行的信用扩张或派生存款。货币乘数可以告诉我们给定基础货币变化会引起的货币供给量发生多大的改变。由于货币乘数通常情况下大于1，因此基础货币每变动1元所引起的货币供给的变动通常超过1元。用m表示货币乘数，M^s表示货币供给，MB表示基础货币，它们之间的关系如下：

$$m=\frac{C+D}{C+R}=\frac{M^s}{\mathrm{MB}} \tag{15-10}$$

① 数据来源：中国人民银行网站，近几年“货币当局资产负债表”，并经作者简单计算。

② 在后续章节中还会出现非借入准备金（nonborrowed reserves）这一名词，它和非借入基础货币在数量上存在如下关系：非借入基础货币=流通中的现金+非借入准备金。

上述表达式是非常有意义的，它将人们对货币供给的分析过程分解为对基础货币和货币乘数的分析。

基础货币由流通中的现金 C 和存款准备金 R 两者构成。货币供给量由流通中的现金 C 和存款货币 D 两者构成。因此，基础货币和货币供给的关系可以用图 15-1 表示。

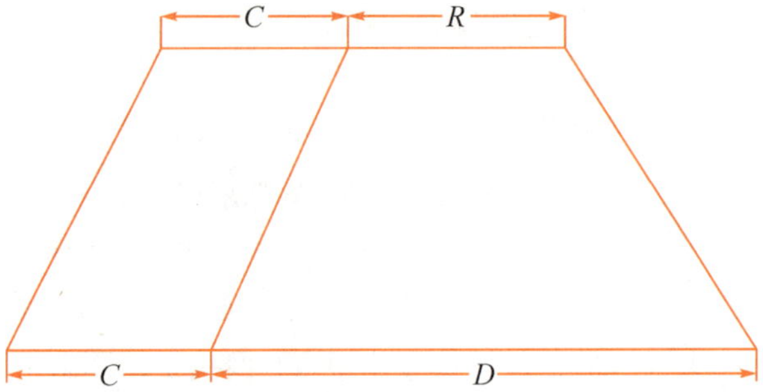

图 15-1　基础货币与货币供给的关系

观察图 15-1，流通中的现金既是基础货币的组成部分，又是货币供给的组成部分，而存款货币 D 相较于存款准备金 R 有倍数的扩张。在整个货币供给的过程中，流通中的现金相对稳定，影响基础货币和货币供给两个变量之间发生数量变化的主要是存款货币 D。显然，货币乘数通常大于 1①，而且存款货币占货币供给量的比例越大，货币乘数就越大。之所以会如此，是因为流通中的 1 元现金就是 1 元基础货币，而 1 元货币存款则只需要相当于存款准备金率的基础货币。比如在法定存款准备金率为 10%且超额存款准备金为零的情况下，1 元存款货币只需要 0.1 元基础货币，换言之，这时 1 元的准备金可支持 10 元的货币供给量。

二、货币乘数的推导

货币乘数 m 反映了基础货币 MB 与货币供给量 M^s 的倍数关系。货币乘数的推导如下：

因为

$$M^s = C + D \qquad \mathrm{MB} = C + R$$

所以

$$m = \frac{M^s}{\mathrm{MB}} = \frac{C + D}{C + R} = \frac{C + D}{C + \mathrm{RR} + \mathrm{ER}}$$

式中，C 为流通中的现金，D 为活期存款，R 为存款准备金，RR 为法定存款准备金，ER 为超额存款准备金。上式分子、分母的各项均除以 D，则有：

① 理论上讲，货币乘数也可能出现小于 1 的情形。表现在图 15-1 中，也就是可能出现 R>D 的情形。比如在经济周期下行期间，商业银行向企业发放贷款的意愿下降，即使中央银行通过再贴现向商业银行投放资金，都可能被商业银行以超额存款准备金的形式持有。因此在极端情形下，货币乘数也可能小于 1。

$$m=\frac{\frac{C}{D}+1}{\frac{C}{D}+\frac{RR}{D}+\frac{ER}{D}}$$

即有

$$m=\frac{c+1}{c+rr+e} \tag{15-11}$$

式中，$c=C/D$，表示现金比率（现金漏损率）；$rr=RR/D$，表示法定存款准备金率；$e=ER/D$，表示超额存款准备金率。

由式（15-11）可见：货币乘数是社会公众（存款者）决定的现金比率、商业银行决定的超额存款准备金率和中央银行决定的法定存款准备金率的函数。**货币乘数由社会公众、商业银行和中央银行共同决定。**

例 15-1 给定法定存款准备金率 $rr=0.1$；流通中的现金 $C=1\ 600$ 亿元；活期存款 $D=8\ 000$ 亿元；超额存款准备金 $ER=800$ 亿元。求货币乘数 m？

✓ 解答：

因为，$c=C/D=1\ 600/8\ 000=0.2$，$e=ER/D=800/8\ 000=0.1$，$rr=0.1$

根据货币乘数计算公式有

$$m=\frac{c+1}{c+rr+e}=\frac{0.2+1}{0.2+0.1+0.1}=3$$

货币乘数 $m=3$ 表示，基础货币增加 1 元将导致货币供给量增加 3 元。

进一步的，我们分别考察以下情形：法定存款准备金率由 0.1 提高到 0.2；现金比率由 0.2 提高到 0.4；超额存款准备金率由 0.1 提高到 0.2。由货币乘数公式计算可得，新的货币乘数分别降至 2.4、2.33 和 2.4。不难发现，**货币乘数与法定存款准备金率、现金比率、超额存款准备金率都是呈负相关的。**

拓展 15-1

货币乘数和存款乘数的比较

在教学过程中，同学们往往对货币乘数和存款乘数的大小关系表现出一定的兴趣，关于这一块的内容鲜有教材涉及，在此有必要做一系统全面的解释。

在前面的章节中，我们已经给出了简单存款乘数［见式（15-5）］为：

$$k=\frac{1}{rr}$$

而考虑了现金漏损和超额存款准备金的一般存款乘数［见式（15-7）］为：

$$k'=\frac{1}{rr+c+e}$$

另外，我们也已求得货币乘数（见式 15-11）为：

$$m=\frac{c+1}{c+\mathrm{rr}+e}$$

容易得出：$m>k'$

进一步地，对于m和k的大小关系，我们可以构造如下算式并证明其值大于1。

$$\frac{k}{m}=\frac{\frac{1}{\mathrm{rr}}}{\frac{1+c}{c+\mathrm{rr}+e}}=\frac{\mathrm{rr}+c+e}{\mathrm{rr}(1+c)}=\frac{\mathrm{rr}+c+e}{\mathrm{rr}+c+e-[(1-\mathrm{rr})c+e]}>1$$

因此得出：$k>m$

由此可见：货币乘数小于简单存款乘数，但大于一般存款乘数。

关于为什么货币乘数会大于一般存款乘数，我们还可以通过几何图形的方式来理解。

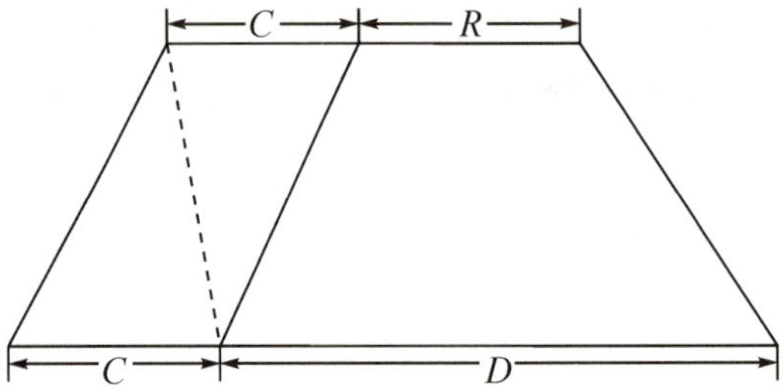

图 15-2　货币乘数和存款乘数图解

观察图 15-2，易得如下几何关系：

$$\frac{C+D}{C+R}>\frac{D}{C+R}$$

我们知道：$\frac{C+D}{C+R}=m$，而 $\frac{D}{C+R}$ 可以做如下变换：

$$\frac{D}{C+R}=\frac{D}{C+\mathrm{RR}+\mathrm{ER}}=\frac{D/D}{C/D+\mathrm{RR}/D+\mathrm{ER}/D}=\frac{1}{c+\mathrm{rr}+e}=k'$$

因此可以得出：$m>k'$

三、M2 层次货币乘数*

货币乘数公式（15-11）实际上讨论的是 M1 层次的货币乘数。由于货币供给包括流通中的现金和存款货币，而存款又包括活期存款和定期存款等，因此有必要考察 M2 层次的货币乘数。

类似地，我们也可以推导出 M2 层次货币乘数 m_2。我们定义 M_1 和 M_2 分别为 M1 和 M2 层次的货币供给，D 和 D_t 分别为活期存款和定期存款，R_d 和 R_t 分别为活期存款和定期存款的法定存款准备金，ER 为超额存款准备金。

因为

$$M_2 = M_1 + D_t = C + D + D_t$$

所以

$$m_2 = \frac{M_2}{\text{MB}} = \frac{C + D + D_t}{C + R} = \frac{C + D + D_t}{C + R_d + R_t + \text{ER}}$$

将式（15-11）分子、分母的各项均除以 D，则有：

$$m_2 = \frac{\frac{C}{D} + 1 + \frac{D_t}{D}}{\frac{C}{D} + \frac{R_d}{D} + \frac{R_t}{D} + \frac{\text{ER}}{D}} = \frac{\frac{C}{D} + \frac{D_t}{D} + 1}{\frac{C}{D} + \frac{R_d}{D} + \frac{R_t}{D_t} \cdot \frac{D_t}{D} + \frac{\text{ER}}{D}}$$

即有

$$m_2 = \frac{c + t + 1}{c + r_d + r_t \cdot t + e} \tag{15-12}$$

式中，$c = C/D$，表示现金比率（现金漏损率）；$r_d = R_d/D$，表示活期存款的法定存款准备金率；$r_t = R_t/D_t$，表示定期存款的法定存款准备金率；$t = D_t/D$，表示活期存款与定期存款比率；$e = \text{ER}/D$，表示超额存款准备金率。

以上分析说明不同层次的货币流动性不同，货币乘数大小有别。

第四节　货币供给的影响因素

我们已经学习了基础货币 MB 和货币乘数 m，至此我们可以给出 M1 层次的货币供给模型为：

$$M^s = \text{MB} \cdot m = \text{MB} \cdot \frac{c + 1}{c + \text{rr} + e} \tag{15-13}$$

根据货币供给模型，货币供给是由基础货币和货币乘数两大因素决定的。综合前文对基础货币与货币乘数的分析，我们可以来分析货币供给的影响因素。

一、一般分析

影响货币供给的因素较多，一般来说，对于 M1 层次的货币供给，以下主体的行为或习惯会影响基础货币或货币乘数，从而影响货币供给。

◆ **中央银行**

中央银行对货币供给影响的主要有两条途径：一是通过吞吐**基础货币**（MB），影响商业银行的存款准备金（严格地来说是超额存款准备金），进而调整、控制商业银行创造存款货币的能力；二是通过对**法定存款准备金率**（rr）的规定或调整，影响货币乘数，进而对货币供给施加影响。其具体手段有：调整法定存款准备金率；进行公开市场业务操作，吞吐基础货币；调整再贴现利率和再贷款利率，影响商业银行的贷款需求，从而影响基础货币。

◆ **商业银行**

商业银行主要通过**超额存款准备金率**（e）来影响货币乘数，进而对货币供给施加影响。因为商业银行发放贷款去引致存款的前提条件是，该商业银行必须有超额存款准备金。对商业银行来说，是否保留超额存款准备金、保留多少，完全取决于保留超额存款准备金的机会成本、借入成本以及融通资金的方便程度等。

◆ **社会公众**

社会公众包括个人、企业等存款者，他们通过**现金比率**（c）影响货币乘数，进而间接影响货币供给。社会公众持有的现金规模，受制于其资产选择行为、支付习惯以及一国支付体系的发展情况等。

从以上分析可知：虽然中央银行对基础货币、货币乘数都有相当强的控制能力，但是从货币供给的过程来讲，它是由中央银行、商业银行和社会公众的行为共同决定的。因此，**货币供给量并不能由中央银行绝对加以控制。**

二、具体分析

从货币供给原理来说，货币供给量等于基础货币与货币乘数之积。中央银行、商业银行和社会公众通过影响基础货币和货币乘数这两大因素影响货币供给。但这两大因素本身又受制于其他因素，或者说上述三方的行为在不同的经济条件下又受各种特别因素的制约。对此我们有必要做更为深入的分析，我们下面在假定其他所有因素不变的前提下，来介绍以下几种影响因素变动后货币供给的反应。

◆ **非借入基础货币的变动**

前面的内容中提到过，中央银行的公开市场购买会增加非借入基础货币，而公开市场出售会减少非借入基础货币。如果其他所有变量保持不变，公开市场购买导致的非借入基础货币的上升会增加基础货币和存款准备金，在多倍存款创造过程的作业下，货币供给出现扩张。反之，公开市场出售导致的非借入基础货币的下降会导致基础货币和存款准备金的减少，在多倍存款创造过程的作用下，货币供给水平下降。因此可得到以下结论：**货币供给量和非借入基础货币正相关。**

◆ **借入准备金的变动**

中央银行向商业银行发放贴现贷款会向银行体系提供更多的借入准备金，从而增加基础货币和存款准备金的数量，在多倍存款创造过程的作用下，引起货币供给的扩张。反之，如果其他所有变量不变，银行减少贴现贷款，基础货币和存款准备金就会减少，导致货币供给水平下降。因此可以得到以下结论：**货币供给量和借入准备金的水平正相关。**

◆ **法定存款准备金率的变动**

在基础货币等其他所有变量不变的情况下，如果提高法定存款准备金率，多倍存款扩张的倍数就会下降，进而货币供给减少。反之，如果下调法定存款准备金率，多倍存款扩张的倍数就会提高，货币供给随之增加。由此可得出以下结论：**货币供给量与法定存款准备金率负相关。**

◆ **超额存款准备金率的变动**

如果银行扩大超额存款准备金的规模从而提高超额存款准备金率，就意味着银行可用于发放贷款的超额存款准备金数量将减少，多倍存款创造能力将大幅下降，进而导致货币供给扩张水平的收缩。反之，如果银行选择减小超额存款准备金的规模从而降低超额存款准备金率，贷款发放和存款创造的倍数就会增大，货币供给水平随之上升。可见，**货币供给量与超额存款准备金率负相关。**

◆ **公众现金持有水平的变动**

在前面的分析中我们知道，如果公众将存款转换为流通中的现金，商业银行存款创造的水平会有所下降，货币供给减少。反之，如果公众现金持有水平下降，则多倍扩张的总体水平会有所提高，货币供给增加。因此，我们可得到以下结论：**货币供给量与公众现金持有水平（现金比率）负相关**①。

根据上面分析货币供给的模型，我们综合了货币供给过程中的中央银行、商业银行和社会公众三方参与者的影响，表 15-20 描述了以上所讨论的五个因素变动对货币供给的影响。

表 15-20　不同因素变动对货币供给的影响

参与者	变量（因素）	变量变动	货币供给变动	原因
中央银行	非借入基础货币	↑	↑	基础货币上升
	法定存款准备金率	↑	↓	存款扩张倍数减少
商业银行	借入准备金*	↑	↑	基础货币上升
	超额存款准备金率	↑	↓	存款扩张倍数减少
社会公众	现金持有水平	↑	↓	存款扩张倍数减少

*严格来讲，借入准备金规模既受商业银行影响，也受中央银行影响。中央银行可以通过调整再贴现利率和再贷款利率加以影响，但是否借入的主动权一般在商业银行。

---

① 一般情况下上述结论是成立的，但在非常特殊的情况下也有可能不成立。根据公式 $M^s = \text{MB} \cdot \frac{c+1}{c+\text{rr}+e}$，给定 MB 不变，当 $rr + e > 1$ 时，则 M^s 与 c 是正相关关系。那么什么情况下可能会出现 $rr + e > 1$ 呢？比如在经济低迷时，企业贷款违约风险增大，商业银行可能会因为担心违约风险而不愿意对企业放贷，即使在商业银行获得中央银行的再贴现、再贷款情况下，导致超额存款准备金率大幅上升，从而导致 $rr + e > 1$。

拓展 15-2

货币发行机制

货币发行不仅包括现金发行，也包括存款等广义货币的创造。在信用货币体系下，商业银行通过发放贷款等资产扩张创造广义货币，中央银行则通过资产扩张创造基础货币，并通过调节基础货币来调控商业银行创造广义货币的能力。

国际上看，各经济体一般都是根据自身经济发展和货币政策调控需要，主动选择相应的货币发行机制。例如，美联储主要通过在公开市场上买卖国债投放基础货币，支持其发行货币的基础实际上是美国财政的信用。在2008年的全球金融危机之前，美国银行体系持有的准备金较少，绝大部分基础货币都是现金，因此美联储购买国债的数量与其现金投放的数量基本上是挂钩的。货币发行机制不是一成不变的，会根据实际需要调整。为应对金融危机冲击，2008年以来，美欧日等发达经济体先后实施量化宽松等非常规货币政策，通过购买国债、高等级信用债、交易所指数基金（ETF）等，向市场大量投放基础货币。

我国的货币发行机制亦主要服务于经济发展和宏观调控需要，并根据不同阶段需要适时进行调整。进入21世纪以来十多年的时间里，我国经济运行中的一个显著特征，是国际收支持续大额双顺差和外汇储备的积累。为适应形势需要，在启动汇率市场化改革、增强人民币汇率弹性的同时，人民银行主要通过在市场上买入外汇相应投放基础货币。虽然这个阶段我国主要通过外汇占款投放基础货币，但这并不意味着货币发行和信用扩张受制于美元等其他国家货币。实际上，外汇储备是由我国出口货物等换回来的，随时可用来从国际上购买物资，因此人民币发行的基础本质上是国家掌握的物资。中国人民银行在买入外汇、投放人民币的同时，还通过提高准备金率、公开市场操作、发行央行票据等方式，进行了大规模的流动性对冲，加上提高人民币汇率灵活性，有效应对了双顺差带来的挑战和问题，保持了物价水平基本稳定和经济的平稳增长，并为经济结构调整创造了较为适宜的货币环境。

2014年以来我国国际收支更趋平衡，中国人民银行主要通过公开市场操作、中期借贷便利（MLF）、抵押补充贷款（PSL）等工具，向市场投放基础货币，并为国民经济重点领域和薄弱环节提供有力支持。中央银行主动供给和调节流动性的能力进一步增强。我国基础货币发行机制的改变，不仅适应了经济金融发展的新情况、新变化，有效地满足了银行体系创造广义货币的需要，也为加快推进货币政策调控框架从数量型调控为主向价格型调控为主转变创造了条件。

总的来看，人民币发行机制安排及其调整过程，与我国经济金融发展阶段基本适应，体现了我国货币政策的自主权和主动性。当前，我国金融体系以银行为主导，货币政策传导的中枢在银行，中国人民银行通过货币政策操作的市场化方式，激励和调节银行贷款创造存款货币的行为是有效的，货币政策仍有很大空间，央行大规模从金融市场上购买国债等资产意义不大，没有必要实施所谓量化宽松（QE）政策。下一阶段，人民银行将继续根据经济金融发展和金融宏观调控需要，不断完善人民币发行机制，疏通货币政策传导渠道，并以此促进金融更好地支持实体经济发展。

资料来源：中国人民银行2018年第四季度《中国货币政策执行报告》

本章重点回顾

存款货币创造机制和多倍存款创造模型

存款货币创造的前提条件：部分准备金制度，转账结算

存款准备金：法定存款准备金，超额存款准备金

多倍存款创造简化模型：$\Delta D = \frac{\Delta R}{\text{rr}}$ 或 $\Delta D = k \cdot \Delta R$

基础货币（MB＝C+R）

中央银行资产项目和负债项目变动对基础货币的影响

中央银行对基础货币的控制

货币乘数（M1 层次）

$$m = \frac{c + 1}{c + \text{rr} + e}$$

货币供给模型（M1 层次）和货币供给影响因素

$$M^s = \text{MB} \cdot \frac{c + 1}{c + \text{rr} + e}$$

货币供给由中央银行、商业银行和社会公众共同决定

课后思考和练习题

1. 商业银行是如何创造存款货币的？
2. 什么是基础货币？基础货币有什么特点？
3. 基础货币受哪些因素影响？
4. 影响货币乘数的因素有哪些？这些因素是如何影响货币乘数的？
5. 如何理解货币供给量是由中央银行、商业银行和社会公众共同决定的？

阅读资料推荐

郭文，李原. 数字人民币信用创造与商业模式探究——基于商业银行的视角［J］. 技术经济与管理研究，2023（10）：87-93.

第十六章　货币需求

学习目标

本章主要介绍货币需求的含义并重点学习几个重要的货币需求理论。学完本章，你应该掌握：

- 古典货币数量论。
- 凯恩斯的流动性偏好理论。
- 弗里德曼的现代货币数量论。

第一节　货币需求的含义

在经济学问题研究中，供求关系的分析是最为普遍的研究方法之一。在讨论完货币供给之后，本章介绍关于货币需求的内容。对货币需求的含义有清晰的认识是理解货币需求如何被决定的首要前提。

货币需求是指社会各部门在既定的收入或财富范围内，能够而且愿意以货币形式持有的数量。货币需求发端于人类对于商品交换的需要。最初是物物交换，随着经济的发展、劳动分工的出现，为解决交易规模扩大后物物交换的不便，货币应运而生。历史上看，经济学家对货币需求主要从社会和个人两个层面展开研究。

从社会层面看，货币是为了克服物物交换的不足，作为一种商品交易的媒介。同时货币不是现实的生产要素，而只是推动现实的生产要素配置和组合的要素。货币对一个社会的作用不在于财富的增加，而在于提高了整个社会经济运作的效率。因此，从社会层面看，对货币的需求并不是需要货币本身，而是需要货币所提供的效率。货币需求即为完成符合社会生产的交易量和满足社会经济运作效率所需要的货币量，社会对货币的需求有一个量的限制。这一个量要能够满足社会商品和劳务的交易需要，同时能够保证国民经济的健康稳定发展，这是宏观的货币需求。

从个人层面看，货币被视为一种资产，类似股票、债券以及各类实物资产，是一种财富的表现形式，不同的是货币同时还具有交易媒介的作用。因此从个人层面看，货币需求量不仅仅是完成社会经济交易量所需要的货币数量，而是在个人资产配置计划下，所愿意以货币形式持有的财富量。这种需求从愿望上来看是无限的，但需要注意的是，同对其他商品需求一样，货币需求也是以一定的约束条件为前提，即在每个人所拥有既定财富总额前提下，愿意以货币形式持有的数量。所以个人层面的货币需求实际上是一种资产选择或财富分配行为，受到个人财富总额、各类资产的相对收益、风险等因素的影响。这是经济学意义上的微观的货币需求，也是一种有限的需求。

对于货币需求的研究，马克思在《资本论》中对货币需求有深刻的阐述，并给出了货币流通公式，即“商品价格总额/同名货币的流通次数=执行流通手段的货币量”。后来的古典货币数量论在一定程度上是基于货币流通公式的发展。由于货币需求理论比较庞杂，本章将依据历史发展的脉络，对主要的货币需求理论作简要介绍，依次包括：古典货币数量论；凯恩斯的流动性偏好理论；弗里德曼的现代货币数量论。在学习过程中需要把握的是：货币需求理论的一个中心问题是利率变动对货币需求到底有没有影响以及影响有多大。

第二节　古典货币数量论

古典货币数量论是一种探讨货币需求与名义国民收入之间关系的理论，是在19世纪末20世纪初，由费雪、马歇尔和庇古等古典经济学家发展和完善的货币数量论。古典货币数量论持有“货币中性”的观点，认为货币供给的增长将导致价格水平的相同比例增长，对于实际产出水平没有影响。古典货币数量论主要包括“现金交易说”（费雪交易方程式）和“现金余额说”（剑桥方程式），这两种理论最重要的特点是认为利率对货币需求没有影响。

一、现金交易说

1911年，美国经济学家欧文·费雪（Irving Fisher）在他出版的《货币的购买力》（*Purchasing Power of Money*）一书中，对古典货币数量论做了清晰的阐述，提出了著名的**费雪交易方程式**：

$$M \times V = P \times T \qquad (16-1)$$

式中，M 代表一定时期内流通中货币的平均量；V 代表货币的平均流通速度，是在一定时期内货币在不同主体间支付的次数；P 代表一般价格水平，用物价水平来衡量；T 是该时期内所有商品或劳务的总交易量。因此PT代表的是该时期内所交易的商品或劳务的总价值。

费雪的交易方程式是一个恒等式，它描述的是一个事实，即交易中发生的货币支付总额（MV）等于被交易商品和劳务的总价值（PT）。由于一定时期内所有商品和劳务的总交易量难以度量，而人们关注的重点在国民收入，所以交易方程式通常被写成如下形式（数量方程的国民收入形式）：

$$M \times V = P \times Y \tag{16-2}$$

式中，Y 代表以不变价格表示的一段时间生产的最终产品和劳务的总价值。实际中，人们通常选取一年内的实际国民收入来衡量 Y；PY 即一年的名义国民总收入。V 则代表每一元钱在一年里被用来购买商品和服务的平均次数，即货币的收入流通速度。相应地，式（16-1）中的 V 被称为货币的交易流通速度。从交易方程式中可以看到，MV 与 PY 是同向变动关系，PY 增长，MV 同比例增长。那如何从一个恒等式得到货币数量论呢？这源于费雪对方程式中某些变量做出了一些假定。

首先，费雪认为货币流通速度 V 由制度和技术等因素决定，在短期内是稳定不变的。这些制度或技术因素具体是指人们的支付习惯、运输和通信技术、社会整体的信用发达程度等社会因素。由于这些因素在短期内很难改变，货币流通速度 V 在短期内可视为常量，我们只需要考虑 M 与 PY 的关系，即名义国民收入完全由货币供应量决定，这正是货币数量论的主要观点之一。

其次，费雪作为古典货币学派大家之一，还认为当工资和物价可以灵活变动时，经济会保持在充分就业水平，产出也是均衡产出，即 Y 在短期内也成为不变量。这样交易方程式实质上成为刻画货币供应量 M 和物价水平 P 关系的方程式。从而可以得到货币数量论的另一重要观点：**价格水平变化完全源于货币量的同比例变化。**如 M 增加一倍时，P 也上涨一倍。

当货币市场均衡时，货币供给等于货币需求，即 $M = M^d$，令 $k = 1/V$，我们将交易方程式转化为货币需求形式：

$$M^d = k \times PY \tag{16-3}$$

式中，V 在短期内稳定不变，则 k 也是稳定不变的，M^d 与 PY 正相关。我们可以看出货币需求取决于两个因素：由名义收入 PY 支持的交易规模以及经济中影响人们的交易方式并进而决定货币流通速度和 k 的制度因素。由于制度因素在费雪的理论中短期不变，只在长期存在改变的可能。因此，**费雪的货币数量论认为：货币需求仅为收入的函数，利率对货币需求没有影响。**由于费雪的交易方程式强调货币的交易职能，因此由此而来的货币需求理论也被称为“现金交易说”。

拓展 16-1

货币数量论与通货膨胀以及中国数据检验

◇ 货币数量论与通货膨胀

货币数量论可以转化为通货膨胀理论。由数学知识可知，两个变量乘积变动的百分比近似等于每个变量变动的百分比之和。即

$$(x \times y)\text{ 的百分比变动} \approx (x\text{ 的百分比变动}) + (y\text{ 的百分比变动})$$

利用以上数学公式，我们可以将交易方程式（$M \times V = P \times Y$）改写为：

$$\%\Delta M + \%\Delta V = \%\Delta P + \%\Delta Y$$

因为通货膨胀率 π 就是物价水平的增长率即 $\%\Delta P$，因此将上式两边同时减去 $\%\Delta Y$ 就可以得到下式：

$$\pi = \%\Delta P = \%\Delta M + \%\Delta V - \%\Delta Y$$

在古典货币数量论中，由于假定货币流通速度是常量，因而它的增长率为零，于是上式可以进一步简化为：

$$\pi = \%\Delta M - \%\Delta Y \tag{16-4}$$

式（16-4）用文字可表述为：通货膨胀率等于货币供给的增长率减去总产出的增长率。例如，如果总产出每年增长6%，货币增长率为10%，那么通货膨胀率就等于4%（=10%-6%）。

许多学者用美国数据的实证研究表明，从长期看，货币数量论是很好的通货膨胀理论，但短期内表现并不好。即从长期看，货币增长与通货膨胀之间有显著的正相关关系，而在短期这一关系并不明显。

那么货币数量论在中国的表现如何呢？下面我们就分别用中国在长期和短期的实际数据来检验这一理论。

◇ 长期货币数量论的检验

古典货币数量论是基于工资和价格可以灵活调整的假定的，这在市场经济中长期条件下是成立的，上述的通货膨胀决定机制也应当大致符合。如果经济的总产出变化不大，即通货膨胀和货币增长率之间应当存在着显著的正相关关系。由于我国自1987年开始公布M1和M2的相关数据，考虑到我国经济发展处于转型期，变化也相对较快，我们基于1987—2022年期间共36年的数据，每三年作为一个考察区间，将每三年的年均通胀和年均货币增长率用散点图形式绘制如图16-1，可以看到长期来看，货币增长率越高时，通货膨胀率也越高，大体上支持货币数量论的观点。但货币增长率对通胀的解释力仅略大于50%（拟合优度 R^2 为0.532 4），我们认为这源于在早期，我国的工资和价格还不能完全由市场因素决定而灵活调整。

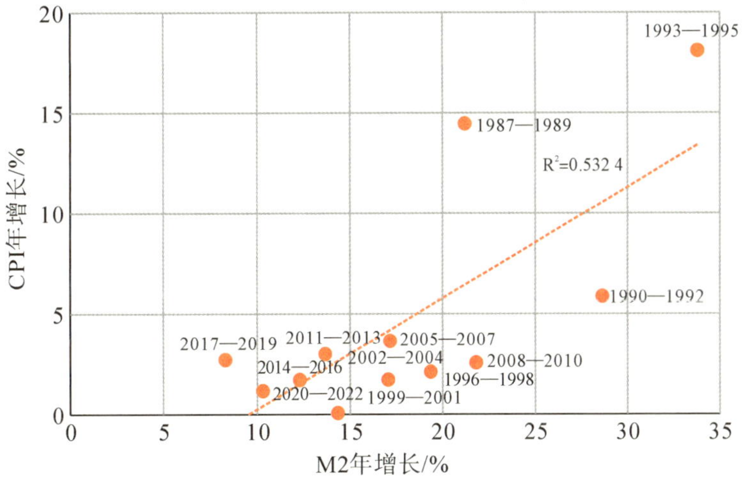

图16-1 中国CPI与M2的关系（1987—2022）

◇ **短期货币数量论的检验**

货币数量论可以解释通货膨胀率在短期的波动吗？图 16-2 绘制了我国自 1996—2022 年以来的每个月的通货膨胀率以及一年前的货币供应（M2）增长率的时间序列图（由于货币供给对价格产生影响通常有一定滞后），以反映短期内货币增长率和通胀率之间的关系。从图中可以看出，两者之间并没有保持紧密的正相关关系，在某些年份，两者还存在明显的背离。可见在短期，两者的正相关性并不明显。

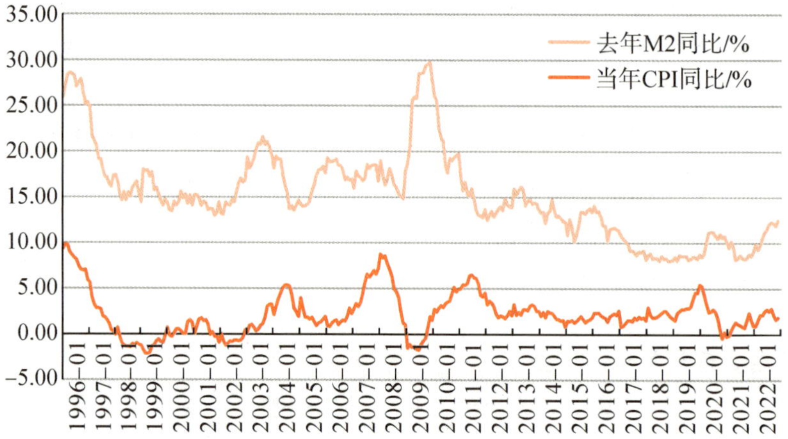

图 16-2　中国货币增长率以及通货膨胀率（1996—2022）

以上分析表明，货币数量论在中国也是在长期对通货膨胀有更好的解释，但在短期无法得到数据的有效支持。

弗里德曼（Milton Friedman）有句著名的论断："无论何时何地，通货膨胀都是货币现象"（Inflation is always and everywhere a monetary phenomenon）。国内外的研究已表明，这一表述在长期内是准确的，但在短期则难以成立。这主要源于两点原因：第一，古典理论假定工资和价格具有完全弹性，而在现实中，工资和价格在短期里常表现出价格黏性，那么产出也就不会一直处于均衡产出的水平。第二，弗里德曼论断中的通货膨胀是经济学意义上的通胀，即一般物价水平的持续上涨，显然统计局公布的月度的实时物价指数从统计方法上看，可能会反映因临时性因素带来的价格上涨。

二、现金余额说*

现金余额说是由以阿尔弗雷德·马歇尔（Alfred Marshall）和阿瑟·塞西尔·庇古（Arthur Cecil Pigou）为首的英国剑桥大学经济学家创立的。庇古根据马歇尔的观点，于 1917 年写了《货币的价值》一文，马歇尔则于 1923 年出版《货币、信用与商业》一书，他们从另一角度研究了货币数量和物价水平之间的关系。

剑桥学派经济学家对货币需求的研究是从分析人们持有货币的动机入手的，即首先分析决定货币需求的因素，进而推导出货币需求函数。马歇尔认为，在一般情况下，人们都把财产和收入的一部分用货币形式持有，而另一部分用非货币形式持有，人们所愿意持有货币的数额实际上是人们在持有货币获得利益、进行投资获得收益以及用于消费获得享受三者之间权衡的结果。而货币的价值决定于全国居民愿意用通货形式保持的实物价值与货币数量的比例。马歇尔把人们用通货形式保持的实物价值称为“实物余额”，把与保持的实物余额价值相应的通货数额称为“现金余额”。庇古在马歇尔理论的基础上，提出了其著名的**剑桥方程式：**

$$M = KY_N \text{ 或 } M = KPY \tag{16-5}$$

式中：M 为货币需求量；K 为人们愿意以通货形式持有的财富占总财富的比例；Y_N 为名义国民收入；P 为一般价格水平；Y 为实际国民收入，$Y_N = PY$ 。

剑桥方程式表明：货币需求同名义国民收入成正比例。这一结论和交易方程式并无差异，但剑桥方程式相比交易方程式蕴含更深刻的经济学含义，主要包括：

（1）剑桥学派考虑到了影响货币需求的多种因素（甚至不排除利率对货币需求的影响），但在得出结论时，却只是简单地断定人们货币需求就同名义国民收入成正比。具体来看，剑桥方程式（$M=KPY$）似乎也同意费雪关于短期内利率对货币需求没有影响的观点，即认为名义收入是影响货币需求的唯一因素，但事实上，虽然剑桥学派常常将 K 视为常量，但他们的理论却允许个人选择意愿持有的货币数量。由于是否采用货币形式储藏财富以及采用货币形式储藏多少财富的决策实际上取决于其他也可以作为储藏财富的财产的预期回报率，所以事实上他们考虑了在短期内 K 发生波动的可能性。如果其他资产的预期回报率发生改变，K 也可能发生改变。特别的，在随后凯恩斯对剑桥学派理论的发展中，利率对货币需求的影响便放到了一个非常重要的位置。

（2）剑桥学派分析了人们持有货币的动机，即分析决定货币需求的因素，从货币需求函数出发推导出货币数量论，而不像现金交易说那样从货币数量论出发推导出货币需求函数。这种逻辑顺序的不同使现金余额说蕴含着较多的合理成分，更为科学。剑桥学派开创的这一研究视角为后来的经济学家研究货币需求奠定了基础。凯恩斯的流动性偏好论正是在现金余额说的基础上发展起来的。

具体来看，虽然从公式形式上，交易方程式和剑桥方程式之间并没有重大的区别，但是从公式所包含的经济意义来看，两者有如表 16-1 的本质区别。

表 16-1　剑桥方程式和交易方程式的比较

交易方程式	剑桥方程式
注重货币的交易媒介职能	注重货币的贮藏手段职能
交易方程式所指的货币数量是某一时期的货币流通量	剑桥方程式所指的货币数量是某一时点人们所持有的货币存量
缺乏对货币需求动机的深入分析	分析了人们对货币需求的动机，这是货币理论研究中的一个突破
利率对货币需求没有影响	不排除利率对货币需求的影响（其他资产的预期回报率改变，K 可能改变）

第三节 凯恩斯的流动性偏好理论

古典学派对货币流通速度不变的假设，在学术界存在诸多质疑，而他们也无法解释在现实中观测到的货币流通速度并不稳定这一现象。于是凯恩斯（John Maynard Keynes）在1936年出版的《就业、利息和货币通论》（简称《通论》）一书中，摒弃了货币流通速度稳定这一假定，提出了一种强调利率重要性的货币需求理论——**流动性偏好理论**（Liquidity Preference Theory）。

一、持有货币的动机

与古典货币学派不同，凯恩斯深入分析了人们持有货币的动机。凯恩斯认为：**人们之所以需要持有货币，是因为对流动性的偏好**，存在流动性偏好这种普遍的心理倾向。**所谓流动性偏好，是指人们在心理上偏好流动性，愿意持有流动性最强的货币而不愿意持有其他缺乏流动性的资产的欲望。**这种欲望构成了对货币的需求，这也是凯恩斯的货币需求理论被称为流动性偏好理论的原因。

凯恩斯将人们持有货币的动机分为三类：交易动机、预防动机和投机动机。

❖ 交易动机

交易动机是指人们为满足日常交易活动需要而持有货币的动机。货币具有交易媒介的功能，这就决定了人们需要使用货币完成日常交易。凯恩斯认为，影响人们因为交易动机而持有货币的是人们的收入，投资者会因为收入增加而扩大消费规模，从而持有更多货币，相反也会因为收入降低而减少货币需求。一般而言，出于交易动机而在手中保持的货币，其支出时间、金额和用途可以事先确定。

❖ 预防动机

预防动机（又称谨慎动机），是指人们为应对预料之外的需求而持有货币的动机。预防动机主要来源于未来收入和支出的不确定性。突发性事件和意料之外的购买机会都可能导致货币需求增加，比如突如其来的疾病导致的意外支出、自然灾害导致的价格上涨、一直想要购买的物品的降价导致的购买机会，都会增加支出，从而扩大货币需求。因预防性动机而产生的货币需求的变化也取决于收入，收入水平越高的人为满足未来消费水平不至于受到不确定因素带来太多负面影响，对预防性货币的需求也更大。

由于交易动机和预防动机均产生于货币的交易媒介职能，所以凯恩斯将由这两个动机产生的货币需求合称为交易性货币需求。并且，交易性货币需求是收入的增函数。

❖ 投机动机

如果凯恩斯的理论仅停留在交易动机和预防动机，则收入将是决定货币需求的唯一重要因素，他的研究也就不能大大丰富古典理论的内容。但是，凯恩斯认为，**人们还会出于财富储藏的目的而持有货币，他将这一持有货币的原因称为投机动机。**凯恩斯假设社会中只存在两种可投资资产，一种是没有利息收入的货币，包括通货和支票账户存款（利息极低而被忽略）；另一种是有利息收入的债券。根据资产需求理论，人们持有债券和货币的抉择依据预期回报率。凯恩斯假定货币的预期回报率为零，而债券的预期回报率来自两部分：利息收入和预期资本利得。假如预期未来利率会大幅上涨，以致债券资本损失超过利息收入，这时债券的预期回报率为负。在这种情况下，由于货币的预期回报率更高，它的零回报超过债券的负回报，因此人们更愿意以货币形式储藏财富。

由于投机动机所形成的货币需求称为投机性货币需求，凯恩斯深入分析了投机性货币需求与利率之间的关系。凯恩斯假定，每个经济主体都认为利率会趋向某个正常值。如果利率低于正常值，经济主体预期未来债券的利率会上升，从而会遭受资本损失，这样人们会更愿意以货币形式而不是债券形式持有财富，货币需求就会增加；如果利率高于正常值，经济主体预期未来债券的利率会下降，从而可以获得资本利得，这样人们会更愿意以债券形式而不是货币形式持有财富，货币需求就会降低。总之，**投机性货币需求是利率水平的减函数。**

二、货币需求函数

凯恩斯在综合以上三种动机推导货币需求方程时，提出人们对货币的需求并不是货币名义量本身，而是能用货币购买的东西。因此，他将名义货币数量和实际数量进行了严格区分，并针对人们所需要的实际货币余额建模。所谓实际货币需求为名义货币需求除以价格水平，即 M^d/P。经过上述讨论，我们已知由交易性动机和预防性动机所产生的交易性货币需求与实际收入 Y 正相关，由投机性动机所产生的投机性货币需求与利率 i 负相关，凯恩斯将这些因素综合起来构造货币需求函数 $L(i, Y)$，这个函数式代表实际货币需求是关于利率和收入的函数，即

$$\frac{M^d}{P} = L(i, Y) \tag{16-6}$$

由上面的分析可知，实际货币需求与实际收入 Y 正相关，与名义利率 i 负相关，因此货币需求函数也可表示为：

$$\frac{M^d}{P} = L(i, Y) = kY - hi \tag{16 - 7}$$

式中，k 和 h 为大于零的常数，分别反映实际货币需求对实际收入水平和利率的敏感程度。进一步的，根据货币需求函数，我们可以画出货币需求曲线（见图 16-3）。

凯恩斯的整个经济理论体系是通过货币将利率与投资、就业以及国民收入等实际经济因素联系起来。利率是由货币的供给和需求共同决定，其中货币的供给主要取决于中央银行，货币的需求则取决于人们的流动性偏好。在流动性偏好一定的情况下，如果中央银行增加货币供应量，人们会感觉手中持有的货币量过多了，因此会增加债券的购买，

从而引起债券价格上升、市场利率下降。当市场利率低于资本边际收益率时，投资将会增加，并通过投资乘数的作用，增加有效需求，使就业与国民收入成倍增长。

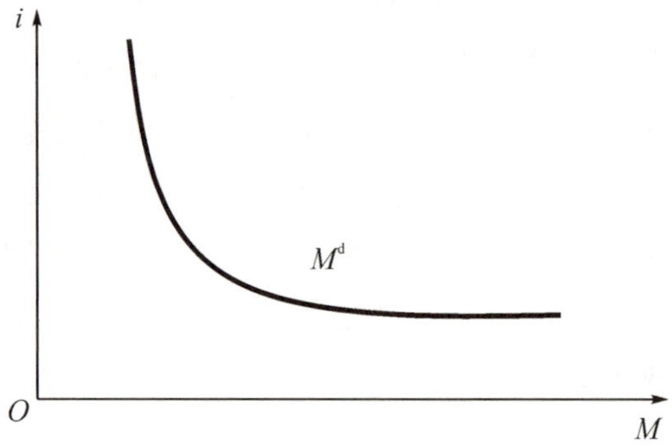

图 16-3　货币需求曲线

三、流动性陷阱和古典区域

虽然货币当局可以通过调节货币供应量来调节利率，从而调控实体经济，但凯恩斯也指出，通过变动货币供应量控制利率的做法在产业周期的特殊阶段是无效的。

讨论：
被困“流动性陷阱”后果有多严重？

一种情况是，正如凯恩斯描述的：“当利率降至某种水准时，……灵活偏好可能变成几乎绝对的；这是说，当利率降至某种水准时，……几乎每个人都宁愿持有现金，而不愿持有债券。此时金融当局对利率无力加以控制。” 如图 16-4 所示，当利率低至 i' 时，货币需求曲线接近水平线，这就是所谓的“流动性陷阱”。它表示当利率低至某一不能再低的水平时，流动性偏好可以无限制地吸纳货币，流动性偏好成为绝对。之所以产生这种情况，完全可以用货币需求的投机动机来解释。这是因为当利率低至 i' 时，人们一致认为利率将迅速上升，此时持有债券会因债券价格下跌而蒙受资本损失，于是在利率为 i' 时，人们普遍要以货币形式来持有全部财产，而不以债券形式持有全部财产。货币供给的增加并不能使利率降低，因为普遍认为利率已经是太低了，预期利率会上涨，因此增加的货币存量都被自愿贮存了，货币需求成为完全弹性，犹如无底洞一般，“流动性陷阱”的名称由此而来。**发生流动性陷阱时，金融当局无法降低市场利率，使得货币政策失效。**

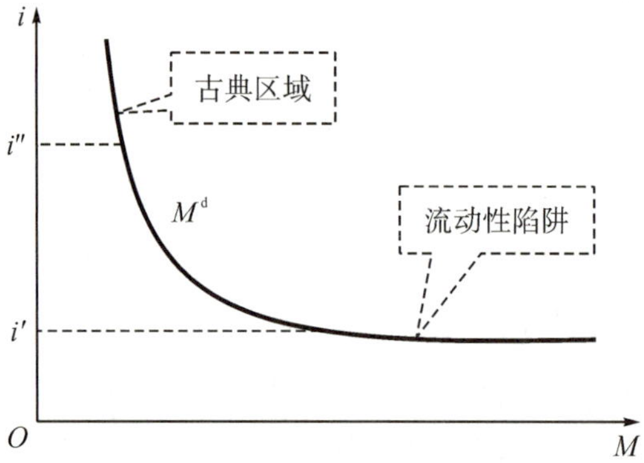

图 16-4　流动性陷阱和古典区域

另一种情况则刚好相反，当利率高达某一水平时，人们的闲置资金将全部投入债券，而对货币的投机性需求为零。如图16-4所示，当利率高达i''时，货币需求曲线接近垂直线，这就是所谓的“古典区域”。它表示当利率水平很高时，人们普遍预期利率即将下跌，债券价格会上涨，因而持有债券能获得资本利得。这与古典经济理论对货币需求的分析极为相似——没有对货币的投机需求——式（16-7）等号右侧只剩下kY这一项，“古典区域”的称谓由此而来。凯恩斯指出：“因为灵活偏好函数变成了一条直线，以致利率完全失去了稳定性，……人们都要逃避通货。”与流动性陷阱所描述的情形相似，**当出现“古典区域”这种极端情况时，金融当局要想通过调节利率来影响货币需求也是非常困难的。**

四、凯恩斯货币需求理论要点

根据上述货币需求函数以及关于流动性陷阱和古典区域的相关分析，凯恩斯主义得出了如下结论：

◆ **利率是决定货币需求的重要因素。**

◆ **由于利率频繁波动，货币需求函数不稳。**

◆ **货币流通速度并非常量，而是与波动剧烈的利率正相关。**

我们将式（16-2）与式（16-4）联立，可以求得货币流通速度的函数式：

$$V=\frac{PY}{M^{d}}=\frac{Y}{\dfrac{M^{d}}{P}}=\frac{Y}{L(i,\ Y)} \tag{16-8}$$

从式（16-8）可知，货币流通速度与利率正相关。当利率i上升时，$L(i,\ Y)$下降，货币流通速度加快。由于利率通常波动剧烈，因而凯恩斯的货币需求理论认为货币流通速度也会波动剧烈，从而解释了货币流通速度在现实中并不是恒定的这一现象。由于利率在现实中通常是顺周期的，即在经济扩张时利率上升，而在经济衰退时利率下降，那么货币流通速度也应是顺周期的。从而流动性偏好理论还认为货币流通速度是顺周期的。

◆ **相机抉择的货币政策主张。**

在社会总需求不足的情况下，可以通过增加货币供给量，降低利率，从而增加投资需求，促进经济增长，反之则反向操作。但货币政策的有效性也面临流动性陷阱和古典区域问题。

案例16-1

中国的货币流通速度是稳定的吗？

从古典货币数量论到凯恩斯货币需求理论的一个重要的跨越，是对货币流通速度稳定性的否定。费雪等古典学派代表人认为，货币流通速度在短期内稳定，长期内由于制度因素的变化而变化。此结论一经提出，学术界内存在诸多质疑，许多学者使用美国数据检验货币流通速度的稳定性，检验的结果我们现在已经知道：货币流通速度具有较高波动性。我们在之前的章节学习到了货币层次的划分，有广义的货币供给 M2 和狭义的货币供给 M1，而费雪理论中的货币流通速度是 M1 相应的流通速度还是 M2 相应的流通速度呢？费雪并没有注明。经美国数据的检测，发现这样的现象：M2 的流通速度相对稳定，M1 的流通速度波动较大，且在经济衰退时期，流通速度呈下降趋势，与经济高涨时期情况不同。无论用 M1 还是 M2，流通速度都不满足是稳定的这一假设。因而后面才有了凯恩斯流动偏好理论的提出。那么用中国数据能否得出同样的结论吗？

我们选取 1985—2023 年的数据，根据中国人民银行公布的货币供给数据和国家统计局公布的名义 GDP 数据（PY 用名义 GDP 计量），由式（16-2）可知 $V=\frac{PY}{M}$，由此可计算出 M1 和 M2 相对应的货币流通速度，并进一步计算出 1986-2023 年货币流通速度逐年变化率（如图 16-5）。从图 16-5 中可以看到，我国的货币流通速度同样是不稳定的，M1 的流通速度相较于 M2 的波动更大，在经济下行的年份，例如 2008 年，货币流通速度出现剧烈波动，并且表现出较明显的顺周期性。

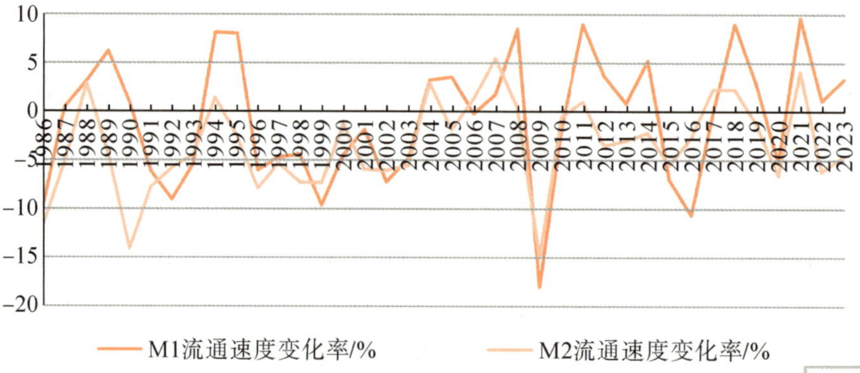

图 16-5　中国货币流通速度变化率

第四节　凯恩斯货币需求理论的发展*

凯恩斯的《通论》发表以来，在西方经济学界引起了强烈的反响，被称为“凯恩斯革命”，形成了所谓的“凯恩斯学派”。该学派的研究者以凯恩斯《通论》的基本理论体系为基础，不断在理论观点、分析方法和政策主张等方面对凯恩斯的学说进行补充和完善。

在货币需求理论方面，他们将凯恩斯关于“取得现款之难易程度、持有现金之相对成本也影响人们对货币的交易需求与预防需求”的观点加以深化和发挥，并进一步用数学公式来加以表述，使货币理论从凯恩斯对货币需求动机的分析转入对影响货币需求的各种因素的分析，丰富和发展了货币需求理论的研究。与此同时，他们还将凯恩斯“流动偏好抉择”的假设前提“经济体系中只存在货币和债券两种资产”加以扩展，把货币仅仅看作是经济体系中多种资产的一种，并在凯恩斯货币投机需求分析的基础上，提出了所谓“资产选择理论”，为金融投资抉择提供了一定的理论依据。

一、交易性货币需求的发展

凯恩斯对交易性货币需求的论述虽然也考虑到了利率对交易性货币需求可能的影响，称交易性货币需求强度与“取得现款之难易，持有现金之相对成本”有关，但是，凯恩斯对交易性货币需求的研究还是仅仅局限在其与收入水平的关系上。

凯恩斯之后，很多经济学家对这一问题进行了深入的研究。美国普林斯顿大学的威廉·杰克·鲍莫尔（William Jack Baumol）和耶鲁大学的詹姆斯·托宾（James Tobin）分别独立地发展了类似的货币需求模型。他们研究发现，即使是交易性的货币需求，对利率水平也很敏感，并且和利率成负相关关系。

鲍莫尔和托宾的研究是从分析持有货币的机会成本和将生利资产转化为货币的交易成本入手的。他们首先将现代管理科学的“最适量存货控制理论”运用于货币需求的研究，他们将为满足交易动机而持有的货币看作与企业为延续生产而保有的存货一样，认为，存货的保有要耗费一定的成本，持有满足交易性动机的货币也同样会发生成本。由于手持货币是没有利息收入的，其持有的机会成本就是放弃持有其他生利性资产所获得的收益。因此，任何经济主体都会尽量将其持有的交易性货币余额减少到最小，以降低持有货币的机会成本。下面我们以举例的方式来理解这一过程。

假定甲同学每月初获得 1 000 元的现金收入，并在 1 个月内均匀地将这 1 000 元花费出去，这样他的货币持有量将如图 16-6 所示。月初他有 1 000 元，月末现金余额为零。则在这 1 个月里，甲同学所持有的平均货币余额为：1 000/2 = 500（元）。由于其年名义收入为 12 000 元，平均货币余额为 500 元，所以货币流通速度（$V=PY/M$）为：12 000/500 = 24。

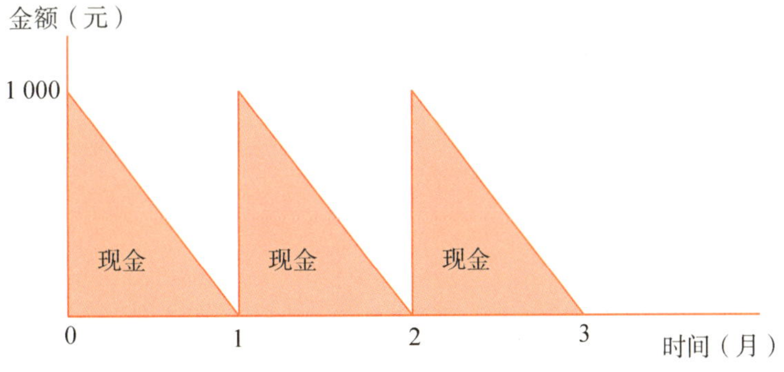

图 16-6　全部月收入以现金持有时的现金余额

如果考虑到持有货币的机会成本，假定甲同学并不把收入全部以货币形式持有，而是只持有 500 元现金，另外 500 元在月初购买债券以赚取收益。在月中 500 元现金花费完毕后，再将500元债券变现以应对后半月的花费。这样，他的货币持有量将如图16-7所示。在1个月中，其平均现金余额为：500/2=250（元），而货币流通速度为：12 000/250=48。并且，如果假定债券的投资收益率为月息1%，则甲同学由于投资债券可以获得500×1%×（1/2）=2.5元的投资收益。

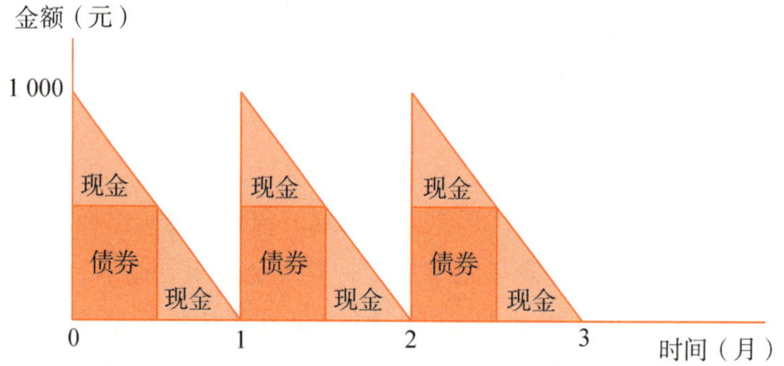

图16-7 月收入的一半以现金形式持有时的现金和债券余额

进一步地，如果甲同学月初持有1/3的现金，而将剩余2/3的货币用于购买债券，在第一个10天结束时将333.33元的债券变现，在第二个10天结束时将剩余的债券变现以应对日常支出需求，则其每月可以获得如下金额的收益：666.67×1%×（1/3）+333.33×1%×（1/3）=3.33（元）。并且，在这种情况下，甲同学的平均货币余额为：333.33/2=166.67（元），而货币流通速度变为：12 000/166.67=72。

沿着这样的思路，似乎可以得出这样的结论：持有的现金越少，投资于债券等生利资产的余额越多，则获得的收益也就越多。那么，是否将所有的交易性货币余额在期初全部用于购买债券等生利资产，然后在每一笔日常支付发生时，按其金额逐笔将生利资产变现就是最好的选择？

答案是否定的，因为在以上的分析中，我们没有考虑交易成本这一重要的因素。实际上，在每一次债券变现的交易中都会涉及各种费用，包括佣金、交易税、印花税等外在成本，还包括变现所需的时间与麻烦等内在成本，而这些费用将直接降低投资的利息收入。每次变现的金额越小，则变现的次数越多，因而花费的费用也就越多，其交易成本也会越高。因此，我们面临这样一个选择：是持有较多的货币从而承担较高的机会成本呢？还是持有较多的债券从而承担较高的交易成本？一个问题产生了：能否找到一个最佳的货币持有量，使得机会成本和交易成本之和最小。

假定某经济主体在期初将其全部的收入所得T以债券的形式持有，每次需要使用现金时出售一定数量的债券以获取数额C的现金。假定市场利率为i，每次买卖债券的交易成本为b。可得：

收入所得期内套现次数为：$\dfrac{T}{C}$

收入所得期内套现的交易成本为：$\dfrac{bT}{C}$

收入所得期内平均现金余额为：$\dfrac{C}{2}$

以现金形式持有交易性余额的机会成本为：$\frac{iC}{2}$

设 X 为持有现金的总成本，包括交易成本和机会成本，则：

$$X=\frac{bT}{C}+\frac{iC}{2}$$

于是问题转化为如何找到一个适当的 C 值，使得 X 的值最小。

上式对 C 求导，并令求导后的式子等于 0，可以求得：

$$C=\sqrt{\frac{2bT}{i}}$$

这就是使总成本最小的 C 值。

又因为在收入所得期内所持有的平均现金余额为 $\frac{C}{2}$，因而交易性货币需求的最适量为：

$$M_d=\frac{C}{2}=\frac{1}{2}\sqrt{\frac{2bT}{i}}$$

如果令 $a=\frac{1}{2}\sqrt{2b}$，则：

$$M_d=a\,T^{0.5}\,i^{-0.5} \tag{16-9}$$

这就是著名的“平方根公式”。对这一公式我们可简要分析如下：

（1）佣金费用 b 的存在是交易性货币需求存在的前提条件，如果 $b=0$，则交易性货币需求也就等于零，因为债券兑换成现金并不需要花费任何成本，因而完全没有必要将货币保留在手边，而丧失了投资债券生息的机会。

（2）交易性货币需求并不与交易总额（此处等同于总收入）同比例地增长。从式（16-9）可以看出，交易性货币需求的收入弹性只有 0.5。也就是说，交易总额增长 1%，货币量的需求只增长 0.5%，货币需求的增长幅度低于交易总额的增长幅度。

（3）交易性货币需求的利率弹性为-0.5。将交易性货币需求的利率弹性引入交易性货币需求，丰富和发展了凯恩斯的货币需求理论。“平方根公式”第一次将利率分析引入货币的交易需求，明确指出，即使是纯粹作为交易工具而持有货币，也会蒙受利息机会成本，因而对货币的交易需求与利率呈反方向的变动。利率越高，手持货币的利息机会成本越高，因而决策单位都会自动调低对货币的需求，以使其持有货币的机会成本降低。反之，利率降低，对货币的交易需求会提高。

二、预防性货币需求的发展

如前所述，凯恩斯认为，出于预防动机而产生的货币需求与出于交易动机而产生的货币需求一样，其大小主要取决于收入水平，而不受利率变动的影响。在凯恩斯提出这一观点后，西方经济学界对其提出了质疑。美国经济学家惠伦和奥尔等先后发表文章提出了预防性货币需求与利率变动有关的观点，并论证了二者呈反向相关的关系。

1966 年，美国经济学家惠伦（Whalen）发表了一篇名为《现金的预防需求的合理化》的论文，论证了预防动机的货币需求也同样与利率是负相关的。

惠伦认为，与交易性货币需求以收入和支出为既定的前提条件相反，预防性货币需求来自事物的不确定性。人们无法保证他们在某一时期的货币收入和货币支出与事前预料的完全一致，这就不能排除实际支出超过实际收入，或发生意外情况临时需要现金的可能。持有预防性货币余额的本质，是为了防备不确定事项，应付各种意外的支付，因而在某些有良好投资机会的时候也不会动用。在这种时候，持有货币除了蒙受利息机会成本外，不可能获得任何收益。然而，持有的预防性货币余额也许在有些时候会全部动用，如果这样，则为持有者节约了因未持有现金而必须承担的交易成本。

惠伦认为，影响最适度预防性现金余额的因素主要有三个：一是非流动性的成本，二是持有预防性现金余额的机会成本，三是收入和支出的平均值和变化的状况。非流动性成本是指因低估在某一支付期间内的现金需要而付出的代价，即少持有或不持有预防性货币余额而可能造成的损失，该成本之高甚至是很难估量的；如果人们持有较易转换成现金的资产（如各种票据），非流动性成本就等于由非现金资产转换成现金的手续费。惠伦认为，企业和个人不能保证他们能随时获得所需要的贷款，故后一种情况应作为理论分析的一般对象。所谓持有预防性现金余额的机会成本，则是指为持有这些现金而需放弃的一定利息收益。以上非流动性成本和持有预防性现金余额的机会成本构成了持有预防性现金余额的总成本。

货币持有者因此面临这个难以两全的局面：如果他为预防意外而持有较多的货币，他就减少了预期非流动性的成本，却增加了持有预防性现金余额的机会成本；反之，如果他持有较少的预防性现金余额，他就减少了持有预防性现金余额的机会成本，却增加了非流动性的成本。所以，货币持有者需要选择最适度的预防性现金余额，以使这两种成本之和降到最低限度。以下惠伦的公式讨论的正是这种情况。

$$C = M \cdot r + P \cdot b$$

式中：r 为利率，M 为预防性现金的平均持有额，则持有预防性现金余额的机会成本就是 $M \cdot r$；b 为每次将非现金资产转换成现金的手续费，P 为一定期间内这种转换的可能的次数，则预期非流动性的成本就为 $P \cdot b$；C 为全部总成本。

考察了非流动性成本和机会成本后，接下来进一步考察收入和支出状况（估计 P 的大小）。因为只有当收入和支出的差额（净支出）超过持有的预防性现金余额时，才需要将非货币性资产转化为货币，而这种可能性出现的概率分布受每次收入和支出数额、次数变化的影响。因此，收入和支出状况会引起预防性货币需求的变化。假设在将来的某段时间内产生的净支出 X（支出减去收入）服从某一种随机分布，均值为零，方差为 S^2。根据切比雪夫不等式，可以得到净支出与均值之间的偏差大于预防性货币余额的概率 P 满足：

$$P\{|X - 0| \geqslant M\} \leqslant \frac{S^2}{M^2}$$

惠伦假设企业和家庭都是风险回避者，所以在估计净支出可能超过预防性现金余额时作最保守的估计。在此，取 $P = S^2/M^2$，其中 S 为净支出的标准差，代入上式中，持有预防性现金余额的总成本为如下：

$$C = M \cdot r + \frac{S^2}{M^2} \cdot b$$

对上式求 M 的一阶导数，并令其为零，得：

$$\frac{\partial C}{\partial M}=r-\frac{2S^2}{M^3}\cdot b=0$$

从而有

$$M=\sqrt[3]{\frac{2S^2b}{r}} \tag{16-10}$$

式（16-10）表明，最适度的预防性现金余额同净支出分布的方差 S^2、非流动性的成本 b 呈正相关，与持有现金余额的机会成本率 r 呈负相关。由此证明了前述惠伦关于影响最适度预防性现金需求的三个因素的论断，尤其是证明了预防动机的货币需求同样受利率变动的影响。利率越高，此项货币需求越小；利率越低，此项货币需求越大。同时容易看出，预防性货币需求对利率的弹性为-1/3，而在鲍莫尔模型中，交易性货币需求的利率弹性为-1/2。

惠伦模型的基本结论——在决定最适度预防性货币余额的过程中，利率起了相当重要的作用。利率的变动会导致预防性货币余额向相反的方向变化。当利率上升时，持有预防性货币余额的机会成本就会提高。于是，持有货币的边际成本就可能超过了不持有货币的边际成本，这时，货币持有者就会减少他所持有的货币，以购买能给他带来利息收益的金融资产，直到这两种边际成本相等为止。这时，两种机会成本之和为最小。当利率下降时，情况正好相反。可见，预防动机的货币需求也同样是利率的减函数。

根据鲍莫尔模型和惠伦模型，凯恩斯的货币需求函数可以修正为：

$$\frac{M^d}{P}=L_1(i,\ Y)+L_2(i) \tag{16-11}$$

式中：L_1 和 L_2 分别代表交易性货币需求和投机性货币需求的货币量。

三、投机性货币需求的发展

在货币需求的三种动机中，凯恩斯认为，只有投机性货币需求才受利率变动的影响。但这种观点却隐含着一个假设，即个人对于自己关于未来利率变化趋势的预期是确信不疑的，每个人均认为未来利率的高低将如其所预期的那样。因此，个人将根据他预期利率是上升还是下降来决定是持有货币还是持有债券。当利率低时，人们预期利率会上升，因此人们将持有货币；反之，当利率高时，人们预期利率会下降，于是人们将持有债券。也就是说，人们只能在货币和债券两种资产之间任择其一，而不能两者兼有。显然，凯恩斯的这种观点与现实是不符的。凯恩斯的理论无法解释在现实经济生活中投资者为什么既持有债券又持有货币。

1958 年，美国著名的计量经济学家、后凯恩斯学派的主要代表詹姆斯·托宾发表了《流动性偏好——对付风险的行为》一文，提出了著名的“资产选择理论”，用投资者避免风险的行为动机重新解释流动性偏好理论，开创了资产选择理论在货币理论中的应用。

托宾认为，资产的保存形式不外两种：货币和证券。持有证券可以得到收益，但也要承担由于证券价格下跌而受到损失的风险，因此，证券称为风险性资产；持有货币虽然没有收益，但不必承担风险（物价变动的情况除外），故货币称为安全性资产。托宾的资产选择理论认为，未来具有很大的不确定性，而投资者选择资产组合的原则，在于综合考虑预期收益率和风险因素后的预期能产生的最大效用，该理论否定了凯恩斯货币需求理论中，认为预期收益率是唯一影响人们对于货币和债券持有的影响因素。

对此，托宾给出如下分析。一般说来，如果某人将其资产全部投入风险资产，那么他的预期收益达到最大，与此同时他冒的风险也最大；如果某人的所有资产都以货币形式保存在手中，他的预期收益和所要承担的风险都等于零；如果他将资产分作货币和证券各一半，那么他的预期收益和风险就处于中点。由此可见，风险和收益是同方向变化，同步消长。若某人的资产构成中只有货币而没有证券时，为了获得收益他会把一部分货币换成证券，因为减少了货币在资产中的比例就带来了收益的效用。但随着证券比例的增加，收益的边际效用递减而风险的负效用递增，当新增加证券带来的收益正效用与风险的负效用之和等于零时，他就会停止将货币换成证券的行为。类似地，若某人的全部资产都是证券，为了安全他就会抛出证券而增加货币持有额，直到抛出最后一张证券带来的风险的负效用与收益正效用之和等于零为止，只有这样，人们得到的总效用才能最大。这就是所谓的资产分散化原则。这一理论说明了在不确定状态下人们同时持有货币和证券的原因。

第五节　弗里德曼的现代货币数量论

1956 年，经济学家、芝加哥大学教授米尔顿·弗里德曼（Milton Friedman）在其发表的名作《货币数量论：一种新解读》中，提出了现代货币数量论，同时还催生了一个崭新的宏观经济学派——货币主义学派，它对以凯恩斯主义为主的宏观经济学发起了挑战。与凯恩斯分析持有货币的各种特殊动机不同的是，弗里德曼认为人们对货币的需求与对其他资产的需求本质上是一样的，因此他从一般的资产选择理论出发来分析货币需求，探讨了人们持有货币的原因（货币同债券、股票等一样，是一种资产形式，人们可以以货币形式持有资产），但没有具体分析持有货币的动机，而是笼统地认为影响资产需求的因素也必定会影响货币需求。

一、货币需求影响因素

弗里德曼认为财富拥有者对货币这种资产的需求主要取决于财富总量、各类资产的预期收益率等。进一步地，弗里德曼深入分析了如下影响因素并构建了模型。

◆ **影响货币需求的第一类因素是预算约束：财富总量**

弗里德曼提出了**永久性收入**（permanent income，也称恒久收入）的概念，并用其衡量投资者的财富。在实际生活中，一个人的财富总量是难以估计的，而形成财富的一个重要来源是收入。**永久性收入是预期长期收入的平均值，常用过去、现在及未来预期收入的加权平均来计算。**在经济扩张期间，收入迅速增加，但其中某些部分的收入增加是暂时性的，所以长期收入的平均值变动不大，当期收入比永久性收入的增长大得多。在经济衰退期间，收入减少中的许多部分也是暂时的，长期收入平均值的下降也比当期收入的减少小得多。可见永久性收入在短期内波动较小。弗里德曼将永久性收入作为货币需求的一个因素，这意味着货币需求在很大程度上不随经济周期的波动而波动。

同时，弗里德曼注意到在总财富中有人力财富和非人力财富之分。人力财富是指个人获得收入的能力，非人力财富，即物质财富。由于人力财富不能像非人力财富那样可以随时在市场上买卖以转换成收入或其他资产，因此，当人力财富在总财富中所占比例较高时，人们的货币需求也会相应增加；反之，货币需求将会下降。基于这样的考虑，弗里德曼便将非人力财富占总财富的比率作为影响人们需求的一个重要变量。

◆ 影响货币需求的第二类因素是货币及其他各种资产的预期收益率

弗里德曼的货币需求理论中资产的范畴不再局限在债券和货币两种形式中，还包括了股票以及实物商品，并且与凯恩斯的流动性偏好理论不同，弗里德曼认为持有货币也是有收益的。因此这类因素有：货币收益率、债券收益率、股票收益率、物价水平变动率。依据资产选择理论，货币收益率越高，对货币的需求会越大；其他资产的相对预期收益率越高，即持有货币的机会成本越高，对货币的需求会越小。

◆ 影响货币需求的第三类因素是财富持有者的偏好

此类因素是指人们对于持有货币的心理偏好。虽然投资者的其他个人特征，如学历、偏好等也会对其资产选择行为产生影响，但因为这些特征在短期内都很稳定，可被视为常量，所以在建模时更多关注的是财富和资产预期收益率这两大因素。

二、货币需求函数

根据以上对货币需求影响因素的分析，由此，弗里德曼的货币需求函数可以用下式表示：

$$\frac{M^{d}}{P}=f(y_{p},\ \omega;\ r_{m},\ r_{b},\ r_{e};\ \pi^{e};\ \mu) \tag{16-12}$$

其中：

$\frac{M^{d}}{P}$——实际货币需求

y_p——永久性收入

ω——非人力财富占总财富的比率

r_m——货币的预期名义收益率

r_b——债券的预期名义收益率

r_e——股票的预期名义收益率

π^e——预期通货膨胀率，即实物资产预期名义收益率

μ——持币者的主观偏好

根据上文的分析，在以上对货币需求的影响因素当中，y_p 和 r_m 与货币需求成正相关关系，而 ω、r_b、r_e、π^e 与货币需求均为负相关关系。

弗里德曼在提出了如上货币需求函数后，对式中的各个变量进行了进一步分析，并进行了一些合并和简化：

（1）对非人力财富占总财富的比率 ω，在一定时期内相对稳定，对收入进而对货币需求不可能产生大起大落的影响，可以忽略。

（2）持币者的主观偏好 μ，一般来说偏好在一定时期内相对稳定，可以忽略。

（3）r_m、r_b、r_e 均受市场利率的影响，可视为是市场利率的函数，因此可以合并这些变量并用市场利率 i 替代。

（4）对于预期通货膨胀率 π^e，弗里德曼在实证分析后得出的结论是，物价变动只有在变动幅度很大、持续时间很长的情况下才会对实际的货币需求产生影响，而这种情况很少出现，因此可以忽略。

这样，货币需求函数可以简化为：

$$\frac{M^d}{P}=f(i,\ y_p) \tag{16-13}$$

三、实证分析和理论要点

根据以上的理论分析，弗里德曼在对大量经验数据进行统计分析的过程中，建立了下列回归方程式：

$$\frac{M}{P}=a\,y^b\,i^c \tag{16-14}$$

两边取对数得：

$$\lg\frac{M}{P}=\lg a+b\lg y+c\lg i$$

式中，a、b、c 为待估计参数。

弗里德曼在对美国 1892—1960 年历年统计资料进行大量研究的基础上，用最小二乘法估计出：$\lg a=-3.003$，$b=+1.394$，$c=-0.155$。由这个结果可以看出：

其一，货币需求的收入弹性是+1.394，也就是说，当收入提高 1%时，由收入影响的货币需求将提高 1.394%，货币需求的收入弹性相对显著。这也表明货币需求主要取决于永久性收入，货币需求是稳定的。

其二，货币需求的利率弹性是−0.155，也就是说，当利率提高 1%时，由利率影响的货币需求只会减少 0.155%，货币需求的利率弹性是相当低的。这表明利率对货币需求的影响甚微。

基于以上实证结果，货币需求函数可近似表示为：

$$\frac{M^d}{P}=f(y_p) \tag{16-15}$$

进一步地，为了更深入地理解弗里德曼的货币需求理论，我们归纳弗里德曼现代货币数量论理论要点如下：

◆ 利率对货币需求影响很小

实证研究表明，利率对货币需求影响很小。一个解释是：由于货币的收益不再被视为常量，而且竞争的市场下不同资产间的收益差往往是稳定的，即当 r_b 上涨时，银行为了缓解存款流失，r_m 也会上涨，所以利率对货币需求的影响很小。

◆ 货币需求非常稳定，主要取决于永久性收入

实证研究表明，货币需求主要取决于永久性收入。由于永久性收入是比较稳定并且可预期的变量，因此弗里德曼认为，货币需求是稳定的（货币需求与其影响因素之间的关系本身是稳定的），可用货币需求函数对货币需求做出精确预测。

◆ 货币流通速度完全可以预测

我们将式（16-2）与式（16-15）联立，可以求得货币流通速度的函数式：

$$V=\frac{PY}{M^{d}}=\frac{Y}{\frac{M^{d}}{P}}=\frac{Y}{f(y_P)} \tag{16-16}$$

由式（16-16）可知，货币流通速度虽然不是恒定的，但是是可预测的。因为收入 Y 与永久性收入 y_p 的关系通常容易预测，这意味着货币流通速度是可预测的，同时也能解释货币流通速度的顺周期波动：在经济周期扩张阶段，大部分收入增长是暂时的，永久性收入增长幅度远小于收入增长幅度，货币流动速度加快；在经济周期衰退阶段，永久性收入减少幅度小于收入减少幅度，货币流通速度降低。

◆ 主张单一规则的货币政策

货币需求和货币流通速度是稳定可测的这一结论有着重要的政策意义。弗里德曼由此提出了著名的单一规则货币政策，即货币当局只需要按一个恒定的增长率提供货币，而不用去应对经济周期带来的短期影响。

拓展 16-2

流动性偏好理论和现代货币数量论：哪个更符合事实？

相比强调利率重要性的流动性偏好理论，弗里德曼的现代货币数量论显然有着截然不同的政策含义，那么到底哪个理论更符合事实呢？过去几十年有大量的学者对此进行了实证研究，而研究主要围绕两个问题展开：一是货币需求对利率变动是否敏感？二是长期内货币需求函数是否稳定？

对第一个问题，如果利率不影响货币需求，则货币流通速度是常量或至少是可测的，此时数量论的总支出（或总收入）由货币数量决定的观点就是正确的，但如果货币需求对利率越敏感，货币流通速度越不可测，货币供给与总支出之间的联系就越不稳定。货币需求对利率极端敏感的情况，被称作流动性陷阱，这种情形下常规的货币政策对总支出不产生影响，因为货币供给的变化无法影响利率并进而影响人们的支出。实证研究发现，在名义利率没有达到零利率下限时，货币需求对利率是敏感的，然而当名义利率下跌至零或接近零时，货币需求曲线是完全平坦的，即对利率的弹性无限大，此时就会出现流动性陷阱。货币供给的任何增加都无法满足无限大的货币需求，因而对利率乃至真实支出不产生影响。2008 年美国发生金融危机后，美联储迅速将名义利率调整零下限，就出现了流动性陷阱，这也是美联储在金融危机爆发后实施了长达多年的非常规货币政策的重要原因之一。

对第二个问题，如果货币需求函数不稳定，货币供给与总支出之间的联系不紧密，那么美联储货币政策的最优调整变量就不应是货币供给，而是利率。直到20世纪70年代初期，实证证据完全支持货币需求函数稳定的观点。然而1973年之后，金融创新的飞速发展改变了货币所包含的内容，导致估计的货币需求函数表现出极大的不稳定性。迄今为止，仍未找到真正稳定的、令人满意的货币需求函数。货币需求函数的不稳定使货币流通速度难以预测，这意味着通过制定严格货币供给目标来控制经济总支出的方法，可能不是货币政策操作的有效途径。事实上，1994年美联储主席格林斯潘正式宣布，美联储放弃以货币供应量的增减对经济实行宏观调控的做法，转而以调控实际利率作为实施货币政策的主要手段。

第六节　中国货币需求的经验与证据*

在我国不同时期不同经济发展阶段，货币需求的特征存在显著的差异，特别是改革开放前的计划经济阶段和改革开放后的市场经济阶段，货币需求特征相差甚远。这是因为在不同经济体制下，商品货币关系的发展程度不同，货币在经济运行中的职能、作用也不同，因而货币需求会有很大的差别。中国经济体制改革的主要内涵就是一个由计划经济体制向市场经济体制过渡的改革，传统的计划经济体制已成为过去，市场经济体制已经建立。纵观这一发展过程，我们可以分两个阶段来考察我国货币需求。

一、计划经济体制下的货币需求

新中国成立后，我国的经济制度在顶层设计上采用计划经济体制。计划经济体制主要有两个方面的特点：一是产品经济模式，二是国民经济的非货币化倾向。在产品经济模式下，国家集中了社会的绝大部分资源，并通过条块下达各种有约束力的指令性计划，以行政手段直接干预经济，组织生产和分配，国民经济的运行在很大程度上按产品生产及分配的方式进行。在上述的产品生产模式下，商品货币关系受到人为的抑制。由于生产资料非商品化，市场被压缩到只剩消费资料，并且由于相当多的消费品实施计划供应和限量供应，因此即使在消费品市场，也只有部分消费品能比较充分地体现等价交换的商品货币关系。国民经济在生产与分配等方面表现出一种比较显著的非货币化倾向，即试图摆脱商品货币关系及价值规律的倾向。

❖ 企业的货币需求

在计划经济体制下，由于国民经济的非货币化倾向，货币职能受到压抑，企业对货币的需求趋于中性。所谓中性的货币需求不是说企业不需要货币，而是说企业所需要的仅仅是一种名义上的或形式上的货币。对企业而言，计划的份额远比货币更重要。具体可从以下两个方面分析：

关于企业的经营性货币需求。从企业的生产过程看，企业所需的生产资金只能来自财政拨款和银行贷款，而这二者都是受到计划的严格控制的，其需求不是由企业自主决定。因此，实际影响企业货币需求的只是获得拨、贷款指标的难易程度。从产品的销售看，由于实施统购包销等政策，企业只需照计划指标生产，产品是不愁销路的，而且生产资料不进入市场，由物资部门按计划统一调拨，货币显得无足轻重，只是一种记账符号，不发生实质性的货币需求。

关于企业的投资性货币需求。一方面，由于财政实行统收统支的制度，且银行不承担固定资产贷款的义务，因此企业并无可投资的自我积累，也无可以融资的渠道，不存在可供自我选择及决定投资的资金来源，或者说，企业没有为自主投资而持有货币的能力。另一方面，企业还存在着很高的投资欲望，因为投资纯粹是一种对资金的无偿占有，并可由此获得很多好处，所以争取扩大投资就成为所有企业的一种本能的冲动。在这种情况下，决定投资分配及额度的是国家的投资率，是条块之间以及内部的平衡与协调，而不是企业收益率、利率等市场因素，投资货币需求对这些市场变量几乎没有弹性。

❖ 个人的货币需求

在传统的计划体制下，个人的货币需求主要是出于交易动机的货币需求。这是因为：国家为职工提供了生老病死的全部保障制度，农村的社会保障则更多地以实物形式存在，出于预防动机的货币需求是很有限的；另外，金融市场缺乏，除银行储蓄以外，不存在可供个人选择的投资渠道，个人直接投资是被禁止的，所以个人不存在投机性的货币需求；最根本的是，受经济发展水平的制约，并由于国家采取的“高就业，低收入”政策，居民个人收入水平长期偏低，个人收入的绝大部分只能用于生活消费品的购买。因此，个人的货币需求主要表现为出于交易动机而持有的货币。

二、市场经济体制下的货币需求

改革开放后，我国的经济制度开始由计划经济逐渐向市场经济转变。市场经济体制主要有两个方面的特点：一是商品经济迅速发展，二是国民经济货币化程度的加深。在商品经济迅速发展下，国民经济运行逐步摆脱了传统的产品经济模式，生产、分配更多的是借助市场来进行，原来的国有企业被推向市场，按照市场的供求状况来组织生产，成为独立自主的市场行为主体。商品经济迅速发展，使得国民经济货币化程度加深①。首先，从生产领域来看，随着体制改革的发展，对企业的放权让利不断深入，企业的生产决策权扩大，企业在生产经营活动中从过去的取得计划指标转向取得货币，货币的重要

---

① 所谓货币化程度是指一国国民经济中全部商品和劳务的货币化比重，是一国经济发展水平和经济发展进程的重要标志之一，一般以 M2 占 GDP 的比重来表示。该指标我国的情况大体如下：1985 年年末为 0.57，1995 年、2005 年、2015 年和 2020 年年末分别为 0.99、1.59、2.02 和 2.16，2023 年年末为 2.32。

性不断增强。其次，从流通过程来看，价格机制由国家直接决定的计划价格到由供求关系决定的市场机制，在这个过程中，货币在价格的决定机制中的作用越来越重要，原来由国家统一分配的物资逐步成为需要用货币来购买的商品，货币的重要性不断提高。最后，从资金的分配来看，由财政主导格局向金融主导格局转变，中央财政不再包揽企业巨大的资金需求。同时，金融部门职能不断扩张，企业的资金需求不得不依靠银行贷款、股票、债券等来筹集。在这个格局的转变过程中，货币不再是计划的附属物，而逐步转化为资本，金融活动成为国民经济运行的核心。总之，在市场经济体制下，金融由压制状态转变为不断深化，经济的货币化程度不断加深。

❖ 企业的货币需求

由于商品货币关系的发展，货币对企业而言不再只是一种记账符号，因为指令性计划与统购包销政策取消后，企业必须面对市场，一方面要从市场中取得收入才有能力持有货币，另一方面要从市场获得生产资料而产生持有货币的愿望，能力与愿望的同步增强使得企业货币需求强度加大。

关于企业的经营性货币需求。（1）从企业的生产过程看，当生产资料商品化以后，就需要持有一定量的货币用于购买生产资料，以维持再生产的进行。因此，企业的生产规模成为决定企业经营性货币需求的重要因素。同时，不同企业的生产周期、工艺流程也是影响其经营性货币需求因素。（2）从产品的销售来看，没有了国家的统一调拨，则企业不仅要根据市场需求进行生产，还要让产品进入市场，这就需要持有货币以应付市场开拓等方面的费用，这也构成了企业对经营型货币的需求。（3）由于企业以利润最大化为经营目标，所以从经营效果来看，市场状态也影响着企业的货币需求。当市场景气，即需求旺盛时，交易速度加快，从而平均的货币持有量较少；当市场不景气，即需求不足时，企业因为积压、囤积等而有较大的货币需求。

关于企业的投资性货币需求。由计划经济到市场经济，体制的转变导致投资主体的转移，由国家直接投资变为企业自主投资。企业既可投资于金融资产，又可投资于实物资产，企业的投资性货币需求增加。由于用于投资的货币资金既可以是自有资金，也可以来自银行贷款和金融市场融资，因此在市场经济条件下，企业的投资性货币需求受银行利率、证券收益率和预期通货膨胀率等市场因素的影响的程度加大。

❖ 个人的货币需求

关于个人出于交易动机的货币需求方面。市场经济下商品种类极大丰富，个人的消费有了更多的选择，出于交易动机的货币需求相应增加。特别是随着经济的发展以及由于国民收入分配向个人的倾斜，个人收入增长迅速，由此加大了个人出于交易动机的货币需求强度。

关于个人出于预防动机的货币需求方面。随着医疗、住房等制度改革的深入以及市场经济体制下家庭收入、支出等变量的不确定性加大，个人为应对可能发生的意外支出而有必要持有一定量的货币。并且，中国人本身就具有“量入为出”的节俭习惯。因此，在市场经济体制下，出于预防动机的货币需求强度在某些阶段可能增加，但随着各项社会保障制度的建立和完善，出于预防动机的货币需求强度必然逐步下降。

在以上分析中，我们还需要注意的是，无论是基于交易动机还是预防动机所形成的交易性货币需求都会涉及持币成本问题。随着金融市场中低风险、高流动性的金融工具不断涌现，金融科技加持下的交易和支付方式的不断改进，交易活动变得更加便利，在此情况下，个人也可能会出于节约持币成本的考虑而相应减少交易性货币需求，交易性货币需求强度可能下降。由此可见，虽然交易性货币需求在我国发展市场经济的初期总体上是增加的，但其变化趋势具有复杂性。

关于个人出于投机动机的投机性货币需求方面。在市场经济体制下，随着金融深化程度的加大，各种金融资产的大量涌现，这为个人提供了多种投资渠道。在对这些金融资产投资时，由于其与货币之间的替代关系，个人总会出于这种投机动机而持有货币，这也构成了个人货币需求的一部分。

总之，在市场经济体制下，个人货币需求的动机变得多样化，货币需求的影响因素变得更加错综复杂，需要更为深入的考察。

本章重点回顾

古典货币数量论

费雪交易方程式：$M \times V = P \times Y$

货币需求函数：$M^{d} = k \times PY$

凯恩斯的货币需求理论：流动性偏好理论

持币动机分析：交易动机，预防动机，投机动机

货币需求函数：$\frac{M^{d}}{P} = L(i, Y)$

凯恩斯货币需求理论要点

弗里德曼的货币需求理论：现代货币数量论

货币需求影响因素分析：$\frac{M^{d}}{P} = f(y_p, \omega; r_m, r_b, r_e; \pi^e; \mu)$

货币需求函数：$\frac{M^{d}}{P} = f(i, y_p)$

实证分析后可以进一步简化为：$\frac{M^{d}}{P} = f(y_p)$

弗里德曼货币需求理论要点

课后思考和练习题

1. 简述古典货币数量论的现金交易说。
2. 凯恩斯流动性偏好理论是如何分析持币动机的?
3. 什么是流动性陷阱和古典区域?
4. 简述凯恩斯货币需求理论要点。
5. 简述弗里德曼货币需求理论要点。

阅读资料推荐

李翀. 流动性陷阱之谜的解析 [J]. 学术研究, 2019 (06): 74-84.

尹志超, 公雪, 潘北啸. 移动支付对家庭货币需求的影响——来自中国家庭金融调查的微观证据 [J]. 金融研究, 2019 (10): 40-58.

周光友, 施怡波. 互联网金融发展、电子货币替代与预防性货币需求 [J]. 金融研究, 2015 (05): 67-82.

第十七章　货币政策目标与工具

学习目标

本章主要介绍货币政策最终目标、中间目标和货币政策工具。学完本章，你应该掌握：

- 货币政策的最终目标以及不同目标的一致性或矛盾之处。
- 货币政策中间目标选择标准以及常用货币政策中间目标。
- 常规货币政策工具和非常规货币政策工具以及操作原理和方法。

货币政策（monetary policy）是指中央银行为实现既定经济目标，运用各种工具调节货币供应量和利率，进而影响宏观经济的政策和措施的总和。一般来说，货币政策是一种宏观经济政策而非微观经济政策；是一种间接调控政策而非直接调控政策；是一种调整社会总需求的政策而非调整社会总供给的政策。要理解货币政策，就必须理解中央银行最终要实现什么样的经济目标，使用什么样的货币政策工具，如何操作这些货币政策工具，并通过什么样的传导机制实现这些目标。

第一节　货币政策最终目标

货币政策最终目标是指货币政策的制定者期望通过货币政策实施想要实现的目标，是中央银行制定和执行货币政策的依据。世界各国中央银行的货币政策最终目标并不相同，但一般而言主要包括：物价稳定、充分就业、经济增长、国际收支平衡。除此之外，不少国家把金融稳定（包括金融市场稳定、利率稳定、汇率稳定等）也作为重要的货币政策最终目标。

一、货币政策主要的最终目标

世界各国中央银行货币政策最终目标并不相同，但一般而言主要包括：物价稳定，充分就业，经济增长，国际收支平衡。除此之外，不少国家把金融稳定（包括金融市场稳定、利率稳定、汇率稳定等）也作为重要的货币政策最终目标。

❖ 物价稳定

物价稳定（price stability）越来越被视作货币政策最重要的目标。各国中央银行将物价稳定定义为通货膨胀率保持在稳定的低水平。通货膨胀会增加经济体系的不确定性，进而危害经济增长。例如，随着总体价格水平的变动，产品和服务价格所传递出的信息就会难以解读，使得消费者、企业、政府的决策更为复杂，从而降低金融体系的效率。通货膨胀也会加大预判未来宏观经济形势的难度。例如，在通货膨胀环境下，我们很难决定该如何进行投资理财，以实现保值增值。还有，越来越多的经验和研究表明，适度温和通货膨胀转化为恶性通货膨胀（hyperinflation），会抑制经济增长、破坏经济运行。恶性通货膨胀是物价不稳定最为极端的情况，阿根廷、巴西、俄罗斯、津巴布韦都曾经历过恶性通货膨胀，恶性通货膨胀已经被证实对经济运行具有十分强的破坏力。

由于物价稳定对于经济的长期健康发展至关重要，许多国家明确指出，物价稳定应该是中央银行首要的最终目标。诸如英格兰银行、加拿大银行、新西兰储备银行以及欧洲中央银行等中央银行，以**层级使命**（hierarchical mandate）模式为其官方指导性原则。这种模式将物价稳定这一目标放在首要位置，只有在实现物价稳定的前提下，才会去追求其他政策目标的实现。与此相对的，以美联储为代表的一些国家的中央银行则以**双重使命**（dual mandate）模式为其官方指导性原则。这种模式要同时实现两个平等的目标：物价稳定和充分就业。

物价稳定是维持经济长期繁荣的基石，**名义锚**（nominal anchor）则是货币政策的核心要素。名义锚一般是指锁定物价水平以实现物价稳定目标的名义变量，例如通货膨胀率或者货币供给等。钉住名义锚，保证名义变量在一个窄幅内波动，可以直接将通货膨胀预期维持在稳定的低水平上，进而实现物价稳定目标。宏观经济中引入名义锚十分重要的一个原因是，它能限制**时间不一致问题**（time inconsistency problem）。时间不一致性又称**动态不一致性**（dynamic inconsistency），是指决策者提前宣布政策以影响私人决策者的预期，然后在这些预期形成并发生作用后，又采用不同政策的倾向。由此可见，清晰明了并且具体的通货膨胀目标可以增强对中央银行的职责约束，从而避免中央银行试图为了在短期内扩大产出、提高就业率而施行过度扩张的货币政策，因此可以降低中央银行陷入时间不一致问题的可能性。

❖ 充分就业

充分就业（full employment）之所以是一个有价值的政策目标，原因有二：第一，与充分就业相反的情况是高失业，这会导致很多人生活悲惨；第二，如果失业率很高，经济社会不仅有赋闲的劳动力，而且有闲置的资源（关闭的工厂和闲置的设备），这会导致产出损失（低 GDP）。

一般而言，达到什么水平可以说经济处于充分就业的状态？首先，充分就业似乎应当是没有社会失业的状态。也就是说，失业率为零。但是，这种情况忽略了一个事实，即有些失业是对经济没有实质性损害的，这就是所谓的**摩擦性失业**（frictional unemployment），指的是求职者和招聘者相互寻找合适对象的过程中的失业现象。例如，某个求职者想要换一份更好的工作，在此之前，他可能会失业一段时间。求职者可能暂时离开工作岗位进行新的求职培训，当他们在劳动力市场寻觅新的工作岗位时，就会产生摩擦性失业现象。在充分就业状态下失业率不为零的另外一个原因是存在**结构性失业**（structural unemployment），即职位要求与求职者的技能和可得性不匹配。显然，这种失业不受欢迎，但货币政策对此无能为力。因此，充分就业的目标不是要追求失业率为零，而是尽力维持和充分就业相一致的高于零的失业率水平，这个水平被称为**自然失业率**（natural rate of unemployment）。

我们还可以基于经济增长的视角理解充分就业目标。由于失业率的高低与经济活动的水平密切相关，因此自然失业率必然对应着某一产出水平，我们通常称其为潜在产出（potential output）。因此，中央银行努力实现充分就业目标，这意味着它们试图推动产出趋向于其理想的潜在水平。

❖ 经济增长

经济增长（economic growth）对任何国家都重要，各国通常用国内生产总值增长率、国民收入增长率、人均国民收入增长率等指标来衡量经济增长。中央银行作为金融当局，为实现既定的经济增长目标，可以凭借其所掌握的货币政策工具，通过增加货币供给、降低利率水平等方式促进投资，进而促进经济增长；也可以通过降低货币供给、提高利率水平等方式控制通货膨胀和过度投资，进而调节经济增速，为过热的经济降温。稳定的经济增长目标同充分就业的目标密切相关，因为在失业率较低的时期，企业更愿意增加投资，从而会提高生产力，促进经济增长；相反，如果失业率很高，企业就不愿意增加投资。虽然这两个目标密切相关，但政策的制定往往更偏向于促进经济增长，例如，通过直接鼓励企业投资或者居民储蓄，为企业提供更多的投资资金。事实上，这就是所谓的供给经济学的政策主张，旨在通过提供税收优惠，鼓励企业投资，刺激纳税人增加储蓄，以此来促进经济增长。

❖ 国际收支平衡

国际收支平衡（balance of international payment）是指一国对其他国家的全部货币收入和货币支出相抵之后略有顺差或略有逆差的状态。在开放型经济中，国际收支是否平衡将对一国国内货币供应量与物价产生较大影响。如果出现过大顺差，则会使该国国内商品供给相对减少、货币供应量相对增加，从而使该国出现货币供给偏多、商品供应不足的情况，加剧该国商品市场的供求矛盾，导致物价上涨。如果出现过大逆差，则会使该国国内商品供给相对增加，在该国国内货币量偏少的情况下，就会加剧该国国内市场商品过剩，可能导致经济增长停滞。可见，一国国际收支出现失衡，无论是顺差还是逆差，都将给该国经济造成不利影响。尤其是逆差对一国经济的不利影响更大，因而各国在调节国际收支失衡时，重点通常放在减少或清除逆差上。

❖ 其他目标

一般来说，物价稳定是大部分中央银行最为主要的目标，同时兼顾充分就业、经济增长、国际收支平衡等目标。除此之外，由于金融稳定对一国经济极为重要，因此中央银行还需要维护金融市场稳定、利率和汇率稳定等。

◆ 金融市场稳定

金融危机会干扰金融市场正常的资金流动，从而导致经济活动的急剧萎缩。因此，维持相对稳定的金融体系、避免发生系统性金融危机是中央银行的一个重要目标。美国1907年发生了银行业恐慌，为了促进金融稳定，创建美联储体系。在我国，中国人民银行和金融业监管机构在防范金融风险、维护金融稳定方面发挥了重要作用。

◆ 利率和汇率稳定

利率的波动会加大经济生活的不确定性，使得投资者行为变得更为困难。例如，利率波动会影响消费者的购房意愿，房地产公司则很难获得较低的融资成本。利率的波动会加大金融机构经营业绩的不确定性，因此利率稳定有助于金融市场的稳定。

随着全球化的不断推进，各国越来越关注汇率稳定问题。本币升值会削弱本国企业相对于外国企业的竞争力，而本币贬值又会加剧国内的通货膨胀问题。因此，稳定汇率就成为货币政策的一个重要目标。对于出口导向型国家而言，外汇市场稳定显得尤为重要。

二、货币政策最终目标间的矛盾

对中央银行来说，货币政策最终目标无论是物价稳定、充分就业、经济增长还是国际收支平衡，就每个目标单独而言，都是对宏观经济非常有益的。在这些最终目标中，虽然不同目标有一致的情形，比如充分就业与经济增长之间的关系，但更多的情形是，这些最终目标之间存在矛盾，往往难以同时实现。

❖ 充分就业与物价稳定存在矛盾

一般而言，当经济出现较高失业率时，中央银行可以通过增加货币供应量等途径刺激社会总需求，以减少失业或实现充分就业。但这样做无疑会在一定程度上导致物价水平的上升，诱发或加剧通货膨胀。对此，宏观经济学中的“**菲利普斯曲线**”（Phillips Curve）很好地刻画了通货膨胀率和失业率之间的这种替代关系，即通货膨胀率高时，失业率低；通货膨胀率低时，失业率高。因此，中央银行采取减少失业率或实现充分就业的政策措施，就可能导致较高的通货膨胀率；反之，采取降低通货膨胀率或稳定物价的措施，就往往要以较高的失业率为代价。显然，货币政策最终目标中的充分就业和物价稳定之间存在矛盾。

❖ 经济增长与物价稳定存在矛盾

一般而言，中央银行运用货币政策工具调控经济增长速度时，很难保持物价稳定，两者之间存在着矛盾。比如，一国在谋求经济增长过程中，如果一味追求增长速度而使货币供给量过多，则会导致一般物价水平上涨，甚至导致恶性通胀；相反，一国为抑制持续上涨的物价水平而实施降低货币供给量以及提高利率等政策，则可能因为抑制投资而影响经济增长。显然，货币政策最终目标中的经济增长和物价稳定之间一样存在矛盾。

❖ 内在均衡与外在均衡存在矛盾

在此，内在均衡是指一国国内经济增长、充分就业与物价稳定处于稳定的状态；外在均衡是指一国国际收支处于平衡的状态。在一个开放经济体中，很难做到在干预内在均衡时不影响外在均衡。比如，一国使用宽松的货币政策刺激经济以改善内在均衡，这必然导致国内利率下降，根据已经学过了汇率理论，利率下降可能导致本币贬值（或贬值预期），从而通过影响经常项目或资本项目破坏外在均衡。同样的，在干预外在均衡时也很难不影响内在均衡。比如，一国通过增加国际收支净额以改善外在均衡，其结果必然会导致外汇储备增加，这可能导致国内货币供应量增加，我们知道，货币供应量的增加可能导致通货膨胀等，从而影响内在均衡。

拓展 17-1

通货膨胀目标制

一国货币政策的选择取决于实际的经济目标。由于物价稳定目标的重要性以及考虑到货币政策最终目标之间存在着一定的矛盾，一些国家认为物价稳定应当是货币政策首要的长期目标，并且名义锚有助于实现这一目标，因此实施了被称为通货膨胀目标制（inflation targeting）的货币政策战略。

通货膨胀目标制包括几个组成部分：（1）公布中期通货膨胀率目标（指标）的数值；（2）制度上承诺物价稳定是货币政策的首要和长期目标以及承诺实现通货膨胀目标；（3）在制定货币政策时，使用包括多个变量（不止货币总量）的信息集合；（4）通过向公众和市场传递货币政策制定者的计划和目标，来提高货币政策战略的透明度；（5）增强中央银行实现通货膨胀目标的责任。

通货膨胀目标制具有如下几个优点：

第一，减少时间不一致问题。通货膨胀目标制量化了通货膨胀指标，可以防止中央银行为了在短期内增加产出而推行过度扩张的货币政策，从而降低了中央银行陷入时间不一致性陷阱的概率，提高了中央银行的责信度。具体来看，通货膨胀目标制有助于将经济议题引向探讨中央银行在长期内能够解决的问题，即控制通货膨胀，而不是探讨它在长期内不能解决的问题——通过扩张性货币政策永久提高经济增长。因此，通货膨胀目标制缓和了中央银行实行通货膨胀型货币政策的社会压力，进而降低时间不一致问题。

第二，提高透明度。通货膨胀目标制的优点在于，它易于为公众所理解，其信息发布过程是高度透明的。事实上，通货膨胀目标制重视决策制定的透明度，实施通货膨胀目标制的中央银行一般会经常披露有关货币政策战略的相关信息。

第三，增强信任感。通货膨胀目标制的另外一个优点是增强了中央银行的信任感。通货膨胀目标制所具有的透明度意味着，中央银行必须向公众和政府高度负责。预先公布并且定义清楚的通货膨胀指标可以用来评价货币政策效果，赢得公众对中央银行相关政策的有力支持。

第四，实践效果较好。通货膨胀目标制取得了较好的实践效果。实施通货膨胀目标制的国家看上去都降低了通货膨胀率和通货膨胀预期，大大低于不采取通货膨胀目标制情况下的可能水平。而且，这些国家的通货膨胀率一旦得以降低，就会保持较低的水平。在制止住通货膨胀之后，在随后的经济周期扩张期间，这些国家的通货膨胀率也没有反弹。

虽然通货膨胀目标制具有以上优点，但其仍存在如下缺点：

第一，政策信号迟滞。由于货币政策效应具有滞后性，只有在很长一段时滞后，货币当局控制通货膨胀的效果才能显露。于是，通货膨胀目标制不能及时向公众和市场发送关于货币政策动向的信号。

第二，调控受到严格限制。一些经济学家批评通货膨胀目标制，是因为他们认为该战略给货币政策制定者规定了严格的规则，限制了他们对无法预见的情况做出反应的判断力，不利于货币政策适度微调。

第三，增加产出波动的可能性。对通货膨胀目标制的一条重要的批评意见是，当通货膨胀率高于指标值时，只关注通货膨胀可能导致过分紧缩的货币政策，进而可能造成较大的产出波动。然而，通货膨胀目标制并没有要求只关注通货膨胀。经验表明通货膨胀目标制下的决策者对产出波动表现出了相当大的关注，所有实施通货膨胀目标制的国家都将通货膨胀指标设定在零以上，反映了货币政策制定者考虑到了特别低的通货膨胀率可能对实际经济活动造成巨大的负面影响。

第二节　货币政策中间目标

货币政策中间目标（intermediate target of monetary polly）又称中介目标，即短期、量化、能够观测、便于日常操作、有助于货币政策最终目标实现的金融指标。中央银行需要中间目标的原因在于：第一，中央银行没有直接实现其最终目标的手段，它掌握的都是金融工具，只能直接作用于金融变量，通过金融变量来影响最终目标的变化。第二，货币政策的最终目标通常是年度目标，而在中央银行运用货币政策工具实现最终目标的过程中存在许多的不确定因素，中央银行需要根据其可能使用的货币政策工具所能影响的金融变量，制订出短期、量化、能够观测、便于日常操作的金融指标。所谓金融指标就是作为短期目标的具有确定数值的金融变量，这些金融指标就是货币政策的中间目标，它们是中央银行货币政策最终目标得以实现的不可或缺的中介或桥梁。

一、中间目标的选择标准

中央银行确立货币政策中间目标的目的是帮助中央银行更好地实现货币政策的最终目标，这就意味着中间目标是不能随意选择的。总体来看，作为中间目标的金融变量必须是可以观测和计量的，必须可以由中央银行控制以及必须对货币政策最终目标有可以预测的影响。因此，一般而言，货币政策中间目标的选择应考虑如下标准：

◆ **可测性**

可测性是指中央银行所选择作为中间目标的金融变量的变动情况能够被迅速、准确地观测。可测性十分重要，因为只有选择作为中间目标的金融变量能够准确地发出表明政策立场的信号，中央银行能够迅速收集到反映这些金融变量变动情况的准确的数据资料，并进行有关定量分析，中间目标才能发挥作用。很明显，如果某一金融变量的变动情况无法被观测和计量，那么，把它作为中间目标就没有意义。

◆ **可控性**

可控性是指作为中间目标的金融变量能够被中央银行所控制。也就是说，中央银行能够运用货币政策工具，作用于这些金融变量，并能有效地控制其变动。可控性同样十分重要，如果中央银行不能控制作为中间目标的金融变量，那么可能会出现中央银行即使知道它已经偏离轨道也无济于事的局面，因为中央银行没有办法使它重新回到正确的道路上。

◆ **相关性**

相关性是指中间目标的变动要与货币政策最终目标的实现之间存在密切的相关关系。或者说，中间目标最重要的特征是它必须对最终目标有可预计的影响。中央银行能够通过对择定的中间目标进行调节控制，推动货币政策最终目标的实现。

除了上述几个标准外，一些国家中央银行还将抗干扰性、与经济金融体制的兼容性作为择定货币政策中间目标的标准。另外，一国中央银行一般都难以找到完全符合可测性、可控性和相关性等标准的金融变量，因此一国中央银行只能从实际出发，尽量选择符合上述标准的中间目标。

二、主要的货币政策中间目标

❖ 利率

利率作为货币政策中间目标已经有相当长的历史，因为利率一定程度上可以被测度，具有可测性；中央银行能够直接影响其变动，具有可控性；并且利率的高低还能影响有关宏观经济指标，与货币政策最终目标具有相关性。

但选择利率作为中间目标也存在不足的地方。比如，利率可以区分为名义利率和实际利率，虽然名义利率可测，但是实际利率具有不易测量的性质，特别是事前的实际利率更是难以测定，这显然会一定程度影响其有效发挥货币政策中间目标功能。此外，利率兼具经济变量和政策变量特性。作为经济变量，经济具有顺周期性，即经济景气时利率趋于上升，经济不景气时利率趋于下降；作为政策变量，利率变动应与社会总需求的变动方向一致，即当社会总需求过高时提高利率，社会总需求不足时降低利率。但是，对于中央银行来说，如何判断利率变动性质就有了问题。如果中央银行难以区分经济活动中利率变动的原因到底是作为经济变量的变动所引起，还是作为政策变量的变动所引起，这就会一定程度影响利率有效发挥货币政策中间目标功能。

❖ 货币供给量

货币供给量根据流动性强弱可以划分为 M1、M2 等，以货币供给量作为货币政策中间目标，就必须确定作为中间目标的货币供给量的具体层次。一般而言货币供给量被用作中间目标的主要原因在于：第一，各个层次的货币供给量指标，都可以通过查询中央银行、商业银行等金融机构的资产负债表进行量的测算、分析，即具有可测性；第二，各个层次的货币供给量的变动都能够由中央银行通过调控基础货币或法定存款准备金率等变量予以影响，即具有可控性；第三，各个层次的货币供给量的变动与货币政策最终目标的实现，关系极为密切，即具有相关性。

当然，选择货币供给量作为中间目标也存在不足的地方。比如，货币层次的划分可能被金融创新所模糊，从而导致择定为中间目标的某一层次的货币供给量难以测度和控制；另外，中央银行对货币供给量的控制能力也并不是绝对的。这些不足必然会一定程度影响其有效发挥货币政策中间目标功能。

❖ 基础货币

基础货币包括银行体系的准备金和流通中的现金，它是货币供给量倍数扩张或收缩的基础。基础货币可以作为货币政策的中间目标，这是因为基础货币也具备了较好的可测性、可控性和相关性。中央银行既是基础货币的提供者，又是银行体系上缴准备金的保管者，所以，基础货币和银行体系准备金的变动都是容易测量和能够控制的，特别是对于基础货币的变动，中央银行完全可以通过公开市场操作和贴现贷款进行直接的控制。另外，基础货币的变动会引起货币供给总量的变动，进而影响货币政策最终目标的实现，基础货币和货币政策最终目标存在相关性。但是，选择基础货币作为中间目标也存在不足的地方。比如，由于货币供给量不仅受基础货币影响，也受货币乘数的影响，因此基础货币的变动与货币供给量的关系难以准确把握，从而会一定程度影响其有效发挥货币政策中间目标功能。

❖ 存款准备金

由银行体系的库存现金与其在中央银行的准备金存款组成的存款准备金，也可以用作货币政策中间目标，因为存款准备金的变动一般较易被中央银行测度、控制，其变动能影响货币供给总量变动，并对货币政策最终目标的实现产生影响。而其不足之处，同样在于存在难以准确把握与货币供给量的关系等。

第三节　货币政策工具

货币政策工具，即中央银行为谋求货币政策最终目标的实现而对货币供给量、利率等货币政策中间目标所使用的调控手段。货币政策工具主要包括常规货币政策工具和非常规货币政策工具。**常规货币政策工具**主要包括公开市场操作、贴现政策、存款准备金政策。**非常规货币政策工具**主要包括量化宽松和大规模资产购买、超低利率政策及负利率政策、前瞻性指引等。

一、公开市场操作

公开市场操作（open market operation）是指中央银行在金融市场上公开买卖政府债券以控制货币供给和利率的政策行为。公开市场操作分为两种类型：**主动型公开市场操作**（dynamic open market operation）——主动变动存款准备金和基础货币水平；**防御型公开市场操作**（defensive open market operation）——被动抵消其他影响存款准备金和基础货币的因素的变动。

❖ 公开市场操作的作用机制

公开市场操作的效果主要是通过影响银行体系的准备金和货币供给量，并调节市场利率来实现。(1）中央银行在金融市场上买卖有价证券，通常总会引起银行体系的超额存款准备金的增加或减少。当中央银行在公开市场上大量买进有价证券时，必将增加银行体系的超额存款准备金，从而增强银行体系创造信用的能力，扩张货币供给；反之，则会使银行体系的超额存款准备金减少，削弱银行体系的信用创造能力，减少市场货币供给量。(2）中央银行在公开市场上买卖不同期限的有价证券，会对不同期限的利率产生影响，如“买长卖短”“买短卖长”以调整利率结构，进而影响对不同利率有不同敏感性的贷款与投资。

因此，当货币供给不足、利率偏高时，中央银行可通过在公开市场上买进有价证券，支付证券款项而增加基础货币，由此推动货币供给量的增加；另外，买入有价证券的行为也会直接导致利率水平降低。而当货币供给过多、利率偏低时，中央银行则可通过在公开市场上卖出有价证券的形式回收基础货币并调节利率水平。

❖ 公开市场操作的优点

公开市场操作的优点主要表现在以下几个方面：(1）中央银行进行公开市场操作能

完全控制交易量，买多少或卖多少，完全由中央银行决定，即不论想要改变的基础货币量或银行体系的准备金的数量是大还是小，中央银行都可以按照自己的意愿进行。（2）公开市场操作可以进行灵活、精确的交易，在公开市场操作中，中央银行可以改变交易方向。例如，当中央银行认为买入证券太多时，它可以立即卖出，予以纠正。（3）公开市场操作可以迅速执行。当中央银行认为有必要进行证券买卖时，只需要对证券交易商发出买卖指令，交易就会立即被执行。

❖ 公开市场操作的运行条件

当然，公开市场操作的上述优势要变为现实并不是无条件的，这个条件就是发达的金融市场。具体地说，中央银行进行公开市场操作的金融市场必须具备相当的深度和广度，即必须存在足够多的可以进行交易的证券的种类和数量以及有便利交易进行的健全的市场机制和众多的证券交易商。否则，公开市场操作难以进行，更谈不上有效地进行了。

二、贴现政策

贴现政策（discount policy，又称“再贴现政策”）是指中央银行通过调整贴现利率等手段，影响中央银行向商业银行或存款型金融机构贴现贷款的数量，从而影响基础货币和货币供给的行为。

❖ 贴现政策的作用机制

贴现政策的使用主要表现在中央银行改变贴现利率上。中央银行贴现利率（又称“再贴现率”），是中央银行对商业银行或存款类金融机构的贷款的利率。中央银行提高或降低贴现利率，使得商业银行或其他金融机构向中央银行借款的成本发生了变化，从而渐次影响基础货币投放量、货币供给量与其他经济变量。

当中央银行想扩展信用（增加货币供给量）时，它可以降低贴现利率。于是，商业银行向中央银行的借款利率下降，从而可能会增加其借款量，导致中央银行供给的基础货币量增加，从而导致货币供给量增加。同理，当中央银行想紧缩信用（减少货币供给量）时，它可以提高贴现利率。于是，商业银行向中央银行的借款利率上升，从而可能会降低其借款量，导致中央银行供给的基础货币量减少，从而导致货币供给量减少。

贴现贷款不仅作为政策工具被用来影响银行体系的准备金、基础货币乃至货币供给量，而且还被用于防止金融恐慌，即当银行危机发生时，中央银行通过贴现贷款向银行体系提供必需的准备金，发挥最后贷款人的作用。

除此之外，中央银行还可以通过升降贴现利率来显示其政策意图，由此引导社会公众自动调节信用需求，从而影响一国经济。这表现在：中央银行提高贴现利率，预示着货币供给量将趋于减少，市场利率将提高，社会公众从自身利益考虑，就会减少投资和消费；中央银行降低贴现利率，预示着货币供给量将趋于增加，市场利率将会降低，社会公众从自身利益考虑，就会增加投资和消费。这就是通常所说的贴现政策的“宣示效应”。

❖ 贴现政策的缺点

贴现政策的缺点主要表现在以下几个方面：(1) 中央银行不能完全控制贴现贷款的数量变动，这是因为，尽管中央银行可以改变贴现利率，但不能命令商业银行来借款。中央银行不能掌握主动权，处于被动位置。(2) 当贴现利率被确定时，市场利率的变动将不可避免地引起贴现利率与市场利率之间的差额频繁波动，从而导致贴现贷款和货币供给量波动，结果使得货币供给难以控制。(3) 中央银行对贴现利率的变动可能被市场误解。比如，当同业拆借市场利率上升，中央银行为维持与市场利率的正常关系而提高贴现利率时，这一行动可能被市场理解为中央银行将采取紧缩性的货币政策，其实中央银行可能没有这样的意图，而只是想维持贴现利率与市场利率之间的正常关系。

❖ 贴现政策的优点

贴现政策的最大优点是中央银行可以通过它来发挥最后贷款人的作用；中央银行也可以通过升降贴现利率显示其政策意图（发挥“宣示效应”）；在特殊情况下，中央银行还可以运用贴现政策来调整信贷结构，贯彻产业政策。但贴现政策运用起来不如公开市场操作灵活方便。比如，在公开市场上，中央银行在买进证券之后，可以立刻卖出，甚至可以同时进行买进和卖出。而中央银行在向商业银行贴现贷款之后，却难以马上收回。

三、法定存款准备金政策

法定存款准备金政策（required deposit reserve policy），是指中央银行规定和调整商业银行的法定存款准备金率，以此左右商业银行信贷规模，借以改变货币乘数，从而增减货币供给量的行为。存款准备金制度是在中央银行体制下建立起来的，世界上美国最早以法律形式规定商业银行向中央银行缴存存款准备金。存款准备金制度的初始作用是保证存款的支付和清算，之后才逐渐演变成为货币政策工具，中央银行通过调整存款准备金率，影响金融机构的信贷资金供应能力，从而间接调控货币供应量。

❖ 法定存款准备金政策的作用机制

法定存款准备金政策的核心是通过法定存款准备金率的提高或降低，影响商业银行信用创造能力以及货币乘数，以达到调节货币供应量，进而影响其他经济变量的目的。

法定存款准备金率一旦发生改变，也就意味着银行必须持有的准备金数额随之而改变。如果法定存款准备金率提高，则意味着对同等数量的存款额所要求的存款准备金增加，于是也就意味着超额存款准备金的减少，导致准备金不足。在这种情况下，银行的贷款和投资只能收缩，从而货币乘数减小，货币供给量下降。反之，则正好相反，货币乘数增大，货币供给量上升。例如，如果经济处于衰退状况，中央银行则可降低法定存款准备金率，使银行及整个金融体系成倍扩张信用及货币供应量，以刺激经济增长。

❖ 法定存款准备金政策的缺点

法定存款准备金政策的缺点主要表现在以下两个方面：(1) 对货币供给量的作用过

于猛烈且缺乏弹性。因为法定存款准备金率的小幅变动可以引起社会货币供应总量的急剧变动，迫使商业银行急剧调整自己的信贷规模，从而给社会经济带来冲击。(2) 政策预期效果还在很大程度上受制于银行体系的超额存款准备金的数额。比如当中央银行希望通过提高法定存款准备金率以紧缩货币供给量时，如果银行体系持有较高的超额存款准备金，此时提高法定存款准备金率的政策效果就会低于预期。

讨论：
在当前的经济状况下，中央银行可以如何运用三大货币政策工具进行调控?

❖ 法定存款准备金政策的优点

法定存款准备金政策的优点主要包括：(1) 法定存款准备金政策的采用与否，主动权在中央银行。(2) 中央银行变动法定存款准备金率能对货币供给量产生迅速、有力、广泛的影响。(3) 中央银行变动法定存款准备金率作用于所有银行或存款类金融机构，由于其作用在时间、程度上的一致性，所以采用法定存款准备金政策来调控货币供给量，对于金融机构而言较为客观、公平。(4) 中央银行采用存款准备金政策受外界干扰甚小，存款准备金率的高低变动可较好地体现中央银行的政策意图。

拓展 17-2

我国存款准备金考核改革

存款准备金率的计算是由分子“存款准备金”除以“存款准备金基数”(即吸收的存款总额)。目前，全球主要经济体的中央银行均采用平均法考核存款准备金。如美联储存款准备金基数计提和考核均采用平均法；欧洲央行存款准备金基数计提采用月末时点数，考核采用平均法。平均法考核能给予金融机构流动性管理更多便利，同时也对中央银行流动性管理提出了更高要求。我国目前也采用平均法考核存款准备金。

我国于2015年改革存款准备金考核制度，采取小步审慎推进的做法，包括两方面内容：一是当旬第五日至下旬第四日，金融机构按法人存入存款准备金日余额的算术平均值，与上旬末该金融机构一般存款余额之比，不得低于法定存款准备金率。二是实施平均法考核初期，存款准备金考核设每日下限，可以低于法定存款准备金率，但幅度应在1个百分点（含）以内。实施平均法考核的主要目的是提高金融机构管理流动性的灵活性和便利性。改革后的考核制度将有助于金融机构平衡好资金运用效率和流动性安全的关系，促进其稳健经营。

存款准备金考核由时点法改为平均法，可以降低金融机构应对突发性支付的超额存款准备金需求，实际上为金融机构提供了一种重要的缓冲机制。在考核期内，金融机构的准备金可以在某些时点上低于法定要求，只要总的平均值达到法定要求即可。这样，金融机构流动性管理的空间就更大，从而有利于平滑货币市场波动，改善货币政策传导机制，有利于为货币政策操作框架转型创造条件。从实际情况看，实施平均法考核存款准备金后，商业银行备付水平（超额存款准备金率）稳中略降，货币市场利率保持稳定。其中，大部分商业银行基本维持了稳健的流动性偏好和管理策略，在适度下调超额存款准备金率的同时，仍以准备金账户不透支为目标，合理预留备付安全边际；同时，也有个别商业银行在支付需求较大的情况下小幅透支准备金账户，有效应对短期波动，从而在宏观层面上促进了市场稳定。

2015 年的改革实际上是将计算法定存款准备金率的分子由时点数调整为平均数。进一步地，2016 年 7 月 15 日的改革——“对存款准备金的交存基数进行平均考核，将金融机构存款准备金交存基数由每旬末一般存款余额的时点数调整为旬内一般存款余额的算术平均值”，则将分母的计算也由时点数调整为平均数。由此实现了准备金计算和考核上的“双平均”。

之所以要对交存基数进行平均法考核，主要是因为我国银行体系存款有一定的月度波动特征，呈现出月末存款冲高、月初回落、春节等特殊时点波动较大的特点。受此影响，以往采取时点考核的办法容易导致存款准备金的大幅补交或退交，部分金融机构还可能会压低存款准备金基数计提时点的一般存款余额，导致存款准备金交存数据失真。人民银行决定对存款准备金的交存基数也采用平均法计算，有助于提高考核的科学性，可以有效地解决考核时点金融机构存款波动问题，减少行为扭曲，促进货币市场的稳健运行。

四、非常规货币政策工具

在正常时期，常规的货币政策工具能够扩大货币供应量并降低利率，所以足够用来稳定经济。然而，当经济面临全球性金融危机时，传统的货币政策工具不再能有效发挥作用。中央银行需要**非常规货币政策工具**（nonconventional monetary policy tools）来刺激经济。这些非常规货币政策主要包括量化宽松和大规模资产购买、超低利率政策及负利率政策、前瞻性指引等。

❖ 量化宽松政策和大规模资产购买

量化宽松（quantitative easing，QE）主要是指中央银行在实行零利率或近似零利率政策后，通过购买国债等中长期债券，增加基础货币供给，向市场注入大量流动性的干预方式。例如 2001 年至 2006 年，在通货紧缩的长期困扰下，日本中央银行曾将政策利率降至零并定量购买中长期国债的政策就是一种典型方式。这些政策的最终意图是通过扩大中央银行自身的资产负债表，进一步增加货币供给，降低中长期市场利率，避免通货紧缩预期加剧，以促进信贷市场恢复，防止经济持续恶化。

为应对 2007 年开始席卷美国、欧盟和日本等世界主要金融市场的次贷危机，防止经济陷入长期衰退。2008 年 9 月以来，美联储、日本银行、英格兰银行、瑞士国家银行和欧洲中央银行相继把政策目标利率降至零附近，并采取了以扩张资产负债表为特征的量化宽松货币政策，在创新多种信贷工具的基础上，通过购买国债等中长期债券向市场提供流动性。主要中央银行采取零利率下量化宽松货币政策的目的，一是在金融体系快速去杠杆化进程中，保持货币供给基本稳定，降低中长期利率，避免发生严重通货紧缩；二是在信贷市场局部、暂时失效情况下，直接替代部分市场融资功能，避免因信贷短缺而导致危机向实体经济扩散。在大规模财政政策的配合下，零利率下的量化宽松货币政策取得了初步效果，稳定了价格预期，避免了“大萧条”式衰退的发生。

从2008年到2012年，美联储通过大规模的资产购买发起了三轮量化宽松，为市场注入了大量的流动性。具体为：（1）2008年11月，美联储建立了政府资助实体购买计划，其中美联储最终购买了由房利美和房地美保证的1.25万亿美元抵押贷款支持证券（MBS）。通过这些收购，美联储希望提振MBS市场和低利率住宅抵押贷，以此来刺激房地产市场。（2）2010年11月，美联储宣布将以约每月750亿美元的利率，购买6 000亿美元的长期国债。该大规模收购计划被称为QE2（即量化宽松Ⅱ），目的在于降低长期利率。虽然短期国债利率在全球金融危机期间降至零，但长期利率并没有变化，美联储希望通过购买长期国债来降低长期利率，进而刺激投资支出和经济。（3）2012年9月，美联储宣布了第3个大规模资产购买计划QE3，美联储购买了400亿美元的抵押支持证券和450亿美元的长期债券。这些流动性供给和大规模资产购买计划使得美联储资产负债表出现了前所未有地翻两倍的结果。

量化宽松政策在危机时期是必要的，但是在促进危机后经济增长和温和通胀方面，并没有达到预期效果，越来越多的经济学家指出量化宽松政策的局限性。由于没有结构性改革的配合，政策效果不及预期，量化宽松政策可能损害中央银行信誉度和政策可靠性，使得中央银行面临较大的政治压力，损害其独立性。另外，长时间采用量化宽松政策容易造成市场流动性过剩，扭曲市场风险偏好，威胁金融稳定和经济复苏。再有，量化宽松政策加剧了货币政策外溢效应，各国货币政策协调更加困难。最后，中央银行还可能面临一定的损失，一旦发生不确定性冲击，货币决策和退出将更加困难。由此，经济学家普遍主张在金融市场稳定和经济开始复苏后应该着手退出量化宽松政策，实现加息和货币政策的正常化，这也意味着中央银行资产负债表规模的恢复和优化。

❖ 负利率政策

纵观中央银行的历史，负利率政策是近年来出现的新事物。长期以来，货币政策在理论上始终受到“零下界”约束。“零下界”是指短期名义利率不能为负，否则资金所有者将会以现金方式持有资金，而不愿将资金借出，从而使得利率政策“失效”。“零下界”的前提假设是资金提供方持有现金的成本为零，但现实中商业银行和非金融企业持有大量现金的成本较大，这就使负利率的实施具备了一定可能。

值得说明的是，**中央银行的负利率政策针对的是基础货币，即商业银行在中央银行的存款。**在金融危机阶段，一些经济体中央银行采取量化宽松政策投放了大量流动性，中央银行希望通过对商业银行部分流动性实施负利率政策促使商业银行加大对实体经济的信贷投放，并降低商业银行对客户提供信贷等金融产品的利率，最终促进消费和投资。

当然也有中央银行基于汇率的考虑，希望通过负利率抑制资本流入和本币升值。

从目前负利率政策的实施经验来看，负利率在货币市场的传导较为顺畅，但如果负利率持续时间较长或者利率水平进一步下降，个人和金融机构的行为将存在很大的不确定性。在全球经济下行风险加大的背景下，负利率对经济的影响总体而言利大于弊，但需密切关注负利率可能带来的“副作用”。比如：（1）负利率给商业银行等金融机构的盈利能力带来压力并可能导致贷款利率不降反升。由于很难对零售客户实施负利率，部分商业银行净息差有所下降，零售存款业务比重较大的银行受冲击更大。一些定价能力较强的商业银行选择将负利率成本转嫁至资产业务，对部分个人住房抵押贷款客户征收利息费用，导致实际抵押贷款利率不降反升。（2）负利率对汇率的作用存在不确定性。当利率变动时，资产组合再平衡效应可能引发资本跨境流动的变化，从而导致汇率变动。但由于汇率还受到其他因素影响，从相关货币汇率的实际变动看，存在不确定性。例如，日本2016年1月意外宣布实施负利率后，日元最初微贬，但随后大幅升值。（3）负利率政策对消费、投资和通胀的提振作用有待观察。负利率对总需求会产生替代效应和财富效应两种相反影响，如果降息的财富效应占据主导，企业和消费者为弥补利息收入降低带来的财富损失，有可能增加储蓄，减少投资和消费。

❖ 前瞻性指引

前瞻性指引（forward guidance）是各国中央银行通过引导市场对未来利率的预期，使市场预期与中央银行目标预期靠拢的现代货币政策工具。早在1999年，日本银行就率先使用了前瞻性指引这一非常规货币政策引导市场。美国爆发次贷危机后，美联储也频繁使用前瞻性指引这一非常规货币政策引导市场。

美联储自2007年9月至2008年12月，连续10次降息，将美国联邦基金利率自5.25%降至0.25%以应对危机。然而，随着利率处于零利率下限，美国经济的深度衰退却不见起色，美联储采取了非常规政策工具，其中之一便是前瞻性指引。美联储开始频繁地使用前瞻性指引以获得更为宽松的货币政策操作空间。美国为应对次贷危机的前瞻性指引可以分为两类：一类是美联储历次公布的联邦公开市场委员会（FOMC）利率决议中的货币政策导向，被称为正式的前瞻性指引；第二类为非正式的前瞻性指引，是在两次FOMC会议之间，大量且频繁的联储官员讲话。整体来看，美联储的前瞻性指引经历了三个阶段：第一阶段为开放式的前瞻性指引，特点是表述模糊，仅仅提供定性的信息；第二阶段为时间指引式，特点是给出了明确的推出时点，暗示利率会在未来什么时间做出改变；第三阶段为经济状况参照，直接给出了经济观察指标，明确指出衡量标准。

本章重点回顾

货币政策最终目标

物价稳定，充分就业，经济增长，国际收支平衡，…

货币政策中间目标

选择标准：可测性，可控性，相关性

主要的货币政策中间目标：利率，货币供给量，…

常规货币政策工具

公开市场操作：作用机制，优点和运行条件

贴现政策：作用机制，优缺点

法定存款准备金政策：作用机制，优缺点

非常规货币政策工具

量化宽松政策和大规模资产购买；负利率政策；前瞻性指引

课后思考和练习题

1. 货币政策的最终目标有哪些？这些目标总是一致的吗？
2. 货币政策中间目标的选择标准有哪些？利率和货币供给量是否满足作为中间目标的条件？
3. 简述公开市场操作的优缺点。
4. 简述贴现政策的优缺点。
5. 简述法定存款准备金政策的优缺点。
6. 非常规货币政策工具有哪些？

阅读资料推荐

易纲. 坚守币值稳定目标 实施稳健货币政策［J］. 中国金融家，2019（12）：25-28.

范从来，张宏亮. 货币供应量作为货币政策中介目标的有效性研究［J］. 金融论坛，2022（03）：3-12.

第十八章　货币政策操作与传导机制

学习目标

本章主要介绍中国人民银行和美联储的货币政策操作以及货币政策的传导机制等。学完本章，你应该掌握：

- 中国人民银行货币政策工具和操作。
- 美联储调控联邦基金利率的原理和方法。
- 货币政策传导的主要渠道和机制。
- 货币政策与财政政策的配合。
- 货币政策内部时滞和外部时滞以及特点。

第一节　中国人民银行货币政策操作

一、中国人民银行货币政策目标

我国目前以物价稳定为主要货币政策最终目标，并兼顾其他目标。《中华人民共和国中国人民银行法（修正）》第三条规定：**货币政策目标是保持货币币值的稳定，并以此促进经济增长。**中国的社会经济金融的现实情况决定了中央银行的多目标制。中国经济转型时期，社会经济结构处于调整过程中，金融市场也在继续发展过程中，货币政策当局面临的约束条件更为复杂，除了币值稳定并以此促进经济增长的法定目标外，货币当局还肩负着充分就业、国际收支平衡的年度目标和推动金融业改革发展的动态目标。当然，货币政策各个目标的重要性并不相同，在不同时期也会有所侧重。

对于我国的货币政策中间目标，中国人民银行从1996年开始将M2作为货币政策中间目标。由于我国的金融体系以银行系统为主，银行信贷在社会融资中占据绝对地位，因此央行通过调控M2能够较好地实现货币政策的最终目标。随着金融市场的发展和金融创新的推进，M2与最终目标的相关性明显减弱。2010年年底中央经济工作会议首次提出“保持合理的社会融资规模”；2011年，央行开始发布和关注“社会融资规模”这一指标，之后，社会融资规模成为另一个重要指标。

社会融资规模是指一定时期内（每月、每季或每年）实体经济从金融体系获得的全部资金总额。这里的金融体系是整体金融的概念。从机构看，包括银行、证券、保险等金融机构；从市场看，包括信贷市场、债券市场、股票市场、保险市场以及中间业务市场等。社会融资规模的内涵主要体现在三个方面：一是金融机构通过资金运用对实体经济提供的全部资金支持，主要包括人民币各项贷款、外币各项贷款、信托贷款、委托贷款、金融机构持有的企业债券及非金融企业股票、保险公司的赔偿和投资性房地产等；二是实体经济利用规范的金融工具，在正规金融市场通过金融机构信用或服务所获得的直接融资，主要包括银行承兑汇票、非金融企业境内股票筹资及企业债的净发行等；三是其他融资，主要包括小额贷款公司贷款、贷款公司贷款、产业基金投资等①。

二、我国常规货币政策工具操作

由于我国目前货币政策中间目标主要还是货币供给量指标（M2），因此在货币政策操作上主要是通过调控货币供给量并以此实现货币政策最终目标。当然，随着我国金融市场的发展，特别是利率市场化的完成，我国的货币政策也会越来越多地把利率作为中间目标，通过调控利率来实现货币政策最终目标。这意味着我国的货币政策操作正从数量调控到价格调控的转型，在这个过程中，数量调控也用，价格调控也用，但价格调控越来越重要。

❖ 我国的公开市场操作

公开市场操作是中央银行吞吐基础货币，调节市场流动性的主要货币政策工具，通过中央银行与指定交易商进行有价证券和外汇交易，实现货币政策调控目标。我国的公开市场操作包括人民币操作和外汇操作两部分，外汇公开市场操作启动于1994年3月，人民币公开市场操作于1998年5月26日恢复交易。公开市场操作目前已成为中国人民银行货币政策日常操作的主要工具之一，对于调节银行体系流动性水平、引导货币市场利率走势、促进货币供应量合理增长发挥了积极的作用。

从交易品种来看，中国人民银行公开市场业务债券交易品种主要包括回购交易、现券交易和发行中央银行票据等。

◆ 回购交易

回购交易分为**正回购**和**逆回购**两种。正回购为中国人民银行向一级交易商卖出有价

① 资料来源：中国人民银行网站 http://www.pbc.gov.cn/goutongjiaoliu/113456/113469/2850509/index.html

证券，并约定在未来特定日期买回有价证券的交易行为，正回购为央行从市场收回流动性的操作，正回购到期则为央行向市场投放流动性的操作；逆回购为中国人民银行向一级交易商购买有价证券，并约定在未来特定日期将有价证券卖给一级交易商的交易行为，逆回购为央行向市场上投放流动性的操作，逆回购到期则为央行从市场收回流动性的操作。目前7天期逆回购仍是公开市场操作的主要品种，14天期和28天期逆回购作为辅助品种在公开市场操作中相机选择使用，服务于调控需要和市场需求。

◆ **现券交易**

现券交易分为**现券买断**和**现券卖断**两种，前者为央行直接从二级市场买入债券，一次性地投放基础货币；后者为央行直接卖出持有债券，一次性地回笼基础货币。

◆ **中央银行票据**

中央银行票据，简称“央行票据”或“央票”，即中国人民银行发行的短期债券。央行票据的发行丰富了可交易证券的种类和数量，央行通过发行央行票据可以回笼基础货币，央行票据到期则体现为投放基础货币，通过对央行票据进行滚动操作，增加了公开市场操作的灵活性和针对性。之所以叫中央银行票据，是为了突出其短期性特点，从已发行的央行票据来看，常见的期限为3个月、6个月和12个月等，最长的也只有3年。

拓展 18-1

我国央行票据发展历程和作用

关于央行票据的发展历程。自2004年央行票据正式发行以来，经历了从国内发行（在岸）到境外发行（离岸）的演变过程。在2013年以前，央行票据是频繁使用的货币政策工具，主要是在国内发行以对冲外汇占款持续增加而引起的流动性过剩。从2013年开始，我国外汇形势发生变化而且货币市场和债券市场也逐步发展完善，央行票据完成了其在我国外汇储备持续增加时期的历史使命，暂时退出了公开市场操作。2018年11月以来，中国人民银行在离岸人民币市场重新启用央行票据这一具有中国特色的货币政策工具，在我国香港地区以相对稳定的频率发行1个月、3个月、6个月和1年等期限品种的离岸央行票据，建立了在香港发行央行票据的常态机制。

央行票据的发行主要发挥了以下作用：(1) 央行票据丰富了公开市场业务操作工具。自1998年中国人民银行恢复公开市场业务操作以来，公开市场操作对象主要为国债等信用级别高的债券，但无论是回购交易还是现券交易，都受到可交易证券种类和数量有限的影响，使公开市场操作的灵活性受到了较大的限制。央行票据的发行丰富了可交易证券的种类和数量，增加了公开市场操作的灵活性和针对性，增强了执行货币政策的效果。(2) 央行票据完善了无风险收益率曲线，且为金融市场提供了基准利率。一般来说，我们视国债收益率曲线为无风险收益率曲线，并且把短期国债收益率作为本国基准利率之一。但从我国的情况来看，财政部发行的国债绝大多数是三年期以上的，短期国债市场存量较少，由央行发行票据，在解决公开市场操作工具不足的同时，利用发行不同期限的票据可以完善无风险收益率曲线，形成市场基准利率。

❖ 我国的再贷款和再贴现

再贷款是指中央银行向金融机构发放贷款，从而向金融机构提供融资的行为。再贷款是中央银行调控基础货币的重要方式之一。自 1984 年中国人民银行专门行使中央银行职能以来，再贷款一直是中国人民银行的重要货币政策工具。近年来，为适应金融宏观调控方式由直接调控转向间接调控，再贷款所占基础货币的比重逐步下降，结构和投向发生重要变化。新增再贷款主要用于促进信贷结构调整，引导扩大县域和“三农”信贷投放。

再贴现是指中央银行对金融机构持有的已贴现但尚未到期的商业票据予以贴现，从而向金融机构提供融资的行为。和再贷款相似，再贴现同样是中央银行的重要货币政策工具。

我国的再贴现业务可追溯到 1986 年，同年，中国人民银行下发了《中国人民银行再贴现试行办法》，在北京、上海等十个城市对专业银行开始试办再贴现业务。之后，中国人民银行不断完善再贴现管理。主要包括：不断优化再贴现业务的政策规定，切实发挥再贴现货币政策工具支持国家重点行业发展的作用；不断优化再贴现利率生成机制，积极发挥再贴现利率传导货币政策信号的作用。

2008 年以来，为更有效发挥再贴现在促进产业结构调整、引导资金流向的作用，中国人民银行进一步完善再贴现管理。如适当扩大再贴现的对象和机构范围，对涉及绿色、农业、科创等行业的票据优先办理再贴现，通过票据选择明确再贴现支持的重点。2017 年，在票据电子化快速推进的背景下，根据中国人民银行的部署，上海票据交易所开发了再贴现业务系统，系统同年上线运行，一个高效的电子化再贴现业务系统基本建成。

❖ 我国的法定存款准备金政策

自 2007 年以来，我国的存款准备金率呈现出先上升后下降的发展趋势。事实上，作为传统货币政策工具之一，随着公开市场操作以及新型货币政策工具的出现，我国存款准备金率的调整频率逐步降低。目前，我国实施的是差别化的存款准备金率制度和“三档两优”准备金率新框架，大型金融机构与中小型金融机构分别遵循差异化的存款准备金率要求，金融机构存款准备金率分为高、中、低三个基准档，并在此基础上实行两项优惠政策。图 18-1 反映了近年来我国存款准备金率的变动情况。

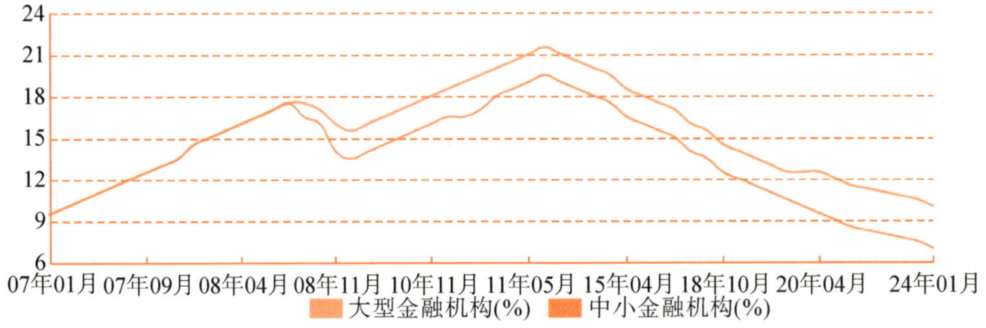

图 18-1 我国存款准备金率变化情况

资料来源：东方财富网(https://data.eastmoney.com/cjsj/ckzbj.html)

◆ **差别存款准备金率制度**

自2004年开始，我国开始实行差别存款准备金率制度。差别存款准备金制度是指金融机构适用的存款准备金率与其资本充足率、资产质量状况等指标挂钩。金融机构资本充足率越低、不良贷款比率越高，适用的存款准备金率就越高；反之，金融机构资本充足率越高、不良贷款比率越低，适用的存款准备金率就越低。差别存款准备金率制度主要包括以下四方面内容：

（1）确定差别存款准备金率的主要依据。包括：金融机构资本充足率，金融机构不良贷款比率，金融机构内控机制状况、发生重大违规及风险情况，金融机构支付能力明显恶化及发生可能危害支付系统安全的风险情况。

（2）差别存款准备金率制度实施对象。差别存款准备金率制度采取统一框架设计和分类标准，实施对象为存款类金融机构。

（3）确定差别存款准备金率的方法。根据资本充足率等指标对金融机构质量状况进行分类；根据宏观调控的需要，在一定区间内设若干档次，确定各类金融机构所适用的差别存款准备金率。

（4）调整存款准备金率的操作。中国人民银行定期根据金融监管部门统计的金融机构法人上年季度平均资本充足率和不良贷款比率等指标，对金融机构存款准备金率进行调整。

差别存款准备金率制度与资本充足率制度是相辅相成的，差别存款准备金制度有利于抑制资本充足率较低且资产质量较差的金融机构盲目扩张贷款，防止金融宏观调控中出现“一刀切”。差别存款准备金率制度有利于督促金融机构满足资本充足率要求，调动金融机构主要依靠自身力量健全公司治理结构的积极性，实现调控货币供应总量和降低金融系统风险的双重目标，完善货币政策传导机制。

◆ **“三档两优”准备金率新框架**

为深化金融供给侧结构性改革，增强中央银行货币政策调控能力，有效引导金融机构加大对实体经济支持力度，缓解小微和民营企业融资难融资贵问题，中国人民银行于2019年5月6日宣布构建“三档两优”准备金率新框架，即金融机构存款准备金率分为高、中、低三个基准档，并在此基础上实行两项优惠政策。“三档两优”准备金新框架对金融机构服务定位、金融供给结构以及风险防范和宏观调控产生了深远影响。

“三档”，即根据金融机构系统重要性程度、机构性质和服务定位等，将存款准备金率设为三个基准档。第一档是大型银行存款准备金率。大型银行多为全球系统重要性银行，实行高一些的存款准备金率，可体现防范系统性风险和维护金融稳定的要求。目前包括工商银行、农业银行、中国银行、建设银行、交通银行和邮政储蓄银行6家商业银行。第二档是中型银行存款准备金率，较第一档略低。目前主要包括股份制商业银行、城市商业银行以及跨区县经营、资产规模较大的农村商业银行。以上两档金融机构供应了国内八成左右的货币信贷，是总量调控的关键依托。第三档是小型银行存款准备金率，要求的存款准备金率最低。目前主要包括农村信用社、农村合作银行、村镇银行和服务县域的农村商业银行。这些金融机构的特征是聚焦当地、服务县域，对它们实行较低的存款准备金率，旨在增加基层金融供给，促进就业和县域繁荣，与国际上支持社区银行的一些做法实质也是一致的。

“两优”是指在三个基准档的基础上实行两项优惠政策。新框架下，人民银行保留了普惠金融定向降准和“比例考核”政策两项优惠。普惠金融定向降准政策是对“三档”中第一档和第二档达到普惠金融领域贷款情况考核标准的银行，可享受0.5个或1.5个百分点的存款准备金率优惠。“比例考核”政策是对第三档中部分达到新增存款一定比例用于当地贷款考核标准的机构，可享受1个百分点的存款准备金率优惠。享受“两优”后，金融机构实际的存款准备金率水平要比基准档更低一些。

与准备金率划分档次最多时相比，“三档两优”准备金率新框架比较简明清晰，明确三个基准档，保留两项优惠政策，确保了准备金制度的统一性，又体现出结构性政策导向，同时兼顾了总量调控的需要。

三、我国新型货币政策工具

近年来，我国央行推出了一系列新型货币政策工具，主要包括：短期流动性调节工具、常备借贷便利、中期借贷便利、定向中期借贷便利、抵押补充贷款，等等。

❖ 短期流动性调节工具

2013年1月，立足现有货币政策操作框架并借鉴国际经验，中国人民银行创设了短期流动性调节工具（Short-term Liquidity Operations，SLO），作为公开市场常规操作的必要补充，在银行体系流动性出现临时性波动时相机使用。公开市场短期流动性调节工具以7天期内短期回购为主，遇节假日可适当延长操作期限，采用市场化利率招标方式开展操作。中国人民银行根据货币调控需要，综合考虑银行体系流动性供求状况、货币市场利率水平等因素，灵活决定该工具的操作时机、操作规模及期限品种等。公开市场短期流动性调节工具的操作对象为公开市场业务一级交易商中具有系统重要性影响、资产状况良好、政策传导能力强的部分金融机构。

这一工具的及时创设，既有利于央行有效调节市场短期资金供给，熨平突发性、临时性因素导致的市场资金供求大幅波动，促进金融市场平稳运行，也有助于稳定市场预期和有效防范金融风险。

❖ 常备借贷便利

中国人民银行于2013年年初创设了常备借贷便利（Standing Lending Facility，SLF）。常备借贷便利是中国人民银行正常的流动性供给渠道，主要功能是满足金融机构期限较长的大额流动性需求，对象主要为政策性银行和全国性商业银行，期限为1~3个月，利率水平根据货币政策调控、引导市场利率的需要等综合确定。常备借贷便利以抵押方式发放，合格抵押品包括高信用评级的债券类资产及优质信贷资产等。

常备借贷便利的主要特点有如下三个：一是由金融机构主动发起，金融机构可根据自身流动性需求申请常备借贷便利；二是常备借贷便利是中央银行与金融机构“一对一”交易，针对性强；三是常备借贷便利的交易对手覆盖面广，通常会覆盖所有存款类金融机构。

❖ 中期借贷便利

中国人民银行于2014年9月创设了中期借贷便利（Medium-term Lending Facility，MLF）。中期借贷便利是中央银行提供中期基础货币的货币政策工具，对象为符合宏观审慎管理要求的商业银行、政策性银行，可通过招标方式开展。中期借贷便利采取质押方式发放，金融机构提供国债、央行票据、政策性金融债、高等级信用债等优质债券作为合格质押品。2015年5月将担保品范围扩展为国债、央行票据、国家开发银行及政策性金融债、地方政府债、同业存单、AAA级公司信用类债券。2018年6月加入不低于AA级的小微企业、绿色和“三农”金融债券，AA+、AA级公司信用类债券（优先接受涉及小微企业、绿色经济的债券），优质的小微企业贷款和绿色贷款。2019年2月加入主体评级不低于AA级的银行永续债。

中期借贷便利利率发挥中期政策利率的作用，通过调节向金融机构中期融资的成本来对金融机构的资产负债表和市场预期产生影响，引导其向符合国家政策导向的实体经济部门提供低成本资金，促进降低社会融资成本。

❖ 定向中期借贷便利

2018年12月，为加大对小微企业、民营企业的金融支持力度，中国人民银行决定创设定向中期借贷便利（Targeted Medium-term Lending Facility，TMLF），根据金融机构对小微企业、民营企业贷款增长情况，向其提供长期稳定资金来源。支持实体经济力度大、符合宏观审慎要求的大型商业银行、股份制商业银行和大型城市商业银行，可向中国人民银行提出申请。定向中期借贷便利资金可使用三年，操作利率与中期借贷便利（MLF）利率相比优惠15个基点。

❖ 抵押补充贷款

为了支持国家开发银行加大对“棚户区改造”重点项目的信贷支持力度，2014年4月，中国人民银行创设抵押补充贷款（Pledged Supplemental Lending，PSL）为开发性金融支持棚户区改造提供长期稳定、成本适当的资金来源。抵押补充贷款的主要功能是支持国民经济重点领域、薄弱环节和社会事业发展而对金融机构提供的期限较长的大额融资。

抵押补充贷款采取质押方式发放，合格抵押品包括高等级债券资产和优质信贷资产。抵押补充贷款发放对象为国家开发银行、中国进出口银行和中国农业发展银行以及经国务院批准的其他金融机构。抵押补充贷款实行“特定用途、专款专用、保本微利、确保安全”的原则。抵押补充贷款的合同期限为一年，可以展期，展期金额和展期次数由中国人民银行确定。抵押补充贷款的利率由中国人民银行根据经济增长、通胀水平和总供求情况等因素综合确定，并适时做出调整。金融机构利用抵押补充贷款发放的特定贷款利率是在抵押补充贷款利率基础上加点确定，加点幅度及调整由中国人民银行确定。

第二节　美联储货币政策操作

一、美联储货币政策目标

根据《美国联邦储备法》，美国的货币政策目标是控制通货膨胀，促进充分就业。也就是说，控制通胀和促进经济增长是美联储货币政策的最终目标。另外，美联储将联邦基金利率作为主要的货币政策监控指标和操作目标。也就是说，美联储货币政策的中间目标是联邦基金利率。

美国联邦基金利率（federal funds rate）是指美国银行间同业拆借市场的利率，其最主要的是**隔夜拆借利率**（overnight rate）。同业拆借利率的变动能够敏感地反映银行之间资金的余缺，美联储瞄准并调节同业拆借利率就能直接影响商业银行的资金成本，并且将同业拆借市场的资金余缺传递给工商企业，进而影响消费、投资和国民经济。因此，要充分理解美联储在实施货币政策过程中如何使用货币政策工具，不仅要把握它们对货币供给的影响，还要理解它们对联邦基金利率的直接影响，了解它们是如何引导联邦基金利率接近其目标水平的。本节从准备金市场的供求分析着手，说明美联储的货币政策工具如何决定联邦基金利率。

二、准备金市场的供给与需求

联邦基金利率取决于准备金市场，因此，我们需要对这一市场进行“供给—需求”分析，并进一步探讨货币政策工具对联邦基金利率的影响。

❖ 准备金需求曲线

要推导准备金的需求曲线，我们有必要考察，如果其他所有变量不变，当联邦基金利率变动时，银行对准备金需求数量的变化。存款准备金由法定存款准备金和超额存款准备金构成，对于银行，法定存款准备金的需求量由监管要求决定，而超额存款准备金的需求量则主要取决于商业银行自身的决策，且持有超额存款准备金是有成本的。持有超额存款准备金的机会成本等于将这些准备金在联邦基金市场贷放出去（即同业拆借）所赚取的利息（利率为联邦基金利率 i_{ff}）减去作为美联储为超额存款准备金所支付的利息（利率为超额存款准备金利率 i_{er}）。

当联邦基金利率 i_{ff}高于对这些超额存款准备金支付的利率 i_{er}时，如果联邦基金利率下跌，意味着持有超额存款准备金的机会成本减少。如果包括法定存款准备金规模在内的所有其他变量都不变，则银行对准备金的需求会相对增加。因此，如图 18-2 所示，横轴表示准备金数量，纵轴表示联邦基金利率。当联邦基金利率 i_{ff}高于 i_{er}时，准备金的需求曲

线 R^d 是向下倾斜的。然而，如果联邦基金利率 i_{ff} 下跌到低于超额存款准备金利率 i_{er} 的水平，此时银行会有极强的动机以 i_{ff} 的利率从联邦基金市场借入资金，并以较高的利率 i_{er} 把借入的资金存入美联储，从而获取利息差，也就是说该银行会无限增加其持有的超额存款准备金。结果就是，在 $i_{ff}=i_{er}$ 的利率水平上，准备金需求曲线 R^d 变得平坦（具有无限弹性）。

❖ 准备金供给曲线

准备金的供给 R^s 可以分为两个部分：(1) 美联储公开市场操作所供给的准备金，被称为**非借入准备金**（Nonborrowed Reserves，NBR）；(2) 向美联储借款所形成的准备金，被称为**借入准备金**（Borrowed Reserves，BR）。向美联储借款的主要成本是美联储就这些贷款所收取的利率，即贴现率 i_d，它往往被设定为高于联邦基金利率目标的一个固定水平，随着联邦基金利率的变动而变动。由于从其他银行借入联邦基金同向美联储借款（向美联储申请贴现贷款）可以相互替代。如果联邦基金利率 i_{ff} 低于贴现率 i_d，由于在联邦基金市场上筹资成本更低，银行不会向美联储借款，借入准备金的规模为零。因此，只要 i_{ff} 低于 i_d，准备金的供给量就等于美联储提供的非借入准备金的数量 NBR，如图 18-2 所示，此时的供给曲线 R^s 是垂直的。然而，如果联邦基金利率开始上升并超过贴现率，此时银行会以极大的动机以 i_d 的利率从美联储借款，并在联邦基金市场上以较高的利率 i_{ff} 将这些资金贷放出去，从而获取利息差。结果就是，在 $i_{ff}=i_d$ 的利率水平上，准备金供给曲线 R^s 变得平坦（具有无限弹性）。

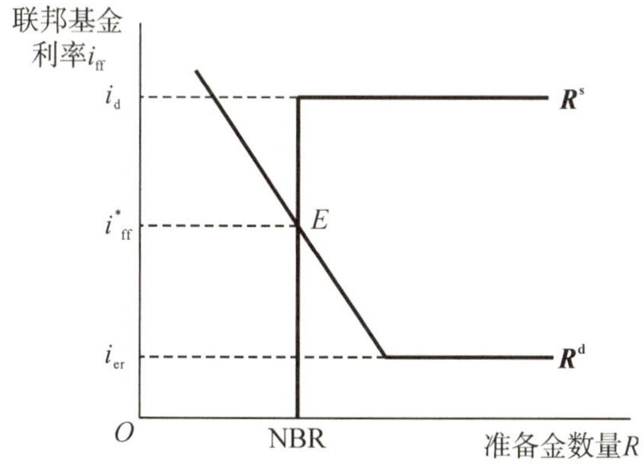

图 18-2　准备金市场的供给与需求

❖ 市场均衡

如图 18-2，当准备金的需求量等于供给量，即 $R^s=R^d$ 时，就实现了市场均衡。均衡出现在 R^s 与 R^d 相交的点 E 上，均衡的联邦基金利率为 i^*_{ff}。容易知道，如果联邦基金利率高于均衡利率 i^*_{ff}，存款准备金的供给就会大于需求，存在超额供给，联邦基金利率就会下跌到 i^*_{ff}；如果联邦基金利率低于均衡利率 i^*_{ff}，准备金的需求就会大于供给，存在超额需求，联邦基金利率就会上升到 i^*_{ff}。同时我们也很容易观察到超额存款准备金利率 i_{er} 和再贴现率 i_d 构成了联邦基金利率 i_{ff} 的下限和上限，联邦基金利率被约束在这一范围，这也就是我们常说的"**利率走廊**"的概念。

拓展 18-2

存款准备金利率

存款准备金利率是中央银行对金融机构缴存的存款准备金（法定存款准备金和超额存款准备金）所支付的利率。存款准备金利率不同于存款准备金率，存款准备金率是指存款准备金占其存款总额的比率，而存款准备金利率是指对这部分存款准备金支付的利率。一个是比率，一个是利率，两者有着本质的区别。

我国于1984年开始实行存款准备金制度，当时的准备金存款分为法定存款准备金与备付金两部分，中国人民银行对法定存款准备金和备付金支付不同的利率。1998年3月21日，中国人民银行对存款准备金制度进行改革，将准备金存款和备付金存款两个账户合并，称为准备金存款账户，并对法定存款准备金和超额存款准备金支付相同的利率。2003年12月21日，中国人民银行改革存款准备金付息制度，法定存款准备金利率维持原来的1.89%，超额存款准备金利率下调为1.62%。自此，单独的超额存款准备金利率正式产生，超额存款准备金利率在调整时不再与法定存款准备金利率同步进行。2003年以来，超额存款准备金利率经过多次调整，总的趋势是下降的，到2020年4月，超额存款准备金利率已下降为0.35%。另外，法定存款准备金利率于2008年11月27日调整为1.62%，并延续至今。

美国在2008年之前不对准备金支付任何利息。2006年的《金融服务监管救济法案》授权美联储对准备金付息，原定于2011年10月1日生效。次贷危机爆发后，提前至2008年10月1日生效。自此之后，美联储开始对准备金付息，其利率通常等于联邦基金利率目标减去一个固定值，因此其会随着联邦基金利率目标的变动而变动。美联储的存款准备金利率（Interest on Reserve Balances rate，IORB）同样可以区分为法定存款准备金利率（Interest on Required Reserves，IORR）和超额存款准备金利率（Interest on Excess Reserves，IOER）。但由于从2020年3月起，美联储取消了对法定存款准备金比例的要求（法定存款准备金率统一设置为0%），从那以后，就没有必要再区分IORR和IOER了。所以，在2021年7月，美联储在对其准备金条例进一步修改时，也就统一把原来的IOER改称为IORB了。

三、美联储货币政策工具操作

学习了联邦基金利率的决定机制后，接下来我们可以考察货币政策工具（公开市场操作、贴现贷款、法定存款准备金率和超额存款准备金利率）的变动如何影响准备金市场和联邦基金利率的均衡水平。

❖ 公开市场操作

公开市场操作的影响取决于供给曲线与需求曲线最初相交的位置是在需求曲线的向

下倾斜部分还是水平部分。图 18-3（a）反映了最初的交点位于需求曲线的向下倾斜部分的情况。我们已经了解到，公开市场购买可以增加准备金供给量，于是，在任何联邦基金利率水平上，非借入准备金都会从 NBR_1 增加到 NBR_2。因此，公开市场购买推动供给曲线从 R_1^s 向右移至 R_2^s，均衡点从点 1 移动到点 2，联邦基金利率从 i_{ff}^1 下跌到 i_{ff}^2。同样的推理过程可以说明，公开市场出售会减少非借入准备金的供给量，推动供给曲线向左位移和联邦基金利率上升。由于美联储通常会令联邦基金利率目标高于准备金利率水平，因此上面所述的是典型的情况，结论是，公开市场购买导致联邦基金利率下跌，而公开市场出售导致联邦基金利率上升。

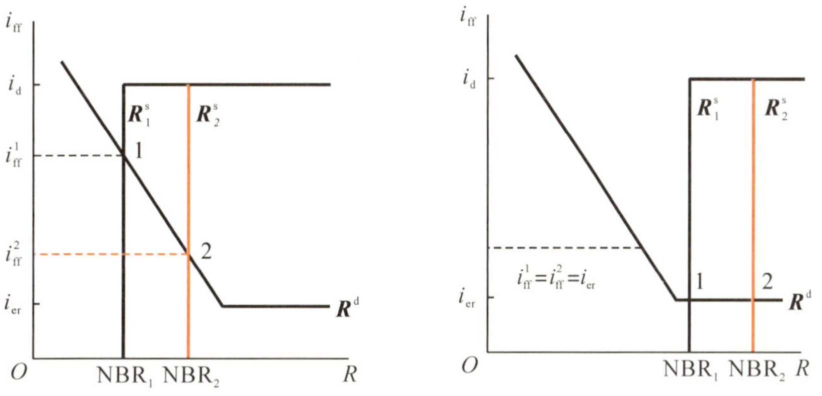

（a）交点位于需求曲线向下倾斜部分　（b）交点位于需求曲线水平部分

图 18-3　公开市场操作对联邦基金利率的影响

然而，如果供给曲线最初与需求曲线相交于后者的水平部分，即图 18-3（b）所描述的情形，公开市场操作就不会对联邦基金利率产生任何影响。要了解这一点，我们可以重新来观察公开市场购买增加准备金供给量的情况，并推动供给曲线从 R_1^s 移至 R_2^s，但是现在 i_{ff} 与最初的情况相同，即 $i_{ff}^2 = i_{ff}^1 = i_{er}$。供给曲线的位移使得均衡点由点 1 移至点 2，但联邦基金利率不变，依然在 i_{er} 的水平上，这是因为准备金利率 i_{er} 是联邦基金利率的下限。

拓展 18-3

美联储公开市场操作流程

美联储公开市场操作的决策机构是联邦公开市场委员会，该委员会设定了联邦基金利率的目标。但这些操作的实际执行是由纽约联邦储备银行的交易室进行，具体的交易执行流程如下：

首先，公开市场交易室会对前一天联邦基金市场的变化以及前一天银行体系的实际准备金规模分析，给出准备金供给和需求的短期影响因素和公众持有现金变动的详细预测报告。这个报告将帮助他们决定为达到联邦基金利率的目标水平，准备金需要变动多大幅度。

接着，公开市场交易室会联系一级交易商，了解这些交易商对市场状况的判断，以把握当天交易证券可能的价格变动。他们也会联系财政部，询问关于在美联储的财政存款预计水平的最新信息，以修订他们对准备金供给的估计。

然后，交易室会联系联邦储备委员会的货币事务部，比较联邦储备委员会和纽约联储对准备金供给和需求的预测结果。根据这些预测和对联邦基金市场状况的观察，交易室会列出和提交当天应该采取的一系列行动，包括通过公开市场操作向银行体系增加或减少准备金的计划，以及计划操作的类型、规模和期限。

最后，交易室、联邦储备委员会货币事务部主管以及除了纽约外其他四家有投票权的联邦储备银行行长中的一位共同举行日常的电话会议。在会议期间，公开市场操作部门的人员会拟定交易室当天的准备金管理计划。计划被通过后，交易室就会立即执行所计划的短期公开市场操作。

交易室通过自动处理系统（Trading Room Automated Processing System，TRARS）和公开市场的交易对手联系，把计划操作的相关信息传达给所有一级交易商，交易商通过 TRARS 回复他们的交易报价。交易室会选择最理想的报价，在该价格水平上能够实现意愿购买或出售的数量。然后，交易室会通过 TRARS 通知报价被选中的交易商完成交易。

❖ 贴现贷款

贴现贷款对联邦基金利率的影响主要体现在贴现率的变动上，而贴现率变动对联邦基金利率的影响取决于需求曲线与供给曲线相交于供给曲线的垂直部分还是水平部分。图 18-4(a)反映了相交点位于供给曲线的垂直部分，即没有贴现贷款（借入准备金 BR=0）的情况。在这种情况下，如果美联储将贴现率从 i_d^1 调低到 i_d^2 话，供给曲线的水平部分会下降到 R_2^s 的位置，而供给曲线和需求曲线的相交点依然为点 1。因此，在这种情况下，联邦基金利率的均衡水平不变，仍然为 i_{ff}^1。由于美联储目前制定的贴现率高于联邦基金利率目标，因此这属于典型的情况。结论是，大部分贴现率的变动不会影响联邦基金利率。

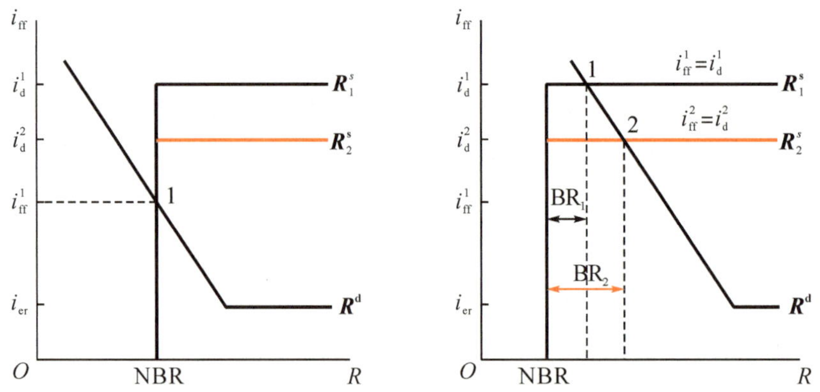

（a）没有贴现贷款（BR=0）　（b）有部分贴现贷款（BR>0）

图 18-4　贴现率变动对联邦基金利率的影响

然而，如图 18-4（b）所示，如果需求曲线与供给曲线在供给曲线的水平部分相交，即存在一定的贴现贷款（$BR_1>0$），则贴现率的变动的确会影响联邦基金利率。在这种情况下，最初的贴现贷款为正，均衡的联邦基金利率等于贴现率，即 $i_{ff}^1=i_d^1$。如果美联储调低贴现率，比如从 i_d^1 到 i_d^2，供给曲线的水平部分下降到 R_2^s，推动均衡点从点 1 移动到点 2，联邦基金利率的均衡水平从 i_{ff}^1 下跌到 i_{ff}^2。同时，贴现贷款从 BR_1 增加到 BR_2。

拓展 18-4

美联储贴现窗口

美联储主要通过贴现窗口（discount window）向银行发放贴现贷款。美联储向银行发放的贴现贷款有三种类型：一级信贷（primary credit），二级信贷（secondary credit）和季节性信贷（seasonal credit）。

一级信贷是在货币政策中作用最为重要的贴现贷款。财务健全的银行可以通过一级信贷便利，借入它们所需要的所有短期借款（通常为隔夜），因此被称为常备借贷便利（standing lending facility）。这些贷款的利率即为贴现率，通常高于联邦基金利率目标 100 个基点（1 个百分点），因此，在大部分情况下，一级信贷便利下的贴现贷款规模都不大。一级信贷可以作为财务健全银行的后备流动性来源，确保联邦基金利率不会过度高于联邦公开市场委员会制定的联邦基金利率目标。

二级信贷发放的对象是那些陷入财务困境或者面临严重的流动性问题的银行。二级信贷的利率高于贴现利率 50 个基点（0.5 个百分点）。由于这些贷款是面向财务状况欠佳的银行，因此利率属于惩罚性的高利率。

季节性信贷是为了满足位于度假区或农业区、存款具有季节性特征的为数不多的银行的需要。季节性信贷的利率与联邦基金利率和定期存款利率的平均值挂钩。

❖ 法定存款准备金率

如果法定存款准备金率降低，那么在任何给定的利率水平上，法定存款准备金和准备金需求量都会减少。因此在图 18-5 中，法定存款准备金率的降低推动需求曲线从 R_1^d 向左位移至 R_2^d，均衡点由点 1 移动到点 2，从而将联邦基金利率从 i_{ff}^1 下跌到 i_{ff}^2。结论是，如果美联储降低法定存款准备金率，联邦基金利率下跌。

同理，提高法定存款准备金率会增加准备金的需求量，推动需求曲线向右位移，导致联邦基金利率上升。也就是说，如果美联储提高法定存款准备金率，会导致联邦基金利率上升。

当然，如果准备金供给曲线的垂直部分相交于需求曲线的水平部分时（图略），此时联邦基金利率已经等于准备金利率（联邦基金利率的下限），准备金需求曲线左移也不会改变联邦基金利率。另外，如果准备金供给曲线的水平部分相交于需求曲线时（图略），此时联邦基金利率已经等于贴现率（联邦基金利率的上限），准备金需求曲线小幅左移也可能无法改变联邦基金利率。

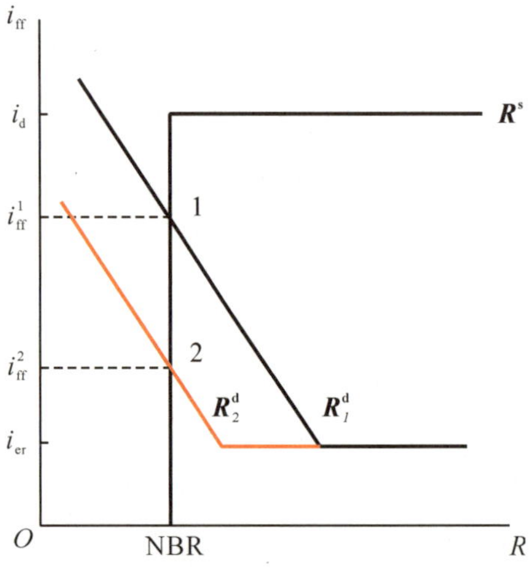

图 18-5　法定存款准备金率变动对联邦基金利率的影响

❖ 超额存款准备金利率

美联储对超额存款准备金利率①的变动所产生的影响取决于供给曲线与需求曲线的相交点位于需求曲线的向下倾斜部分还是水平部分。在图 18-6（a）中，相交点位于需求曲线向下倾斜的部分，此时联邦基金利率的均衡水平高于超额存款准备金利率。在这种情况下，如果超额存款准备金利率从 i_{er}^1 提高至 i_{er}^2，需求曲线的水平部分上移至 R_2^d，但供给曲线与需求曲线的相交点依然为点 1，联邦基金利率保持不变。在图 18-6（b）中，供给曲线与需求曲线相交于需求曲线的水平部分，此时联邦基金利率的均衡水平等于超额存款准备金利率，此时，超额存款准备金利率从 i_{er}^1 提高至 i_{er}^2，会将均衡点推动至点 2，联邦基金利率的均衡水平也会从 $i_{ff}^1=i_{er}^1$ 上升至 $i_{ff}^2=i_{er}^2$。即当联邦基金利率等于准备金利率时，联邦基金利率水平会随着超额存款准备金利率的上升而上升。

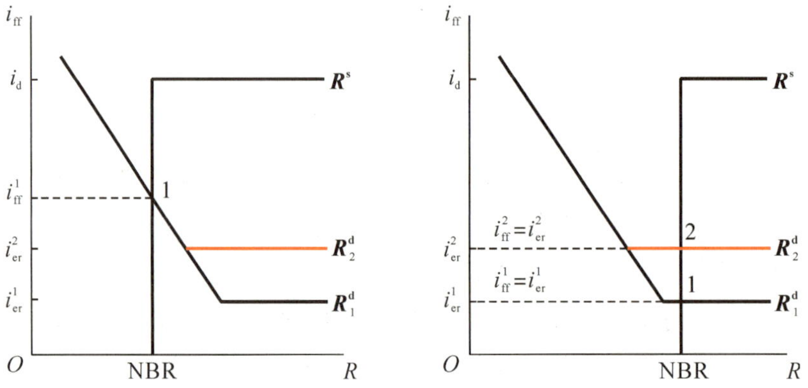

（a）最初 $i_{ff}^1 > i_{er}^1$　　（b）最初 $i_{ff}^1 = i_{er}^1$

图 18-6　超额存款准备金利率变动对联邦基金利率的影响

① 从 2020 年 3 月起，美联储取消了对法定存款准备金比例的要求，因此我们也可以直接用准备金利率这一术语来代替超额存款准备金利率。实际上在 2021 年 7 月，美联储在对其准备金条例进一步修改时，也已经统一把原来的超额存款准备金利率改称为准备金利率了。

第三节　货币政策传导机制

货币政策传导机制（transmission mechanisms of monetary policy）主要考察货币政策影响总需求和产出的各种传导机制（或称传导渠道）。我们首先探讨利率传导渠道，因为它是最为关键的货币政策传导渠道。

一、传统利率传导渠道

传统观点认为，货币政策主要是通过利率传导渠道发挥作用的。其传导路径如下：

$$扩张性货币政策 \Rightarrow i\downarrow \Rightarrow I\uparrow \Rightarrow Y\uparrow$$

以上传导渠道反映了降低实际利率的扩张性货币政策的影响。扩张性货币政策导致了实际利率水平的下降（$i\downarrow$），这会降低筹资成本，进而引起投资支出的增加（$I\uparrow$），最终导致总需求水平的上升和产出的增加（$Y\uparrow$）。

尽管凯恩斯最初认为这种传导渠道主要是通过企业对于投资支出的决策来发挥作用的，然而，经济学家对新的货币政策传导途径的研究发现，消费者对房产的支出以及耐用消费品支出（比如汽车等耐用品的支出）也属于投资决策。因此货币政策的利率传导渠道也同样适用于消费支出，所以，这里的 I 也反映了居民对房产和耐用消费品的支出。

利率传导机制的重要特征在于，它强调影响企业和消费者决策的是实际利率，而非名义利率。而且，对支出产生重要影响的是长期实际利率，而不是短期实际利率。但中央银行能有效控制的往往只有短期名义利率，那么，中央银行改变短期名义利率的行为是如何导致长期债券和短期债券的实际利率发生相应变动的呢？关键在于价格黏性现象的存在。所谓**价格黏性**（sticky price），是指一般物价水平的调整非常缓慢，因此当利用扩张性的货币政策降低短期名义利率水平时，短期实际利率水平也会随之降低。利率期限结构的预期假说认为，长期利率等于预期未来短期利率的平均值，因此，短期实际利率水平的降低就会导致长期实际利率水平的降低。实际利率水平的降低会导致企业固定资产投资、居民房产投资、存货投资和消费者耐用消费品支出的增加，而这一切又会导致总产出水平的提高。

由于影响支出的是实际利率而不是名义利率，因而即使是在通货紧缩时期，名义利率水平达到零下限时，货币政策依然可以通过一定的途径起到刺激经济的作用。当名义利率水平触及零下限时，承诺未来实施扩张性货币政策，会提高预期通货膨胀率（π^e），因而会降低实际利率水平（$i_r = i - \pi^e$），进而通过下面的利率传导途径刺激支出：

$$扩张性货币政策 \Rightarrow \pi^e\uparrow \Rightarrow i_r\downarrow \Rightarrow I\uparrow \Rightarrow Y\uparrow$$

这种传导机制表明，**即使货币当局已经将名义利率水平降至零，货币政策依然会起作用。**实际上，这种传导机制可以解释为什么 2008 年全球金融危机以来，美欧日等发达经济体为应对金融危机曾先后实施量化宽松等非常规货币政策，向市场大量投放基础货币。通过这种方式可以确保实际利率保持在比较低的水平，最终达到了刺激经济的目的。

斯坦福大学的约翰·泰勒（John Brian Taylor）等经济学家坚持认为，有足够的实证证据表明利率水平通过改变实际筹资成本对消费支出和投资支出产生了重要作用，因此他们认为货币政策的利率传导机制的作用是很强的。然而很多研究人员认为，并没有足够的实证证据表明利率水平是通过改变实际筹资成本发挥作用的。实际上，这些研究人员认为传统的货币政策利率传导机制没有通过实证检验，他们转而研究货币政策的其他传导机制。这些其他传导机制可以分为两类：一类是通过利率水平以外的其他资产价格起作用（即**其他资产价格传导渠道**），另一类则是通过信息不对称对信贷市场的影响发挥作用（即**信用传导渠道**）。

二、其他资产价格传导渠道

虽然货币政策基于利率渠道传导的观点极为重要，但除了利率之外，还有其他两种资产价格作为货币政策传导渠道的作用受到了极大的关注：汇率和权益证券（即股票）的价格。

❖ 汇率渠道

汇率传导考虑了利率水平对汇率的影响。扩张性货币政策可以降低实际利率，当国内实际利率水平下降时，国内资产相对于外币资产的吸引力会有所下降，从而导致本币贬值（直接标价法下，以 $E\uparrow$ 表示本币贬值）。本币贬值使得本国商品相对于外国同类商品更加便宜，因此会导致净出口的增加（$NX\uparrow$），总需求也随之增加进而产出增加（$Y\uparrow$）。我们可以将通过汇率渠道的货币政策传导机制表示为：

扩张性货币政策 $\Rightarrow i_r\downarrow\Rightarrow E\uparrow$（直接标价法，本币贬值）$\Rightarrow NX\uparrow\Rightarrow Y\uparrow$

❖ 托宾 q 理论

诺贝尔经济学奖得主詹姆斯·托宾（James Tobin）创立了一种用于解释货币政策通过权益证券（股票）价值来影响经济的机制的理论，称为“托宾 q 理论”。**托宾将 q 定义为企业的市场价值与资产的重置成本之比。**

如果 q 值高，那么企业的市场价值相对于其资产重置成本就高，因而新的厂房和设备相对于企业的市场价值来说更为便宜。在这种情况下，企业就会发行股票，企业发行少量的股票就可以购买到大量的资本品，因此企业的投资支出将会增加。

相反，如果 q 值低，那么企业的市场价值相对于资产重置成本就低，企业就不会购买新的资本品。如果在 q 值低的情况下企业希望增加资本品，它们可以通过低价购买其他企业、获取旧的资本品来达到这一目的。因此，投资支出即对新的资本品的购买就会下降。

由上述分析可见，托宾 q 值和投资支出之间存在联系。那么货币政策又是如何影响股票价格进而影响托宾 q 值呢？在扩张性货币政策下，实际利率降低，股票价格（P_S）上升，这意味着 q 值变大，从而使得投资支出增加（$I\uparrow$）进而产出增加（$Y\uparrow$）。我们可以将上述的货币政策传导机制表示为：

$$\text{扩张性货币政策} \Rightarrow i_r\downarrow \Rightarrow P_S\uparrow \Rightarrow q\uparrow \Rightarrow I\uparrow \Rightarrow Y\uparrow$$

❖ 财富效应

在探讨货币传导机制中，研究人员发现消费者的资产负债状况会影响他们的支出决策。佛朗哥·莫迪利亚尼（Franco Modigliani）运用他著名的消费生命周期假说首先对这一问题进行了研究。这里的消费指的是消费者对非耐用消费品和服务的支出，不包括对耐用消费品的支出。莫迪利亚尼理论的基本前提是，消费者在一生中平均安排其消费支出，因此决定消费的是消费者一生中可利用的资产，而不仅是今天的收入。

在消费者一生可利用的资产中，一个重要的组成部分是消费者的金融财富，主要由普通股股票构成。扩张性货币政策会导致股票价格（P_S）上升，从而消费者的金融财富（W）增加，消费随之增加（C↑），进而产出增加（$Y\uparrow$）。由此，我们可以得到另一个货币政策传导机制：

$$\text{扩张性货币政策} \Rightarrow i_r\downarrow \Rightarrow P_S\uparrow \Rightarrow W\uparrow \Rightarrow C\uparrow \Rightarrow Y\uparrow$$

莫迪利亚尼研究发现这是一种强有力的货币政策传导机制，这进一步丰富了货币政策传导机制研究。

莫迪利亚尼的财富效应和托宾的 q 理论考虑的是一般意义的权益资产（股票），但这也给了我们分析货币政策通过其他权益资产价格传导的启示。比如，同样的分析也适用于房地产市场。对房地产商而言，房价的升高会提高房产价格与重置成本之比，导致房地产的托宾 q 值升高，从而刺激房地产开发投资。同样，由于房地产也是财富的重要组成部分，房价的升高也会增加财富，进而增加消费。由此可见，扩张性货币政策可以通过上述托宾 q 值和财富效应使得总需求的增加，进而产出增加。

三、信用传导渠道*

有经济学家对传统利率传导机制提出异议，他们提出了一种**基于信息不对称理论对货币政策传导机制进行解释的信用传导观点**。这种观点认为信贷市场信息不对称对货币政策信用传导的影响方式可以分为两类，一类是通过对银行放贷行为的影响发挥作用，另一类则是通过对企业和消费者资产负债表的影响发挥作用。

❖ 银行贷款渠道

信贷市场存在信息不对称，银行具有解决信贷市场信息不对称问题的作用，这是银行贷款渠道传导机制的基础。正因为银行具有这种功能，而特定的借款人由于信息不对称问题很难找到其他更好的资金来源，所以只能通过银行才能借到需要的资金。扩张性货币政策会增加银行存款准备金和存款吸收，从而增加银行可供借贷的资金，依赖于银行贷款的借款人所能获得的贷款也会增加，贷款的增加必然会导致更多数量的投资支出（可能还有消费支出），进而产出增加。我们可以将上述货币政策传导机制表示为：

扩张性货币政策 ⇒ 银行存款准备金和存款吸收 ↑ ⇒ 银行贷款 ↑ ⇒ I↑ ⇒Y↑

银行贷款渠道尽管已被一些研究所证实，但需要注意的是，这一传导渠道可能更适用于通过规模较小的企业进行传导，因为这些企业与大企业相比更加依赖于银行贷款，而那些大企业还可以通过股票和债券市场进行筹资。除此之外，理论界对银行贷款渠道还存在着许多争议，认为这种通过银行贷款的货币传导机制的作用已经今不如昔。其原因主要在于目前很多银行可以通过以市场利率发行大额可转让定期存单等方式灵活地应付准备金和存款的减少；另外，在全世界范围内，银行传统的贷款业务规模开始萎缩，这也使得银行贷款渠道的作用下降。

❖ 资产负债表渠道

尽管银行贷款渠道的重要性在不断降低，但是毫无疑问还存在着其他信用途径，例如资产负债表渠道。和银行贷款渠道一样，资产负债表渠道也和信贷市场的信息不对称问题紧密联系。

◆ 企业净值渠道

我们知道银行更愿意向净值高的企业发放贷款，这是因为净值越高的企业往往也是更为优质的企业，从而缓解逆向选择问题；另外，企业净值越高还意味着企业破产引起企业所有者的损失越大，企业所有者从事风险投资项目的动机就会越低，从而缓解道德风险问题。

货币政策可以通过多种渠道影响企业的资产负债表。如前所述，扩张性货币政策会导致股票价格的升高（P_S↑），企业净值随之上升，从而逆向选择和道德风险问题得以缓解，银行会更愿意对其发放贷款，从而导致贷款和投资支出增加（I↑），进而产出增加（Y↑）。我们可以将上述货币政策传导机制表示为：

扩张性货币政策⇒i_r↓ ⇒ P_S↑ ⇒ 企业净值 ↑ ⇒ 逆向选择和道德风险 ↓

⇒贷款 ↑ ⇒ I↑ ⇒ Y↑

◆ 企业现金流渠道

还有一种资产负债表途径是通过影响现金流发挥作用的，所谓现金流是指现金收入与支出的差额。扩张性货币政策会降低名义利率水平，直接减少企业利息支出，企业的现金流会因此增加，从而改善资产负债表。资产负债表的改善使贷款人更加容易了解借款人履行偿债义务的能力，从而缓解逆向选择和道德风险问题，使得贷款总量增加，投资支出增加（I↑），进而产出增加（Y↑）。我们可以将上述货币政策传导机制表示为：

扩张性货币政策⇒i↓ ⇒ 企业现金流 ↑ ⇒ 逆向选择和道德风险 ↓

⇒贷款 ↑ ⇒ I↑ ⇒Y↑

这种传导渠道的一个重要特点是，名义利率水平对借款人的现金流起着重要的作用。而前面所讨论的传统的利率传导渠道则是实际利率水平对投资支出起重要作用，因此两种利率传导渠道是不同的。而且，在现金流渠道中，是短期利率而不是长期利率起着特殊的作用，因为对借款人现金流影响最大的是短期债务的偿付，而非长期债务。

另外，这一传导渠道还通过降低信贷配给得以有效传导。当借款人即使愿意支付更高的利率也无法借到所需要的款项时，就出现了信用配给现象。这是因为，投资项目风险最高的个人和企业，恰恰是那些愿意支付高利率的借款人，因为一旦高风险项目成功，他们将是最大的受益人。因此，高利率加剧了逆向选择问题，而低利率则有助于缓解逆向选择问题。扩张性货币政策导致利率降低时，高风险偏好的借款人在贷款需求中的占比减少，因此贷款人更乐于发放贷款，进而提高投资支出和提高总需求水平。

◆ 预料之外的价格水平渠道

第三种资产负债表渠道是通过货币政策影响一般价格水平发挥作用的。因为债务一般是以名义利率计息的，而预料之外的价格水平上升会降低企业的实际负债（减轻债务负担），但是不会降低企业资产的实际价值，企业的实际净值上升。宽松的货币政策会提高通货膨胀率，引起价格水平预料之外的上升（$P\uparrow$），进而提高企业的实际净值，缓解了逆向选择和道德风险问题，贷款总量增加，这又会导致投资支出的增加（$I\uparrow$），进而产出增加（$Y\uparrow$）。我们可以将上述货币政策传导机制表示为：

$$\text{扩张性货币政策} \Rightarrow \text{预料之外的价格水平} P\uparrow \Rightarrow \text{企业实际净值}\uparrow$$
$$\Rightarrow \text{逆向选择和道德风险}\downarrow \Rightarrow \text{贷款}\uparrow \Rightarrow I\uparrow \Rightarrow Y\uparrow$$

◆ 家庭流动性效应渠道

虽然大部分关于信用渠道的文献都集中在企业的支出上，但信用传导渠道也应当同样适用于消费支出，特别是家庭对于耐用消费品和房产的消费。我们还可以从家庭流动性对耐用消费品和房产支出的影响的角度，分析资产负债表渠道是如何发挥作用的。由于耐用消费品和房产的质量存在信息不对称问题，因此耐用消费品和房产都属于流动性很差的资产。如果消费者预计自己未来可能遭受财务困境，由于耐用消费品和房产的变现能力差，因此不会乐于购买它们。实际上，消费者的资产负债表是估计其未来遭遇财务困境可能性的很好的工具。具体而言，当消费者拥有的金融资产的规模相对于其债务规模更大时，由于金融资产的流动好，消费者遭遇财务困境的可能性就较小，他就更乐于购买耐用消费品和房产。当扩张性货币政策时，股票价格升高，家庭金融资产的价值随之增加，意味着消费者的财务状况更为安全，未来遭遇财务困境的可能性较小，耐用消费品和房产的支出会随之进一步增加。这就是货币政策的另外一个传导机制，它是通过货币和股票价格之间的联系发挥作用的。我们可以将上述货币政策传导机制表示为：

$$\text{扩张性货币政策} \Rightarrow i_r\downarrow \Rightarrow P_S\uparrow \Rightarrow \text{家庭金融资产价值}\uparrow \Rightarrow \text{财务困境可能性}\downarrow$$
$$\Rightarrow \text{耐用消费品和房产支出}\uparrow \Rightarrow Y\uparrow$$

第四节 货币政策与财政政策的配合*

我们已经知道，货币政策的操作主要通过对货币供应量的数量调控或对基准利率的价格调控方式进行。与货币政策不同，财政政策的操作主要通过对政府支出（政府购买和转移支付）和政府收入（税收）调控的方式进行。虽然两者的操作方式不同，但它们都是属于通过作用于总需求以影响宏观经济的政策。本节我们借助 IS-LM 模型学习货币政策与财政政策在宏观经济调控中的政策效应和搭配使用。

一、IS-LM 模型

IS-LM 模型①是由英国经济学家约翰·希克斯（John Richard Hicks）和美国经济学家汉森（Alvin Hansen），在凯恩斯宏观经济理论基础上概括出的一个经济分析模型，也称“希克斯-汉森模型”。IS-LM 模型是宏观经济分析的一个重要工具，是描述产品市场和货币市场之间相互联系的理论模型。

❖ IS 曲线的推导

IS 曲线是描述产品市场均衡时，利率与国民收入之间关系的曲线。根据均衡国民收入公式，均衡总收入（或总产出）Y 等于总需求 AD，即等于消费（C）、投资（I）、政府购买（G）和净出口（NX）之和。由于消费（C）受收入（Y）的影响，投资（I）受利率（i）的影响，并且假定政府购买（G）和净出口（NX）外生给定，因此有：

$$Y = AD = C(Y) + I(i) + \bar{G} + \overline{NX} \tag{18-1}$$

进一步的，由于消费函数和投资函数如下：

$$C(Y) = \bar{C} + c(Y + \overline{TR} - tY)$$

$$I(i) = \bar{I} - bi$$

式中，$\bar{C}$ 为自发消费，c 为边际消费倾向（$0 < c < 1$），$\overline{TR}$ 为转移支付，tY 为税收（即税率 t 乘以收入 Y，$0 < t < 1$）；$\bar{I}$ 为自发投资，b 为投资对利率的敏感度（$b > 0$）。把消费函数和投资函数代入式（18-1），可得：

$$Y = \frac{1}{1 - c(1 - t)}(\bar{C} + c\,\overline{TR} + \bar{I} + \bar{G} + \overline{NX} - bi) \tag{18-2}$$

式（18-2）表明，产品市场均衡时，国民收入与利率呈负相关，即随着利率的上升国民收入会下降。上式也可表示为：

$$i = \frac{\bar{C} + c\,\overline{TR} + \bar{I} + \bar{G} + \overline{NX}}{b} - \frac{1 - c(1 - t)}{b}Y \tag{18-3}$$

---

① IS-LM 是英文 Investment and Saving - Liquidity preference and Money supply 的简称。“Investment and Saving“指产品市场均衡时，投资等于储蓄；Liquidity preference and Money supply 指货币市场均衡时，基于凯恩斯流动性偏好理论的货币需求等于中央银行的货币供给。

可见，在纵轴和横轴分别为利率（i）和收入（Y）的坐标系中，IS 曲线向右下方倾斜（如图 18-7）。

❖ LM 曲线的推导

LM 曲线是描述货币市场均衡时，国民收入与利率之间关系的曲线。当货币市场均衡时，货币供给等于货币需求。根据凯恩斯流动性偏好货币需求函数“式（16-7）”，给定实际货币供给量（$\frac{\overline{M}}{\overline{P}}$），有：

$$\frac{\overline{M}}{\overline{P}} = kY - hi \tag{18-4}$$

式（18-4）表明，货币市场均衡时，利率与国民收入呈正相关，即随着收入的增加利率会上升。上式也可表示为：

$$i = \frac{k}{h}Y - \frac{1}{h} \cdot \frac{\overline{M}}{\overline{P}} \tag{18-5}$$

可见，在纵轴和横轴分别为利率（i）和收入（Y）的坐标系中，LM 曲线向右上方倾斜（如图 18-7）。

❖ 产品市场和货币市场同时均衡

从以上分析可见，IS 曲线和 LM 曲线分别给出了产品市场和货币市场实现均衡的条件，现在我们需要把 IS 曲线（产品市场均衡）和 LM 曲线（货币市场均衡）结合起来分析两个市场同时均衡时的均衡利率与均衡收入。由图 18-7 可见，IS 曲线和 LM 曲线的交点 E 即代表两个市场达到同时均衡，i^* 和 Y^* 为均衡利率和均衡收入。

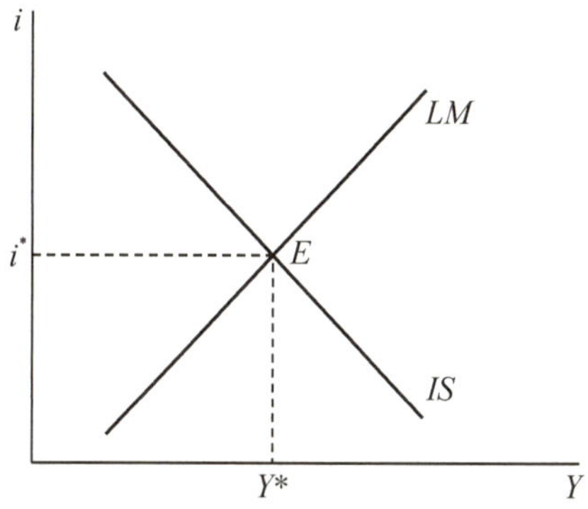

图 18-7　产品市场和货币市场同时均衡

二、财政政策与货币政策的政策效应

下面我们运用 IS-LM 模型分别讨论财政政策和货币政策在 IS-LM 模型框架下的政策效应。

❖ 财政政策操作及政策效应

对于政府来说，如果实施扩张性财政政策（增加政府支出或减税），根据式（18-3），这会导致 IS 曲线与纵轴的截距项变大或曲线斜率绝对值变大，从而导致 IS 曲线右移。由图 18-8（a）可见，在新的均衡点 E_1，产出增加，利率上升。反之，实施紧缩性财政政策（减少政府支出或增税），会使得 IS 曲线左移，由图 18-8（b）可见，在新的均衡点 E_1，产出减少，利率下降。简言之，**扩张性的财政政策使得均衡产出增加、均衡利率上升，而紧缩性的财政政策使得均衡产出减少、均衡利率下降。**

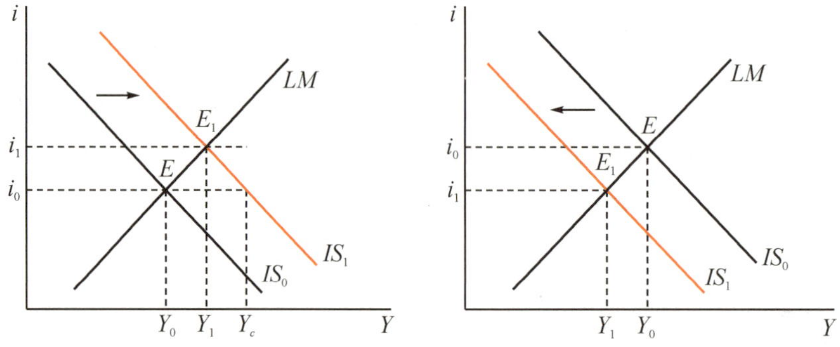

（a）扩张性财政政策　　（b）紧缩性财政政策

图 18-8　财政政策操作与 IS 曲线的移动

扩张性财政政策虽然使得产出上升，但却产生了一个副作用：由于投资是利率的减函数，均衡利率的上升会使得私人投资下降。如果将增加的政府支出视作政府投资，扩张性财政政策的结果就是政府投资挤占了私人投资，这被称为**挤出效应**。图 18-8（a）直观地表现了挤出效应的大小，图中如果 IS 曲线右移后利率不变，产出将会达到 Y_c 的水平，但实际上利率上升了，产出只能增加到 Y_1 的水平。（Y_c-Y_1）度量了因为扩张性财政政策，利率上涨而“挤出”的私人投资数量。

挤出效应的大小与 LM 曲线的斜率相关，LM 曲线越陡峭（斜率越大），挤出效应就越显著。如果 LM 曲线是一条垂直于横轴的直线，意味着政府投资会将全部私人投资“挤出”，此时扩张性财政政策只会导致利率的上升而不会导致产出（或国民收入）的任何增加，换言之，财政政策失效；如果 LM 曲线是一条水平直线，意味着政府投资没有“挤出”任何私人投资，此时扩张性财政政策不会导致利率的上升而只有产出（或国民收入）的增长，换言之，财政政策极为有效。

那么 LM 曲线的斜率受什么因素影响呢？根据式（18-5），当交易性货币需求对收入敏感度的参数 k 与投机性货币需求对利率敏感度的参数 h 的比值越大，LM 曲线的斜率就越大（曲线越陡峭）。由凯恩斯流动性偏好理论关于“古典区域”和“流动性陷阱”的相关分析可知，当货币需求主要受收入影响，货币需求对利率敏感度极小时（货币需求进入“古典区域”），k 与 h 的比值就会趋于无穷大，LM 曲线趋于垂直；当货币需求除了受收入影响，并且对利率的敏感度极大时（货币需求进入“流动性陷阱”），k 与 h 的比值就会趋于 0，LM 曲线趋于水平。由此我们结合前文的分析可见，**当货币需求对利率**

敏感度极小（LM 曲线趋于垂直）时，财政政策失效；当货币需求对利率敏感度极大（LM 曲线趋于水平）时，财政政策极为有效。①

❖ 货币政策操作及政策效应

对于中央银行来说，如果实施扩张性货币政策（增加货币供给），根据式（18-5），这会导致 LM 曲线与纵轴的截距项变小，从而导致 LM 曲线右移。由图 18-9（a）可见，在新的均衡点 E_1，利率下降，产出增加②。反之，实施紧缩性货币政策（减少货币供给），会使得 LM 曲线左移，由图 18-9（b）可见，在新的均衡点 E_1，利率上升，产出减少。简言之，**扩张性的货币政策使得均衡利率下降、均衡产出增加，而紧缩性的货币政策使得均衡利率上升、均衡产出减少。**

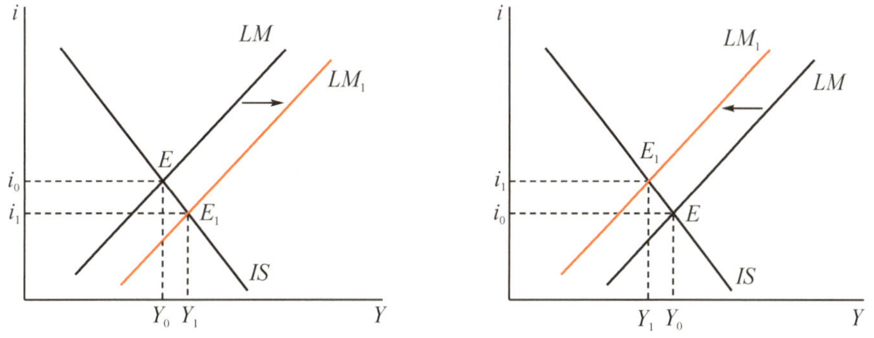

（a）扩张性货币政策　　（b）紧缩性货币政策

图 18-9　货币政策操作与 LM 曲线的移动

很显然，运用货币政策拉动产出的效果受到 IS 曲线斜率的制约。IS 曲线斜率绝对值越大（曲线越陡峭），拉动产出的效果越小。如果 IS 曲线是一条垂直于横轴的直线，那么 LM 曲线的任何移动都会导致利率的波动，而不会导致均衡产出的变化，换言之，如果 IS 曲线垂直于横轴，货币政策失效；如果 IS 曲线是一条水平直线，则货币政策极为有效。

那么 IS 曲线的斜率受什么因素影响呢？根据式（18-3），给定边界消费倾向 c 和税率 t 不变的情况下，投资对利率的敏感度 b 越小，IS 曲线的斜率越大（曲线越陡峭）。由此可见，**当投资对利率的敏感度极小（IS 曲线趋于垂直）时，货币政策失效**，此时经济陷入“投资陷阱”之中，因为投资对利率已经不敏感，利率的下降无法促使投资增加从而促使产出增加。反之，**当投资对利率的敏感度极大（IS 曲线趋于水平）时，货币政策极为有效。**

三、财政政策与货币政策的组合使用

前文分析表明，财政政策和货币政策的有效性受多方面因素的影响，在宏观调控中

① 关于“流动性陷阱”下财政政策更为有效的观点，也是凯恩斯在面对 1929－1933 年的大萧条之际，力主扩张性财政政策的理论依据。

② 注意这里表述为“利率下降，产出增加”，而不是“产出增加，利率下降”，这是因为扩张性货币政策首先影响的是利率而不是产出。

需要综合运用。接下来我们分别讨论 IS 曲线和 LM 曲线处于特定情形下（垂直或水平）以及处于一般情形下的财政政策与货币政策的组合使用。

❖ 特定情形下的政策选择分析

我们结合表 18-1，对 IS 曲线和 LM 曲线处于特定情形下的财政政策和货币政策选择加以分析。(1) 当货币需求对利率敏感度极大（LM 曲线趋于水平）时，我们知道此时财政政策极为有效，因此在经济陷入“流动性陷阱”时，可以选择财政政策调控经济。(2) 当货币需求对利率敏感度极小（LM 曲线趋于垂直）时，我们知道此时财政政策失效，因此可以选择货币政策调控经济。(3) 当投资对利率的敏感度极大（IS 曲线趋于水平）时，我们知道此时货币政策极为有效，因此可以选择货币政策调控经济。(4) 当投资对利率的敏感度极小（IS 曲线趋于垂直）时，我们知道此时货币政策失效，因此在经济陷入“投资陷阱”时，可以选择财政政策调控经济。

表 18-1　特定情形下的政策选择

情景	政策有效性和政策选择	IS-LM 模型曲线移动
当货币需求对利率敏感度极大（LM 曲线趋于水平）时	财政政策极为有效，选择财政政策。	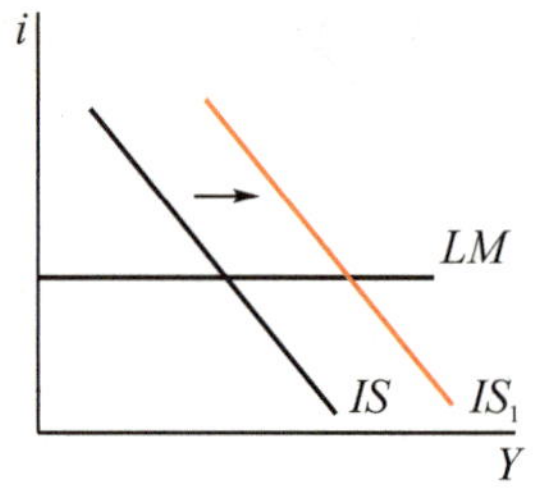
当货币需求对利率敏感度极小（LM 曲线趋于垂直）时	财政政策失效，选择货币政策。	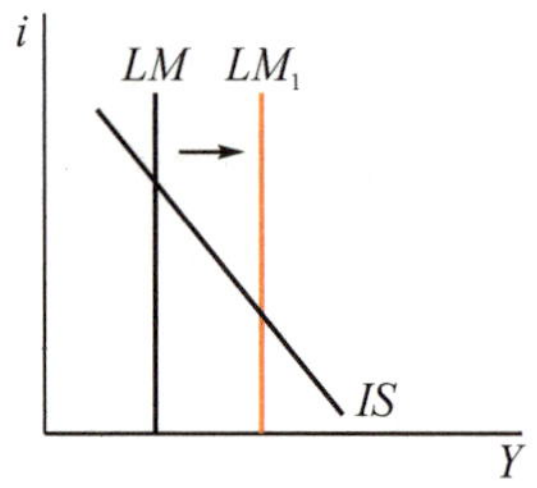
当投资对利率的敏感度极大（IS 曲线趋于水平）时	货币政策极为有效，选择货币政策。	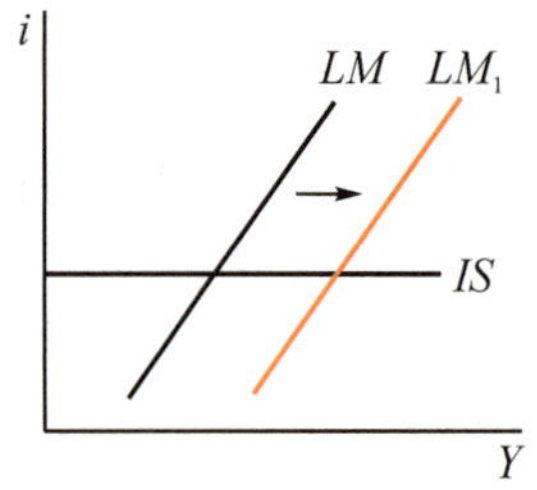
当投资对利率的敏感度极小（IS 曲线趋于垂直）时	货币政策失效，选择财政政策。	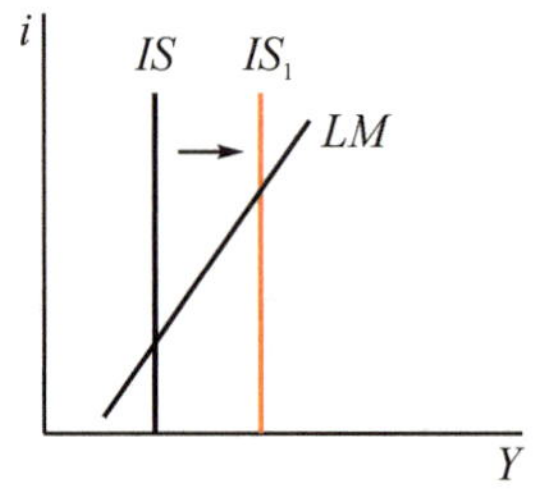

❖ 一般情形下的政策组合效应分析

根据 IS-LM 模型，一般情形下，IS 曲线向右下方倾斜，LM 曲线向右上方倾斜（如图 18-7）。在这种情形下，如果通过扩张性的财政政策调控经济，IS 曲线右移，如图 18-8（a）所示，这会使产出增加，但存在挤出效应。这时如果配合使用扩张性的货币政策，让 LM 曲线也同时右移，就可以达成利率不变而产出增加的效果。产出可以从 Y_0增加到 Y_c，而不是单独使用财政政策时的 Y_1，宏观调控的效果得以提高。由此可见，财政政策和货币政策的组合使用非常重要。表 18-2 给出了财政政策和货币政策组合使用的总效应情况。

表 18-2　一般情形下财政政策和货币政策组合使用的总效应

政策组合	产出变动	利率变动	IS-LM 模型曲线移动
扩张性财政政策 扩张性货币政策	增加	不确定	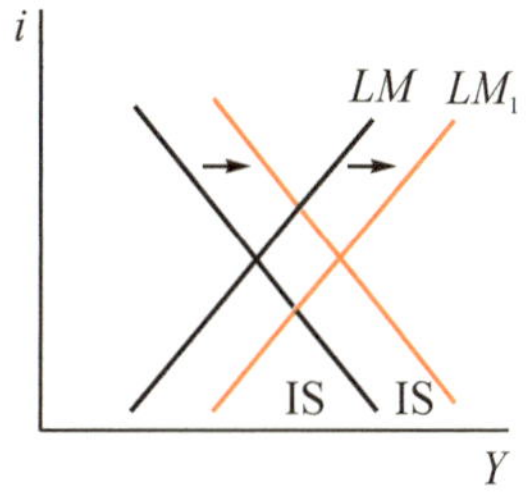
扩张性财政政策 紧缩性货币政策	不确定	上升	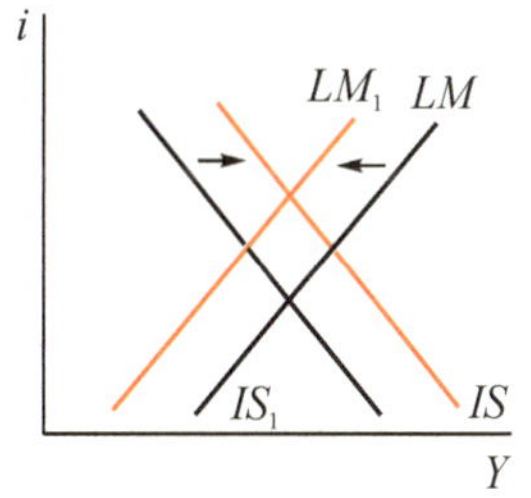
紧缩性财政政策 扩张性货币政策	不确定	下降	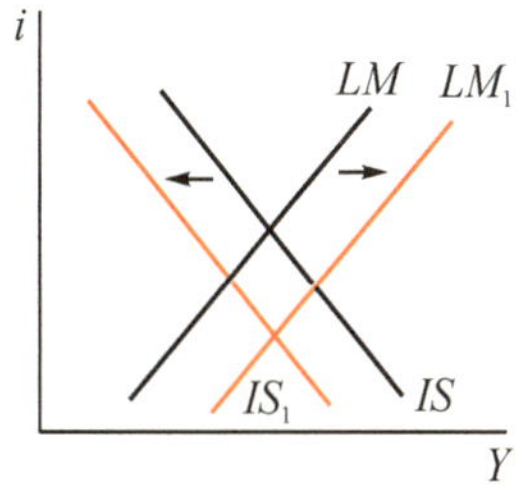
紧缩性财政政策 紧缩性货币政策	减少	不确定	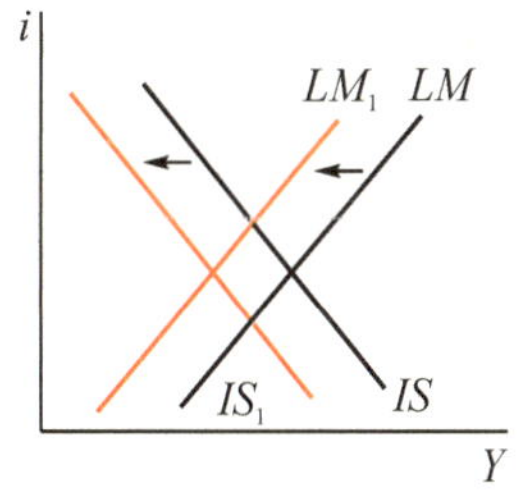

第五节 货币政策时滞

影响货币政策实施效果的因素有很多，这里主要介绍货币政策时滞。政策时滞，即政府制定政策到产生作用所需经历的时间，可以区分为内部时滞和外部时滞。相应地，**货币政策时滞是指货币政策从研究、制定、实施到实现其全部效应的时间过程。**货币政策时滞同样由内部时滞、外部时滞组成。

一、货币政策内部时滞

货币政策内部时滞是指作为一国货币当局的中央银行从认识到经济形势发生变化到制定和实施货币政策所经过的时间。当经济形势发生变化，中央银行从认识到应当调整政策到着手制定政策再到实施政策，每一步都需要耗费一定的时间。内部时滞的长短主要取决于中央银行在收集经济信息基础上对经济金融形势的预测判断能力、决策行动意向等。内部时滞又可分为认识时滞、行动时滞两个阶段。

认识时滞，是指经济金融情况变化需要货币当局采取行动，到货币当局认识到这种变化并承认需要调整货币政策间的时间间隔。譬如说通货膨胀已经开始，客观上需要实行紧缩银根（减少货币供给）的政策，但中央银行要认识到有实行这种政策的必要，需要一定的观察、分析和判断的时间。这段时滞之所以存在，主要有两个原因：一是搜集各种信息资料客观上需要耗费一定的时间；二是对各种复杂的社会经济现象进行综合性分析，做出客观的、符合实际的判断也需要耗费一定的时间。

行动时滞，是指货币当局认识到需要调整货币政策到实际采取行动之间的时间间隔。中央银行一旦认识到客观经济过程需要实行某种政策，就要着手拟定政策实施方案，并按规定程序报批，然后才能公布、贯彻。这段时滞之所以存在，是因为中央银行根据经济形势研究对策、拟订方案，并对所提方案做可行性论证，最后审定批准，整个制定过程的每一个步骤都需要耗费一定的时间。这部分时滞的长短，取决于中央银行对作为决策依据的各种信息资料的占有程度和对经济、金融形势的分析、判断能力，体现着中央银行决策水平的高低和对金融调控能力的强弱。

二、货币政策外部时滞

货币政策外部时滞是指从货币当局操作货币政策工具到货币政策对经济运行产生影响所经过的时间。外部时滞可分为传导时滞、决策时滞和作用时滞三个阶段。

传导时滞，即中央银行采取行动到该行动使金融机构改变准备金水平、利率和信贷规模的过程。其长短主要取决于金融机构和金融市场的政策敏感度的高低。

决策时滞，即企业和个人在利率、信用条件改变后相应做出改变支出水平决定的过程。经济主体的自主性和合同期限的长短左右决策时滞的长短。

作用时滞，即从支出单位改变支出水平到对整个社会的生产和就业产生影响的过程。生产要素的流动性和生产要素相互间的可替代性制约作用时滞。

三、货币政策时滞特点

相较于财政政策，货币政策时滞具有以下特点：

货币政策所需的内部时滞较短。与财政政策相比，货币政策直接由中央银行决定，经过的环节较少，而财政政策从决策、批准到实施，需要经过一系列的中间环节。

货币政策所需的外部时滞较长。与财政政策相比，货币政策需要通过较多的中间变量才能影响到目标变量，而财政政策能更加直接地影响目标变量。

货币政策时滞的存在增加了货币政策制定与实施的难度。一般而言，可能影响一国货币政策时滞长短的主要因素有：中央银行决策程序、货币政策工具运用、信息渠道畅通状况、金融市场发达程度及人们心理预期的形成方式等。进行经济调控时，无论是货币政策还是财政政策，应尽量缩短政策的内在时滞，同时考虑政策的外在时滞对政策效果的影响。

讨论：
货币政策具有科学性，也不乏艺术性。

本章重点回顾

中国人民银行货币政策目标及操作

中国人民银行货币政策目标

货币政策工具操作：着重以货币供给量为中间目标的数量调控

美联储货币政策目标及操作

美联储货币政策目标

货币政策工具操作：着重以利率为中间目标的价格调控

货币政策传导机制

传统利率传导渠道；其他资产价格传导渠道；信用传导渠道

货币政策和财政政策的配合

IS-LM 模型；货币政策和财政政策的政策效应和组合使用

货币政策时滞

内部时滞和外部时滞；货币政策时滞特点

课后思考和练习题

1. 我国在法定存款准备金政策方面有哪些创新举措？
2. 我国新型货币政策工具有哪些？
3. 美联储是如何通过货币政策工具调控联邦基金利率的？
4. 货币政策的传统利率传导渠道是如何发挥作用的？
5. 货币政策的资产价格传导渠道主要有哪些？
6. 什么是 IS-LM 模型？货币政策和财政政策如何促使曲线移动及政策效应？
7. 简述货币政策的内部时滞与外部时滞。

阅读资料推荐

张明，陈胤默，路先锋，王喆. 结构性货币政策工具：比较分析、研究述评与前景展望［J］. 国际经济评论，2023（06）：75-103.

中国货币政策执行报告

http://www.pbc.gov.cn/zhengcehuobisi/125207/125227/125957/index.html

第十九章 通货膨胀与通货紧缩

学习目标

本章首先介绍宏观经济学中的重要模型——总需求和总供给模型，并以此为基础，结合货币理论和货币政策中的相关知识，分析通货膨胀和通货紧缩问题。学完本章，你应该掌握：

- 总需求和总供给模型。
- 通货膨胀成因、影响及治理。
- 通货紧缩成因、影响及治理。

本教材前面的章节已经介绍了货币需求与货币供给，重在讨论货币市场的供需均衡状态。然而现实中经常发生货币供需失衡的问题，表现为通货膨胀或通货紧缩。尤其是发生恶性通货膨胀和通货紧缩将对经济发展和社会稳定带来巨大危害。但是我们又切身感受到经济发展必然会伴随着一定的通货膨胀或通货紧缩。因此，如何正确理解通货膨胀和通货紧缩，对我们理解经济发展中的货币现象以及如何调控经济至关重要。由于货币市场的均衡与商品、劳务市场的供需均衡相联系，本章将借助总需求与总供给模型，探讨通货膨胀和通货紧缩的成因、经济影响及治理对策等问题。

第一节　总需求与总供给模型

一、总需求

总需求（aggregate demand，AD）是在一定时期内经济社会对商品和劳务的需求总量，通常用产出水平来表示。总需求包括四个部分：**消费需求、投资需求、政府需求和国外需求。**消费需求，即消费支出，指对消费品和服务的支出；投资需求，即投资支出，指企业用于固定资产、存货等的支出；政府需求，即政府支出，指各级政府用于购买产品和服务的支出；国外需求，指外国对本国商品和服务的净支出，即净出口。一般用 C 表示消费、I 表示投资、G 表示政府支出、NX 表示净出口，总需求 Y^{AD} 的表达式为：

$$Y^{AD} = C + I + G + \mathrm{NX} \tag{19-1}$$

❖ 总需求曲线

总需求曲线是总需求函数的图示表示。总需求函数，是以产量（国民收入）表示的需求总量和价格水平之间的关系，反映在某一价格水平下，经济社会需要的产量水平。总需求曲线是以价格水平为纵坐标、总需求量为横坐标的向下倾斜的曲线（见图 19-1）。

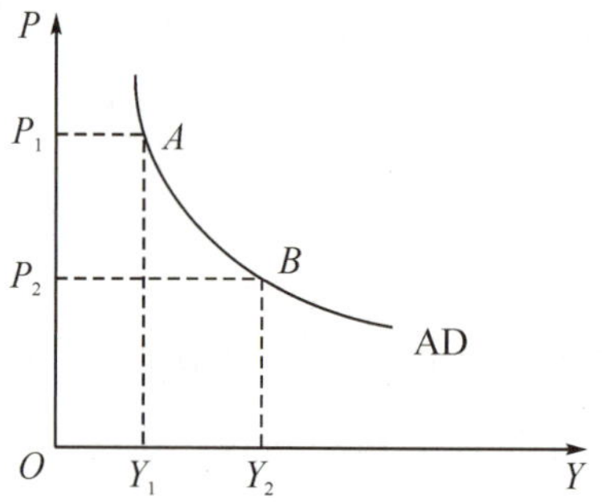

图 19-1　总需求曲线

总需求曲线通常向右下方倾斜，意味着在其他条件不变的情况下，价格下降会导致商品与劳务的总需求量增加；反之，价格水平上升会减少商品与劳务的总需求量。价格水平与总需求量的反向关系，可以从以下几点加以解释。

◆ 财富效应（也称实际余额效应）

该观点认为，当价格水平下降时，货币的实际价值提高了，消费者感到更富有，从而增加消费支出，这意味着对商品和劳务的需求量增加。反之，价格水平上升，对商品与劳务的需求量降低。财富效应也称实际余额效应，实际余额，其实就是货币的名义价值除以物价水平，用来表示货币所能购买的商品和劳务数量，即以实物形态衡量的货币。

◆ 利率效应

价格水平越低，人们为购买商品与劳务所需的货币量越少，并且如果名义货币供给不变，那么实际货币供给增加。根据凯恩斯的货币市场理论，货币需求和货币供给的一减一增，会使得利率下降。利率下降意味着融资成本下降，企业将增加投资，进而使总需求增加。利率下降也将促进消费，并使得本币贬值增加净出口，从而导致总需求增加。

◆ **税收效应**

物价水平上升会推动人们的名义收入增加，在累进税率下，个人所得税的边际税率可能会进入更高一级，导致纳税额增加，税后实际可支配收入减少，最终导致消费减少，总需求下降。

◆ **汇率效应**

本国物价下降会使本国商品相对外国商品更便宜，促进出口，抑制进口，最终导致净出口增加，总需求上升。

❖ 总需求曲线的移动

总需求曲线反映价格水平与总需求量之间的关系，而其他某些因素会影响既定价格水平下商品与劳务的总需求量。当这些因素发生改变时，每一价格水平下商品与劳务的需求量将发生变动，引起总需求曲线发生位移。

在既定价格水平下，任何使消费支出、投资支出、政府支出、净出口中任一方面增加的因素均会使总需求曲线向右移动；反之，在既定价格水平下，任何使消费支出、投资支出、政府支出、净出口中任一方面减少的因素均会使总需求曲线向左移动。

影响消费支出的因素举例：当税收减少时，人们的税后收入增加，从而刺激消费，消费支出增加，总需求曲线右移；当消费者的乐观情绪高涨时，消费支出也会增加，总需求曲线右移。影响投资支出的因素举例：当货币当局增加货币供给时，利率下降，融资成本降低，使得企业的投资需求增加，总需求曲线右移。影响政府支出的因素举例：当政府增加国防投入或基础设施建设时，政府支出增加，总需求曲线右移。影响净出口的因素举例：本国货币贬值，引起净出口增加，总需求曲线右移。上述举例均假定价格水平维持稳定。总体来讲，扩张性财政政策和扩张性货币政策均会使总需求曲线右移。

二、总供给

总供给（aggregate supply，AS）是指一定时期内经济社会所提供的产品与劳务总量，即一定时期内经济社会投入的基本资源所生产的总产出。基本资源主要包括劳动力、资本、技术、自然资源。

❖ 总供给曲线

总供给曲线反映总产量与价格水平之间的关系。按照名义工资和价格水平进行调整所需的时间长短，将总产出与价格水平之间的关系分为：古典总供给曲线、极端凯恩斯总供给曲线和常规总供给曲线。

◆ **古典总供给曲线是产出量在充分就业水平的一条垂直线**

古典学派认为名义工资和价格在长期内可以自由波动，具有完全弹性，并且产出由劳动数量决定。根据古典学派的说法，长期中的就业水平或产量不随价格水平的变化而变动，始终处在充分就业的水平上。因此古典总供给曲线是一条如图 19-2 所示的垂直直线，也称为长期总供给曲线（long-run AS，LRAS）。长期总供给的产出量，是充分就业状态下的总产出水平，称为产出的自然率水平，或潜在产出。充分就业下的失业率并非为零，会趋向自然失业率水平，因为有些失业是无法消除的。

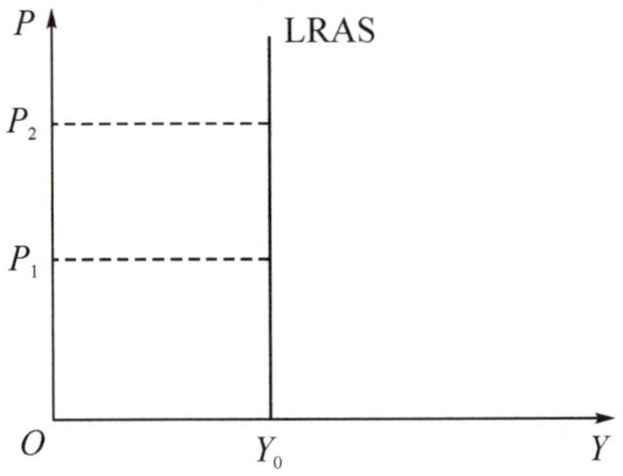

图 19-2　古典总供给曲线

◆ **极端凯恩斯总供给曲线是一条水平线**

凯恩斯于 1936 年出版的《就业、利息和货币通论》，针对西方国家普遍出现的严重大萧条，提出了名义工资“刚性”的假设，即名义工资不会轻易变动。在名义工资“刚性”的假设条件下，当产量（国民收入）增加时，价格和名义工资短期内不会发生改变。此时，凯恩斯的总供给曲线被认为是一条水平线（见图 19-3）。由于即使不考虑刚性工资的假设，在极短时间内，价格和名义工资也没有足够的时间进行调整，因此水平的凯恩斯总供给曲线代表的是短期总供给曲线的一种极端情况，也被称为超短期总供给曲线（Very Short-Run AS，VSRAS）。

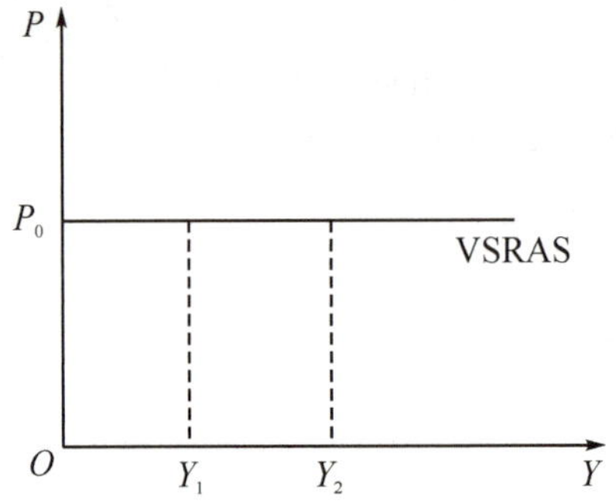

图 19-3　极端凯恩斯总供给曲线

◆ **常规总供给曲线是一条通常情况下的、向上倾斜的短期总供给曲线**

前文提到的垂直古典总供给曲线和水平凯恩斯总供给曲线分别代表总供给曲线的两个特殊状态。前者假设名义工资和价格水平可以自由波动，长期就业水平或产量不随价格水平的变化而变动，始终处于充分就业水平，反映长期总供给；后者假设名义工资和价格水平不能调整，具有“刚性”，是一种极端情况的短期总供给。通常情况下的短期总供给曲线处于两种情况之间。考虑到短期内工资和其他资源价格相对固定，随着商品和劳务价格的提高，企业为获得更高的利润愿意增加产量。因此，价格水平上升将导致更高的总产量，即总供给增加。这意味着在短期内，总供给曲线是一条向上倾斜的曲线（见图 19-4），即常规总供给曲线或称短期总供给曲线（short-run AS，SRAS）。

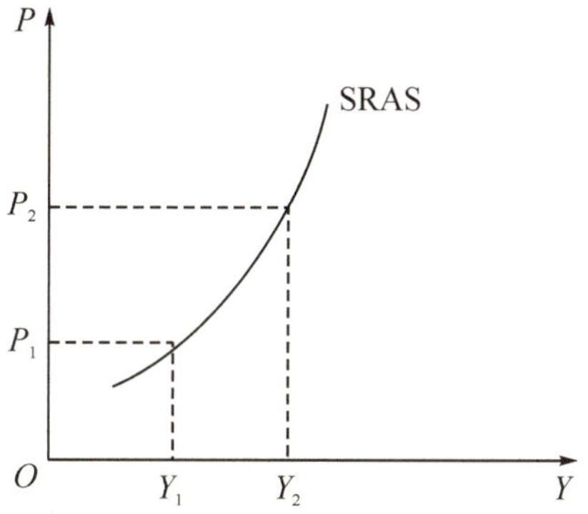

图 19-4 常规总供给曲线

❖ 总供给曲线的移动

对总供给曲线移动的分析，我们需要分别考察古典总供给曲线的移动和常规总供给曲线的移动。

◆ 古典总供给曲线的移动

根据总产出的决定因素，长期总供给的产量取决于四个要素：经济中的资本总量、劳动力、技术水平、自然资源。任意要素的增长均会导致潜在产出提高，即长期总供给曲线（古典总供给曲线）右移。例如：移民增加将导致劳动力供给增加，使得长期总供给曲线右移；物质资本或人力资本的增加将导致长期总供给曲线右移；新型自然资源的开采将导致长期总供给曲线右移；技术知识进步将导致长期总供给曲线右移。

◆ 常规总供给曲线的移动

任何导致长期总供给曲线发生位移的因素均会导致短期总供给曲线发生类似位移。除此以外，预期价格水平上升将导致短期总供给曲线左移。因为，预期价格上升，工人会要求更高的工资，企业人工成本增加，进而在既定的产出价格水平下，企业会减少商品和劳务的供给，短期总供给曲线左移。反之，当预期价格水平下降时，企业将增加商品与劳务的供给，短期总供给曲线右移。

三、供需均衡与均衡变动

在一般的供需分析中，如果总需求等于总供给，即认为达到均衡状态。但是在短期的总需求与总供给均衡分析中，需要考虑长期总供给的产出量，即潜在产出。因为如果短期均衡的总产出与潜在产出不一致，短期均衡也会随着时间推移发生改变。这意味着在短期内，宏观经济试图达到的目标是充分就业和物价稳定，均衡点如图 19-5 所示。该图表明当总需求曲线（AD）和短期总供给曲线（SRAS）相交于 E_0点时，产量处于充分就业水平（Y_0），此时价格为 P_0。图中的 E_0点既处于短期均衡状态，同时也处于长期均衡状态。然而现实中只在偶然情况下，总需求曲线和短期总供给曲线相交于 E_0点，许多经济因素均会导致 AD 曲线和 SRAS 曲线发生位移，使二者的交点偏离 E_0。

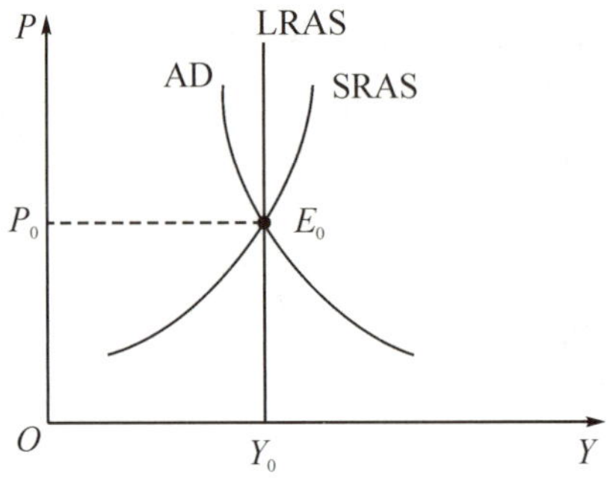

图 19-5　总需求与总供给的均衡

从 AD-AS 模型不难发现，引起宏观经济短期波动的原因可以分为两类，即 AD 曲线的移动和 SRAS 曲线的移动。使 AD 曲线发生位移的因素称为需求冲击，而使 SRAS 曲线发生位移的因素称为供给冲击。

❖ 影响均衡的需求冲击

考虑需求方的冲击——以股市崩盘为例。如果股市崩盘，人们的财富将出现缩水，从而导致消费需求减少，AD 曲线左移。此时图 19-6 中的均衡从 A 点移到 B 点，产量从初始的 Y_0减少为 Y_1，价格水平从初始的 P_0下降到 P_1。在新的短期均衡 B 点，价格和产量均小于初始均衡的 A 点。然而长期内，经济不会停留在短期均衡，会持续发生变化。由于价格下降，人们会调整对未来价格水平的预期，预期未来价格会下降，这会使工人愿意接受更低的工资，企业的人工成本下降，最终促使短期总供给曲线从 $SRAS_1$向右移动到 $SRAS_2$，均衡点从 B 点移到 C 点。C 点的产量等于 A 点的产量，即长期内均衡又回到充分就业时的产量水平。也就是说，当经济遭到需求冲击时，出现了从衰退到恢复的过程。但是 C 点的价格却明显低于 A 点的价格。

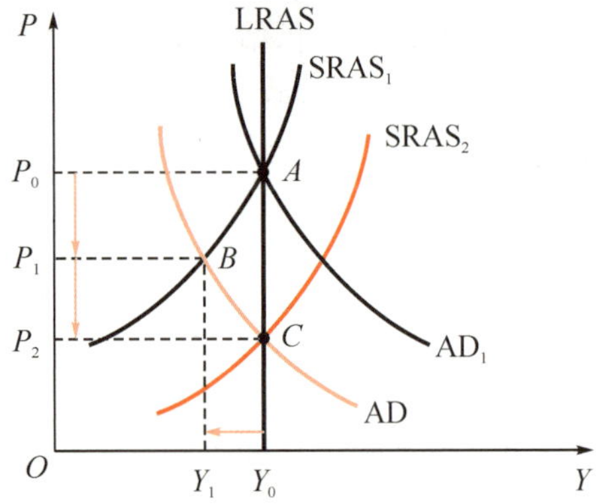

图 19-6　影响均衡的需求冲击

❖ 影响均衡的供给冲击

考虑供给方的冲击——以石油价格上升为例。石油价格上升会导致相关企业的生产成本增加，企业减少产出，图 19-7（a）中的短期总供给曲线从 $SRAS_1$向左移动到 $SRAS_2$，均衡从 A 点移到 B 点，产量从初始的 Y_0减少为 Y_1，价格水平从初始的 P_0上升到

P_1。此时 B 点出现了滞涨现象，即经济停滞（产出下降）与通货膨胀同时发生。长期中，政府如果不作干预，任由经济自行调整，那么将出现何种情况？在 B 点，由于产量下降，导致失业出现，工资降低，企业的人工成本降低。人工成本的降低又使得短期总供给曲线向右移动重新回到 $SRAS_1$，此时均衡又会回到初始的 A 点。这一过程中，政府未作任何干预，经济的自行调节使得总供给回到初始的长期均衡状态，但是这一过程会出现滞涨，代价巨大。因此大部分情况下，政府会做出政策调整予以干预。本例中，如果政府采取宽松的货币政策或财政政策刺激总需求，那么总需求曲线将从 AD_1 向右移动到 AD_2，均衡点移到 C 点，如图 19-7（b）。C 点的产量等于 A 点的产量，即长期内均衡又回到充分就业时的产量水平，但是价格水平却明显高于 A 点。也就是说，虽然政府通过宽松的货币政策或财政政策缓解了失业，但是付出了通货膨胀的代价。

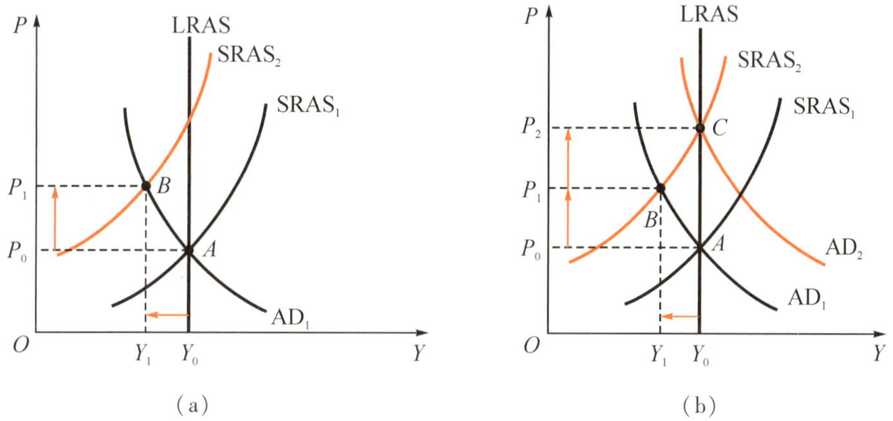

图 19-7 影响均衡的供给冲击

第二节 通货膨胀

一、通货膨胀概述

人们常将价格水平上涨看成是通货膨胀，但是如果仅有一种商品的价格上升，这不是通货膨胀。只有当大多数商品和劳务的价格在一段时间内持续上涨时，才称为通货膨胀。严格来讲，**通货膨胀是指在不兑换信用货币制度下，货币发行量超过商品流通的实际需求量，而引起的货币贬值和物价上涨现象，是一般物价水平持续性地上涨。**米尔顿·弗里德曼认为，“无论何时何地通货膨胀都是一种货币现象”。

通货膨胀的定义反映出以下特点：

◆ **只发生在不兑换信用货币制度下，金属货币制度下不存在通货膨胀。**

◆ **反映“一般物价水平”的上涨。**一般物价水平，是指全社会所有商品和劳务的平均价格水平。当某些商品的价格上涨时，另一些商品的价格可能下降，并且各商品价格的涨跌幅度也不尽相同，因此需要使用“一般物价水平”的上涨来衡量通货膨胀。局部或个别商品和劳务的价格上涨不能视为通货膨胀。

◆ **反映物价的"持续"上涨。**通货膨胀并非偶然的价格波动，季节性、偶然性或暂时性的物价上涨不能视为通货膨胀，只有持续的价格上涨才能称为通货膨胀。一般以年为单位考察通货膨胀。

◆ **反映商品和劳务"货币价格"的变化。**货币价格，即每单位商品和劳务用货币数量表示的价格。通货膨胀关注的是商品和劳务的货币价格，需要与股票、债券等金融资产的价格加以区分。例如股价上涨不能视为通货膨胀，应该观察实物生产领域是否发生普遍、持续的物价上涨。

❖ 通货膨胀的分类

按物价水平上升的速度，通货膨胀可分为温和的通货膨胀、奔腾的通货膨胀和超级通货膨胀。一般认为，如果通货膨胀率在10%以内称为温和的通货膨胀，在10%和100%之间称为奔腾的通货膨胀，100%以上称为超级通货膨胀。目前，许多国家都存在温和的通货膨胀。一些学者认为，价格水平小幅度缓慢上升对经济增长具有积极的刺激作用。

按对价格影响的区别，通货膨胀可分为平衡型通货膨胀和非平衡型通货膨胀。平衡型通货膨胀，即每种商品的价格均上升相同幅度，这里的商品价格还包括生产要素的价格，如工资、租金、利率等。非平衡型通货膨胀，即各种商品价格上升的幅度不完全相同。

按人们对通货膨胀的预期，可分为预期到的通货膨胀和未预期到的通货膨胀。比如，以下情形为预期到的通货膨胀。如果某国的物价水平每年都按一定程度上升，那么人们便会预计物价水平将以同一比例继续上升，该国居民在未来的消费和投资等经济活动中，会把一定水平的物价上升考虑在内。例如：如果物价长期以每年3%的速度上涨，那么劳动者所要求的工资、银行贷款利率都会以相同的速度上涨。由于预料之中的通货膨胀具有自我维持的特点，有点像物理学上的惯性，因此预期到的通货膨胀又被称为惯性通货膨胀。另一种是未预期到的通货膨胀，即价格上升的速度超出人们的预期，或根本没料到价格会上涨。

按物价的表现形式，通货膨胀可分为公开型通货膨胀和隐蔽型通货膨胀。公开型通货膨胀是指，在市场机制运行良好，政府对物价不加管控的情况下，通货膨胀完全通过物价水平的明显持续上涨表现出来。另一种是隐蔽型通货膨胀，比如在计划经济体制之下，由于价格被政府管控，物价上涨无法通过公开的价格水平体现，通货膨胀往往以隐蔽的形式出现，比如出现商品短缺、凭票供应、黑市猖獗等现象。

❖ 通货膨胀的度量

通货膨胀程度通常用通货膨胀率来衡量。通货膨胀率指一定时期内物价变动的百分比。公式表示为：

$$\pi_t = \frac{P_t - P_{t-1}}{P_{t-1}} \tag{19-2}$$

上式中，π_t 为通货膨胀率，P_t 和 P_{t-1} 分别为 t 时期和 t-1 时期的物价水平。物价水平常用物价指数来反映。物价指数是本期物价水平相对基期物价水平的比率，反映了物价的涨跌幅度。国际上度量通货膨胀常用的物价指数主要包括：消费者物价指数、生产者物价指数、国内（国民）生产总值平减指数。

消费者物价指数（consumer price index，CPI），又称居民消费价格指数或零售物价指数，反映一定时期内居民购买的一篮子消费品和服务的价格变动趋势。该指数是基于居民消费的衣食住行、医疗保健、教育、娱乐等消费品和劳务的价格加权计算而来。例如：CPI 是 105 时，说明发生了通货膨胀，通货膨胀率是 5%。该指标与社会公众生活密切相关，且资料比较容易收集，便于及时公布，能够较迅速地反映与公众生活消费相关的物价变化，因而在许多国家广泛使用。但是由于该指数仅涵盖消费品，消费品仅是社会最终产品中的一部分，不能反映生产资料和资本、进出口商品和劳务的价格变动，也不包含公共部门的消费，所以用消费者物价指数度量通货膨胀存在一定局限性，常结合其他指标一起使用。

生产者物价指数（producer price index，PPI），又称批发物价指数，反映生产资料和消费资料批发价格的变动趋势。由于企业最终要把生产成本以消费价格的形式转嫁给消费者，所以该指数能在最终产品价格变动之前，获得工业投入品及非零售消费品的价格变动信号，进而判断最终进入流通领域零售商品的价格变动趋势。该指数的缺点是，未反映劳务价格的变化，因而不能反映整个物价的变动趋势。

国内（国民）生产总值平减指数（GDP deflator，GNP deflator），是按当年价格计算的国内（国民）生产总值（即名义 GDP，名义 GNP ）与按基期价格计算的国内（国民）生产总值（即实际 GDP，实际 GNP）的比率。如果某国按当年价格计算的国内生产总值为 13 万亿美元，按基期价格计算的国内生产总值为 10 万亿美元，则当年的 GDP 平减指数为 130（130=13/10×100），说明与基期相比，当年的物价水平上涨了 30%。该指数的优点在于涵盖范围广，包括消费品和劳务、资本品以及进出口商品等，较全面地反映了一般物价水平的变动趋势。但是由于该指数涵盖范围广，所需资料收集比较困难，一般一年只统计一次，因而不能迅速反映通货膨胀程度和物价变动趋势，并且当指数中的某一部分价格大幅上涨时，指数的变动可能并不明显。

案例 19-1

德国恶性通货膨胀——3 600 亿马克购买一升牛奶

1914 年，第一次世界大战爆发，战争席卷了整个欧洲。1918 年，以德国为首的同盟国战败。由于德国战败，德国政府在巴黎和会上不得不与战胜国各方签署《凡尔赛条约》，条约要求德国赔偿 2 000 多亿马克，并使德国损失了 13.5%的领土。

战争期间，德国的物价由官方控制并实行食品与生活日用品配给制，通货膨胀在德国的经济中隐藏了起来。战败以后，《凡尔赛条约》让德国政府无力平衡收支，为偿还大量债务，只能不断印刷发行马克，导致流通货币不断增加，马克币值不断下滑，物价开始飞速上涨。1920 年 12 月的生活必需品比 1914 年上涨了 15 倍，1922 年的粮食和工业品价格相较于 1920 年增长了 39 倍。

由于德国政府大量印钞，马克流通数量在1923年年底相比于战前上涨了1.7万倍，马克逐渐沦为毫无价值的废纸。随着马克的贬值，德国物价开始疯狂上涨，1923年的物价更是变成了德国历史奇观。1923年6月，购买一升牛奶需要1 440马克，邮寄一封信需要花费100马克。10月初，1升牛奶的价格上涨到540万马克，邮寄一封信的价格上涨到200万马克。到11月底，一升牛奶可以卖到3 600亿马克，用邮车运送邮件每一公里需要收费400亿马克。德国的通货膨胀在1923年犹如脱缰的野马一般疯狂上涨，当时德国动用了300家造纸厂和2 000台印刷机昼夜工作都满足不了当时的交易需求。

二、通货膨胀的成因

通货膨胀的成因多种多样，主要包括需求拉动型通货膨胀、成本推动型通货膨胀、混合型通货膨胀和结构型通货膨胀。

❖ 需求拉动型通货膨胀

需求拉动型通货膨胀（demand-pull inflation），是指经济运行中总需求过度增加，超过了既定价格水平上商品和劳务的供给，从而引起物价水平上涨，货币贬值。它是由货币过度供给导致的过度需求所引起的通货膨胀，即“过多的货币追逐过少的商品”。需要注意的是，总需求增加不一定必然导致通货膨胀。根据凯恩斯的观点，如果社会未达到充分就业，资源未被充分利用，货币供给的增加会使社会总需求增加，从而促进生产发展和资源的有效利用，此时不会引起通货膨胀。只有当社会已实现充分就业，资源已被充分利用，总供给无法再增加时，货币供给的增加才会引起物价上涨，导致通货膨胀。因此，在凯恩斯看来，所谓的通货膨胀，就是在充分就业的前提下，因货币供给增加或货币流通速度过快，而形成的过度需求拉动一般物价水平上升的现象。即使未达到充分就业，如果总需求增加的速度过快，超过总供给的增加速度，也会引起通货膨胀。

图19-8显示了需求拉动型通货膨胀产生的过程。横轴Y表示总产量（国民收入），纵轴P表示一般价格水平。AD为总需求曲线，AS为总供给曲线。总供给曲线AS起初呈水平状，表明总产量较低，此时未实现充分就业，总需求的增加不会引起价格水平上涨。在这一阶段，产量从零增加到Y_1，价格水平始终稳定。当总产量达到Y_1以后，如果继续增加总需求，由于劳动、原料、生产设备等的不足，生产成本将会升高，进而引起价格水平上涨。在这一阶段，总供给曲线AS向右上方倾斜，总需求曲线AD向右上方移动，价格水平从P_1上涨到P_2。当总产量达到充分就业的产量Y_3时，整个社会的经济资源全部得到充分利用，图中总需求曲线AD_3与总供给曲线AS的相交于E_3点，价格水平为P_3。在达到充分就业的产量Y_3以后，总需求继续增加，总供给不再增加，曲线AS呈垂直状，此时总需求的增加只会引起价格水平的上涨。在这一阶段，总需求曲线从AD_3提高到

AD_4，交点 E_4 的总产量并没有增加，仍然为 Y_3，但是价格水平已经从 P_3 上涨到 P_4。

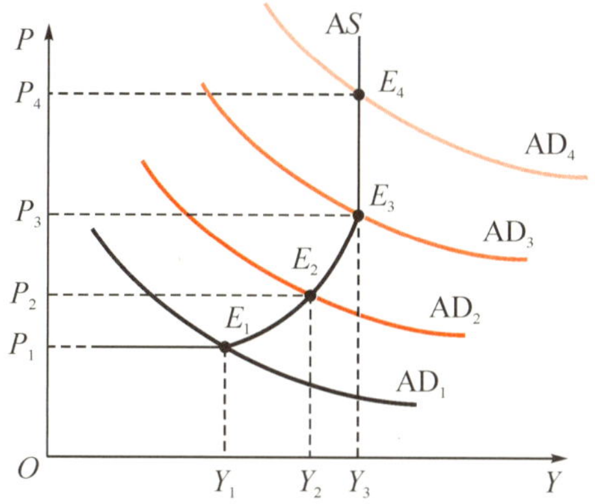

图 19-8　需求拉动型通货膨胀

❖ 成本推动型通货膨胀

成本推动型通货膨胀（cost-push inflation），是指在总需求不变的情况下，由生产要素价格上涨引起生产成本上升，最终导致物价水平持续上涨。前文分析的需求拉动型通货膨胀一般发生在充分就业之后。如果经济中存在大量闲置资源，从过度需求的角度来解释通货膨胀显然不合理。例如：20 世纪 70 年代后，西方发达国家普遍经历着高失业和高通货膨胀并存的“滞胀”现象。“需求拉动”不能很好地解释这类通货膨胀。因此，一些经济学家尝试从供给的角度寻找通货膨胀的成因，提出了“成本推动”的通货膨胀理论，认为通货膨胀形成的原因在于成本上升引起总供给曲线的上移。引起成本上升的原因主要分为工资推动和利润推动。

工资推动型通货膨胀，是指工资上涨导致生产成本上升，从而引起总供给曲线左移，最终推动物价上涨。在不完全竞争的劳动力市场上，由于工会组织的存在，工资不再由劳动的供需决定，而是工会和雇主双方谈判的结果。如果工会迫使厂商提高工资，使得工资的增长快于劳动生产率的增长，生产成本就会提高，导致产品价格上升；而物价的上涨又会使工会再一次要求提高工资，又一次对物价上涨形成压力。

利润推动型通货膨胀，是指垄断企业和寡头企业为谋取高额利润操控价格，导致价格上涨的速度超过成本增加的速度，进而引起通货膨胀。与不完全竞争的劳动力市场是工资推动通货膨胀的前提类似，不完全竞争的产品市场是利润推动通货膨胀的前提。而在完全竞争的产品市场上，价格完全取决于商品的供求，任何企业都不能通过控制产量来改变市场价格。

图 19-9 显示了成本推动型通货膨胀的形成过程。总需求 AD 是既定的，变动只出现在总供给方面。AS_0、AS_1、AS_2 表示成本不断提高的总供给曲线，在达到充分就业和资源充分利用之后，供给曲线变成一条垂直线。随着供给曲线上移，物价水平从 P_0 上升到 P_1、P_2，产出总量则从 Y_0 下降到 Y_1、Y_2。成本推动理论认为，成本上升推动物价上涨，物价上涨又推动成本上升，如此恶性循环，造成物价持续上升，并且引起供给水平的明显下降。

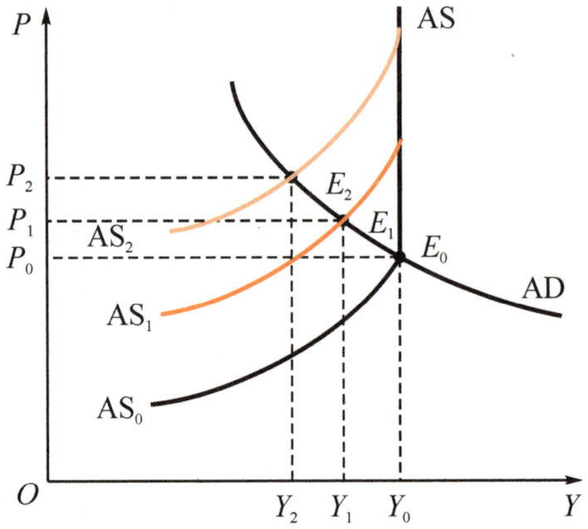

图 19-9　成本推动型通货膨胀

❖ 混合型通货膨胀

需求拉动型通货膨胀和成本推动型通货膨胀分别作用于总需求和总供给曲线。然而现实发现，通货膨胀往往由需求和成本共同引起，二者很难严格区分。例如，总需求增加导致通货膨胀，而价格上涨会导致生产成本增加，从而引起成本推动型通货膨胀；在成本推动型通货膨胀中，工资的上涨使得货币收入和总需求增加，又导致了需求拉动型通货膨胀。我们把需求和成本共同引起的通货膨胀称为**混合型通货膨胀**，分为“螺旋式”和“直线式”。

“螺旋式”混合型通货膨胀的起因，是成本上升促使物价水平持续上升，即成本推动型通货膨胀，进而导致社会总产出下降，社会失业率上升。图 19-10 中，总供给曲线从 AS_0移动到 AS_1，物价上升，总产出减少。为改善这一问题，政府会实行扩张性政策，以刺激总需求。图中的总需求曲线从 AD_0移动到 AD_1，总产出回到充分就业下的产出水平 Y_0，物价进一步上升。物价上涨又继续推高生产成本，总供给曲线移动到 AS_2……这一过程持续进行，物价水平呈现出 $E_0 \to E_1 \to E_2 \to E_3 \to E_4$ “螺旋式”的上升趋势，总产出最终仍为充分就业的水平。

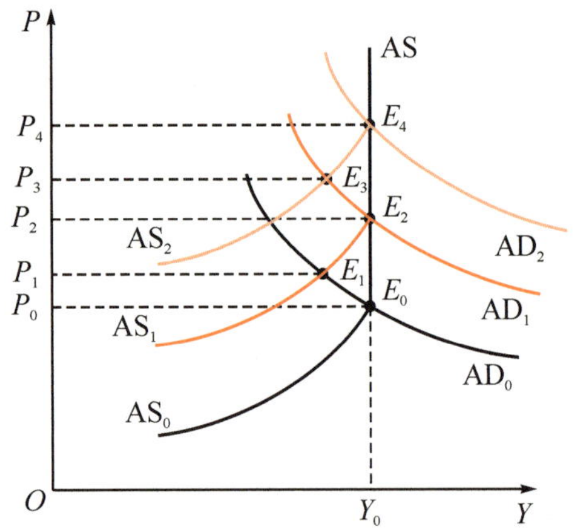

图 19-10　“螺旋式”混合型通货膨胀

“直线式”混合型通货膨胀的起因，是需求拉动型通货膨胀。图 19-11 中，总需求曲线从 AD_0 移动到 AD_1，物价上升，由于总产出已经达到充分就业的产出水平 Y_0，因此不再增加。当需求拉动物价持续上升时，工会要求增加工资，而工资增加会导致生产成本增加，推动总供给曲线向上方移动到 AS_1，成本推动型通货膨胀由此产生，物价上升，而产出维持在 Y_0。工资增加意味着人们的货币收入增加，导致更高的消费，总需求曲线继续移动到 AD_2，物价继续上升，而产出维持在 Y_0……在这一过程中，价格水平呈 $E_0 \to E_1 \to E_2$ “直线式”上升的趋势，而产出始终维持在充分就业的水平。

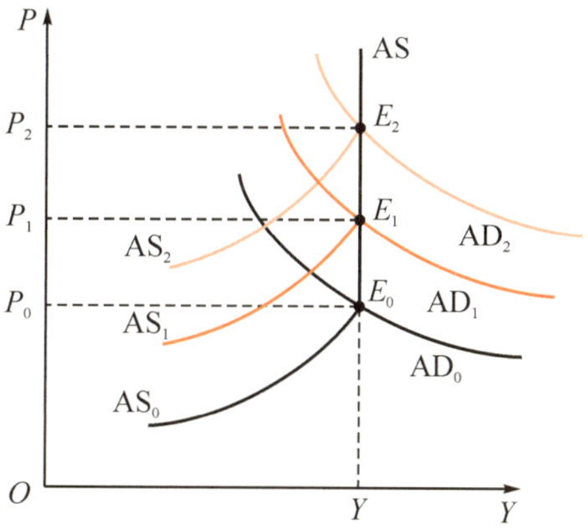

图 19-11 “直线式”混合型通货膨胀

❖ 结构型通货膨胀

结构型通货膨胀（structural inflation），是指在总需求和总供给大致均衡的状态下，由社会经济结构方面的因素引起的通货膨胀。主要包括：需求转移型通货膨胀、部门差异型通货膨胀、小国开放型通货膨胀。

需求转移型通货膨胀，顾名思义，产生于不同部门之间的需求转移。从全社会来看，总需求量可能不变，但是不同部门之间的需求结构不断调整，使得需求在不同部门之间迅速转移，而劳动力及其他生产要素的转移则相对滞后。当需求从某些部门转移到其他部门时（例如从衰退部门转移到新兴部门），原先处于均衡状态的经济结构会因需求的转移而出现新的失衡。在需求增加的部门，产品价格和工人工资出现上涨；而在需求减少的部门，由于价格和工资“刚性”，产品价格和工人工资却未必下降，甚至会要求与需求增加部门一致上涨。最终结果是需求的转移导致物价总水平上升。

部门差异型通货膨胀，产生于部门之间劳动生产率增速与工资增长的不匹配。不同经济部门之间，劳动生产率增速存在明显差异，某些部门劳动生产率的增长快于另一些部门。由于工资与生产率挂钩，不同部门之间生产率的差异理应导致工资的差异。然而现实中，生产率提高慢的部门要求“公平”，即要求工资增长向生产率提高快的部门看齐，结果导致全社会工资增速超过生产率增速，物价水平上涨。

小国开放型通货膨胀，也称输入型通货膨胀，或斯堪的纳维亚型通货膨胀，是部门差异型通货膨胀的特例。该类通货膨胀主要发生在“小国”，“小国”是国际市场上价格的接受者。小国的经济部门可以划分为两类，一是开放经济部门，该部门生产的商品在国际上进行交换，其产品价格由国际市场决定，具有较高的工资增长率和劳动生产率；二是非开放经济部门，该部门生产的商品不在国际上进行交换，其产品价格完全由本国市场决定，工资增长率和劳动生产率较低。但是由于非开放经济部门要求与开放经济部门"公平"的工资增长率，导致两部门的工资增长趋于一致。因此，当发生世界性通货膨胀时，小国开放部门与非开放部门的工资均会上升，结果该国的物价水平整体上升，引起通货膨胀。

三、通货膨胀的影响

❖ 通货膨胀对经济增长的影响

学界关于通货膨胀对经济增长的影响一直存在争议，主要观点大致可以分为三种：促进论、促退论和中性论。

促进论认为通货膨胀有利于经济增长。基于凯恩斯的有效需求不足理论，当经济中的实际产出水平低于充分就业的产出水平时，通货膨胀可以增加总产出。原因在于：第一，增加货币供给虽然会产生通货膨胀，但却可以增加有效需求，使那些由于有效需求不足而造成的闲置资源得以有效利用，进而增加就业和产出。第二，通货膨胀初期存在货币幻觉的正效应。由于公众对通货膨胀预期的调整存在时滞，此时物价上涨，而名义工资不会发生变化，企业利润相应提高，进而投资增加。对于工人而言，通常将名义工资、名义收入的上涨看成是实际的上涨，导致劳动者愿意提供更多的劳动，有利于企业扩大生产和投资。第三，由于企业主的边际储蓄倾向较高，结合原因二中通货膨胀对提高企业利润的正效应，利润增加有利于企业主提高储蓄率，加快资本积累，进而促进经济增长。第四，铸币税的正效应。铸币税通常被称为通货膨胀税，并非严格意义的税种，是指政府通过创造货币而增加的收入，是一种隐性的税收。当政府通过增发货币来对赤字融资时，实际上就是发行货币来支付政府所购买的商品和服务。这将增加流通中的货币量，导致通货膨胀，货币贬值。公众因此而损失的购买力即为政府的通货膨胀税收入。政府以铸币税的形式扩大政府购买和投资，有利于经济发展。并且由于政府通过通货膨胀增加的资金主要用于投资基础设施建设，创造了显著的外部经济社会效益，从而对资源配置产生积极影响。

促退论认为通货膨胀会损害市场运行效率，阻碍经济增长。理由如下：第一，通货膨胀会造成价格信号失真，生产要素、商品、劳务的价格发生不稳定波动，导致资源配置失调，经济效率降低。第二，在高通货膨胀率下，持有和管理现金的成本大大上升，造成社会资源的浪费。人们需要频繁地去银行存钱取钱或操作银行账户，产生"皮鞋成本"或精力耗费；企业需要经常性地调整价目表，产生"菜单成本"。第三，通货膨胀会降低借款的实际成本，从而诱发过度的资金需求，增加金融机构信贷风险管理的负担。第四，通货膨胀意味着货币的购买力下降，人们会尽可能将货币资产转化为实物资产或增加即期消费，导致社会储蓄率下降。尤其在高通货膨胀率下，实际利率会大幅下降，甚至出现负利率，引起储蓄减少，使得投资者的资金来源大幅缩减。第五，通货膨胀发生时，人们不愿持有货币，不愿从事生产活动，而是纷纷抢购实物资产，囤积货物，抢购黄金、外汇和其他奢侈品，甚至从事房地产等投机活动，结果导致产业结构发展失衡，严重阻碍经济发展。当发生严重通货膨胀时，人们甚至会放弃货币，改用实物作为交易媒介，使得交易成本明显提高，经济效率严重受损。

除了通货膨胀促进论和促退论观点外，还有一种观点是通货膨胀中性论，中性论认为通货膨胀与经济增长不相关。因为在长期，公众会形成通货膨胀预期，事先提高各种商品的价格，对储蓄、投资决策等做出相应调整，从而抵消通货膨胀对经济增长的影响。

❖ 通货膨胀的收入和财富分配效应

通货膨胀可以引起国民收入与社会财富的不公平分配和再分配，从而导致社会各阶层之间的经济利益关系出现调整。

◆ 通货膨胀有利于浮动收入者，不利于固定收入者

如果浮动收入者的收入上涨幅度大于通货膨胀率，那么他们则会从通货膨胀中受益。对于浮动收入的企业主而言，在通货膨胀初期，由于生产成本的上涨存在时滞，企业主会因产品价格上涨，利润增加而获益。随着通货膨胀的持续，工资和原材料价格相应调整，企业利润的相对收益逐渐消失。相反，发生通货膨胀时，固定收入者的名义收入调整普遍滞后于物价水平，导致实际收入因通货膨胀而减少。例如：工薪阶层的工资调整总是滞后于物价上涨；由于退休金普遍不随通货膨胀而增长或增长滞后，退休人员的实际收入会因通货膨胀大幅萎缩。

◆ 通货膨胀有利于债务人，不利于债权人

当发生通货膨胀时，虽然债务的名义价值不变，但是由于货币的实际购买力下降，对债务人来说还本付息的实际负担减轻，而对债权人来说收回的本息实际价值下降，财富从债权人向债务人转移。

◆ 政府是通货膨胀的最大受益者

在累进所得税制度下，名义收入的增长使纳税人的边际税率更高，政府的税收收入由此增加。并且政府作为政府债务的债务人，通货膨胀使得政府还本付息的实际负担减轻。还有，基于通货膨胀税的说法，政府还可能通过创造基础货币来对预算赤字进行融资，可以扩大政府购买和投资。因此部分学者认为，政府是通货膨胀的最大受益者，具有诱发通货膨胀的利益动机。

◆ 通货膨胀有利于实物资产的持有者，不利于货币资产的持有者

实物资产包括房产、车辆、珠宝、古董、艺术品等。货币资产包括现金、银行存款等。发生通货膨胀时，货币资产的实际价值降低，而实物资产的实际价值随通货膨胀相应调整或不变，由此导致财富或者财富净值在不同类型资产的持有者手中转移。需要注意的是，股票等金融资产的市值会随通货膨胀相应调整，但是影响股价的因素较多，投资者可能亏损也可能获利，这里暂不考虑这类金融资产。

❖ 通货膨胀的强制储蓄效应

强制储蓄效应的“储蓄”是指用于投资的货币积累，主要来源于家庭、企业与政府。家庭部门的储蓄由收入剔除消费支出构成。企业储蓄由用于扩大再生产的净利润和折旧构成。政府储蓄可以分为两个部分：如果是通过向个人和企业征税用于政府投资，那么这部分对应的储蓄相当于是从这两个部门挤出的，全社会的储蓄总量不会增加；如果政府投资是通过向中央银行借债，那么将导致货币增发，这种方式将会强制增加全社会的储蓄总量，结果物价上涨。考虑政府储蓄的第二种情况，在名义收入不变的条件下，公众如果按照原来的模式和数量进行消费和储蓄，那么两者的实际额均随物价的上涨而相应减少，减少部分相当于政府运用通货膨胀实现的强制储蓄部分，即通货膨胀的强制储蓄效应。强制储蓄效应的结果是物价持续上涨。需要注意的是，以上分析是基于社会已实现充分就业的前提。如果经济未实现充分就业，社会上存在大量闲置资源，实际产出低于潜在产出，此时政府运用扩张性政策刺激需求，虽然也是一种强制储蓄，但并不会引起物价的持续上涨。促进论的支持者认为，通货膨胀的强制储蓄效应会引起国民收入在政府与公众之间再分配，使公共投资增加，投资的增加通过乘数效应使实际产量得到倍增。

四、通货膨胀与失业

❖ 短期菲利普斯曲线

1958 年，菲利普斯（Alban William Phillips）研究了 1861 年至 1957 年间英国的失业率和货币工资增长率的关系，提出了一条以横轴表示失业率，纵轴表示货币工资增长率的曲线——菲利普斯曲线（Phillips curve），该曲线表明失业率和货币工资增长率呈负相关。

以此为基础，萨缪尔森为代表的新古典学派对最初的菲利普斯曲线加以改造，形成了以横轴代表失业率 u，纵轴代表通货膨胀率 π，向右下方倾斜的菲利普斯曲线（见图 19-12）。曲线方程为：

$$\pi = -a(u - u^*) \tag{19-3}$$

上式中，u^* 表示自然失业率水平。自然失业率是劳动力市场处于供求稳定状态时的失业率。稳定状态被认为是：既不会造成通货膨胀也不会导致通货紧缩的状态。曲线表明，通货膨胀率与失业率之间呈负向关系。如果政策制定者希望通过货币政策或财政政策扩大总需求，根据 AD-AS 模型，AD 曲线向右上方移动，导致产出和物价水平上升。较高的产出意味着企业雇佣更多的劳动力，即较低的失业；而较高的物价水平则意味着较高的通货膨胀。反之，当总需求紧缩，AD 曲线向左下方移动，导致产出和物价水平下降，最终出现失业增加且通货膨胀降低。菲利普斯曲线表明，低失业和低通货膨胀不可能同时实现，在失业和通货膨胀之间存在着一种替换关系。换言之，如果要保持较低的失业率，那么将出现较高的通货膨胀；如果维持较低的通货膨胀，那么将出现较高的失业率。

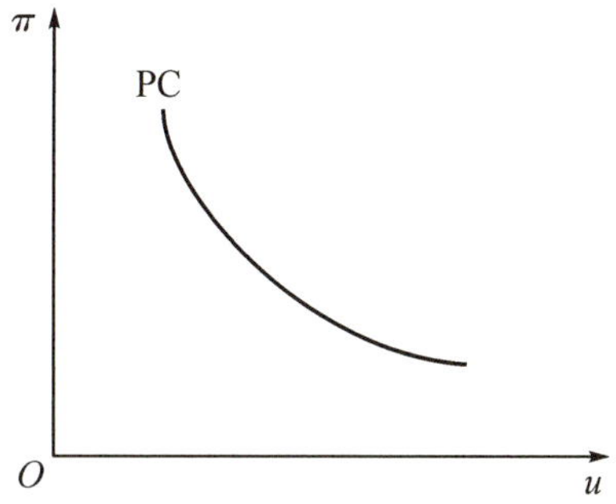

图 19-12　菲利普斯曲线

1968 年，美国经济学家弗里德曼指出了菲利普斯曲线的一个严重缺陷，即忽略了工人对通货膨胀的预期。弗里德曼指出，企业和工人关注的是实际工资，而不是名义工资。当双方谈判新工资时，会根据预期的通货膨胀调整名义工资水平。如果预期通货膨胀率较高，那么名义工资增长较快。基于此，弗里德曼等人提出了短期菲利普斯曲线的概念，认为短期内预期通货膨胀率尚未根据实际情况做出调整。短期菲利普斯曲线刻画了在预期通货膨胀率保持不变的情况下，通货膨胀率与失业率之间的关系，也被称为现代菲利普斯曲线，或附加预期的菲利普斯曲线（见图 19-13）。菲利普斯曲线方程改写为：

$$\pi - \pi^e = -a(u - u^*) \tag{19-4}$$

上式中，u^* 表示自然失业率水平，π^e 表示预期通货膨胀率。在给定的预期通货膨胀率水平下，通货膨胀率与失业率呈负相关。随着预期通货膨胀率的上升，短期菲利普斯曲线向右上方移动。

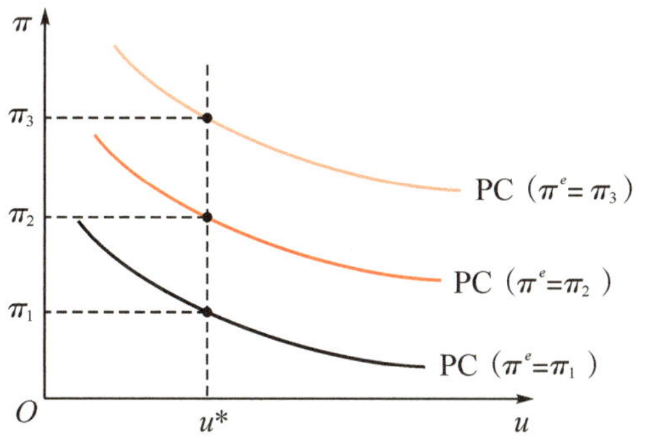

图 19-13　短期菲利普斯曲线

❖ 长期菲利普斯曲线

一些学者认为，长期来看失业率与通货膨胀率不相关，即长期菲利普斯曲线是一条垂直线。原因之一是由于长期中经济社会将实现充分就业，失业率会处在自然失业率水平。其次，长期来看工人将根据实际通货膨胀率调整名义工资，以使实际工资不变，即企业的实际人工成本不变，导致企业不愿意雇佣更多工人，最终表现为较高的通货膨胀且失业（就业）不变。图 19-14 显示了长期的菲利普斯曲线。

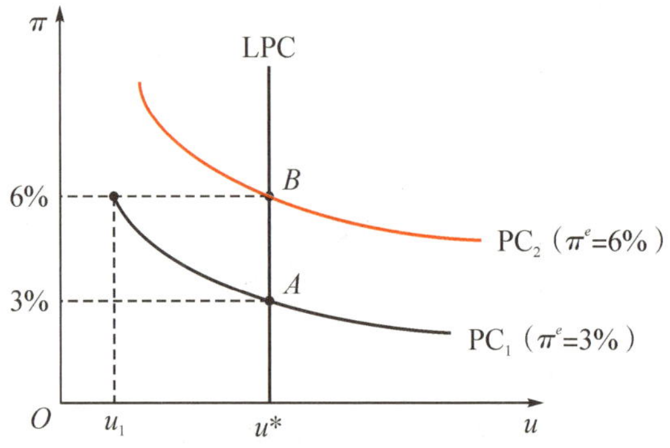

图 19-14　长期菲利普斯曲线

图 19-14 中，假定经济最初处于自然失业率 u^* 、通货膨胀率为 3%（A 点）。如果政府采取扩张性政策，总需求增加，导致价格水平上升，通货膨胀率上升为 6%。此时，工人预期的通货膨胀率仍为 3%，因此要求名义工资增长 3%。而实际的通货膨胀率为 6%，高于预期的通货膨胀率，意味着实际工资下降，企业的人工成本降低，从而会增加生产，增加就业，失业率减少为 u_1。这一过程表现在短期菲利普斯曲线 PC_1（$\pi^e=3\%$）上，失业率由 u^* 下降为 u_1，实际通货膨胀率则从 3%上升到 6%。然而这只是短期现象。长期来看，工人会发现价格水平上升和实际工资下降，此时他们会调整通货膨胀预期以使实际工资不变，即预期通货膨胀从原来的 3%调整到 6%。随着这一调整，实际工资又回到原有水平。相应地，企业生产和就业均回到原有水平，失业率又回到原来的 u^*，即 B 点。

考虑一个不断重复的过程：短期内，由于工人不能及时改变预期，存在着失业与通货膨胀之间的替换关系，由此形成 PC_1、PC_2 等各条短期菲利普斯曲线。随着工人预期通货膨胀率的上升，短期菲利普斯曲线不断上移。长期来看，工人预期的通货膨胀与实际通货膨胀最终趋于一致。因此，企业不会增加生产和就业，失业率也不会下降，最终在自然失业率水平上形成一条垂直的长期菲利普斯曲线 LPC。该直线表明，长期中不存在失业与通货膨胀的替换关系。因此，长期来看，政府运用扩张性政策不但不能降低失业率，甚至会使通货膨胀率不断上升。

五、通货膨胀的治理

通货膨胀会对经济与社会发展带来一定危害，尤其是严重的通货膨胀。各国政府都将稳定物价作为重要目标，并采取各种措施降低通货膨胀。

❖ 紧缩性货币政策

紧缩性货币政策主要通过减少货币供给以降低总需求，进而降低物价水平和通货膨胀，其主要措施包括提高法定存款准备金率、提高再贴现率和再贷款利率、公开市场卖出业务、提高利率等。如果中央银行提高法定存款准备金率，将降低商业银行的货币创造能力，从而达到紧缩信贷规模、减少货币供应量、降低总需求的目的。中央银行提高再贴现率、再贷款利率，将增加商业银行向中央银行贷款的成本，抑制商业银行的贷款需求。并且较高的贴现贷款成本，将迫使商业银行提高面向企业的贷款成本，结果导致企业的贷款需求减少，货币供给随之下降。中央银行也可以通过公开市场卖出有价证券，达到减少货币供给的目的。除此之外，中央银行也可以直接提高利率，利率的提高会增加信贷资金的使用成本，降低借贷规模，减少货币供给。并且提高利率还可以刺激人们增加储蓄，进而减轻通货膨胀压力。

❖ 紧缩性财政政策

紧缩性财政政策通过调整政府的收入和支出来降低总需求，进而减轻通货膨胀，主要措施包括减少政府支出、增加税收、发行政府债券等。减少政府支出，可以直接控制总需求，进而降低通货膨胀，比如削减购买性支出、各种福利支出和财政补贴等。增加税收可以直接减少企业和个人的税后收入，进而降低投资支出和消费支出，抑制总需求。并且，增加税收还可以增加政府收入，减少为解决财政赤字而采取的货币发行。政府也可以通过发行政府债券，挤出民间部门的投资和消费，进而抑制总需求。

货币政策和财政政策如何选择，取决于二者的实施效果与时效性。一般来讲，货币政策需要先影响货币供给，再作用于消费和投资，最终影响总需求，这一传导过程不仅存在时滞，也很可能发生损耗，使得货币政策的实施效果并不理想。而财政政策通过直接的政府购买或税收手段干预总需求，起效较快且效果损耗少。但是财政政策的出台速度取决于行政效率，有时也很难具有时效性。因此现实中常将货币政策与财政政策结合使用。

❖ 紧缩性收入政策

紧缩性收入政策主要针对成本推动型通货膨胀，通过对工资和物价上涨的直接干预来降低通货膨胀，因此也被称为“工资—价格”政策。主要包括：(1) 工资—物价指导线。政府根据长期的劳动生产增长率来确定工资和物价的上涨标准，并以此控制工资和物价的涨幅范围。工资—物价指导线是政府估计的货币收入最大增幅，各部门的工资增长率均不得超过这一指导线。20 世纪 60 年代，美国的肯尼迪政府和约翰逊政府相继实行过这一政策。由于该政策以自愿为原则，不依靠法律强制实行，所以收效甚微。(2) 以税收为基础的收入政策。政府规定一个适当的物价和工资增长率，如果工资和物价的增长保持在政府规定的范围内，那么就以减少个人所得税和企业所得税作为奖励；如果超出，则以增加税收的方式给予惩罚。澳大利亚于 1967—1968 年实行过这一政策。(3) 工资—价格管制。政府颁布法令强制规定工资和物价的上涨幅度，甚至实行冻结。这一严厉的管制措施一般在战争时期较为常见，在通货膨胀非常严重的和平时期也可以采用。美国在 1971—1974 年就实行过工资—价格管制政策。特别是在 1971 年，尼克松政府实行了三个月的工资—价格冻结。严格的工资—价格管制在现实中的实施效果并不理想。一方面是因为，严格的工资—价格管制严重削弱了价格机制在资源配置中的作用；另一方面，容易诱发人们的不满情绪，人们会采取各种办法变相提高价格和工资以规避管制，最终导致政策失效。

❖ 收入指数化政策

由于通货膨胀普遍存在，弗里德曼等经济学家提出了收入指数化政策。该政策下，工资、利息等各种名义收入与物价指数相联系，随物价指数的升降而自动调整，以保持实际价值不变。包括利率指数化、工资指数化、税收指数化，其中工资指数化最为常见。该政策无法消除通货膨胀，而是通过名义收入与物价水平的同步波动避免通货膨胀带来的损失。指数化政策的缺点在于，强化了工资和物价交替上升的机制，结果往往是加剧了物价的不稳定，而不是降低通货膨胀。

❖ 改善供给的政策

治理通货膨胀也可以直接从供给端入手，目的在于增加总供给，进而降低物价水平和通货膨胀。第一，降低边际税率，可以增强个人和企业储蓄和投资的意愿，进而增加产出，总供给增加。第二，适当增加货币供给，使得利率降低，进而降低投资成本，增加投资和产量，总供给增加。第三，调整供给结构，通过培育高科技产业，淘汰落后产业和低产出产业，进而优化产业结构来调整供给结构，增加总供给。

第三节　通货紧缩

一、通货紧缩概述

通货紧缩是与通货膨胀相对应的概念。一般认为，**通货紧缩是指由于货币供给量相对于经济增长和劳动生产率增长而减少，引起物价水平持续下跌，并伴随需求和投资不足、失业率上升等经济衰退的现象。**具体表现为：

◆ **物价水平持续下跌。**物价水平持续下跌是通货紧缩的重要表现，但是物价水平持续下跌时间多久以及下跌到何种程度才算是通货紧缩，尚未有定论。

◆ **需求不足，投资减少。**通货紧缩期间，消费需求疲软，供给过剩，企业投资意愿降低。并且通货紧缩导致实际利率上升，资金成本增加，投资动机进一步下降。

◆ **失业率上升。**由于通货紧缩导致商品积压，企业缩减产能，减少投资，最终导致失业人数大幅增加。并且失业使得人们的收入水平下降，进而减少了商品需求，加重了通货紧缩。

◆ **货币供应量持续下降。**与通货膨胀类似，通货紧缩也可以认为是一种货币现象，是太多的商品追逐较少的货币，与货币供应量减少有关。

对于通货紧缩的度量，与通货膨胀的度量类似，通货紧缩的测度同样采用价格指数，通常使用消费者物价指数（CPI）。例如：消费者物价指数（CPI）是95说明发生了通货紧缩，通货紧缩率是5%。国内（国民）生产总值平减指数、批发物价指数、固定资产价格指数等也可以用来度量通货紧缩率。

二、通货紧缩的成因

通货紧缩的成因众说纷纭，但一般可以归结为总需求与总供给的失衡，主要分为需求不足型通货紧缩和供给过剩型通货紧缩。

❖ 需求不足型通货紧缩

需求不足型通货紧缩，是指总需求不足，正常供给显得相对过剩而引发的通货紧缩。这一观点的代表人物是凯恩斯，他认为“有效需求不足”是导致1929—1933年间经济大萧条中通货紧缩的主要原因。由于总需求可以分为：消费需求、投资需求、政府需求、国外需求，政府需求又可以分为政府消费需求和政府投资需求，因此需求不足型通货紧缩可以分为三大类：消费抑制型通货紧缩、投资抑制型通货紧缩和国外需求减少型通货紧缩。消费抑制型通货紧缩，指即期收入减少或对未来不确定的恐惧等原因，导致即期消费减少或增加不足，进而造成总需求不足，引发通货紧缩。投资抑制型通货紧缩，是指投资需求减少或增加不足而引起的通货紧缩。国外需求减少型通货紧缩，是指由于出口不畅，国外需求减少或增加不足造成的通货紧缩。

❖ 供给过剩型通货紧缩

供给过剩型通货紧缩，是指由于技术进步和生产效率的提高，产品绝对数量过剩而引起的通货紧缩，是供给的绝对过剩，而非相对过剩。产品的绝对过剩一般只局限于经济发展的某一阶段或某个层次，比如一些传统、落后的生产部门。在市场机制调节不灵敏、产业结构调整滞后的情况下，可能会出现绝对过剩。19世纪末，美国出现的通货紧缩，起因之一正是由于工业革命导致生产力水平迅猛发展，产品供给过剩。从某种程度上说，供给过剩型通货紧缩反映了人类社会的进步。然而如果该类通货紧缩比较严重的话，说明市场机制存在较大缺陷，会对经济发展产生不利影响。

❖ 其他通货紧缩成因理论

虽然通货紧缩的根本原因在于需求不足或供给过剩，但是一些学者也从其他角度解释了通货紧缩。

◆ 货币主义的通货紧缩理论

货币主义的代表人物弗里德曼从货币供应的角度分析了通货紧缩的成因。将通货膨胀表述为：无论何时何地都是一种货币现象。作为通货膨胀的对立面，通货紧缩也应是一种货币现象。该理论认为：过低的货币供给增长率，尤其是货币供给的绝对减少，将不可避免地引发通货紧缩。这意味着，如果没有货币供给的负增长，大规模持续的通货紧缩绝不会发生。因此该理论提出，为避免大规模的通货膨胀和通货紧缩，应当使货币供给增长率保持在适当水平。

◆ **债务通货紧缩理论**

美国经济学家欧文·费雪在1933年的大萧条时期提出了债务通货紧缩理论。他认为经济主体的过度负债导致了通货紧缩，并且通货紧缩也加重了企业的债务负担，二者相互加强，从而导致经济衰退，甚至引发严重萧条。该理论认为，在经济繁荣期，信贷规模扩张，企业从金融机构获得了大量的信贷资金进行投资，甚至过度负债。当繁荣期结束，产品市场的需求减少，产能过剩，企业没有足够的能力清偿债务。在这一阶段，债务人和债权人对企业的过度负债发生恐慌，普遍开始债务清算，进而引起一系列连锁反应。一方面，企业被迫低价出售商品和资产以清偿债务，大量的低价抛售使得物价普遍下跌，降低了企业的净值和利润率，提高了违约风险，导致金融机构收缩信贷规模，存款创造能力和货币流通速度下降，货币供给减少，物价水平下降，即通货紧缩发生。另一方面，物价下跌又降低了企业的净值和利润率，降低了企业的偿债和资信能力，导致金融机构进一步收缩信贷规模，物价水平继续下降，加剧了通货紧缩。并且在名义利率不变的情况下，通货紧缩会提高债务的真实利率，意味着企业真实的债务负担加重，继续以更低的价格抛售商品和资产，进入通货紧缩的恶性循环。如果对这一局面不加以干预，最终会出现企业大规模破产，经济进入衰退期。

三、通货紧缩的影响

通货紧缩的好处在于物价下跌和低利率使得货币的实际购买力增强，然而与好处相比，通货紧缩对经济的负面影响要严重得多。

◆ **通货紧缩导致经济衰退**

第一，物价的持续下跌意味着企业产品价格下降，利润减少甚至亏损，最终导致企业减产甚至停产，经济出现衰退。第二，物价下跌使得企业减产或停产，那样必然会减少雇佣工人，使得失业增加，居民收入减少。失业增加导致实际就业率低于充分就业率，实际经济增长低于自然增长。而收入减少将导致消费萎缩，总需求不足，进一步加剧通货紧缩。第三，通货紧缩将损害债务人的利益，而债务人大多是生产者和投资者，债务负担的加重无疑会影响他们的生产与投资活动，从而对经济增长带来负面影响。

◆ **通货紧缩导致收入和财富缩水**

在通货紧缩的情况下，大量劳动者失业，劳动力市场出现供过于求，导致工人的工资降低，甚至失业，居民收入减少。对企业而言，通货紧缩时，全社会总体物价水平下降，企业的产品价格自然也随之下降，利润减少。

◆ **通货紧缩导致收入和财富再分配**

第一，财富从债务人向债权人转移。在通货紧缩的情况下，短期内由于名义利率不变，物价水平的下降使得实际利率水平提高，导致债务人实际偿还的债务增多，还款负担加重。并且为保持生产的稳定性，债务人会发生新的借债，进一步加重债务负担。第二，通货紧缩影响政府和企业、居民之间的社会财富再分配。前文曾探讨过通货膨胀税，通货膨胀税是公众财富向政府的转移；与之相反，通货紧缩税则是政府财富向公众的转移。

◆ **通货紧缩使得失业增加**

通货紧缩会降低企业的投资与生产动机，进而减少就业岗位，失业增加。

◆ **通货紧缩损害金融系统稳定**

通货紧缩使得债务人的实际偿债压力增加，容易发生违约风险，并且由于企业大量减产和停产，违约风险进一步增加，银行面临较大的不良资产风险。

四、通货紧缩的治理

简单来说，治理通货紧缩的手段与治理通货膨胀的手段相反，主要通过各种扩张性政策促使过低的物价恢复到正常水平。

◆ **扩张性货币政策**

扩张性货币政策主要包括：降低法定存款准备金率、降低再贴现率和再贷款利率、在公开市场上买进有价证券、降低利率等，最终实现货币供应量的增加，刺激总需求。缺陷主要在于，由于货币政策无法直接作用于总需求，而是需要通过利率等途径进行传导，因此货币政策的有效性受制于各种复杂因素的影响。

◆ **扩张性财政政策**

扩张性财政政策主要包括扩大财政支出、降低投资和消费方面的税收、增加赤字规模等。相比于货币政策，财政政策对于刺激经济更加直接，但是扩张性财政政策会导致政府债务问题。由于减税使得政府的财政收入减少，而扩张性财政政策又会使财政支出增加，如果政府通过发行国债来解决入不敷出问题，那么国债积累到一定规模会加大政府的偿债负担，甚至引起债务危机。其次，如果财政支出增加，但是货币供应量不变，那么必然导致利率上升，引起私人消费和投资的缩减，总需求减少，反而会拉低物价水平。

◆ **调整产业结构**

货币政策和财政政策的效果是有限的，尤其对解决由生产力过剩等因素造成的通货紧缩效果甚微。此时应该从调整产业结构着手，发展高新技术产业、新兴产业，控制并缩减产能过剩的产业，推进产业升级和结构转型。

◆ **完善社会保障体系**

消费需求不足的一个重要原因是弱势群体收入过低，通过建立健全的社会保障体系，适当改善国民收入的分配格局，提高低收入人群的收入水平和消费水平，有助于治理通货紧缩。

◆ **改变公众预期**

公众对通货紧缩未来的预期，在很大程度上影响着政府各项通货紧缩政策的治理效果。因此，政府有必要通过各种宣传手段，说服公众相信各项反通货紧缩政策的有效性，鼓励公众对未来经济发展保持信心。这一手段在治理通货膨胀时同样适用。

案例 19-2

日本失去的十年——经济泡沫与通货紧缩

1985 年，美日等国家签订了著名的“广场协议”，拉开了日本经济泡沫的序幕。“广场协议”生效以后，日元兑美元的汇率不断上升，日元升值使得日本的出口面临巨大压力。为应对日元不断升值对本国经济的冲击，日本政府首先采取了扩张性财政政策。随后日本银行又采取了宽松的货币政策，不断给市场注入流动性。日本银行一年中连续 5 次下调贴现率，将基准利率从 1986 年的 5%下调至 1987 的 2.5%，日本的基准利率达到历史最低点。

在宽松货币政策的支持下，大量资本涌入市场。同时，由于日元不断升值，大量国外的投资者进入日本进行投资。资本的流入并没有促使实体经济快速发展，过量的资本涌入了日本的股票市场与房地产市场，造成日本股市和房地产的疯狂上涨。从股票市场上看，日经指数从 1986 年初的 13504 点上涨至 1989 年 12 月的 38957 点，达到日经指数的历史最高点。1987 年，日本股市的股票总市值超过美国股市的总市值，成为当时的世界第一，日本总市值占全球股市总市值的比重高达 41.7%，不断上涨的日本股市已经逐渐脱离实体经济的发展。从房地产市场上看，根据日本内阁府经济社会综合研究所和国民经济统计部的数据，日本的土地价值从 1985 年年底的 1032.67 万亿日元猛增至 1990 年年底的 2406.72 万亿日元，涨幅达到了 2.33 倍。

1989 年，日本政府终于意识到股票市场和房地产市场隐藏的巨大风险，开始实行紧缩的政策。在 1989 年 5 月至 1990 年 8 月间，日本银行 5 次上调贴现率，将基准利率从 2.5%调整至 6%，货币的流通量大大减少，股票和房地产的泡沫开始破灭。日经指数从历史最高点 38957 点一路下跌至 1994 年的 14194 点。2005 年日本全国的土地价值约为 1195.44 万亿日元，仅为 1990 年巅峰值的一半，房地产价值大幅度缩水。

随着泡沫的破灭，资产价值不断下降，很多企业资不抵债，倒闭破产，其中包括当时日本最大的百货商店八佰伴。民众的财产也不断缩水，很多民众无法承受房贷压力，只有宣布破产，将房子交还给银行。通货紧缩导致金融机构的不良资产不断上升，1991 年到 1996 年间，日本倒闭了 15 家金融机构，到了 1998 年到 2002 年间，日本一共倒闭了 158 家金融机构。

日本经济泡沫破灭之后，物价全面持续下跌，经济长期停滞。1992 年、1993 年以及 1994 年的 GDP 增速仅为 0.8%、0.2%、0.9%，1998 年首次出现了-1.3%负增长。20 世纪 90 年代的 GDP 平均增速仅为 1.47%，经济增长陷入了停滞，因此也被称为“失去的十年”。

本章重点回顾

总供给和总需求模型

总需求；总供给；供需均衡与均衡变动

通货膨胀

通货膨胀的分类和度量

通货膨胀的成因和影响

通货膨胀的治理

通货紧缩

通货紧缩的成因和影响

通货紧缩的治理

课后思考和练习题

1. 什么是总需求和总供给？
2. 用 AD-AS 模型分析宏观经济中的滞涨现象。
3. 简述通货膨胀的主要成因。
4. 解释通货膨胀的收入和财富分配效应。
5. 简述治理通货膨胀的主要措施。
6. 简述通货紧缩的主要成因以及治理对策。

阅读资料推荐

谭小芬，王欣康，杨雅涵. 全球化与通货膨胀［J］. 中国工业经济，2023（05）：24-42.

参考文献

1. 陈雨露. 四十年来中央银行的研究进展及中国的实践［J］. 金融研究，2019（02）：1–19.

2. 邓辛. 金融科技概论［M］. 北京：高等教育出版社，2020.

3. 米什金. 货币金融学［M］. 5 版. 北京：机械工业出版社，2020.

4. 易纲. 新中国成立 70 年金融事业取得辉煌成就［J］. 中国金融，2019（19）：9–13.

5. 殷孟波. 货币金融学（第三版）［M］. 成都：西南财经大学出版社，2017.

6. 约翰·赫尔. 期权、期货及其他衍生品［M］. 10 版. 王勇，索吾林 译. 北京：机械工业出版社，2018.

7. 兹维·博迪，罗伯特·C. 默顿，戴维·L. 克利顿. 金融学［M］. 2 版. 曹辉，曹音 译. 北京：中国人民大学出版社，2018.